上海市重点学科建设项目资助

项目编号：T1001

古代东方法研究

王立民 著

北京大学出版社
PEKING UNIVERSITY PRESS

图书在版编目(CIP)数据

古代东方法研究/王立民著. —北京:北京大学出版社,2006.2
(法史论丛)
ISBN 7-301-10393-X

Ⅰ.古…　Ⅱ.王…　Ⅲ.法律-研究-东方国家-古代　Ⅳ.D909.12

中国版本图书馆 CIP 数据核字(2005)第 151994 号

书　　　名:	古代东方法研究
著作责任者:	王立民　著
责 任 编 辑:	顾妙恩　朱梅全　王业龙
标 准 书 号:	ISBN 7-301-10393-X/D·1414
出 版 发 行:	北京大学出版社
地　　　址:	北京市海淀区成府路 205 号　100871
网　　　址:	http://cbs.pku.edu.cn
电　　　话:	邮购部 62752015　发行部 62750672　编辑部 62752027
电 子 信 箱:	pl@pup.pku.edu.cn
排　版　者:	北京高新特打字服务社　82350640
印　刷　者:	三河市新世纪印务有限公司
经　销　者:	新华书店
	650 毫米×980 毫米　16 开本　21.5 印张　361 千字
	2006 年 2 月第 1 版　2006 年 10 月第 2 次印刷
定　　　价:	32.00 元

未经许可,不得以任何方式复制或抄袭本书之部分或全部内容。
版权所有,翻版必究

序

《古代东方法研究》一书的作者王立民同志是我的93届博士研究生。此书原是他的博士论文。现在,此论文已被正式确定为上海市马克思主义学术著作出版资助项目,将以学术专著形式出版,是件值得庆贺的事。

几年前,东方社会发生了一些震荡。同时,有些东方国家在经济、文化等方面,有了较快的发展。东方社会成了世界瞩目的热点。但是,人们对东方社会过去的经济、政治、法律、文化等实际情况的了解和研究还很不够,特别是法律。当时,还没有从整体上研究古代东方法的专著出版,国内外已出版的有关著作也只是集中于东方国家国别法制史的研究。其中,有关于一个国家的法制通史,如中国法制史和苏联法制史等;有关于一个国家的部门法史,如中国民法史、刑法史等;也有些书籍的内容涉及一些东方国家的法律,如外国法制史教科书等。然而,它们虽然涉及一些古代东方国家的国别法律,但均缺乏从整体上对古代东方法的研究。

时代在前进,形势在发展,人们要求从总体上对东方法,特别是古代东方法,有一些深入的了解。作为东方社会一个成员的中国学者,有责任也有条件对古代东方进行一些马克思主义的新的探索和研究。王立民同志以很大的毅力和胆识,对此作了开拓性的、严肃的尝试,我很高兴。他原是华东政法学院中国法制史专业的硕士研究生,1985年毕业后留校任教,并一直从事中国法制史的教学和研究,参与编著过出版的中国法制史著作,发表过大量有关中国古代法的论文。同时,他也涉足古代东方其他国家的法律,发表过论文,对研究古代东方法有较好的基础。在攻读博士学位期间,他又钻研了马克思主义国家和法的理论,并以此为指导思想,对古代东方法进行了研究,取得了长足的进步。1991年在确定博士论文的研究方向时,我们便商定由他专攻古代东方法。时历两载,终于完稿,并于1993年6月顺利通过论文答辩。之后,我与袁英光教授一起把此论文推荐到上海市马克思主义学术著作出版资助评审委员会。

作者以马克思主义的历史唯物主义为指导,运用科学方法,对古代东方法进行了较为深入的探讨。全书分上、下两编,各有侧重。上编主要探索古代东方法的一般问题,下编则按部门法,探索古代东方法的具体问题。上、

下两编结合起来,便可较清晰地反映古代东方法的一般发展规律和各部门法的一些特点。综观全书,有如下几点比较突出:

一是有史有论。作者采用了大量有关古今中外各时代的史料,其中包括一些原版外文资料,如俄、日、阿拉伯等文。丰富的史料为立论提供了可靠的依据。如在第九章中,论文援引了中文、中译文等许多殷实资料,较充分地论证了古代东方刑罚的残酷性。

二是把古代东方法与马克思主义的社会形态学联系在一起。该书避免了孤立论法的做法,使法成为一种与社会经济形态和社会意识形态都联系在一起,并随着它们的变化也不断变化的国家意志。这样,书中的内容不仅客观地反映了古代东方法的发展规律,也便于人们正确认识这一法。如上编从古代东方法与专制制度、私有制和宗教关系的角度,着重反映了其与国家的社会经济、社会政治和社会意识形态的关系,客观地揭示了古代东方法随着社会形态的发展、变化也不断发展、变化的史实。

三是论述古代东方法的特点比较确切。作者不是泛泛而谈古代东方法的特点,而是把它与古代西方法的有关内容相比较,在比较中显示特点,因此书中所述的古代东方法的特点比较确切。如在第十章中,通过古代东、西方民法的比较,发现古代东方民法在发展中有先发达后落后的特点,并分析了其中的原因。

四是考察了古代东方法在近、现代的变化。此书所指的古代东方法包括了东方的奴隶制和封建制两个时期的法律。古代东方法在近、现代发生了较大的变化。书的下编各章均述及这种变化。尽管所述的内容比较简单,但源流脉络揭示得较为清楚。这有助于反映东方法的全貌,使读者可以较完整地知晓它的昨天。

总的说来,这是一部有关古代东方法的力作,具有较高的学术价值。它不仅展现了东方法的过去,也为人们加深理解东方法的今天和展望东方法的明天,提供了一个方面的依据。

此书的出版,将为法制史的研究又增添一项新的成果,也把古代东方法的研究提到了一个新的层次。我衷心希望作者能在这一基础上,作进一步的努力,在用马克思主义研究古代东方法方面作出更大的贡献。

吴 泽
1993 年 11 月于沪西
丽娃河畔怡然斋

绪论一(1996)

现今的世界正处在一个大变动时期,东方社会及其有关问题越来越引起人们的关注,其中包括法律。东方是个具有悠久文明史的社会,法律史同样源远流长。由于法律有其继承的一面,古代东方法同样对近、现代社会产生了影响。要全面把握当今的东方法,不能不溯源究根到古代。但令人遗憾的是,人们对古代东方法的整体研究还很不够。本书以马克思主义东方学和国家与法的理论为指导,把古代东方法作为研究对象,较为全面地探索了其中的一些主要问题,并发表了自己的一些看法。笔者相信,它将启开又一了解东方社会的窗口,有助于进一步了解东方的过去,加深理解东方的现在,帮助推测东方的将来。

书中所指的古代包括奴隶制和封建制(中世纪)两个时期。本书的研究对象是东方奴隶制和封建制两个时期的法制。

全书分为上、下两编,各有自己的研究侧面。上编主要阐述古代东方法的一些基本问题,内容包括它的起源、种类、法律渊源以及与政治、经济、意识形态的关系等,侧重反映古代东方法的一般发展规律,从宏观上考察古代东方法。下编则按古代东方法中的一些重要部门法,分类逐一探究它们的主要内容及特殊发展规律,从微观上反映古代东方法。此编中包括的部门法有身份法、刑法、民法、婚姻法和诉讼法等。以上两编结合起来,便能较为全面地反映古代东方法的面貌及其发展规律,也可使人们对其有较为全面的认识。

上编第一章的内容为东方法的起源。主要包括三个方面:有关东方法起源的一些说法、东方法起源中的三种内容类型和与西方法起源的比较。这部分内容既简要概述了过去人们对古代东方法起源的说法,也发表了自己对这些说法的看法。最后,还述及了东、西有关法律起源中的不同点及其形成的原因。东方法起源的一些关键性内容都在此章得到了反映。接着的一章介绍了古代东方法的六大种类,它们是:楔形文字法、希伯来法、印度法、伊斯兰法、俄罗斯法和中国法。每一类中的内容又都有概念、起源时间和地点、发展的几个主要阶段、主要法律、特点、影响地区及解体时间等方面组成。这样就把它们的基本情况作了较为具体的说明。第三章集中叙述了古代东方的几种主要法律渊源,包括法典、宗教典籍中的律例、单行法规、有关著作和习惯等。每一种内容中,又都有概念、适用国家或地区、特点等构成,比较全面细致。

上编的前三章只涉足古代东方法本身的一些问题,还未涉及与其他领域的关系,后三章便专论了古代东方法与政治、经济和社会意识形态等一些相关领域的关系。专制制度是古代东方的基本政治制度,通过它与法的这个侧面,可窥视到政治与古代东方法的关系。第四章就专门阐述这个问题。在此章中,除了讲述专制制度是古代东方的基本制度外,还重点论述了古代东方法对专制制度的维护和专制制度对古代东方法的影响这两大问题。古代东方法与经济的关系十分密切,第五章即从古代东方法与当时的基本经济制度私有制的关系,来求索它们之间的关系,落点在阐发私有制决定古代东方法的内容和古代东方法对私有制的保护两个方面。这两章表述的是古代东方法与政治、经济的关系,那么它与社会意识形态的关系如何?第六章即以古代东方盛行的宗教为对象,从这个窗口探视古代东方法与社会意识形态的关系,阐叙的内容主要是宗教对法的影响和法对宗教的保护两大问题。以上三章虽涉及的问题不多,但以斑见全貌,从中可见古代东方法与政治、经济和社会意识形态间的关系,也揭示了它们之间的发展规律。

本书的下编集中探研了古代东方各法的具体内容。第七章是身份法。此法在古代东方法中如同基石,对其他各部门法都发生作用。它的主要特征是不平等。本章从统治者与被统治者间的不平等、统治者内部的不平等和家庭成员的不平等三个方面总述了身份法中的主要内容。最后,还涉及与身份法有联系的几个问题,即高低身份间的转换、身份法中的差异、此法的发展、与西方身份法的比较及在近现代的变化等。这些作为对以上三个问题的补充,使此章的内容更为完整。接着的是刑法。考虑到刑法的内容较多,因而分为上、下两部分,列在第八、九两章。首先总论了古代东方刑法的一些重要问题,如刑法的存在和发展均不平衡、刑罚的内容世轻世重、滥刑现象并不鲜见及与古代西方刑法的比较等。然后,转入刑法的基本内容,其中有关于一般原则的规定、关于犯罪的规定、刑罚等。这几部分均是古代东方刑法的重要组成部分,因而都作了较为详细的论述,如在刑罚中就包括了死刑、肉刑、自由刑、羞辱刑、财产刑等。另外,还有一些相关问题,如刑罚的构成、实施、法外刑和基本特征等。这部分的最后也有关于与古代西方刑法比较的内容。

与以上两法不同,民法和婚姻法都被认为是私法,调整那些与个人关系较大的法律关系。第十章是有关民法的,以所有权、债权和继承权为重点述说内容,每一权中又含有若干层次,如在所有权中就包括土地所有权、奴隶所有权及其他一些财物的所有权等。此章的最后也把古代东方民法与西方民法作了比较,还论说了它在近、现代的变化。第十一章为婚姻法。古代东方社会重视婚姻家庭关系,婚姻法也因此而较为发展。本章主要从结婚和离婚两大方面来反映古代东方的婚姻法律关系,每个方面又重点突出了相关的条件和限制两项内容。之后,本章还简要提到了家庭成员间其他一些关系,以及与西方古代婚姻法比较和在近、现代的变化等内容。

  下编的以上各法皆是实体法。实体法的实施需以程序法作依托,因此程序法同样十分重要。本书的最后一章为程序法,定名"诉讼法",其内容围绕诉讼问题展开。为了不使内容紊乱,此章的内容按诉讼顺序的排列为主线条,先是诉讼承担者司法机构和司法官,以下依次是起诉、证据、审判、申诉和执行等,最后才是与古代西方诉讼法比较及在近、现代的变化两部分。以上每一部分又包含相关的一些内容,如起诉中就有审级、越诉、受理、代理等部分,使其中的内容尽可能地完整。

  本书的下编虽侧重论述各部门法,但笔者为了避免静止地以法论法,注意从动态、发展中进行论述,每章中均有关于此法发展的内容,努力在变化中体现古代东方法的存在,还其活生生的面目,使它们也成为一种自然历史过程。由于时代的变迁,古代东方法在近、现代发生了巨大的变化。为了反映这种变化,看到它们在近、现代的各种姿态,本书的每章中部有这方面的内容,以便使东方法的长河贯通起来,从古到今,源流一体。古代东方法相对古代西方法而言,而两者又共同构成古代世界法。古代东方法有其自身的特点,这种特点又相对于古代西方法而存在,也只有在与其比较后才能得到显示。所以,本书并非泛泛而论古代东方法的特点,而是在与古代西方法的比较中加以烘托,因此对于特点的论述比较确切。

  对古代东方法的研究至今还是个新课题,而且困难不小,能直接利用的资料也不多。尽管笔者尽了很大努力,还从各种翻译及原版资料中挖掘了一些,但仍不能如愿。这是一项长期的工作,笔者的研究也只是刚刚开始,以后的路途还很长。此书如能抛砖引玉,祈邀更多的同仁加入开发古代东方法宝库的队伍,那便是一大幸事了。

绪论二(2006)

我的《古代东方法研究》一书出版至今,已有10年了。这10年来,我国的专家、学者对东方法的研究不断深入,成果也不断问世。可是,紧紧围绕古代东方法这一主题的成果不多,也未见这方面的专著。《古代东方法研究》一书仍然有它自己的学术价值和地位。

《古代东方法研究》一书出版后,我对古代东方法的探研没有结束。这种探研主要从两个方面进行。一方面,在非古代东方法为主题的论文中,我注意把有关古代东方法的内容作为其组成部分,特别是在论及比较的内容和特点时,常常如此。比如,《中国古代刑法与佛道教》(《法学研究》2002年第3期)一文,在论及中国古代刑法中有关佛道教规定的一些特点时,就与其他古代东方国家的刑法作比较,得出了三大特点的结论。另一方面,我继续探研以古代东方法为主题的领域,并发表了相关论文。这次新增的第七、八章的内容和新附的"附录"中的四篇论文都属于这种情况。

这六篇论文分别发表于《法学》、《学术季刊》、《浙江社会科学》和《法律史论集》等杂志和论文集中,就其内容而言,大致可以分为三种情况。第一种是关于古代东方的刑罚制度。在《古代东方法研究》一书中,虽然有关于古代东方刑罚的内容,但只述及了大概,没有进行深入的研究。《古代东方死刑论》、《古代东方的流刑》、《古代东方肉刑论》和《〈罗斯法典〉的罚金制度透析》等四篇论文,则对古代东方的死刑、流刑、肉刑和俄罗斯早期的罚金制度进行了较为深入的研究,内容包括它们的种类、适用对象、实施以及相关的一些问题。第二种是关于古代东方法的移植问题。古代东方法也有移植问题,但过去重视不够,研究成果鲜见。然而这一问题在古代东方法中也占有重要地位。它是古代东方内部法的一种交流,是"活"的古代东方法,生动地反映了古代东方法的状况。《古代东方法文化的移植问题》一文专门论述了这一问题,为人们打开了一个新的视野。第三种是关于古代东方法的特点。古代东方法有自己的特点,而且相对古代西方法而言。关于这一特点,以往已有论述。但是,我的《关于古代东方法特点的三个问题》一文所论述的特点,则与以往的不尽相同,形成了一家之言。比如,其中的一个特点"私法和公法先后比较发展"就是如此。这一特点过去没有专门论及,但确实客观存在。此文以相关资料阐述了这一特点,并在理论作了论证。以上这些内容都是近年来我对古代东方法研究的成果,是对古代东方法研究的一种深入,也是此版与第一版之间的最大差别。

　　新编入的6篇文章,原都是公开发表的独立论文,自成体系。这次编入书后,考虑到整体效果,对其中的一些内容作了必要的调整。尽管如此,在资料的选用等方面仍有重复和交叉,实属难免,还望各位同仁、读者见谅。

王立民

　　出版者说明:本书序及绪论一均为第一版所作,其中述及的部分章序号在这个新版本中有些变化,请读者对照阅读。

CONTENTS 目 录

上 编

第一章　东方法的起源　　　　　　　　　　3
　一、有关东方法起源的一些说法　　　　　3
　二、东方法起源中的三种内容类型　　　　8
　三、与西方法起源的比较　　　　　　　　12

第二章　古代东方法的种类　　　　　　　　16
　一、楔形文字法(Cuneiform Law)　　　　16
　二、希伯来法(Hebraic Law)　　　　　　18
　三、印度法(Indian Law)　　　　　　　　20
　四、伊斯兰法(Islamic Law)　　　　　　22
　五、俄罗斯法(Russian Law)　　　　　　25
　六、中国法(Chinese Law)　　　　　　　27

第三章　古代东方的法律渊源　　　　　　　31
　一、法典　　　　　　　　　　　　　　　31
　二、宗教典籍中的律例　　　　　　　　　33
　三、单行法规　　　　　　　　　　　　　34
　四、有关著作　　　　　　　　　　　　　36
　五、习惯　　　　　　　　　　　　　　　38

第四章　古代东方法与专制制度　　　　　　43
　一、专制制度是古代东方的基本政治制度　43
　二、古代东方法对专制制度的维护　　　　46

CONTENTS 目 录

三、专制制度对古代东方法的影响　　50

第五章　古代东方法与私有制　　55
一、私有制是古代东方的基本经济制度　　55
二、私有制决定古代东方法的内容　　58
三、古代东方法对私有制的保护　　61

第六章　古代东方法与宗教　　66
一、古代东方的主要宗教　　66
二、宗教对法律的影响　　69
三、法律对宗教的保护　　73

第七章　古代东方法的移植　　78
一、古代东方法移植的主要形式　　78
二、古代东方法移植后的直接结果　　80
三、近代东方法移植与古代东方法移植的主要区别　　82

第八章　古代东方法的特点　　86
一、关于古代东方法的四个特点问题　　86
二、关于形成古代东方法特点的原因问题　　92
三、关于古代东方法特点的淡化问题　　97

CONTENTS 目 录

下 编

第九章 身份法   107
  一、统治者与被统治者的不平等身份   107
  二、统治者内部的不平等身份   112
  三、家庭成员之间的不平等身份   118
  四、有关身份法的几个问题   128

第十章 刑法（上）   141
  一、古代东方刑法总概   141
  二、一般原则的规定   150

第十一章 刑法（下）   161
  三、犯罪的规定   161
  四、刑罚   172
  五、东方刑法在近现代的变化   184

第十二章 民法   190
  一、所有权   190
  二、债权   202
  三、继承权   211
  四、与古代西方民法比较及在近现代的变化   219

CONTENTS 目 录

第十三章　婚姻法	228
一、结婚	228
二、离婚	237
三、古代东方婚姻法的特点及其在近现代的变化	245
第十四章　诉讼法	252
一、司法机构与司法官	252
二、起诉	259
三、证据	264
四、审判	269
五、申诉与执行	276
六、与古代西方诉讼法比较及在近现代的变化	281
附录一　古代东方死刑论	288
附录二　古代东方的流刑	299
附录三　古代东方肉刑论	306
附录四　《罗斯法典》的罚金制度透析	318
后记一	328
后记二	329

上　编

　　本书根据内容分为上、下两编。
　　上编主要探究古代东方法的一些基本问题,内容包括它的起源、种类、法律渊源以及与政治、经济、社会意识形态的关系等,从中可以发现古代东方法的一般发展规律,从宏观上把握古代东方法。

第一章 东方法的起源

东方法的起源是古代东方法中的一个基本问题。它关系到东方法的发展等其他一些问题。这个问题不解决，就不能全面地认识古代东方法，也无法进一步叙述其他内容，因此本书首先阐述这个问题。

一、有关东方法起源的一些说法

东方法是怎么起源的？人们曾对此作过解释，说法多种多样、莫衷一是。但是，总归起来主要可分为两大类，即神天说和圣人说。

持神天说的人们认为，法不是人类社会的必然产物，而是由一种超自然的力量即神或天创造的，然后被人们接受，从此社会上便有了人人都必须遵守的法律。这种说法把法的起源归功于神或天这些乌有的超自然力量。而根据这种超自然力量的参与程度，神天说又可分为直接说和间接说。直接说主张，神或天自己制定法律，交给凡人实施；间接说则主张，凡人即君主接受神或天之意，并依照它们的意图制定法律，付诸实施。两者的主要区别是神或天自己造，还是神或天授意凡人造，主张前者的是直接说，后者则是间接说。

《旧约全书》的作者持直接说。他们认为，公元前1320年，由于得到了耶和华上帝的相助和先知摩西的率领，希伯来人逃离了埃及。在他们出逃后三个月的那天，正处在西乃山下的旷野，人们纷纷安营扎寨。此时，耶和华上帝就降旨给摩西，跟他讲了已拟定的"十诫"等一些规定，还说："你上山到我这里来住在这里，我要取石板，并将我所写的律法和戒命赐给你，使你可以教训百姓。"摩西上山后，耶和华上帝"就把两块冸版交给了他，是上帝用指写的石版"①。从此，希伯来人便有了法律。俄国盛行东正教，教徒们把《新旧约全书》（即《圣经》）作为经典，也认为法律是上帝创造的。《摩奴法论》的作者同样持这种观点，认为世界起初只处在一种静止状态，"是一个暗的本体，不可感觉，没有特征，不可推理，不可认识，一如完全处于昏睡

---

① 《新旧约全书》，圣经公会印发，1940年版，第95—96页。

状态"。后来,出现了个神秘的"梵天",它是"不显现的、无始终的、既实在又不实在的因所产生的那个人"。它创造了自然界,包括时间、月宿、河、海、山、地等;也创造了人类社会,包括苦行、言语、欢乐、爱欲等;还有法律,并"划分出法与非法",目的是为了"正确地辨别行为"。从此,世界上出现了法律。以后,法律不断发展,有了分工,产生了"永恒的地方法,种姓法,家族法,异端的法和行会法"①。

  一些楔形文字法的制订者持间接说。他们认为,法律起源于神的意志,而君主接受了这种意志,并按它创制了法律。这种思想在现存的法典中仍可被发现。有些法典的制订者在序文或结语中都声称本法典是神授的产物。《李必特·伊丝达法典》在序言中说:李必特·伊丝达国王"依照恩利尔的嘱咐,在苏美尔和阿卡德确立法律"②。此处的"恩利尔"是指多神中的最高神。《汉穆拉比法典》在序言和结语中把汉穆拉比认作是神命的国王。"安努与恩利尔为人类福祉计,命令我,荣耀而畏神的君主,汉穆拉比。"他是"受命于伟大之神明",制定了"公正的法律"③。这个法律就是《汉穆拉比法典》。这里的"安努"是指天神。《古兰经》的编写者认为,《古兰经》的内容是人们根据"真主"安拉的启示汇编而成的,它实际上是"真主"意志的文字化。随着《古兰经》的诞生,伊斯兰法也就形成了。他们把真主看成是自然界、人类社会的创造者和主宰。"你(穆罕默德)当奉你的创造的主的名义而宣读你的主是最尊严的,他曾教人用笔写字,他曾教人以人所未知","万物必定只归于你的主"。"真主"还同时创造了法律。"我已为你们成全你们的宗教,我已完成我所赐你们的恩典。"④这个"恩典"就是《古兰经》,其中包含有伊斯兰法的主要内容和基本精神。"真主"的启示即为默示,只有穆罕默德能接受,因为他是真主的"使者"和"圣人",《古兰经》就是经过默示获得的,其接受过程非常神秘。有人曾问他:"使者啊!默示是怎样降于你的?"他回答说:"默示降临,有时如铃声,这对我最为困难,但困难一过,我便记住了默示。有时天仙化作人形与我讲话,我便牢记他之所言。"有位叫阿依莎的穆斯林说:"默示降于人之初,始于其梦,圣人所梦犹如黎明时分

---

① 《摩奴法论》,蒋忠新译,中国社会科学出版社1986年版,第3、4、6、14页。
②③ 《外国法制史》编写组:《外国法制史资料选编》上册,北京大学出版社1982年版,第11、18、47页。
④ 《古兰经》,马坚译,中国社会科学出版社1981年版,第478、479、78页。

的光辉。梦后,圣人喜欢独静。"① 以上有关伊斯兰法起源的描述与楔形文字的说法十分相近,均是人受神意,再创法律。在中国,也有人持这种观点,不过往往以天代神,天成了万物之祖,天安排君主制定法律、统治国家。董仲舒认为,天支配着一切。"天者,百神之大君也。"② 它创造着世间一切事物。"天者,为物之祖也,故遍包函,而无所殊。"③ 世间的一切都听天的安排,它们的出现都是天的意志的表现。不过只有君主才能得到天意并行事,因为"天子受命于天"④,法律的产生也是如此,"王者承天意以从事"⑤。

持圣人说的人们认为,法的起源与阶级、国家的诞生无关,只是某位圣人出于某种需要而创制的,法的起源归功于圣人。这种说法也否认法的起源是人类社会发展的必然产物。中国在先秦时期就有人阐发这种观点。根据圣人出于需要的不同,又可分为统意说、贵贱说、止乱说等。

统意说认为,圣人是为了统一天下人的意见而创订了法律,即"一同天下之义"。战国时期的墨翟是这一说法的代表者。他认为,世界上曾有过一个没有法律的时期。"古者民始生未有刑政之时。"那时,每个人都有自己衡量事物的标准,"一人一义,十人十义",而且这些标准还都不同,"是其义,以非人之义"。因此产生了互相争夺,以致失去社会秩序,"是以内者父子兄弟作怨恶,离散不能相和合。天下之百姓,皆以水火毒药相亏害。至有余力,不能以相劳;腐朽余财,不以相分;隐匿良道,不以相教。天下之乱,若禽兽然"。造成这种情况的原因是"无正长以一同天下之义"。要改变它,除了必须"选择天下之贤可者,立以为天子",并逐级下设正长外,还要创订法律,"发宪布令于天下之众",以"一同天下之义",这样才能做到"天子之所定,必亦是之;天子之所非,必亦非之","天子唯能壹同天下之义,是以天下治也"。因此,法的起源的原因完全是出于圣人统一国人意见的需要。"古者圣王为五刑,请以治其民,譬若丝缕之有纪,冈罟之有纲,所以连收天下之百姓不尚同其上者也。"⑥

贵贱说认为,圣人是因为需要划分国人贵贱身份才创立法律,即"使有

---

① 〔埃及〕穆斯塔发·本·穆罕默德艾玛热编:《布哈里圣训实录精华》,宝文安等译,中国社会科学出版社1981年版,第16页。
② 《春秋繁露·郊语》。
③ 《汉书·董仲舒传》。
④ 《春秋繁露·顺命》。
⑤ 《汉书·董仲舒传》。
⑥ 《墨子·尚同上》。

贫富贵贱之等"。战国时期的荀况主张这种观点。他认为,在一个社会中,如果人人都平等了,那这个社会是无法生存下去的,因为身份相等了,财富就会不足以分配;权势相等了,就不能实现集中统一;众人地位相等了,也就无人可被奴役了。"分均则不偏,执齐则不壹,众齐则不使",这样的社会是无法生存下去的。圣人为了挽救社会,便创立了法律,"始立而处国有制"。其中就有"制礼义而分之,使有贫富贵贱之等,足以相兼临者,是养天下之本也"。①

止乱说认为,法律起源于圣人止乱的需要,即禁奸邪。持这种说法的人多于以上两种,春秋战国时期的商鞅、管仲、韩非都曾支持过这种观点。商鞅认为,中国在神农前不曾有法律。"昔者,昊英之世,以伐木杀兽,人民少而木兽多。黄帝之世,不麛不卵,官无供备之民,死不得用椁,事不同皆王者,时异也。神农之世,男耕而食,妇织而衣,刑政不用而治,甲兵不起而王。"神农以后,情况发生了变化,奸邪产生了。"神农既没,以强胜弱,以众暴寡。"所以,黄帝不得不"内行刀锯,外用甲兵",②法律就此起源了。管仲认为,在最初的社会里,没有法律。"古者未有君臣上下之别,未有夫妇妃匹之合,兽处群居,以力相征。"后来,也是因为出现了奸邪,造成了社会混乱,圣人才制法平社会。"智者诈愚,强者凌弱,老幼孤独不得其所",于是圣人制法,"假众力以禁强虐,而暴人止"。③ 其基本观点与商鞅相同。韩非也认为最初是个没有法的世界。"古者丈夫不耕,草木之实足食也;妇人不织,禽兽之皮足衣也。不事力而养足,人民少而财有余,故民不争。是以厚赏不行,重罚不用而民自治。"但是,随着人口的增加,财富随之少寡,民开始争财,造成混乱,圣人不得不造法以止乱。"是以人民众而货财寡,事力劳而供养薄,故民争",为此,圣人"不可不刑"。④ 于是,法也就产生了。

先秦时期的圣人说对后世产生了影响,有人步其后尘,唐代的韩愈就是其中之一。他认为,在很久以前,人们过着非常艰苦的生活,"无羽毛鳞介以居寒热也,无爪牙以争食也"。是圣人教给人们以"相生养之道",使人们学会了衣食住行,免于饥寒。另外,还制立了法律,"为之礼以次其先后,为之乐以宣其烟郁,为之政以率其怠倦,为之刑以锄其强梗",法因此起源了。如

---

① 《荀子·王制》。
② 《商君书·画策》。
③ 《管子·君臣下》。
④ 《韩非子·五蠹》。

果没有圣人,也就不可能有人类社会,"如古之无圣人,人之类灭久矣"①,法律也无从谈起了。

国外也有人用圣人说来解释东方法的起源,《希伯来宗教史》的作者都孟高便是其中之一。他说,希伯来人逃离埃及时,他们的首领摩西在西乃山下"设立公仪之律法",以此来"教(育)人民,并树立社会道德之基(础)"。②即把希伯来法的起源看作是圣人摩西所为。

以上关于东方法起源的说法都不科学,因为它们都没能客观地揭开东方法起源的真实面貌。神天说把东方法的起源看成是神或天的造化,把法的产生与那些杜撰出来的、根本不存在的东西联系在一起,使法本身也神秘起来,完全脱离了实实在在的人类社会,是客观唯心主义在法的起源问题上的表现,其荒谬性显而易见。圣人说虽已注意到东方法的起源与人、社会的联系,不像神天说那样神秘,而且在有些方面还有其积极的一面,但它也不能真实地描划出东方法的起源,把其只寄存于一个圣人,而没有认为是人类社会历史发展的必然产物,陷入了历史唯心主义英雄史观的陷阱。可见,这些说法都违反了东方法起源的客观事实,都是不可取的。

法的发展历史告诉人们,法与国家一样,都不是从来就有的,而是人类社会发展到原始社会的末期,随着社会生产力的提高、经济的发展、私有制的出现、阶级的产生和原始社会的瓦解,与国家一起产生的。这是个漫长的历史过程。在原始社会后期经历了农业与畜牧业、农业与手工业两次社会大分工以后,生产力有了很大提高,社会出现了剩余产品。氏族首领将这些剩余产品占为已有,于是有了私有现象,进而发展成贫富差别,产生了剥削和阶级。这样,原有的氏族组织和调整人们行为的原始社会规范都显得软弱无能了,需有一个足以代表并维护剥削者利益和反映他们意志的权力机关和强制性行为规范来取代它们,于是国家和法便产生了。法的诞生说明,剥削阶级与被剥削阶级之间在物质利益、思想理论等领域都出现了不可逾越的鸿沟,原来的行为规范已不能适应社会的发展,而需有一种代表国家并由国家强制力保证其实施的法律来调整统治者与被统治者的关系,维持社会的存在,这一切都在人类社会进入阶级社会后才出现。可以说,这是法的起源的普遍规律,东方法的起源也依循着这个规律。

---

① 《韩昌黎文集·原道》。
② 参见〔美〕都孟高:《希伯来宗教史》,黄叶松编译,中华圣公会1925年版,第21、26页。

二、东方法起源中的三种内容类型

在法的起源过程中,统治者都会遇到这样的问题,即选择社会中哪一类规范的内容作为法律规范的主要组成部分,并取代原来原始社会中的禁忌。为了便于实施,统治者一般都首选人们习惯使用并易接受的那些规范,把它们制订或认可为法律。由于各国的实际情况不同,所以被选择的具体内容也就各有所异,东方也是如此。总体上,东方法起源中的内容类型主要是以下三大类。

第一类是宗教型。即将社会中现存的宗教规范大量融入法律,使它们成为法律内容中的一个主要组成部分。希伯来法、印度法和伊斯兰法的起源属于这种类型。在这些法形成之前,宗教的力量已很强大,人们普遍信仰宗教,宗教规范成为一种重要的行为规范。进入阶级社会以后,宗教规范被涂上了阶级的色彩,其中有些内容得到了国家的认可,并由国家的强制力保证其实施,成为法律。摩西率众离开埃及到达迦南时,希伯来人已有十分强烈的多神教观念。摩西从维护统治者的利益和民族的大统一出发,创立了希伯来一神教,以取代原来的多神教。同时,还以神的名义颁布法律,并在其中溶进了大量希伯来教的内容。在印度,雅利安人在建国时已盛行吠陀教,建国后又将其演变为婆罗门教,并占据了统治地位。这一宗教是祭司们把过去雅利安人所信奉的许多宗教学说加以整理而形成的一种新宗教。当形成法律时,婆罗门教的一些内容也成了法律。穆罕默德在创立伊斯兰教前,阿拉伯半岛的居民也已普遍笃信宗教,不过是多神教。以后,他为了笼络所有的阿拉伯人,形成一股统一的力量,创立了伊斯兰教,把古莱西部落的主神安拉作为唯一信仰的神,还在麦加等地大力宣扬,使其影响不断扩大,最终促成其成为该地区的主要宗教。正当伊斯兰教形成、扩大的时候,法律也逐渐形成,有些教义也掺进法律。以上希伯来法、印度法和伊斯兰法中都有大量的宗教内容,实是宗教法。从现有的资料来看,这些法律也确是如此。在《新旧约全书》记载的有关希伯来法的内容中,就有一些与希伯来教有关,如不可信奉其他神、要纪念安息日、要给婴儿行割礼、禁止食血、在"禧年"要归物给原主等等。[①] 印度的《摩奴法论》是婆罗门教和印度教传统中专门论述行为规范的学说,宗教与法律规范集于一体,其中还存有不少与

---

① 参见《新旧约全书》,第 90、131、140、150 页。

婆罗门教有关的法律内容,如四种姓的出生与地位不等、国王不可向净行的婆罗门征税、婆罗门有审案权、婆罗门不应受刑、杀死大象母牛等动物要受罚等等。① 伊斯兰教的经典《古兰经》也集教规与法律于一体,其中不少法律规定也明显地留有伊斯兰教的烙印,如只应崇拜真主、不信道者要受罚、禁吃死物猪肉和血液、不可在禁月内作战、妇女在待婚期满后可离婚等等。②

第二类是习惯型。即把原始社会中适用的习惯大量搬入法律,成为新诞生法律中的主要内容。楔形文字法和俄罗斯法的起源属于这种类型。在这两类法产生以前,虽然在氏族社会中也有宗教萌芽存在,但是进入阶级社会,产生国家时,宗教力量已不敌世俗力量,神权没能战胜王权,相反却渐渐成为王权的附从。因此,国家在制订或认可法律时,不是把大量宗教规范而是把习惯溶进法律。在两河流域,苏美尔城邦国家是最先产生的国家。那里的城邦由几个农村公社围绕一个中心城市组成,城邦首脑是行政长官,另兼军事统帅和最高祭司。国家建立时,城邦首脑以强大的世俗力量为出发点,首先把便于人们施行的习惯变成法律。在东斯拉夫,从部落联盟发展为国家时,还没有受到东正教的影响,宗教的力量比较薄弱。882年建立的以基辅为中心的统治地区,是个带有原始公社残余的早期封建国家。这是个世俗政权的国家,它的法律也是习惯法。在现存的以上两类的法律资料中,也可看到一些从原始社会带来的习惯的遗迹。保留至今的有关苏美尔人婚姻家庭方面的立法中就有这样的遗迹,如妻子对自己的嫁妆有支配和管理权;妻子在管教子女方面与丈夫有相同的权力;妻子可代表丈夫经商;丈夫与他人通奸不属于过错;在特殊情况下,丈夫可出卖妻子等等。③ 在较早的俄罗斯法中也有原始社会遗留的习惯存在,如有叫"送婚"的结婚形式、丈夫有权杀死不忠的妻子、丈夫有家庭财产的支配权、血亲和同态复仇、王公有最高司法权等等。④

第三类是伦理型。即把原始社会中的伦理规范大量归进法律,成为法律中的主要内容之一。中国法的起源属于这一类型。据史籍记载,中国在法律产生前,就已有伦理规范,而且还很被看重并在调整氏族人员的关系中发挥了出色作用。《尚书》记载了尧注意使用伦理规范,举用贤人和团结族

---

① 参见《摩奴法论》,第6、127、137、148、163页。
② 参见《古兰经》,第8、19、24、26页。
③ 参见陈盛清主编:《外国法制史》,北京大学出版社1982年版,第1—2页。
④ 参见《苏联国家与法的历史》上册,中国人大国家与法的历史教研室译,中国人民大学出版社1956年版,第23—25页。

人的事迹。他"克明俊德,以亲九族。九族既睦,平章百姓,百姓昭明,协和万黎,黎民于变时雍"。该书还记载了舜用"五典",即父义、母慈、兄友、弟恭和子孝五种伦理规范来教导臣民的情况及其结果。他"慎徽五典,五典克从。纳于百揆,百揆时叙"。违犯了这些伦理规范要受到一定的制裁。《尚书·皋陶谟》载:"天叙有典,敕我五典五惇哉! 天秩有礼,自我五礼有庸哉! 同寅协恭和衷哉! 天命有德,五服五章哉! 天讨有罪,五刑五用哉!"尽管《尚书》中这些内容的成书时间还有争议,但其中有关确认用伦理规范来调整人们行为的史实还是可信的,因为它符合中国法的发展规律。进入阶级社会以后,这些伦理规范的许多内容演变成法律,不孝罪是典型一例。它是中国早期刑法中的一个罪名,而且名列各罪之首。"五刑之属三千,罪莫大于不孝。"①近人章太炎在《孝经本夏法说》中也认为,夏时已有不孝罪。

　　以上三种类型只是从各自侧重的角度出发进行划分的,决无绝对之意。因为,在原始社会中,有些宗教、伦理规范和习惯的界限本身就不是很清晰,往往交织在一起,如今要作明确划分实在太难了。而且,从广义上说,原始社会中的习惯中也含有一些宗教和伦理规范,这里只是在狭义意义上进行分类,以区别于那些宗教和伦理规范,把那些明显不属于这两类的内容归为习惯。另外,即使在这三类法中,有些内容也是交叉存在的,在一种类型的法中也会有其他类型法的内容存在。在宗教类法中有伦理类法的内容,如希伯来法也规定子女要孝敬父母。② 在习惯类法中有伦理类法的内容,如苏美尔法要处罚那些子女与家长、夫与妻之间互不承认相互关系的人。③ 在伦理类法中有宗教类法的内容,如中国法中也有带宗教色彩的内容,《尚书·甘誓》记载的夏启在征战前发布的一些命令中就有这类内容,"天用剿绝其命"、"用命,赏于祖;弗用命,戮于社"等都是如此。

　　形成东方法起源中不同内容类型的原因,还在于社会本身。印度的雅利安人、希伯来人和阿拉伯人长期过着游牧生活,生活和生产的场所与自然界的关系特别密切,易产生对超自然力量崇拜的思想,宗教观念根深蒂固。以后,虽经战争逐步转为村社,并经过村社联合演变为国家,但宗教观念已难改变。在此基础上出现的神职人员在国家中的作用也特别重要。统治者就利用这一点,采用"政教合一"的统治形式,把王权与神权紧紧结合在一

---

① 《孝经·五刑》。
② 详见《新旧约全书》,第91页。
③ 详见《外国法制史资料选编》上册,第3页。

起,表现在法律中便形成了宗教型法。早期两河流域和俄国都是以农业生产为主的地区,那里形成国家的途径与以上游牧民族不同,是在农村公社的基础上,经过村社的区域联合,组成城市国家,最后发展为统一帝国。在这一发展过程中,村社组织的首领渐渐演变为君主。同时,由于东方的大河流域需要治水,治水成了一种国家职能,这又促进了王权的巩固和发展。王权的过分强大,以致神权无法取代它,也没有变成与王权分享统治权的现实,它只能成为王权的一种附属力量而被使唤。宗教无法大展身手,却给习惯的施展留有了余地,而且它与代表世俗力量的王权较为合拍,所以自然成了法律的首选内容,从而形成习惯型法。中国虽然也是以农业为主,也走了一条由农村公社向国家的道路,但在中国村社的氏族组织中,血缘关系的力量特别强大,人们依靠这种关系形成了氏族组织,确定人与人之间的关系。国家产生后,这种血缘关系不但没有松动和解体,相反更加牢固和强韧。在这种关系下形成的是家、国一体的局面,家和国都不过是血缘关系亲疏尊卑的表现。在这样的社会里,调整人与人的伦理规范就显得尤为重要,以后人们把它称为"礼"。当国家降临时,中国的统治者也就自发地把早已被人们接受的伦理规范优先选为法律,而不是宗教和习惯。

这些不同类型内容的法对后世立法产生了很深远的影响。这些国家以后的立法,基本没有改变原类型,保留着原有的一些特点,只是到了近、现代才发生了较大的变化,这里仅以中国法为例。代表中国伦理规范的礼在原始社会中就已存在,开始只是祭祀的仪式,它特别强调人们的血缘关系,是区别是否为同一氏族以及血缘亲疏的标准。进入阶级社会以后,礼的适用范围扩大,带有明显的阶级印记,而且有些内容还被法吸收,出礼则要入刑。到了春秋、战国至秦,礼一度被冷落。但至汉复起后,礼便以正统面目出现。接着,封建化的礼便开始与法结合,经过魏晋南北朝,到隋唐,这一结合过程最终完成了,代表作是唐律。以后各代都沿走唐律礼法结合的道路,虽然有些朝代对它的内容作了些变革,但终不离礼法结合之道。礼法结合于一体,即伦理规范与法紧密联系在一起,成了中国古代法的一大特点。鸦片战争以后,以自然经济为基础的封建社会被半殖民地半封建社会所替代。西方的法律思想和法律猛烈冲击着中国古代法,其结果是中国古代法败下阵来,礼终于在20世纪初的法制改革中一步步退出原有阵地,中国法改变了旧颜。宗教型和习惯型法也是如此,本书的下篇中会具体涉及这个问题。

三、与西方法起源的比较

在这里,主要从法的起源的内容类型和形式两个方面进行比较。

关于法的起源的内容类型比较。如上所述,东方法起源的内容类型主要有三大类,但在西方,较为著名的雅典法、罗马法和日耳曼法的起源,只有一类,即习惯型。在那里,既没有法律与宗教经典的混合,也没有产生以伦理规范为主的法律,而基本是那些从原始社会带来的习惯演变为法律。在雅典法里,民法中有关私有权的内容,婚姻法中有关买妻婚的规定,刑法中的血亲复仇原则等,都留有原始社会习惯的痕迹。[①] 在罗马的《十二表法》(也称《十二铜表法》)里,有关家长可杀死畸形婴儿、家长可出卖儿子、毁伤他人肢体可同态复仇、作伪证者要被投于塔尔泊峨岩下处死等的规定,也都具有原始社会习惯的特征。[②] 在日耳曼法中也有大量原始社会遗留的习惯存在,如有人遭到外族人侵害,要共同进行血亲复仇;耕地的所有权为公社所有;只有公社社员才能享有土地使用权;适用属人主义原则;在刑事诉讼中,采用神明裁判方式等都是这样。[③] 究其原因,也在西方社会本身。雅典、罗马和日耳曼人都不是游牧民族,宗教观念不及东方雅利安、希伯来和阿拉伯人深刻,宗教的力量不强大。形成国家时,宗教势力又没能战胜世俗势力,神权没有力量与王权平分秋色,没有形成宗教型法的条件,不可能产生宗教法。同时,在雅典、罗马和日耳曼人的氏族组织中,血缘关系也不及中国的强韧,特别是当氏族组织解体向国家过渡时,血缘关系也随之松弛,不像中国那样反而得到加强,因而也没有形成伦理型法的机遇,同样不可能出现伦理型法。但是,他们却都有较为丰富并被人们接受的习惯,于是这些国家的统治者便把它们作为法律的主要构成部分,形成了习惯型法。由于东方法起源的内容类型多于西方,因此可以这样说,在早期的法律内容中,东方比西方更加绚丽多彩。

关于法的起源的形式比较。西方法的起源的形式主要有三种:第一种是雅典式,即由氏族内部贵族和平民的斗争导致了法的形成;第二种是罗马式,即由氏族外平民反对氏族贵族的斗争促使了罗马氏族组织的崩溃,形成

---

① 详见《外国法制史》,第42—45页。
② 详见周枏等编写:《罗马法》,群众出版社1983年版,第365、368页。
③ 详见由嵘:《日耳曼法简介》,法律出版社1987年版,第22、23、85页。

了法;第三种是日耳曼式,即处在原始社会末期的日耳曼人通过征服罗马帝国的战争促成了法的形成,最终建立了早期封建法。在东方,法的起源形式主要有两种。第一种与西方的第一种相同,也是由氏族内部贵族与平民的斗争导致了法的形成。两河流域苏美尔国家楔形文字法的形成便属于这种形式。两河流域气候宜人,土壤肥沃,早在公元前7000多年时,现今伊拉克北部的伊尔库斯坦山地边缘就已出现了原始农业和畜牧业。到了公元前5000—4000年,西部苏克尔地区的生产力逐渐超过了北部,进入了铜石并用时代。从此时起到公元前3000年初期,苏美尔氏族内部的贫富矛盾日趋突出,平民与贵族的斗争日益尖锐,最终致使氏族制度逐渐解体,形成国家,较为著名的国家有拉格什、乌鲁克、乌尔等。[1] 在国家形成的同时,也出现了法律。希伯来法的起源比较接近这种形式。当摩西率众逃离埃及以后,希伯来氏族组织内部的贫富差别进一步扩大,矛盾也越来越尖锐,以致不得不由国家和法律来缓解这种矛盾。于是,原氏族组织解体了,摩西掌握了国家政权并代表奴隶主阶级颁布法律,希伯来法由此起源。

东方法起源的第二种形式是氏族、部落间的战争加速了法的形成。根据形成法的性质,又可分为两类:一类是通过这种战争产生了奴隶制法,印度和中国法的起源属于这一类;另一类是这种战争加速了封建法的产生,伊斯兰和俄罗斯法的起源属于此类。先述前一类。在印度和中国的原始社会末期都有过氏族、部落间的战争。这种战争通过掠夺对方的财富,加快了私有财产的集聚;通过捕获和压迫战俘,增加了奴隶的数量,这些都成为阶级、国家和法起源的催化剂,加速了它们的形成。公元前20世纪中叶,雅利安人从西北方侵入印度,那时他们还过着原始部落生活。以后,雅利安人与土著居民、雅利安各部落之间战争不断,这催成了氏族成员的分化,一些发达部落率先产生了奴隶制种姓制度,随后国家和法也产生了。[2] 据史记载,中国在原始社会末期有许多部落存在,总归起来是居住在东方的夷族,太皞是其中一族的著名酋长;居住在北方的狄族和西方的戎族;居住在中部的炎帝族;居住在西北方的黄帝族,后来此族在中部定居下来。这些部族也发生过激烈的战争,较为著名的有炎、黄帝部族之战、黄炎帝战胜夷的蚩尤和三苗部族之战等。这种战争直接有助于改变氏族部落制度,促成国家的产生和法的发源。后一类与前一类的最大区别在于部族战争催产的是封建制法,

---

[1] 参见崔连仲主编:《世界史》(古代史),人民出版社1983年版,第94—96页。
[2] 同上书,第157—161页。

而不是奴隶制法。阿拉伯半岛在公元6世纪已处在原始社会的瓦解时期,买卖,特别是奴隶买卖,使阶级分化和对立的速度加快。公元7世纪初,穆罕默德创立了伊斯兰教,以代替原来的多神教,但遭到麦加部落贵族的反对,致使他和他的弟子们不得不于公元622年离开麦加到麦地那。在那里,他组织武装,用战争手段先统一了麦地那周围的部落,后又征服了麦加部落。就这样,穆罕默德通过战争把阿拉伯部落联合起来成为一个整体,正式建立了政教合一的封建国家,封建制的伊斯兰法也随之确立了。[①] 在俄罗斯封建制法的产生过程中,战争也充当了"催产婆"的角色。公元9世纪时,东斯拉夫人的氏族制度逐渐解体,出现了一些向阶级社会过渡的部落联盟,被称为部落公国,较大的有北方的诺夫哥罗德和南方的德涅伯河中游的基辅。以后,北欧的正处在向阶级社会过渡的诺曼人向东欧入侵。862年他们推翻了诺夫哥罗德政权,882年又征服了基辅。与此同时,他们还用战争的方法合并了东斯拉夫其他一些部落公国。其结果是形成了统一的封建性基辅罗斯公国,封建制的俄罗斯法也随之起源了。[②]

在这类形成法的形式中,战争的作用非常突出。以较为典型的中国法的形成为例。战争对中国法律、刑罚、刑具和司法官的形成都有十分重大的意义。首先,战争中部族首领颁布的纪律和命令等演变成法律。为了保证战争的胜利,部族首领要制订有关纪律,也要发布一些命令,它们以后就成了法律。上述《尚书·甘誓》中记载的夏启在征战前发布的命令,以后就是夏朝法律中的一个组成部分。其次,战争后用以制服被征服者的手段演变成刑罚。《尚书·尧典》就记载了舜命皋陶为法官,用五刑去制服被征服的"蛮夷"。"帝曰皋陶,蛮夷猾夏,寇贼奸宄,汝作士,五刑有服。"五刑以后成为夏、商时的主要刑罚。再次,战争中使用的兵器演变成刑具。《汉书·刑法志》记载,古时的刑具与兵器不分。"大刑用甲兵,其次用斧钺,中刑用刀锯,其次用钻凿,薄刑用鞭扑。"以后的刑具就是从它们中发展起来的。最后,战争中的军事长官演变成司法官。那时的军事长官也要制裁违犯军令的人,起类似以后司法官的作用,当时把他们称为士、士师、司寇和廷尉等。以后司法官也用这些称谓,直到汉代以前司寇和廷尉还在被使用。从中可见,战争与东方法的起源有着密切的联系,"刑也者,始于兵"[③]不能说没有

---

① 详见刘明翰:《世界中世纪史》,二十院校合编1983年版,第167—173页。
② 同上书,第131—132页。
③ 《辽史·刑法志》。

道理。

从以上东、西法起源的形式比较,不难看出,它们有较大的区别,除第一种形式一致外,其余均不同。东方法起源的第二种形式西方没有,而西方法起源的第二、三种形式东方也没有。再加上东、西法起源的内容类型区别,可以发现,尽管东、西方在法的起源方面都有共同的规律,即都是在社会生产力的推动下,随着私有制、阶级和国家的产生而起源的,但起源过程却各有特点,存在相异之处。当然,这种相异是由东、西方不同的社会状况决定的。是不同的文化背景,其中包括政治、经济、社会意识形态等各方面,造就了不同类型的法。东、西法起源中的不同因素还影响到以后法的内容的发展,是形成它们区别的一个重要原因。

第二章 古代东方法的种类

东方社会最早踏进文明的门槛,也最早孕育法律。同时,由于各国文化、民族、地域等的区别,随着社会的发展,在古代就形成了不同种类的法。本书介绍其中较为重要的六种,即楔形文字法、希伯来法、印度法、伊斯兰法、俄罗斯法和中国法。

一、楔形文字法(Cuneiform Law)

楔形文字法,是指形成于西亚两河流域以楔形文字镌刻而成的奴隶制法的总称。

它的形成和发展有个过程。早在公元前3000年时,西亚的幼发拉底河和底格里斯河流域出现了国家,也产生了法律。之后,由于争夺水源、土地等原因,这些国家经常发生战争,并逐渐趋向形成统一的王国,法律也随之逐步统一起来。约在公元前21世纪乌尔城邦兴起,并一度统一了两河流域的南部地区,人们称其为乌尔第三王朝(约公元前2060—前1955年)。此王国的创始人乌尔纳姆以自己的名义发布了《乌尔纳姆法典》,这是当今东方乃至世界上保留最早的一部成文法典。公元前20世纪,在伊兰人和阿摩利人的夹击下,乌尔第三王朝被推翻,两河流域又陷入分裂。此时,北方的伊新(约公元前20世纪至前18世纪)、南方的拉尔萨(约公元前20世纪至前18世纪),还有伊新北部的埃什嫩那(约公元前20世纪至前18世纪),相继制订了自己的法律。其中,有《苏美尔法典》、《苏美尔亲属法》、《李必特·伊丝达法典》和《俾拉拉马法典》等。这是楔形文字法的创立时期。在这一时期,两河流域的国家都先后订立了法律,并在泥板上用楔形文字镌刻颁行,尽管其内容还很不完备。公元前19世纪,阿摩利人的另一支占据了幼发拉底河中游东岸的巴比伦城,建立了古巴比伦国家。公元前18世纪,这个国家的第六代国王汉穆拉比用30年时间先后征服了两河流域国家,建立了统一的奴隶制专制国家巴比伦(约公元前1894—前1595年)。在他执政时,颁布了一部内容较为完备的法典《汉穆拉比法典》。它不仅包含了较为完整的内容,而且还具有楔形文字法的一般特点。此法典的产生标志着楔形文字法已发展到一个成熟的时期。公元前16世纪初,北方后起的赫梯王国又战胜了古巴比伦。不久,赫梯人退走,巴比伦又建立了第二、三、四王朝。公元前8世纪,亚述王国兴起,吞没了巴比伦。这一时期是楔形文字法的发展时期,代表性法典是《赫梯法典》和《亚述法典》等。它们在《汉穆拉比法典》的基础上,内容又有发展,出现了分表归类的趋向。

在楔形文字法中,最具典型性的法典是《乌尔纳姆法典》和《汉穆拉比法典》。前者是现存最早的楔形文字法典,也是早期楔形文字法的代表作,对以后两河流域的立法产生了很大影响。此法典是综合性法典,涉及的部门法有刑法、民法、婚姻法和诉讼法等。现存的这一法典除有不完整的序言外,还有23个条款,其中有的较完整,有的不完整。后者是楔形文字法充分发展时期的产物,内容比较完备,影响也较大,除两河流域外,还远及希腊等国。有人曾说,它是当时"无一能与其伦比之法典"①。这种说法有其合理之处。现存的这一法典内容比较完整,除有完整的序言和结语外,还有263个条款,缺19条。它们都是研究楔形文字法的主要依据。

楔形文字法有自己的特点,主要表现在三个方面。第一,法典的内容与多神教关联。两河流域国家信奉多神教,因此楔形文字法典提到的是多神,法典内容保护的也是多神,而不是只崇拜一神,排斥其他神。如在《汉穆拉比法典》的序言中提到的就有土地神、天神、地下水神、庇护神等多种。这与希伯来法、印度法、伊斯兰法等都不同,它们都维护一神,并打击崇拜其他神的行为。第二,楔形文字法典中无一般原则的规定,无篇、章的归类。这些法典的一般原则直接体现在具体条款中,不作集中规定。而且,法条依次排列,不分篇、章,尽管《赫梯法典》和《亚述法典》分表,但也与篇、章不同,内容没有相对集中。而其他一些东方国家的法典或起法典作用的典籍都曾有过篇、章结构。这主要是因为当时两河流域的立法技术还不发达,另外这些法典以案例的汇编为主,并不是系统内容的概括和总结。第三,楔形文字法典虽与其他一些东方国家的法典一样,都是诸法合体,但其中民法的内容特别多,所占比例也特别高。以《汉穆拉比法典》为例。此法典中,有关民法的条款占了法条总数的一半以上,是刑法的3倍,成为该法典中法条总数最多的部门法。其他法典也有类似情况,如《俾拉拉马法典》中有70%内容属民法,刑法只占30%不足。可见,民法在诸法中地位之高。

楔形文字法盛行于两河流域,主要在现今的伊拉克、科威特境内。它还

---

① 周敦礼:《罕摩拉比法典之研究》,载《法学丛刊》第1卷第5期,1930年12月,第3页。

对波斯、希伯来及希腊立法产生过影响。公元前6世纪波斯帝国兴起并向外扩张,两河流域归入它的版图。公元前5世纪,在波希战争中,波斯大败,希腊人及其文化进入两河流域,楔形文字法的历史也终告结束。

二、希伯来法(Hebraic Law)

希伯来法,是指希伯来人在西亚的迦南地区建国并制定、实施的奴隶制法律的总称。

希伯来人在公元前13世纪建立国家,创制了希伯来法,之后该法大致经过了以下三个发展阶段。第一阶段是希伯来法的奠基阶段(公元前13至前12世纪)。这一阶段中,希伯来人在摩西的带领下来到迦南地区,"希求发现一理想境界"[①]。在那里,摩西不仅"奠定了以色列民族和宗教的独立",还代表奴隶主阶级"参照了他前辈的那些简单而又纯洁的律法",[②]并根据当时的需要,颁布了"十诫"等法律,奠定了希伯来法的基础。第二阶段是希伯来法的完备阶段(公元前11至前6世纪)。公元前11世纪建立了希伯来王国,100年后分为北部的以色列和南部的犹太两个王国,直至公元前586年被新巴比伦灭亡。这一阶段中,虽然国家有过分裂和变化,但希伯来法仍在发展,并趋向完备。此时的希伯来法不仅形成了体系,还在内容上日益完备,为后人进行总结创造了条件。第三阶段是希伯来法的总结阶段(公元前5至前1世纪)。约在新巴比伦占领了犹太王国的四十余年后,波斯帝国又消灭了新巴比伦。希伯来人获准重返家园,一些被囚于新巴比伦的希伯来人也被释放回国,他们重建耶路撒冷。但是,在波斯帝王的统治下,希伯来人组成的只是政教合一的自治社团,由祭司们行使宗教和管理职能。在这种情况下,他们没有发展政治与国家的机会,只能以宗教为本团结本民族的人们。这为他们总结前人的立法,整理以前的法律资料创造了条件。希伯来人组织了大批文人学士收集和编纂已存的各种文献,终于汇编成《旧约全书》中的"前五经"(又称"摩西五经"),即《创世记》、《出埃及记》、《利末记》、《民数记》和《申命记》五卷。它们是第一部收载希伯来成文法的著作,公元前444年正式确定为《圣经》。

现存希伯来法的内容主要从"摩西五经"中取得。希伯来法学家曾把它

---

① 袁定安:《希伯来的民族英雄摩西》,商务印书馆1935年版,第1页。
② 〔以色列〕阿巴·埃班:《犹太史》,阎瑞松译,中国社会科学出版社1986年版,第11、13页。

们称为《诺亚法典》、《誓约法典》、《申命法典》、《圣洁法典》和《祭司法典》。它们记载的是希伯来法在各个时期的内容:《诺亚法典》载录了摩西立法前希伯人的习惯和戒条;《誓约法典》记载了摩西立法的内容;《申命法典》着重记录了犹太王国于公元前622年书亚改革时的立法;《圣洁法典》和《祭司法典》是希伯来人被囚于新巴比伦时完成的,特别强调了希伯来人的宗教性。以后,希伯来人虽流散到世界各地,但仍没有放弃对自己法律的研究,他们把口传而又未被汇编成集的法律总编为《密西拿》,法学家又对它进行评注成文,取名《革马拉》。此二者合为《塔木德》,与"摩西五经"齐名,都是希伯来法的典籍。它们被认为"一直是各地的传统犹太学术的精髓,为信教的犹太人留下了教义、法律和知识的共同遗产,直到近代时期开始前,对于维护犹太人民的统一作了巨大贡献"①。

希伯来法的特点可以归以下两点:第一,希伯来法与希伯来教联系在一起。摩西的律法既是希伯来法律,又是希伯来教规,实是两者的混合物。遵守了法律就是遵循了教规,违犯了法律也就是违反了教规;反之,亦如是。第二,希伯来法与民族的排外性联系在一起。希伯来人具有较为强烈的排外性,认为本民族具有特殊的优点和民族精神,如本民族最为洁净等。为了保持希伯来民族的这种优点和精神,此法作了一些排斥外民族的规定,如曾一度禁止与外族人通婚、禁止犹太人与非犹太人一起食肉等。同时,还采取了一些措施以区别其他民族,如规定男婴须在出生后的第8天进行"割礼"。形成这些特点与当时的历史条件是分不开的。希伯来人所处的迦南地区是战略要地,位于地中海、死海和约旦河之间,属通向亚、非、欧三大洲的要道,也是其他民族、国家争夺的热点。希伯来人要在这样的地方站住脚,就需要全民族团结一致,共同对外。希伯来统治者也知晓这个道理,并采取了一些方法,包括信奉一神,打击多神;渲染民族精神,排斥外民族等,企图以此来拉拢所有的希伯来人,使自己立于不败之地。

希伯来法的有效地区不大,主要在迦南,即现在的黎巴嫩、以色列和叙利亚的部分地区。公元前63年罗马军队开进耶路撒冷,并驱逐希伯来人,他们只得流亡于世界各地,希伯来法也因此在东方告一段落。但是,它对以后的犹太人仍有很大影响。一是流散在各地的犹太人仍实施着这一法律。希伯来法是宗教法,具有属人性,犹太人会遵守自己的法律,而且人们只要

---

① 〔美〕纳达夫·萨弗兰:《以色列的历史和概况》上册,北大历史系翻译小组译,北京人民出版社1973年版,第24页。

"皈依了犹太教就意味着入了犹太籍"①。特别是在一些有权建立犹太教团体和自治机构的地方,犹太教法庭还被"承认",并按犹太教"惯例"进行审判。二是在1948年4月以色列国建立以后,原希伯来法中的有些规定仍被继续使用。饮食是其中的一个方面。"国家要求包括军队在内的所有公共机构都必遵守犹太教的饮食法;全国各地,除了主要由基督徒居住的少数地区外,普遍禁止养猪。"这与原希伯来法的规定一样。另外,还建立了犹太教法庭。它"成了国家司法体系中的一个组成部分","国家的全部人都处在宗教法庭的审判权限之内"。② 可见,希伯来法并没有因为希伯来国的灭亡而绝迹,相反,它依附着犹太人而表现出它特有的生命力。

三、印度法(Indian Law)

印度法,是指以印度法律为基础,并对东南亚一些国家产生影响的奴隶制和封建制法的总称。

印度法有一个发展、变化的过程,主要可分为三个大的时期。首先,是以"经"为主的时期。时间大约从公元前15世纪至前4世纪。雅利安人入侵印度并建立国家以后,先盛行吠陀教,后又发展为婆罗门教,于是婆罗门教法占据了统治地位。在这个时期的前一阶段,"吠陀"经是法律的主要渊源。它包括《梨俱吠陀》、《娑摩吠陀》、《耶柔吠陀》和《阿闼吠陀》。它们既是宗教文献,也是文学作品,其中含有法律规范。当然,这些法律规范不同于法典,其内容只是规定了印度人永世不变的生活准则和行为规则,并通过它们的实施达到维护社会秩序的目的。在这一时期的后一阶段,大约是在公元前6世纪以后,进入了"法经"阶段,它成了主要的法律渊源。主要的"法经"有《乔达摩法经》、《槃达耶那法经》、《阿帕斯檀跛法经》和《伐悉私陀法经》。其中规定有民法、刑法、行政法和诉讼法等的一些原则,比"吠陀"经大大进了一步。它的出现被认为是"标志着古代印度法发展史进入了一个新的阶段"③。其次,是以"法论"为主的时期。时间大约从公元前4世纪至公元10世纪。此时,佛教不可一世,并取代了婆罗门教的地位,婆罗门教受到了沉重的打击。以后,婆罗门教与佛教又合并演变为印度教。在这

---

① David Daube, *Ancient jewish Law*, Leiden, The Nether lands, 1981, p.1.
② 参见《以色列的历史和概况》上册,第275、276、278页。
③ 李启欣:《古代印度法的渊源及其发展》,载《南亚研究》1988年第1期。

一过程中,婆罗门教为了复兴,便编纂了"法论",以维护自己的地位。由于"法论"中的"轮回"等思想也为佛教所接受,因而它们在佛教盛行时,仍不失其法律的作用。主要的"法论"著作有《祭言法论》和《那罗陀法论》等。有人也把"法论"称为"法典",因而就有了《摩奴法典》、《那罗陀法典》等称谓。它们除了有一般的原则规定外,还有具体内容,是印度法充分发展的表现。最后,是混合法阶段。时间大约从11世纪至17世纪。在这一时期,印度受到外来侵略,阿拉伯人、阿富汗人都曾侵入过这个国家,有的还把自己的法律硬套在印度实施,其中伊斯兰法的影响最大,它几乎控制了全部公法领域,原印度法只在私法内有效。"在穆斯林统治时期,刑事案件依传统的伊斯兰法处理,民事案件则以印度法为主来解决","刑法和证据法以伊斯兰为基础,平等地适用到印度人和穆斯林"。① 印度法变成了有两种不同传统的法共存于一个法律体系的混合法格局。这样,原来纯粹的印度法一统天下的局面不存在了,印度法由单一转化为多极,此时它的内涵也不同于以上两个时期。这种局面一直持续到英国殖民者入侵,被英国法打破。

印度法的代表作是《摩奴法论》。它的成文时间说法不一,但人们较为熟悉的是认为在公元前2世纪至公元2世纪之间。它集婆罗门教法之大成,是这一宗教的主要著作,同时也被印度的其他宗教奉为法源。而且,还长时间地被广泛适用。有人认为:"可以说,从南到北,从古到今,《摩奴法论》在印度无时无地不在起作用。"②《摩奴法论》全书共12章,2684条,运用诗歌体裁记载了包括法律、宗教和道德等在内的行为规范。18世纪末,英国法学家琼斯将它从梵文译成英文。书中的法律内容涉足民法、刑法、婚姻法和诉讼法等许多部门。它在印度被广泛采用,是主要的审判依据。另外,它还对一些东南亚国家产生过影响,因而"形成了以《摩奴法论》为基础的印度法系"。③

印度法的最显著特点有三:第一,与多种宗教相连。印度法也与宗教关系密切,但它既不同于楔形文字法同时受多神的影响,也不同于希伯来法、伊斯兰法仅与一种宗教相结合,而是先后与吠陀教、婆罗门教、佛教、印度教和伊斯兰教有联系。因此,在印度法中,或多或少地留有多种宗教的痕印,这在古代东方是绝无仅有的。第二,印度法中主要的、大量的内容存在于多

---

① Bisheshwar Prasad, *Bondage and Freedom*, Rajesh Publication, New Delhi, p.332.
② 蒋忠新:《摩奴法论·译者前言》,第4页。
③ 《外国法制史》,第23页。

种宗教的典籍中。印度法既是宗教法,又与多种宗教有过联系,所以它的内容大量存在于多种宗教的典籍中,这与古代东方的其他宗教法也不同,希伯来法和伊斯兰法都没有出现过这种情况。第三,印度法是竭力维护种姓制度的法。种姓制度是印度的一项重要制度。它把人们分为婆罗门、刹帝利、吠舍和首陀罗四大种姓。他们地位不同,前者高,后者低。地位还与特权成正比,婆罗门享有最大的特权,次为刹帝利,再为吠舍。首陀罗是被压迫者,没有任何特权。印度法规定并保护这一制度,触犯了它要受到惩罚。

印度法对东南亚一些国家的立法产生过很大影响。由于现在的巴基斯坦和孟加拉国都属于那时的印度本土,所以其影响地域主要在现在的缅甸、锡兰、泰国、老挝和菲律宾等国。《摩奴法论》的内容曾被这些国家不同程度地吸收和使用。到了18世纪,随着英国殖民者的入侵,英国"透过印度事务国务大臣而控制英印政府"①,印度成了英国的殖民地,印度法也发生了很大变化。部分印度法开始被挤出法律体系,而英国法则又被挤进这个体系,以致原印度法、伊斯兰法和英国法均占有一定席位,即"一部分来自英国女王和国会,另一部分来自莫卧儿政府和印度地方统治"②。而且,英国法所占的比例越来越大,导致了被称为"达磨"(Dharma)的印度法"仅被村法庭或种姓中的长者使用"③。实际上,它在国家法制中的地位已无足轻重了。也就是在此时,原印度法的基本特征渐渐消失,印度法制开始走上近代化的轨道。当然,这并不是说原印度法就完全绝迹,应该承认它的残迹在某些私法领域还能见到一二。这也不足为怪,因为法律有其相对独立的一面。

四、伊斯兰法(Islamic Law)

伊斯兰法,是指形成于中世纪阿拉伯国家、与伊斯兰教相结合、对一些亚欧非国家发生过影响的封建制法的总称。

公元7至9世纪是伊斯兰法的创立时期。在这期间,穆罕默德创建了伊斯兰教,同时也创立了伊斯兰法。他在自公元609至632年的23年传教过程中,以"安拉""启示"的名义陆续发布了《古兰经》。它既是伊斯兰教的

---

① 〔印度〕R. C. Majumdar 等:《印度通史》,李志夫译,台湾"国会编译馆"1981年版,第1409页。
② A. C. Banerjee, *English Law in India*, Abhinav Publications, New Delhi, 1984, p.1.
③ Rene David, *International Encyclopedia of Comparative Law*, Volume II, p.158.

第二章 古代东方法的种类

最高经典,也是伊斯兰法的最主要渊源。它的诞生意味着伊斯兰法的确立。"伊斯兰教的立法活动,从启示到先知去世(632年),共延续了23年。"①之后,有人追忆穆罕默德生前的言行,以传闻的形式编成《圣训》,作为对《古兰经》的补充。《圣训》是仅次于《古兰经》的法源。两者相结合,便构成了伊斯兰法的基础,使它从无到有。10至15世纪是伊斯兰法的发展时期。此时,阿拉伯帝国形成,并向外扩张,领土也不断扩大,跨及亚、欧、非三大洲。由于社会情况的变化,原来的《古兰经》和《圣训》已不能适应社会需要,而"需一个详尽的和满足社会的法律"。同时,"这个问题的重要方面引起了人们越来越多的注意,越来越多的人士去考虑这些方面"。②法学家们解决了这个问题。他们根据《古兰经》和《圣训》中的原理解释新问题,形成意见、公议和类比,还有人写成法学著作,作为司法的依据。这样,伊斯兰法的内容和运用范围都有扩大,不再拘泥于《古兰经》和《圣训》,向前迈了一大步。16至18世纪是伊斯兰法与外国的世俗法并施阶段。那时,奥斯曼土耳其人兴起,吞并了阿拉伯帝国,建立了奥斯曼帝国。此时的伊斯兰法虽被作为神法而保留下来,但苏丹的行政性敕令增多,作用也增大了,涉及范围也十分广泛。另外,在这一时期,苏丹还给一些"外国优惠条件",如法国可"根据自己的信仰和法律,享有并保持关于国王之商人及其他臣民之间可能发生的一切民事、刑事诉讼、控告以及纠纷等之审讯、裁判和判决的权力,而不受(奥斯曼的)审判官、司法官吏、城市总督以及其他的阻碍"③。法国的世俗法在那里落了脚。这样,在原来只执行伊斯兰法的阿拉伯国家里,也有外国的世俗法通行了,而且两者同存、并行,使这一地区的法制发生了新变化。这种变化动摇了原来的纯伊斯兰法,至19世纪便产生了更大的危机。

《古兰经》是伊斯兰法的最重要法源。穆罕默德在23年的传教中相继公布了它。开始,它只散记在兽皮、树叶、骨片上,没有汇编成册。他死后,他的第一任继承者哈里发艾卜·伯克尔下令搜集、整理,并加以保存。后来,第三任哈里发欧斯曼为了统一各地流传不一的经文,下令订正为一个定本,并销毁其他抄本。此定本原为阿拉伯文,中国自明、清以后有其节译,到20世纪20年代才出现全译本。《古兰经》共30卷,114章,6200余节,分为"麦加章"和"麦地那章",前者数量较多,占总数的2/3,后者仅占1/3。每

---

① ② *International Encyclopedia of Comparative Law*, Volume Ⅱ, p. 131.
③ 周一良主编:《世界通史资料选辑》(中古部分),商务印书馆1981年版,第433页。

章的章名通常由章文中的某个名词命名,但"章名与内容一般没有多大关系"。句文常常带有韵律,但又"不是押韵的诗歌"。① 其中的有些内容有重复,有的还前后矛盾,如"有些地方说每个人的全部行为都是由安拉前定的,而在另一些地方又说,每个人都要对自己的全部行为负责,因为他是根据自己的意志和愿望行事的"②。书中除有宗教信条、伦理规范及故事、传说外,还有法律,包括民法、刑法、诉讼法。

与其他东方法相比,伊斯兰法有自己的特点,突出表现在以下两个方面:第一方面,伊斯兰法与伊斯兰教密不可分。伊斯兰法随着伊斯兰教的产生而产生、发展而发展,而且伊斯兰法的主要渊源又存在于伊斯兰教的经典之中,两者紧密结合于一体。同时,伊斯兰教是伊斯兰法的基础,伊斯兰法又维护伊斯兰教,两者相辅相成,缺一不可。古代东方没有一种法与伊斯兰教有这样的关系。第二方面,伊斯兰法学家及其著作在伊斯兰法的发展过程中发挥了巨大作用。随着社会的发展进程,《古兰经》和《圣训》已无法满足司法需求,它们在许多新问题面前显得力不从心。为了解决这一问题,伊斯兰法学家作了不少努力。他们通过对《古兰经》和《圣训》的研究,用其中的原理解决问题,满足了司法要求。到了11世纪以后,他们及其著作在司法中的地位已十分重要,司法官实际上已大量引用法学家的看法及著作进行审判,而不像以前那样只以《古兰经》和《圣训》为依据。其他东方国家法学家的作用都不及他们的大。在非宗教法国家,法学家不可能像他们那样专门研究宗教法并以此作为司法依据。在希伯来、印度等宗教法国家里,法学家的作用也不及伊斯兰法学家那样突出。

从影响的地域而论,伊斯兰法居各东方法之首。它曾对亚、欧、非三大洲许多国家的立法产生过影响,涉及地区东起印度,西至大西洋,南起北非,北至喜马拉雅山南麓。在这区域内的国家都曾把《古兰经》奉为重要的法律依据。18世纪以后,西欧列强开始侵略奥斯曼帝国,许多国家先后在那里取得了治外法权,为西方法的进一步入侵打开了门户。之后,在这些列强的压力和西方世俗法的冲击下,奥斯曼统治者自19世纪起多次进行法制改革。这一改革的过程就是伊斯兰法解体的过程。但是,伊斯兰法十分顽强,到现代仍很有影响。首先,有些国家不同程度地保留着伊斯兰法。如沙特

---

① 参见〔英〕M.库克:《穆罕默德》,周燮藩译,中国社会科学出版社1990年版,第101页。
② 〔苏〕叶·亚·别利亚耶夫:《伊斯兰教派历史概要》,王怀德译,宁夏人民出版社1980年版,第38页。

阿拉伯、北也门、阿曼、阿联酋、卡塔尔等国,原来受西方法的影响不太大,伊斯兰法仍是这些国家的基本法律制度。又如埃及、叙利亚、伊拉克、西北非等一些国家,虽受西方法的影响较大,已以外来的西方法为主,但仍未完全废用伊斯兰法,而只是把西方法与传统的伊斯兰法混合在一起使用。其次,伊斯兰法是宗教法,它随着穆斯林的足迹流向世界各地。现今,全世界信仰此教的人已超过 8 亿,他们在 35 个国家中占多数,有 28 个国家以它为国教。大多数穆斯林不在阿拉伯地区。"世界上三大穆斯林国家是印度尼西亚(约 1 亿 3500 万穆斯林)、巴基斯坦(8000 万)以及孟加拉国(7500 万)。人口中一半以上是穆斯林的国家包括马里、阿富汗、马来西亚、阿尔巴尼亚、当然还包括伊朗——其中没有一个是阿拉伯国家。"[1]这些国家的穆斯林也要遵守伊斯兰法。最后,在 20 世纪还有一些国家声称要恢复伊斯兰法制,并在法律中作了相应规定。1979 年伊朗的霍梅尼执政后,公开宣布伊朗是"神法对人的治理",要推行以《古兰经》为依据的伊斯兰法。1980 年颁布的伊朗宪法明确规定,民法、刑法等"所有法律和规章必须依据伊斯兰法的准则"。1979 年 2 月巴基斯坦总统齐亚·哈克在向全国发表的讲话中,宣布要恢复伊斯兰法中的有关禁令和刑罚内容,实行"伊斯兰法治",同年制定的惩治刑事犯罪条例确实恢复了这种刑罚。[2] 因此,伊斯兰法被认为是"今天世界最大的三个法系之一"[3]。

五、俄罗斯法(Russian Law)

俄罗斯法,是指在基辅罗斯形成并向俄国全境辐射时的封建制法的总称。

俄罗斯法的发展主要经历了三个时期。公元 8 至 11 世纪是俄罗斯法的初具规模时期。公元 882 年"基辅罗斯"形成,这是个带有原始公社残余的早期封建国家。在它形成的同时,俄罗斯法也萌生了,不过主要是习惯法。到了 10 至 11 世纪,基辅罗斯的统治者觉得原有的习惯法不足以维持当时的统治秩序,于是又专门颁布了一些应时法规。以后,对以上的这些法

---

[1] 〔美〕托马斯·李普曼:《伊斯兰教与穆斯林世界》,陆文等译,新华出版社 1985 年版,第 2 页。
[2] 参见高鸿钧:《伊斯兰教法及其在当代世界的影响》,载《西亚非洲》1985 年第 4 期。
[3] John Henry Wigmere, *A Panorama of the World's Legal Systems*, Vol. II, West Publishing Company, 1928, p.535.

进行整理，汇编成《罗斯法典》(亦称"罗斯真理")。它的颁行标志着俄罗斯法已初具规模，并为以后的发展打下了基础。12 至 17 世纪是俄罗斯法的发展时期。16 世纪 30 年代以前，俄国处于封建割据状态，此后形成了中央集权体制，特别在伊凡四世的政治改革以后，俄国的领土不断扩大，成为一个多民族的国家。罗曼诺夫执政后，中央集权进一步加强，以沙皇为中心的专制机构完成。《一四九七年会典》、《一五五〇年律书》和《一六四九年会典》是这一时期制定的主要法典。18 至 19 世纪下半叶是俄罗斯法的高度发展时期。这段时间里，俄国的封建农奴制经济渐趋瓦解，资本主义的生产关系加快发展，但封建制度还在作最后的挣扎，封建法仍有发展，而且内容更为详全，集中体现在 1833 年撰成的《俄罗斯帝国法律全书》。这一法典无论在结构还是内容方面都比以往的法典有进一步的发展，是"十月革命"前最为详备的法典。

俄罗斯法的代表性法典是《罗斯法典》和《俄罗斯帝国法律全书》。前者是基辅罗斯最早的法律汇编，流传至今已有一百多种，还有简明版、详细版和详细版的缩版之别。兰州大学出版社于 1987 年出版的由王钺译注的《〈罗斯法典〉译注》包括了简编《罗斯法典》和详编《罗斯法典》两部分。简编中又分为《雅罗斯拉夫法典》和《雅罗斯拉维奇法典》。详编也由两部分组成：第一部分有 52 个条款；第二部分有 69 个条款，又称《摩诺马赫法规》。其中涉及的部门法包括民法、刑法、婚姻法、诉讼法等，基本反映了《罗斯法典》以及俄罗斯法初具规模时期的面貌。后者是对以前立法的总结，虽完成于 1833 年，但至 1835 年 1 月 1 日才生效。此法典共 15 卷，42000 条，内容按部门法编列：第 1 至 3 卷为"根本的制度性的法律"，包括了各国家机关的权力和文牍程序等内容；第 4 至 8 卷为国家职能，包括了国家的义务、收入和财产等内容；第 9 卷为"身份法"，包括了人们的地位、身份的等级等内容；第 10 卷为民法，包括了物权、债权、契约等内容；第 11 至 14 卷为治安法，包括了国家治安和整饬的内容；第 15 卷为刑法，包括了各种罪名、刑罚等内容。这部法典在"十月革命"后才被废除，在此以前一直有效。

俄罗斯法有其独特的地方。首先，俄罗斯法属世俗法，但在同类法中它受宗教法的影响最大，其中主要是教会法。公元 987 年弗拉基米尔笃信基督教，一年以后又宣布此教为国教，命令所有的俄国人都要洗礼。同时，还印行了译成斯拉夫教会语言的"拜占庭教会法汇编"，颁布了一些有关国家与教会关系、教士法律地位等的法令。另外，在编纂《一六四九年会典》时,拜占庭的教会法也是其中的渊源。① 其次,有关农奴制的内容在俄罗斯法中表现得非常突出。从《罗斯法典》到《俄罗斯帝国法律全书》都把农奴制作为一项重要内容,其中包括农奴的地位、对他们的占有和买卖等,其完备程度没有其他古代东方法能与之相比。俄罗斯法的主要部分仍被以后的资产阶级接受并实施,尽管在19世纪六七十年代,资产阶级也进行过法制改革,但改革并不彻底,妥协成分较多,原俄罗斯法的面貌没有根本改变,上述的《俄罗斯帝国法律全书》一直被资产阶级的政权使用着。它的废除是"十月革命"后的事,是俄国的这场社会主义革命才彻底铲净了俄罗斯旧法。这与其他古代东方法不同。凡受到西方列强侵略的殖民地国家,如印度和阿拉伯伊斯兰国家等,本国的古代法都受到入侵国的冲击,逐渐被改变、取代。像中国这样的半殖民地半封建国家,古代法也在近代逐渐瓦解。它们的废止时间和方式均与俄罗斯法不同。

俄罗斯法对其他国家没什么影响。原因是多方面的,但有一点十分重要,就是俄罗斯法产生较晚,待形成体系,周围国家都已有一套比较完整和自成体系的、不同于它的法制。当时,南面有中国法,西南面有伊斯兰法,西面有日耳曼法等,它没有渗透的机会,因此只能局限于俄国本土。这是古代东方六种法中唯一几乎没有对其他国家产生影响的法。1917年"十月革命"后,列宁便领导创制了社会主义法,颁行了一系列法律,同时也摒弃了俄罗斯旧法。这一革命"废除旧法律,摧毁压迫人民的机关,夺取政权,创立新法制"②,也使原俄罗斯法顷刻土崩瓦解。

六、中国法(Chinese Law)

中国法,是指在中国本土形成、发展,并对东亚一些国家有很大影响的奴隶制法和封建制法的总称。

中国法自夏朝产生后,到1840年鸦片战争爆发,历经4000年,可分为以下几个发展阶段。第一是中国法的确立阶段,时间为夏、商两代。自夏成为中华大地上第一个国家后,中国法也同时产生了。经夏、商两代1000年的运行,中国法在中华大地上扎下了根。从史籍的记载来看,那时

---

① 参见《外国法制史》,第124页。
② 列宁:《立宪民主党人的胜利和工人政党的任务》,载《列宁全集》第12卷,人民出版社1987年版,第317页。

已有"禹刑"和"汤刑",还有一些军事命令、五刑等规定。从出土的甲骨文来看,已有一些有关吏制、刑法和兵制的内容。① 第二是中国法的初具规模阶段,时间从西周至秦。西周在发展法的同时,重点发展礼,还使这两者相辅相成,共存并用,为以后的礼法结合开辟了一条通道。春秋末期至秦不断提高法的地位,强化法的作用,至秦已是皆有法式,中国法又上了一个台阶。本阶段中较为著名的法典有《吕刑》、《法经》和《秦律》等。第三是中国法的发展阶段,时间从汉至魏晋南北朝。在此时,中国法走上了法与礼相结合的道路,礼徐入律中。从此,中国法便逐渐趋向成熟。本阶段中较有影响的法典是《曹魏律》、《晋律》和《北齐律》等。第四是中国法的成熟阶段,时间为隋、唐两代。迄止这两个朝代,中国法已经成熟,主要表现为:首先,礼法结合的过程到此时完成,礼和法已完全融合,难分难解。其次,各项基本法律制度已很完备,它们既集以往立法之大成,又开后世立法之先河。此时的典型法典是《开皇律》、《贞观律》、《永徽律疏》(亦称《唐律疏议》)和《唐六典》等。第五是中国法的进一步发展阶段,时间从宋到清。在这一阶段,资本主义萌芽已经露头,而且不断发展,这对中国古代法是一个极大的威胁,但那时的统治者仍通过法制来维护自己摇摇欲坠的地位。与上一阶段相比,虽在法律内容上有所变化,但趋势仍向前拓进,有些方面还比隋、唐更有发展,如对例的规定和运用等。这时的主要法典有《宋刑统》、《大元通制》、《明律》、《大清律例》以及明清的"会典"等。

中国法的法典很多,其中《永徽律疏》和《唐六典》十分引人注意。前者在《贞观律》的基础上发展起来,撰编人以长孙无忌为首,共有近二十人参加。公元 635 年,即唐太宗贞观十一年,《贞观律》完成。以它为底本,公元 651 年,即唐高宗永徽二年,颁布了《永徽律》,两年后又公布了《永徽律疏》。它是一部刑法典,共 30 卷,12 篇,500 条(后为 502 条)。"律疏"(后称"疏议")与律条具有同等的法律效力,司法官也以此定罪量刑。它以篇分类:第 1 篇为名例,相当于现今刑法典中的总则;第 2 至 12 篇分别为卫禁、职制、户婚、厩库、擅兴、贼盗、斗讼、诈伪、杂律、捕亡和断狱,相当于现在刑法典中的分则。礼是全法典的主心骨,有人认为其中的内容都"一准乎礼"。它规定的各项制度都十分完备,有人认为它是各法典中的"最善"者。② 后者是规

---

① 参见《中国法制史资料选编》上册,群众出版社 1988 年版,第 1—2 页。
② 参见《四库全书总目提要·唐律疏议提要》。

定唐代官制的法典,属于组织法。公元738年,即唐玄宗开元二十六年完成,历时16年,李林甫等多人参与撰修。全法典30卷,25万字左右。纲目仿周礼,以理、教、礼、政、刑、事"六典"为名。以后,它为《明会典》和《清会典》所沿袭。

与以上各东方法一样,中国法也有自己的特点。第一,中国法是礼法结合的法。礼是儒家思想的集中表现,强调等级名分,总归为"三纲五常"。中国自汉武帝罢黜百家、独尊儒术以后,儒家思想便成了正统思想,礼也开始入法,至隋唐,礼法结合的过程完成了,唐律是这个过程的最终产物。以后各封建朝代都先后沿革唐律,继续使用礼法结合的法律。礼法结合成为中国法的一个显著特点,没有一个其他东方法如它一样。第二,中国法中有部门法法典。除中国以外,其他古代东方国家即使有法典,也是综合性法典,一部法典中包含有多种部门法,没有单个部门法的法典。中国则不然,它有部门法法典,如上述的《永徽律疏》是刑法典;《唐六典》是专门规定唐代官制的法典,具有组织法性质。当然,这也不排斥中国有综合性法典,但有部门法法典则是中国法的一大特点。第三,中国法始终处在自我的、不间断的发展状态。中国法在4000年的连续自我行用过程中形成了自己的又一个特点,即它历经了奴隶制和封建制两个时期,同时又几乎没受到外国法的影响,这在古代东方法中是独一无二的。楔形文字法和希伯来法都属奴隶制法,在封建制时期即中断了。伊斯兰法和俄罗斯法均属封建性法,没有奴隶制法为前导。印度法则在封建制时期受到伊斯兰法的很大影响,与以前的印度法大不相同。它们都没有一个自我的、不间断的长期发展过程。

中国法曾对东亚一些国家的立法产生过巨大影响,所涉国家包括朝鲜、日本、越南及琉球群岛的一些国家。鉴于中国法的这种影响,有人把它称为"东洋法制史枢轴"[①]。此外只以日本为例。日本天智天皇时的《近江令》、文武天皇时的《大宝律令》、元正天皇时的《养老律令》、醍醐天皇时的《延喜格式》等,都以隋、唐的律、令、格和式为楷模。[②] 许多日本学者、专家也都承认中国法对日本的这种影响。木宫泰彦说:"日本中古之制度,人皆以为日

---

① 〔日〕中田薰:《唐令拾遗》,长春出版社1989年版,第877页。
② 参见杨鸿烈:《中国法律在东亚诸国之影响》"中国法律在日本之影响"部分,商务印书馆1937年版。

本自创,然一检唐史,则多知模仿唐制也。"①池田温讲:"日本古代的律令开创于中国隋唐时代,日本向隋唐学习过国家制度和文化,也模仿隋唐的国家制度和律令,编纂了自己的律令。"②大竹秀男和牧英正也认为,日本的大宝和养老"律令"的母法是当时世界上具有最高理论水平的唐律,日本法律继承了唐律并一下子跃上像唐律那样的高水平。③中国学者也有相同看法。"日本学习隋唐制度,制定律令,把国家的政治经济生活纳入律令体制之内,这便是日本史上所说的'律令国家'。"④为此,有些法学家把中国法称为"中华法系",并列入世界五大法系。美国法学家韦格摩尔在他1936年完成的三巨册《世界法系大全》中,把中华法系与印度、伊斯兰教、大陆和英美法系合称为"世界五大法系"⑤。可见它的影响之大。

以上古代东方各法相对独立,有些又互相影响。不过,这种影响的程度、范围及时间不尽相同。楔形文字法曾对希伯来法产生过影响。有人认为,摩西在制定希伯来法时,曾吸取过楔形文字法中的一些内容。"摩西法律之所以优胜,前者(楔形文字法)对于他不无影响,摩西律法有若干点正系抄照那法典(《汉穆拉比法典》)而来,如'以眼还眼,以牙还牙'早见于罕母拉比法典(即《汉穆拉比法典》)的条文。"⑥这一说法不是没有根据。以后,阿拉伯人入侵印度,伊斯兰法被强行移植进印度,印度法在内容上发生了变化,成了混合性法。伊斯兰法对印度法有过影响,但它自身也受到过希伯来法的影响。一位外国学者曾说:"麦地那人在回教以前就与犹太人同居,犹太人根据旧约及旧约的注释,创制不少的律例。麦地那的阿拉伯人就是遵循犹太教人的律例。"⑦伊斯兰法也确与希伯来法有相似之处,如不食猪肉、血等。可见,古代东方各法间还有着千丝万缕的联系,绝不是孤立自在的。

在古代东方,除以上六种法外,还有埃及法、中亚地区的法等,由于各种原因,本书不作介绍。

---

① 〔日〕木宫泰彦:《中日交通史》,陈捷译,商务印书馆1932年版,第195页。
② 〔日〕池田温:《隋唐律令与日本古代法律制度的关系》,载《武汉大学学报(社科版)》1989年第3期。
③ 参见〔日〕大竹秀男等:《日本法制史》,青林书院1985年日文版,第22—23页。
④ 武安隆:《遣唐使》,黑龙江人民出版社1985年版,第19页。
⑤ 李钟声:《中华法系》上册,台湾华欣文化事业中心1985年版,第238页。
⑥ 《希伯来的民族英雄摩西》,第33页。
⑦ 〔埃及〕阿哈谟德·爱敏:《黎明时期回教学术思想史》,纳忠译,商务印书馆1939年版,第220页。

第三章 古代东方的法律渊源

古代东方国家的法律渊源,各国不完全相同,但总合起来,主要有以下这些。

一、法　　典

古代东方的法典,是指具有较为系统、完整内容的法律典籍。

古代东方的非宗教法国家都曾制订过法典,并把它作为主要的法律渊源。两河流域国家制定过《乌尔纳姆法典》、《苏美尔法典》、《汉穆拉比法典》、《亚述法典》、《赫梯法典》等一系列法典。俄国颁布过《罗斯法典》、《一四九七年会典》、《一五五〇年律书》、《一六四九年会典》、《俄罗斯帝国法律全书》等许多法典。中国法的历史悠久,法典就更多了,现在保存较为完整的就有《唐律疏议》、《唐六典》、《宋刑统》、《明律》、《大清律例》等。它们都是人们的行为规范,必须遵守、执行,违犯了要按情节轻重被追究法律责任。它们更是司法依据,司法官要根据法典的规定及当事人的违法犯罪情况进行审判。否则,司法官要承担由此而产生的法律后果。中国的《唐律疏议·断狱》"断罪不具引律令格式"条规定:"诸断罪皆须具引律、令、格、式正文,违者笞三十。"此条"疏议"还专门作了如下说明:"犯罪之人,皆有条制。断狱之法,须凭正文。"唐后各代也都沿袭这一规定。宗教法国家制定的法典或具有法典性质的文件,也是这些国家的法律渊源之一。

法典具有较为系统和完整的内容。法典的制定以维护整个社会较长时期的统治秩序为出发点,不仅仅为某种短期需要,因此它的内容一般较为系统和完整。《汉穆拉比法典》在当时代表了立法的最高水平,其内容完整且有系统,如一位苏联学者所言:《汉穆拉比法典》的"叙述有明晰的体系",而且"是那个时期篇幅最大的一部古代法律"。[①]《唐律疏议》也是如此,因此有疏而不漏之称。

---

① 〔苏〕康·格·费多罗夫:《外国国家和法律制度史》,叶长良等译,中国人民大学出版社1985年版,第12页。

由于法典的内容比较系统和完整,所以它们的编撰时间较长,有的花几年,有的甚至用十几年。《俄罗斯帝国法律全书》的编纂就用去了许多年。1826年尼古拉一世在自己的私官署下设立了第二处以代替法典编纂委员会,1830年完成了第一阶段工作,出版了《俄罗斯帝国法令全集》,在此基础上才于1833年完成了《俄罗斯帝国法律全书》,前后持续了7年左右时间。《唐律疏议》的底本《贞观律》的编纂也用了不少时间。唐太宗在贞观元年(626年)即位后,便命令长孙无忌等人修订《贞观律》,至贞观十一年才颁行,先后用了11年左右时间。《唐六典》则用了16年,撰修时间更长。

那时的法典大多为诸法合体的综合性法典。这类法典中包含有两个以上部门法的内容。《乌尔纳姆法典》包括民法、刑法、婚姻法和诉讼法等的内容。《罗斯法典》也包含有上述各法的内容。中国同样有类似法典,《元典章》是其中之一,它包揽有民法、刑法、婚姻法和诉讼法等部门法的一些规定。中国除有综合性法典外,还制订过部门法法典,如上述的《唐律疏议》和《唐六典》。这两个法典具有明显的部门法法典的特征。《唐律疏议》除名例篇以外的法条,都由罪名和法定刑两部分组成。如《唐律疏议·贼盗》"窃盗"条规定:"诸窃盗,不得财笞五十,一尺杖六十,一匹加一等。"这种法条结构与现代刑法法条十分相似。即使有些法条中还有民事等其他制裁方式,但仍以刑罚为主,其他的只是附带而已。《唐律疏议·厩库》"故杀官私马牛"条规定:"诸故杀官私马牛者,徒一年半",另要"偿所减价"。此处的赔偿只具附带性质,用刑罚才是主要的,它并不能改变此法典的刑法性质。《唐六典》的体例是官领其属、事归于职。具体内容为中央和地方国家机关的机构、编制、职责、人员、品位和待遇等,这些都属于中国当时组织法所应规定的内容。如《唐六典·刑部》对刑部的长官尚书和侍郎是这样规定的:"刑部尚书一人,正三品。侍郎一人,正四品下。刑部尚书、侍郎之职,掌天下刑法及徒隶、句复、关禁之政令。其属有四:一曰刑部,二曰都官,三曰比部,四曰司门。"

法典相对稳定,并不朝令夕改。古代东方国家的法典颁行后,一般都使用较长时间。《汉穆拉比法典》公布后,不仅在汉穆拉比当政时用,在他死后的一段时间里也在用。俄国于1833年撰订的《俄罗斯帝国法律全书》也适用了很长时间,直到1917年的"十月革命"后才被废弃。中国的"律"一旦定本后,一般要使用整个朝代,不能随便改换。《宋刑统》于建隆四年(963年)由宋太祖诏行天下后,再也没有进行过修改。《明律》于洪武三十年(1397年)撰定后,也没再刊改。法典保持相对稳定,有利于实施,否则,人们将会无所适从,造成混乱状态。对此,有些国家还专门作出不可随便改动法典的规定,中国就是其中之一。《明律》颁行后,明太祖朱元璋曾下诏"令子孙守之。群臣有稍议更议,即坐以变乱祖制之罪"①。这似乎是一种定制,而且在明代以前就有。唐刑部侍郎狄兼暴在开成元年(836年)曾说过这么一句十分具有代表性的话,即唐初的律等法典"皇朝贞观、开元又重删定,理例精详,难议刊改"②。这句话真实地反映了这种定制。

二、宗教典籍中的律例

古代东方宗教典籍中的律例,是指宗教典籍中的法条和有法律效力的事例。

在古代东方的宗教典籍里,有法律规范和具有法律效力的事例。吠陀经是印度婆罗门教早期经典,其中已有一些关于印度法的原则规定。《夜柔吠陀·鹧鸪氏本集》中有关于四种姓不同地位的原则规定,它把首陀罗置于与马、运输工具等同的地位,以示他们的低身份。《梨俱吠陀》中有关于剥夺妇女继承权的原则规定,并宣称男孩不得将父亲的财产分给姐妹。③"摩西五经"中也有律例。"十诫"是其中的重要律条,另外还有一些例,如有被称为"杀人之例"、"待贼盗之例"和"赎地之例"等。④《古兰经》中同样有律例。如"不信道者,将受痛苦的刑罚"、"杀人者抵罪为你们的定制"、"谁侵犯你们,你们可以同样的方法报复谁"、"禁月内作战是大罪"等都是如此。

宗教典籍中的律例是古代东方宗教法国家的主要法律渊源,人们都要严格地遵守。吠陀经中的律例是印度法的主要法律渊源。《摩奴法论》直言不讳地承认:"法的根是全部吠陀","摩奴为任何人规定的任何法,全都是吠陀中的教示"。⑤ 僧侣们以它们为司法根据。有人认为,"最早在印度创立的宗教,乃是雅利安人所建立的婆罗门教",这个宗教的"僧侣们也干预每一家庭的生活,包括祭祀、婚嫁、纳税,司法处理在内"⑥。这种情况是真实的,而司法处理的依据当然少不了吠陀经中的律例原则。"摩西五经"和

---

① 《明史·刑法志》。
② 《唐会要》卷三九。
③ 详见《古代印度法的渊源及其发展》一文。
④ 《新旧约全书》,第91、92、150页。
⑤ 《摩奴法论》,第15页。
⑥ 吴俊才:《印度的宗教》,台湾三明书店1981年版,第6页。

《古兰经》也都如此,它们中的律例分别是希伯来法和伊斯兰法的主要渊源,人们以它们为行为准则,司法官以它们为审判准绳。

作为《古兰经》的延伸和补充,伊斯兰法还有《圣训》。《圣训》规定一些《古兰经》所没有规定的律例,这与其汇编的目的相吻合。穆罕默德死后,"真主"的旨意不再"降临",可现实中仍在冒出新问题,有些在《古兰经》中找不到现存的律例,于是人们只能用穆罕默德生前的言行作为先例并汇编成册,以解燃眉之急。如穆罕默德曾说过:"为造化你的真主举伴匹偶"是最大的罪,次为"厌恶抚养而杀死你的孩子",再次为"同邻居的妻子通奸"。[①] 以这样的次序排列罪名,《古兰经》中没有。《圣训》的这一作用,使它的律例也同样成为伊斯兰法的主要渊源。有人曾评说,《古兰经》和《圣训》同"为回教信条与法律的泉源"[②]。

这种律例在宗教典籍中分散存在,而不像法典一样有系统地集中排列。它们只是宗教典籍中的一个组成部分,且与宗教经句和道德规范交织在一起,因此本身不成体系。要从这些典籍中寻找律例,首先要把它们从宗教经句和道德规范中分离出来,然后再决定它们分别属于什么部门法。通常,在一部这样的典籍中总含有两种以上部门法,其中大多是民法、刑法、婚姻法和诉讼法等一些与人们生活和宗教关系较大的那些部门法。行政法的内容极少,或者根本就没有,因为那些宗教法国家强调的是宗教管理,不是行政管理,所以行政法也就不被重视。还有,一个部门法的内容往往散见于多个宗教典籍或同一典籍不同的章节内。如《古兰经》的"黄牛"、"仪姆兰的家属"、"妇女"、"筵席"等许多章里都有关于刑法的内容。虽然每部宗教典籍中含有的律例多少不等,但总的来说,这些律例所占的比例都不多,这是古代东方所有宗教典籍的一个共同点。有人曾经对《古兰经》里的律例数作了统计后说:"《古兰经》里关于律例的经文,并不甚多。全部《古兰经》共7000节。解释律例的经文仅200节而已。"[③]

三、单行法规

古代东方的单行法规,主要是指国家最高统治者就某一个或几个人、事

---

① 《布哈里圣训实录精华》,第116页。
② 〔叙利亚〕爱勒吉斯尔:《回教真相》,马坚译,商务印书馆1951年版,第327页。
③ 《黎明时期回教学术思想史》,第222页。

的特殊需要而发布的法律。这种法规因国家和表现形式不同,称谓也不同,主要有诏令、敕、制、谕、诰、法令等等。

古代东方的非宗教法国家都曾颁行过单行法规。楔形文字法的渊源之一就是单行法规。在古巴比伦时,汉穆拉比国王颁布过不少诏令,现在还能见到其中的一些。如他曾给沙玛什—哈西文一个诏令,内容是这样的:"在阿巴吐姆城的七布耳土地已出租。阿摩利人头目艾丁·加米尔曾耕种这些土地,并收获该地上的谷物;后来(在出租之地)将上述土地交给承租人。然后,将在幼格第姆沙运河旁属于宫廷的余地给予艾丁·加米尔,以耕地换耕地,作为对该地的补偿。"① 俄国也颁行过单行法规。19世纪初,亚历山大执政时,就公布了不少这种法规。他即位之初便颁布自由农夫之法令,令地主自动解放农奴,以收租方式,取得耕耘权;接着,又公布了不得在公开市场出售农奴的禁令;以后,又诏令尼契尔斯波兰斯基草拟以三权分立为原则的立宪政治的全盘计划等。② 中国在先秦时期就已有诰、令等形式的单行法规。《尚书》中有关于"汤诰"、"大诰"、"康诰"、"酒诰"等的记载;《管子·立政》有"令则行,禁而止"的说法;《史记·商君列传》载有商鞅发布"分户令"的史实等等。从秦到清,没有一个朝代不用令、敕等单行法规这一形式。可以说,单行法规始终是中国法的一个重要渊源。

一些宗教法国家也把单行法规作为自己的法律渊源,颁行这类法规,印度即是如此。阿育王当政时,曾使用过有人称为"法敕"(有人则称为"诏书")的单行法规。有些外国学者根据它们的不同所在地,把它们分为六类,分别为"摩崖法敕"、"小摩崖法敕"、"石柱法敕"、"小石柱法敕"、"洞院刻文"和"皇后法敕"。③ 它们内容广泛,包括"不杀生命,不欺生灵,礼遇亲族,礼遇婆罗门和沙门,顺从母亲和父亲"④等等。在以后的莫卧儿帝国时期,贾汉吉尔曾"竖立在朱木拿河岸上的一根石柱之间设置一条著名的法链,颁布12道诏谕,命令将12道诏谕作为他的王国应予遵守的行为准则",其中有"禁止捐课"、"取缔拦路抢劫和偷窃"、"免税继承死者的财产"、"禁止出售酒类和各种醉人的饮料"⑤等等。

---

① 中国世界古代史研究会编:《世界古代史研究》第1辑,北京大学出版社1982年版,第42页。
② 参见李方晨:《俄国史话》,台湾开明书店1969年版,第75—76页。
③ 详见〔日〕佐佐木教悟等:《印度佛教史概说》,杨曾文等译,复旦大学出版社1989年版,第30—31页。
④ 《古印度帝国时代史料选辑》,商务印书馆1989年版,第61页。
⑤ 〔印度〕马宗达等:《高级印度史》上册,张澍霖等译,商务印书馆1986年版,第495—496页。

单行法规往往为某人或事发布,因此常常数量较多。中国史籍中有关于这方面的记载。《汉书·刑法志》载:汉武帝时,"律令凡三百五十九章,大辟四百九条,千八百八十二事",以致"文书盈于几阁,典者不能遍睹",其中令占了很大的比例。《宗史·刑法一》载,宋敕的数量不断增加,"太平兴国中,增敕至十五卷,淳化中倍之。咸平中增至万八千五百五十有五条"。为了避免内容矛盾,防止司法混乱,中国采用了编纂单行法规的方法,删除不合时的法规,保留应时者。汉代曾把令汇为甲、乙、丙三类,宋代则采用编敕方式。有些古代东方国家还把编纂单行法规与制订新法联系在一起,两者同时进行。俄国在制定《罗斯法典》时,就对单行法规进行了筛选,其中有些被选入法典。以后,撰成的《俄罗斯帝国法令全集》第一版,内容是从《一六四九年会典》至1825年12月12日的立法,其中也含单行法规。

单行法规的内容比较单一,易及时颁布、执行,可救近火,起到法典等其他法律渊源所起不到的作用,因而深受古代东方执政者的宠爱,久用不废,始终成为一个重要的法律渊源,尤其在一些非宗教法国家。法律也认可其合法,中国就是如此。《唐律疏议·断狱》"辄引制敕断罪"条"疏议"规定:"事有时宜,故人主权断制敕,量情处分。"但是,单行法规也有其自身的弱点。它适用范围狭窄,往往不具普遍性,但是数量却较多,易被不法官吏利用,从中行奸。中国在汉代就有人"奸猾巧法,转相比况,禁冈寖密",出现了"罪同而论异"和"奸吏因缘为市"的情况。① 为了杜绝这种破坏法制的行为,中国通过立法规定把单行法规限制在法定范围内生效,违反者要被追究法律责任,以此来保证它的正常实施。唐代规定:"诸制敕断罪,临时处分,不为永格者,不得引为后比。若辄引,致罪有出入者,以故失论。"② 以后一些朝代也作了类似的规定。

四、有关著作

这类著作专指那些曾被一些古代东方国家规定为法律渊源的书籍。它包括法学家的论著、宗教论著和儒家经典等。以它为法律渊源的国家有印度、阿拉伯伊斯兰国家和中国等。

在印度,一些有关宗教的著作被作为法律渊源使用,较为突出的是一些

---

① 《汉书·刑法志》。
② 《唐律疏议·断狱》"辄引制敕断罪"条。

"法论"著作,其中又以《摩奴法论》最为著名。此书的作者都是婆罗门。他们出于维护自己特权的需要,在书中"挖空心思,捏造神话,创制律条,规定风习"①。其中的内容大多为宗教、伦理规范,纯属法律的只占1/4左右。但是,这些法律却是司法的重要依据。同时,其中的内容还对印度周围国家及近代印度法制有影响。泰国的律书就与《摩奴法论》有关,而巴厘岛上直到今天还有它的影子。直至近代,印度的英国殖民统治者在制定法律时,还把它作为参考。可见这一著作之威力。

阿拉伯伊斯兰国家曾把法学家的著作作为法律渊源。穆罕默德死后,阿拉伯人发动的战争节节胜利,疆域也越来越大。那些被征服的国家大多为富庶之邦,有着高度发展的文化(如波斯文化、罗马文化等),国情与阿拉伯地区不同,有许多新问题需伊斯兰法来处理。这些新问题在《古兰经》和《圣训》中又没明文规定,如"军队的整理;战败后人民的善后;回教徒与非回教徒的赋税的征收;与阿拉伯半岛不同的婚姻制度与司法制度;阿拉伯半岛的简单生活所想不到的种种罪恶"②等等。要解决诸如此类的种种问题,且又不能与《古兰经》与《圣训》违背,法学家乘势显示了自己的才能。他们通过法学研究,用"意见"、"公议"和"类比"等方法,处理各种法律问题,并形成了自己的著作,一些权威著作成了司法依据。如哈奈斐的大弟子艾卜·哈尼发应哈里发的要求,撰写了公共财政、税收、刑事审判等许多著作都是如此。由于法学家及其著作的这种作用,有人认为他们实际上"成为阿拔斯王朝法律大厦的建筑师",并"逐渐地变为哈里发的代言人"③。根据不同的学术观点,伊斯兰法学家也被分为不同的流派,主要是属于正统派的逊尼派和非正统派的什叶派。在逊尼派还有四个派别,分别是哈奈斐派、马立克派、沙斐派和罕百里派。他们都坚持《古兰经》和《圣训》为伊斯兰法的根本,只是在对待"意见"、"公议"和"类比"的态度上有所不同。这四个派别的权威著作都被奉为法典使用。因此,"法学家以《古兰经》和《圣训》为基础,通过把法律运用到社会生活后的专论"④也被公认为伊斯兰法的一个渊源。

中国在汉至魏晋南北朝时期曾把《春秋》这本书作为司法的依据,即"春秋决狱"。《春秋》是春秋时期鲁国的编年史,有人认为是孔子所作。他

---

① 《摩奴法论》,第2页。
② 《黎明时期回教学术思想史》,第227页。
③ 万亿:《试论伊斯兰法学派的理论活动方式》,载《厦门大学学报》1985年第3期。
④ *A Panorama of the World's Legal Systems*, Vol. Ⅱ, p.545.

写此书的目的是试图用它来重新衡量人们的言行,以恢复西周时的社会秩序。"世衰道微,邪说暴行,臣弑其君者有之,子弑其父者有之;孔子惧,作《春秋》。"孔子对此书十分满意,认为:"知我者,其惟《春秋》乎!罪我者,其惟《春秋》乎!"①由于它只具纲目,不录史事过程,后人要看懂它有困难,于是有人便为其作传、注,其中《公羊》最能体现"亲亲"、"尊尊"和"贵贵"为核心的儒家等级观念和伦理思想。到了西汉,武帝为了实现其"大一统"的目标,加强集权统治,在抬出儒家思想的同时,也允许以《春秋》(主要是《公羊》)作为司法的依据,以体现儒家思想在法制领域中的存在。董仲舒是这一决狱的代表人物。从现存《春秋》决狱的案例来看,凡涉及一般家庭伦理方面的犯罪,处刑轻于汉律;涉及统治阶级根本利益,关系到皇权方面的犯罪,用刑又重于汉律,从中可见它的实质所在。这种决狱的方法是"论心定罪",即主要是根据《春秋》中的经句、事例和行为人的主观方面因素进行审判,就是以"志善"或"志恶"作为定罪量刑的主要依据。这种单纯强调主观因素来断案的方法,从实质上讲,就是唯心主义的审判方式。它为汉统治者推行司法专横,提供了法律依据。以《春秋》这本书决狱,自西汉武帝时兴起,直至隋、唐前才停止,前后延续了数百年之久。在这段时期里,《春秋》中的经义和事例也成了法律渊源。

尽管以上三个国家在把著作作为法律渊源方面各具特点,具体情况也各不相同,但有一点却是共同的,那就是这些著作原来并非法典,也不是由立法机关制订的,只是在国家认可以后才成了司法的依据,使它们也跻身这些国家的法律渊源之中。

五、习 惯

这里的习惯,是指经古代东方国家认可并赋予法律效力的习惯。这种习惯有成文的,也有不成文的。

古代东方国家都把一些对己有用的习惯作为法律渊源。宗教法国家是这样。在印度,有些地方有特别重视相貌的习惯。斯特拉波在他的《斯特拉波地理学·卷十五》中曾这样说:"卡泰伊人特别重视俊美,他们把仪表的美放在异乎寻常的地位,甚至对马和狗的模样也同样重视。"为了使每个人都能俊美,"婴儿在满两个月后要经过公众的裁判",以断定他"是否具有活下

---

① 《孟子·滕文公下》。

第三章 古代东方的法律渊源

去的价值",然后决定"让其活着"或"处死"。①在阿拉伯伊斯兰国家,古阿拉伯人原有的一些习惯也被保留下来,其中有些被穆罕默德认同或利用,成了伊斯兰法的渊源,如交纳结婚聘金的习惯。有的被改头换面,如原牧民们在狩猎季节集会的习惯,改变为朝觐。②非宗教法国家也是这样。楔形文字法认可的同物赔偿、同态复仇等,原来都是习惯。俄国在公元9至10世纪时,曾把一些习惯认可为法律,其中有斯拉夫人的婚姻习惯等等。③中国在原始社会形成的祭礼拜神的习惯,在进入阶级社会后保持了相当长的时间。这类习惯也是司法依据,如在印度的莫卧儿时期就认可"地方乡村行政委员会根据地方习惯和印度传统司法"④。

在这类习惯中,有些很不文明。如在印度,除以上把相貌不好的婴儿处死外,还有要活着的妻子与死去的丈夫一起火葬等。"在卡泰伊人那里还流传着下述特有的习惯:新郎和新娘彼此自己挑选,妻子同死去的丈夫一起火葬,其理由是,她有时爱上年轻人并遗弃她的丈夫或毒死他们",因此,当地人就把妇女陪葬认同法律,"认为这样一来他们就可以阻止施毒"⑤。这部分习惯大多从早期遗留下来,因而仍存有明显的野蛮烙痕。不过,从古代东方法渊源的发展趋势来看,习惯所占比例越来越少,特别是这类习惯,而法典和单行法规等一些成文法所占的比例越来越多。立法文明与社会文明同步,这是东方法,乃至世界立法的一个基本走向。

由于习惯与一个地区的经济、文化等都有直接关系,因此古代东方各国的习惯并不一样,甚至在一个国家的不同部落里也会不一样。印度就存在"一些与其他部落不同的奇怪的习惯,例如在某些部落中间,处女们站在大家面前被当作奖品,奖给拳斗中获胜的男人,她们不带嫁妆就嫁给胜者"⑥。这在当地被认为是不成文的习惯。这种习惯在印度的其他地区和其他古代东方国家都不存在。还有,一些宗教法国家的习惯,如朝觐等,在非宗教法国家也不作为法定习惯。

习惯土生土长,为当地人所适应,也易被施行。因此,有些国家甚至规定,在个别问题上,当中央法与以习惯为基础的地方法不一致时,可优先按后者行事,中国法中就有这样的规定。唐律中有两处提到,当中央法与以习

---

① 《古印度帝国时代史料选辑》,商务印书馆1989年版,第9页。
② 参见由嵘:《伊斯兰法》,载《电大法学》1984年第5期。
③ 参见《苏联国家与法的历史》上册,第23页。
④ *Bondage and Freedom*, p.332.
⑤⑥ 《古印度帝国时代史料选辑》,第9页。

惯为基础的乡法发生矛盾时,可依乡法办事。《唐律疏议·杂律》"非时烧田野"条规定:凡"不依令文节制而非时烧田野"的,属于犯罪行为,行为人要被"笞五十",造成恶果的还要加重处罚。但是,考虑到我国南北气候的差异,"北地霜早,南土晚寒,风土亦既异宜",所以此条允许各地可根据本地乡法烧田野,不循中央法。"若乡土异宜者,依乡法。"《唐律疏议·户婚》"里正授田课农桑违法"条规定:里正授田课桑皆须依法,"若应受而不授,应还而不收,应课而不课",都要被追究刑事责任。至于课桑数量,此条引"疏议"说"土地不宜者,任依乡法",即允许按乡法行事。

除以上的五种以外,有的古代东方国家还有些其他的法律渊源,如中国长期保留和使用着立法解释和判例两种法律渊源。中国在秦时就已能熟练地运用立法解释,1975年12月出土的睡虎地秦墓竹简中的《法律答问》就属这种解释形式。它对秦法律条文内的关键字、词、句等都作了明确的解释。如对"封"这个字的解释是"'封'即田千佰"[1],即是田地的阡陌;对"同居"这个词的解释是"户为'同居'"[2],即是同户;对"公室告"的解释是"贼杀伤、盗它人为'公室'"[3],即杀伤或盗窃他人的属于"公室告"。以后,这种解释又集中在律文上。晋时的《晋律》公布后,张斐和杜预受武帝之命对律文作"注",经武帝批准后,它被颁行天下,且与律文具有同等的法律效力。此"注"实际上就是一种立法解释。唐代把立法解释提高到一个新的高度,《唐律疏议》中的"疏议"全面发挥了立法解释作用。它除了对与律文关系较大的字、词和句都作了精确的解释外,还阐明了立法的指导思想,协调律文与有关令、格和式文的关系,甚至述及律中一些制度的沿革,帮助人们理解律中的有关制度。[4] 唐后的一些朝代相继沿用"疏议"的做法,对律文作立法解释。《宋刑统》中的"疏议"作用基本同于《唐律疏议》。明代的《律令直解》和清代的《大清律集解》也不同程度地继承了"疏议"的传统。立法解释作为一种法律渊源在中国至少运行了两千余年。

中国运用判例的时间也很早。在睡虎地秦墓竹简中的"廷行事"就已具有判例性质。汉代的"比"是一种经过整理和国家认可的典型案例,即为判

---

[1] 《睡虎地秦墓竹简》,文物出版社1978年版,第178页。
[2] 同上书,第160页。
[3] 同上书,第195页。
[4] 详见王立民:《略论〈唐律疏议〉中"疏议"的作用》,载《西北政法学院学报》1987年第3期。

例。根据案例的性质,汉"比"还分为"死罪决死比"和"辞讼决事比"等。到了宋代,"例"代替了"比"。它的地位高于以往的判案,作用也更大,可补律、代律,甚至破律。根据例的性质,可分为"断例"和"指挥"。前者是经过一定程序编纂的成例;后者是中央官署对下级机关的指令,下级机关常引用其办理公务,因袭久之而形成了成例。明、清两代例的地位更高,用例也更为普遍。明代先颁用《挟诈得财罪例》、《问刑条例》等,后又附例于律文后,撰成《大明律附例》。清的主要法典就由律文和判例两个部分合成,取名为《大清律例》。判例作为一种法律渊源也在中国至少沿用了两千余年。

在不同的古代东方国家里,法律渊源的地位也不一样。如宗教典籍中的律、例,是宗教法国家的主要法律渊源,这在希伯来、印度和阿拉伯伊斯兰国家都是如此。但是,它们在非宗教法国家就不是一种法律渊源,对公民没有约束力。因为,在那里,国家政权是世俗的,宗教不参与政权,宗教典籍里的内容不是所有人的行为规范,也得不到国家的认可,其中的律、例也就自然不可能成为一种法律渊源了。同样,法典是非宗教法国家的主要法律渊源,但不是宗教法国家的主要法律渊源。

在同一个国家里,各种法律渊源的地位也不是固定不变的,而是会根据统治需要随机变换,这在宗教法国家和非宗教法国家都是如此。在阿拉伯伊斯兰国家,穆罕默德在世及死后的一段时间里,《古兰经》和《圣训》始终处于独尊地位,其他法律渊源或是产生的条件不成熟,或是地位低下。可是,随着社会情况的巨大变化,它们的内容已无法适应形势,于是一些新的法律渊源冒尖了,"意见"、"公议"和"类比"先后出现,连法学家的权威著作也被视为法典使用,甚至出现了这样的情况:"法官为了解决提交到自己手中的案件,他决不会去请教于《古兰经》或者先知的圣训,他所参考的是他所属学派的法学家的著述,该法学家的权威性完全得到承认。"① 在中国,许多朝代的中、后期,特别是后期,主要法典的地位下降,直接反映最高统治者意志的敕、例等地位上升。唐后期,敕成了司法的主要依据,地位盖过律。因此,有学者认为:在唐后期,"敕可以代律、令、格、式,亦可以破律、令、格、式,敕已经成为唐后期法律的主要成分"②。此话是正确的。宋代在中期,敕和例的地位就已很高,往往越于《宋刑统》之上,于是出现了"律不足以周事

---

① 〔法〕勒内·达维主编:《法律结构与分类》,何力译,西南政法学院1987年版,第235页。
② 刘俊文:《论唐后期法律的变化》,载《北京大学学报(社科版)》1986年第2期。

情,凡律所不载者一断以敕"和"吏一切以例从事"的状况。① 可见,古代东方法律渊源的地位并非一铸而定,终身不变。

以上这些法律渊源既相对独立,又相互联系,如法典与单行法律之间就有改变、补充和吸收的关系。古巴比伦的单行法规部分改变过《汉穆拉比法典》的内容。汉穆拉比以后的古巴比伦国王萨纳苏伊鲁纳(约公元前1749—前1712年)发布的《关于平等诏令》就部分改变了《汉穆拉比法典》中有关不平等的一些内容。此诏令说:"我之父王患(病)。为了(……)国家,我已(即)王位于(我父之)官中。且因以救(援)细(民),(我已)豁免(……)的,佃耕农民的,(以及牧民)的拖欠;凡士兵,渔民,以及穆什钦努的(债)务泥板,我已毁裂之,(因)我已于国中确立平等。"②当然,它不能使所有的人平等,但至少改变了《汉穆拉比法典》中一些有关他们不平等的规定。俄国的有些单行法规补充了法典的内容。1581年颁布了"关于禁止的年代"的法令。它禁止农民离开一个地主到另一个地主那里去,也不允许将农民从一个地主转移到另一个地主那里去。1597年又颁布了一个"关于搜索逃农并将他们送还原主原处"的法令。它规定农民就是逃离5年,也同样适用这一法令。③ 这两个法令的内容在《一五五〇年律书》中均无明文规定,它们补充了这个律书,使其中的有关规定更为详尽和具体。

中国的有些法典也吸收过单行法规的内容。唐律就是如此,它吸收过唐太宗诏令中的一些内容。贞观五年(632年)唐太宗错杀了张蕴古后,"既而悔之",为了防止再现旧错,他下诏说:"凡有死刑,虽令即决,皆须五复奏。"之后,他发现"在京诸司,比来奏决死囚,虽云三复,一日即了,都未暇审思",又下诏:"在京诸司奏决死囚,宜二日中五复奏,天下诸州三复奏。"④这两个诏令的内容经整理,被以后颁布的唐律所吸收。它规定,凡不执行死刑复奏者都要被追究刑事责任。《唐律疏议·断狱》"死囚复奏报决"条规定:"诸死罪囚,不待复奏报下而决者,流二千里。即奏报应决者,听三日乃行刑,若限未满而行刑者,徒一年。"以上只列举了三例,其实这类情况在古代东方的非宗教国家普遍存在。它从一个侧面告诉人们,所有的法律渊源都存在于一个法律体系之中,而且还互相关联,是一个有机的整体。

① 详见张晋藩主编:《中国法制史》,群众出版社1982年版,第242—243页。
② 《世界古代史研究》第1辑,第43页。
③ 详见《苏联国家与法的历史》上册,第103页。
④ 《贞观政要·刑法第三十一》。

第四章　古代东方法与专制制度

在古代东方法与政治的关系中,没有比与专制制度的关系更为重要的了。此处专论它们间的关系,从一个侧面揭示古代东方法与政治的联系。

一、专制制度是古代东方的基本政治制度

古代东方长期实行专制统治,以专制为基本政治制度。在两河流域,尽管有过统一和分立,但实行的都是专制制度。早在乌尔王朝时期,就已确立了这一制度。那时,国王的权力高于一切,他任命官吏、掌握军权、控制法庭,集国家一切最高权力于一身;与此同时,地方势力受到很大削弱,原来相对独立的地方统治者也要听从国王的调遣,不可违抗。经过以后的伊新、拉尔萨、埃什嫩那、古巴比伦、赫梯和亚述等王国,这些实行楔形文字法的国家,已实行专制制度达 16 个世纪左右。在俄国,伊凡三世于 1480 年统一东北罗斯以后,开始实行中央集权的专制制度。他全揽国家的一切大权,建立起强有力的中央政权机构,拥有军队,任命各级官吏。这一制度一直延续到 20 世纪初的资产阶级革命,也有 5 个多世纪。在中国历史上,也很早就存有专制制度。夏、商和周时有过国王和诸侯的专制,春秋、战国时转向中央集权的专制。秦始皇统一中国后,中央集权的专制制度发展到一个新的阶段。到 1840 年鸦片战争爆发,中国进入近代社会前,这个制度在中国生存了 40 个世纪左右。

专制不仅是古代东方非宗教法国家的基本政治制度,也是宗教法国家的基本政治制度,只是在表现形式上有些差异。宗教法国家突出的是神权加入政权,两者合而为一,最高统治者除了掌握着世俗政权外,还往往控制着神权。在希伯来,摩西俨然是一个独裁君主。他借助上帝耶和华多次教训百姓,要"听从我的话,遵守我的约","你们要守我律例","我的律例你们要遵守,我的典章你们要谨守",还要万民都作"我的子民,因为全地都是我的"①。摩西的继承者沿走他的专制路线:大卫当政后,"以色列各部落派遣

---

① 《新旧约全书》,第 89、124、150 页。

长老去希伯伦给大卫加冕,从此大卫掌握了全以色列的政权"①;所罗门走得更远,他排斥异己,甚至使用镇压手段,以"使人民知不可与王(所罗门)为敌。凡有所为者,皆逞私专制,置民意于不顾也"②。因此,有人评论说:"无疑,所罗门的执政巩固了君主政体。"③这种专制制度在那里持续了7个世纪左右。阿拉伯伊斯兰国家的第一个国君穆罕默德就统揽了立法、行政、司法和宗教各大权。《古兰经》公开说:"一切权势全是真主的。"④由于"真主"的"使者"行使它的权力,因而实际上是穆罕默德掌有一切"权势",即国家大权。他的接班人哈里发,也是"权力无限的统治者"⑤。在以后的奥斯曼统治时期,苏丹成了专制的代名词。苏丹苏里曼一世自己也是这样认为的。他在给当时的法国国王法兰西斯一世的信中自称:"我是苏丹中的苏丹,君主中的君主,授与全球君主的王冠,我是上帝在地上的代表。"⑥其嚣张程度令人吃惊。到西方殖民者在近代入侵前,阿拉伯伊斯兰国家也经历了这个制度有8个世纪左右。印度的国王把握着国家行政、军事和司法的最高权力。在孔雀王朝时期,印度已是个君主专制国家。进入封建社会以后,这一制度继续实行。笈多王朝的君主在形式上仍是至高无上。到了莫卧儿帝国时代,国王还牢牢控制着国家的军政、司法大权,没有改变专制制度。《巴卑尔自传》记载说,对于莫卧儿国王,总督、大臣、军队、农民们都要服从他,臣属于他,像尊重先王一样尊重他,对他的命令绝对服从。⑦到近代以前,印度的这个制度也纵跨了21个世纪左右。综观以上古代东方国家,它们实行专制制度的时间都占了其中的全部或大部分,专制不能不说是那里的基本政治制度。

古代东方国家专制制度的基本走势是专制程度越来越高,国君对国家大权的控制越来越集中。俄国的伊凡三世确立了中央集权的专制制度以后,他的后继人选择了一条不断加强这个制度的道路,并采取了一些举措。伊凡四世在1547年加冕为沙皇,出台了一些新措施。在立法方面,他颁布了新法典《一五五〇年律书》,统一全国法制。在司法方面,他在各地设立司

---

① 《犹太史》,第29页。
② 《希伯来民族史》,第69页。
③ 《犹太史》,第34页。
④ 《古兰经》,第72页。
⑤ 〔法〕昂里·马塞:《伊斯兰教简史》,王怀德等译,商务印书馆1978年版,第65页。
⑥ 《世界通史资料选辑》(中古部分),第431—432页。
⑦ 同上书,第438页。

法机关,削弱地方长官的司法权。在军事方面,他颁布了军役法,加强中央军队的力量。同时,他还打击地方贵族势力,处死蓄意谋反的大贵族。到17世纪,沙皇的专制统治有了进一步的发展,沙皇拥有更大的权力,他的意志就是法律。18世纪的沙皇已不向任何人负责,可不受监督地支配国家收入。安娜·伊凡诺夫娜登位后,公然宣布恢复独裁和一切机构从属于君主。中国在建立秦王朝后,国家的政治制度加速专制化。秦始皇确立皇权为国家最高之权。皇帝之下有三公九卿,组成中央政府。同时,还在全国推行郡县制,废除诸侯建藩制度,并建立一支由皇帝直接掌管的常备军。西汉武帝为了加强专制制度,采用了限制丞相权力和增加常备军力量等措施。经过魏晋南北朝的分裂,隋、唐又一次统一,专制制度再次加大力度。这两个朝代都建成了一套等级森严、互相制约的官僚体系,健全了选拔、任用、考核等一整套职官制度,完善了军事、法制和监督机制。这些都直接利于皇帝意志的实现和对下级官吏的控制。宋代的专制化步伐更大。它削减了州郡地方长官的权力,分割宰相的职权,加强对军队的控制,使皇帝能更自如地行使国家权力。明、清把专制制度推到极致。那时废除了在中国行用了千余年的相制,皇帝直接管理各政府部分,权力更大。同时,还建立了五军都督和卫所制度,皇帝直接掌管军队,君主专制更甚于以往。其他古代东方国家也不同程度地有过强化专制制度的经历。

　　形成古代东方专制制度的原因是多方面的,其中与农村公社的长期存在关系甚大。古代东方国家有个十分重要的特点,就是在原始社会末期,农村公社没有解体,就被推入到阶级社会,并在相当长的时期内一直保留着,有的国家甚至在封建社会中仍长期保留着它。同时,古代东方的农村公社经历了完整的氏族公社、家族公社,其内部结构稳固,具有较强的生命力。进入阶级社会后,它过去的一些主要特点依然不变,家长制的管理形式是其中之一。这一管理形式赋予公社的首领以较高的地位和较大的权限,以后就转化为专制制度。这一情况与西方社会不同。以希腊、罗马为例,那里的农村公社在进入阶级社会时就解体了,而且它们还是发育不良的早产儿,内部结构不稳固,家长制的力量不及东方国家的坚韧。因此,它们易走上民主的道路,实行共和制度。而决定农村公社存亡的根本原因还在于经济。东方社会在原始时代的末期商品交换不发达,不能冲破以土地公有制为基础的农村公社,只能让它走进阶级社会。西方社会的商品交换较为发达,连土地也在买卖之列,其结果是以土地公有制为存在前提的农村公社自然而然地解体了,没有能进入阶级社会。此外,古代东方国家的治水需要也与专制制度有一定的联系,正如马克思说的:"无论在埃及和印度,或是在美索不达米亚、波斯以及其他地区"都是利用河水泛滥来肥田,利用河流的涨水来充当灌溉渠。可是,"在东方,由于文明程度太低,幅员太大,不能产生自愿的联合,因而需要中央集权的政府进行干预"①。但是,如果片面地夸大治水的作用,把东方的专制制度全都归结于治水,那就近于谬误了。美国学者魏特夫就持这种观点,他甚至把"治水社会"与"东方专制主义"两个概念混同使用②,实大谬也。

古代东方专制制度的产生和存在有其积极的一面。它利于打击分裂势力,保持国家的统一,在一定时期内还有助于经济的发展。有人说:"专制政体促进了封建集权国家的加强,并提高了它的防卫能力。因此,这种政体较原先的封建割据局面乃是一种进步现象","专制政体也有利于商人,因为封建割据的残余阻碍全国各地区间的商业发展"③。这种说法是较为客观的。此外,开明君主的执政还利于国家的繁荣和社会的快速发展,中国的"文景之治"、"贞观之治"等都是如此。

但是,这种制度的消极因素也十分明显。由于权力过分集中,国君个人的品质对国家的影响过大,易产生决策与执行错误,延缓历史发展的进程,这在各古代东方国家都有。专制制度弊大于利,特别是到了封建社会末期,它更是走到反面,压制资本主义的发展,成了阻碍历史前进的绊脚石。

二、古代东方法对专制制度的维护

法律是一种强有力的统治手段。古代东方国家的统治者都通过立法来保障专制制度。从立法的具体内容来看,主要是保护专制国君的立法、行政和司法三大权。

1. 专制国君掌握了国家的最高立法权

立法是国家的一项大权。它是规范人们行为,表现国家意志的重要方式。古代东方法把国家的最高立法权规定为国君所有。这就意味着他控制了国家的立法,可以任意发号施令,决定禁行。楔形文字法公开承认国王是

---

① 马克思:《不列颠在印度的统治》,载《马克思恩格斯选集》第 1 卷,人民出版社 1995 年版,第 762 页。
② 参见〔美〕魏特夫:《东方专制主义》,徐式谷等译,中国社会科学出版社 1989 年版,第 19 页。
③ 〔苏〕安·米·潘克拉托娃主编:《苏联通史》第 1 卷,山东大学翻译组译,三联书店 1978 年版,第 282 页。

第四章 古代东方法与专制制度

国家的最高立法者,国家的法律由国王制定。《李必特·伊丝达法典》把李必特·伊丝达国王认作为受最高神恩利尔之命而具有最高立法权的人。①《汉穆拉比法典》也把国王汉穆拉比认作是最高立法者,因而有"常胜之王汉穆拉比所制定的公正的法律"之句。② 俄国的最高立法权归沙皇所有,早在伊凡四世时已是如此。"在他的国家里,只有一种信仰,一种度量衡!只由他一人统治。他所命令的事无不被执行。他所禁止的事确实都被禁止了。无论僧俗,谁也不敢违拗他。"③他制定的法律具有最高的效力。中国法也有类似规定。唐律确认皇帝具有国家的最高立法权,具体包括制定国家法典、颁行单行法规和修改法律的三项决定权,并对其中的每一权都作了详细的规定。以修改法律的决定权为例,它要求官吏发现不合时宜的法律内容必须随时上报尚书省,经过京官议定后,交皇帝最后决定。《唐律疏议·职制》"律令式不便辄奏改行"条说:"诸称律、令、式,不便于事者,皆须申尚书省议定奏闻。"此条中,"疏议"还对上报程序作了具体说明:"称律、令、式条内,有事不便于时者,皆须辨明不便之状,具申尚书省,集京官七品以上,于都座议定,以应改张之议奏闻。"即由皇帝决定是否修改。在宗教法国家里,国君也拥有这种最高立法权。穆罕默德囊括了立法权在内的一切国家大权。《古兰经》把"真主"说成是"国权的主"、"独一的主宰"④。但是,由于"真主"是无形的,要由它的"使者"来实现它的意志,因此"真主"的权力实际上是穆罕默德的权力。事实也是如此。他的规定,人们都要遵守,不可怠慢,否则就要受到惩罚。印度法同样把立法权奉给国王,并从任何人都须严格遵守的角度作了规定。阿育王在铭文中明言:所有的人都要遵守自己颁布的法律,即"须将这一公告的深意铭记在心"⑤。任何人都不可违反国王发布的法律,"即使你不赞成也不得违抗它"⑥。

2. 专制国君掌握了国家的最高行政权

行政是贯彻立法内容、实现国家意志的主要途径,也是整个国家机器的关键组成部分。取得了国家的行政权就得到了国家的主要管理权。古代东方法把国家的最高行政权给予国君,这就示意他把握了管理国家的最高权

---

① 《外国法制史资料选编》上册,第 11 页。
② 同上书,第 47 页。
③ 《苏联通史》第 1 卷,第 282 页。
④ 《古兰经》,第 38、76 页。
⑤ 《古印度帝国时代史料选辑》,第 58 页。
⑥ 《摩奴法论》,第 116 页。

力,可以做自己想做的事。楔形文字法确认国王为最高行政长官,下属官吏都要服从他的命令。汉穆拉比在他统治时期,就已建立了一套较为系统的行政管理网络,从中央到地方的各级官吏都要听从他的指挥。[①] 他通过各种行政命令,对整个国家行使行政权,现在还能看到那时他给拉尔萨地区总督沙玛什——哈西尔·辛·伊丁那姆等人的命令。[②] 在俄国,沙皇也占有国家的这一权力。彼得一世在位时发布的《军事条例》第 20 条明文规定,沙皇是专制君主,他拥有立法权和最高行政权。[③] 中国不仅用组织法、行政法等来规范行政组织及其活动,还用刑法确保皇帝对国家最高行政权的行使。唐律通过规定国家行政机构的编制和官吏职守中的一些重要问题来确保皇帝的行政组织权,通过规定官吏必须绝对服从制敕来实现皇帝的行政指挥权,通过规定官吏必须及时无误地反映所辖范围的情况来保证皇帝行使行政决策权。在每一规定中还包含若干方面。如在规定的国家行政机构的编制和官吏的职守中,就有"置官过限及不应置而置"、"官人无故不上"、"受制忘误"等方面。违犯这些规定的,都要依情节轻重受到不同处罚。《唐律疏议·职制》"置官过限及不应置而置"条规定,官署的人数编制都由国家核定,不可随意增加,否则要按超编人数追究官吏的刑事责任,量刑幅度为"一人杖二百,三人加一等,十人徒二年"。在宗教法国家里,行政管理虽不及非宗教国家的发达,但也不是没有。那里的国君同样控制着国家的最高行政权。伊斯兰法就是这样规定的。穆罕默德明确要求所有穆斯林都"应听从穆斯林首领之话和服从他们的命令"[④]。其中也包括行政命令,而最高的行政命令又来自穆罕默德本人。印度法赋予国王以自由行使最高行政权的权力。阿育王在铭文中自称:"凡是我认为好的事情,我希望我能够通过行动予以贯彻,并借助恰当的方法最终完成。"[⑤]《政事论》对国王行使的行政权提出了具体要求,特别是要及时处理紧急事务,说:国王"应处理所有紧急事务,不得延搁"[⑥]。

3. 专制国君掌握了国家的最高司法权

司法是国家的又一大权。它通过各种案件的审理来保证国家立法和行

[①] 详见史若冰:《汉谟拉比的历史功绩》,载《河北大学学报》1984 年第 3 期。
[②] 详见《世界古代史研究》第 1 辑,第 42、47 页。
[③] 详见《苏联国家与法的历史》上册,第 131 页。
[④] 《布哈里圣训实录精华》,第 86 页。
[⑤] 《古印度帝国时代史料选辑》,第 33 页。
[⑥] 同上书,第 69 页。

政权的施行。古代东方的国君都有亲自审定一些重大、疑难案件的权力,并以此来支配国家最高司法权。楔形文字法规定,一些重大案件要由国王亲自审决。《俾拉拉马法典》说:"墙崩,致自由民之子于死,则此为有关人命问题,应由国王裁决之。"①《汉穆拉比法典》进一步规定,国王汉穆拉比的司法判决,人人必须遵守。"以我所决定的司法判决,以我所确立的司法裁定,使彼能以公正之道统驭黔首,为彼等作司法判决,为彼等作司法裁定。"如果有人胆敢废除他"所决定的司法判决",就要受到严厉的制裁,给自己带来无穷的灾难。② 俄罗斯法也规定沙皇有权对重大案件进行定夺。《一六四九年会典》在第二章中规定:曾逃到外国的叛逆者回国后,即使受到赏识,但"其世袭领地由皇上定夺";凡是被控告为"重大国事案",但经搜查后一无所获的,"则应遵皇上圣旨审理此重大国事案"。③ 中国的唐律把皇帝的最高司法权具体为直诉的受理权、"议"的裁决权、"上请"的决定权、死刑的复奏权和恩赦的确定权,并对其中的每一权都作了明确规定,违反者要被追究刑事责任。如《唐律疏议·断狱》"死囚复奏报决"条要求司法官严格执行死刑复奏制度,否则要根据情节被处流或徒刑。在希伯来和阿拉伯伊斯兰国家,宗教领袖都曾行使最高司法权。希伯来的摩西和所罗门都亲自审案并作出终审判决。④《古兰经》以"真主"的名义来说明国君可以自由行使审判权,任何人都必须服从他的判决:"真主自由判决,任何人不能反抗其判决",因为它的判决是"最公正的判决者"。⑤ 印度国王是法定的最高司法官。《摩奴法经》说:"每天,他(国王)应该在那里坐着或者站着、抬着右手、服饰朴素、依据法论和当地习俗中所见到的原理逐一审理原告的属于18个项目的起诉。"⑥事实也是如此。《斯特拉波地理学·卷十五》记载:国王在"离开宫廷所作的非军事活动中,一是到法庭去,在那里他终日审理案件"。⑦

在希伯来和阿拉伯伊斯兰国家里,有些国君还是宗教领袖,另掌有最高宗教权。这样,他们便集立法、行政、司法和宗教四大权于一身,比非宗教法

---

① 《外国法制史资料选编》上册,第10页。
② 同上书,第48—49页。
③ 详见《一六四九年会典》,莫斯科大学出版社1961年俄文版。
④ 详见《新旧约全书》,第88—89页;张天福:《希伯来法系之研究》,大东书局1946年版,第8页。
⑤ 《古兰经》,第183、191页。
⑥ 《摩奴法论》,第137页。
⑦ 《古印度帝国时代史料选辑》,第18页。

国家多了个宗教权。古代东方国家的国君拥有以上这些大权,集中了国家的主要权力,专制便成了现实。而且,他们拥有的这些权力还得到法律的规定或认可,成为合法。他们是合法的专制国君。由于古代东方的专制制度与国君联系在一起,国君实际上是专制制度的代名词,所以国君的人身安全就显得十分重要。为此,一些古代东方国家用严酷的刑罚来惩治侵害国君人身安全的犯罪行为。俄国的《一六四九年会典》在第三章中规定:"在皇上陛下驾临时,有人向他挥舞武器,就是未致伤,也未杀害,同样应惩罚,要砍去此人一只手";如果因此而造成了伤害,除了"应处以死刑"外,"其财产应充作被杀者的赔款"。中国的唐律对皇帝人身的保护更为严厉,连皇帝的住所都受到严格的保护,向那里射了箭,就要受到严罚。《唐律疏议·卫禁》"向宫殿射"条规定:向宫殿射箭,"箭入上阁内者,绞;御在所者,斩"。

为了不使国君的各项大权旁落,古代东方国家还赋予国君以最高军事权,由他直接管辖军队。任何企图篡夺军权或擅自调遣军队的行为,都将受到严惩。印度的《政事论》明确指出,国王有管理军队的职能。它说:国王要在每天白天的第1、7和8个时辰内,亲自"听取防务"汇报,"观看象、马、战军和步兵(操练)","与统帅一起考虑军事布署"。① 中国法则规定,军队的最高指挥权非皇帝莫属,任何擅自动用军队的行为都要依情节被追究法律责任。《唐律疏议·擅兴》"擅发兵"条规定:"诸擅发兵,十人以上徒一年,百人徒一年半,百人加一等,千人绞。"《明律》和《大清律例》对擅发兵行为的处罚更严。此两律均在《兵律》"擅调官军"条规定:"若无警急不先申上司,虽已申上司不待回报,辄于所属擅调军马及所属擅发兵者,各杖一百,罢职发边远充军。"

三、专制制度对古代东方法的影响

专制制度作为古代东方政治领域中的重要方面,对当时的法律也产生了很大影响。

随着专制制度的强化,一些直接反映国君意志的法律渊源的地位越来越高。社会的发展,往往会出现这样的情况:原有的法典或具有法律效力的典籍对当时统治秩序的维护显得虚弱无力,但又不可对它们随便更改。这对专制制度威胁很大。同时,国君集中的权力不断扩大,支配这种权力的随

---

① 《古印度帝国时代史料选辑》,第32页。

意性也更大。于是,国君就会本能地利用一些便于表现自己意志的法律渊源,如敕令、判例等,来为自己的专制统治服务,并给予它们越来越高的法律地位,甚至位于法典和具有法律效力的典籍之上。在中国,这种变化最为明显。唐代后期,敕的地位急剧上升,成为高于律等其他法律渊源的法律渊源,且得到法律的认可。唐长庆三年(823年)十二月有敕允许:"自今以后,两司检详文法,一切取最向后敕为定。"①宋代的敕和例在中期的地位已很高,"一断以敕"和"以例从事"都不足为怪。至后期,它们的地位更高,而《宋刑统》则几同具文。清代的前期,例就与律同位,《大清律例》即是律例同称。由于清例是5年一小修,10年一大修,始终能为清帝所用,而律文则相对不变,因此例实际上是那时的主要法律渊源,以例代律和以例破律也不是罕事。敕令和判例地位的不断提高与中国专制制度的不断强化成正比。其他古代东方国家也不同程度地存在类似情况。如在阿拉伯伊斯兰国家,反映当代哈里发意志的"意见"、"公议"、"类比"和法学著作的地位渐高,在有些方面还超过《古兰经》和《圣训》,常有喧宾夺主的情况,这也与专制制度的发展不无关系。它们地位不断提高的基本动因,正是为了维护当时的统治秩序,适应专制制度发展的需要。

随着专制程度的提高,法典结构越来越突出国君的地位。法典结构的安排有其自身的逻辑。古代东方的法典大多把国家主要保护的对象及要严厉惩治的行为排列在前位,以示训诫。随着专制程度的提高,国君的地位也越来越高,法典在结构上也越来越突出对国君独尊地位的确认,有的还更强调对他们人身安全的保护。从现有资料看,有些楔形文字法典结构的变化,与当时专制程度的发展有一定的联系。在《乌尔纳姆法典》中,只有简单的序言,而且有关国王乌尔纳姆地位规定的内容也不多。但是,《汉穆拉比法典》的结构却有所不同。它既有较长的序言,又有结语,而且虽然两个法典的主要内容都是围绕维护国王汉穆拉比的专制地位而展开的,但后者对专制制度强调的程度比前者大大进了一步。在俄罗斯法中也有类似情况,只是在表面形式上有些不一样,它侧重于在法典章节的排列上突出国君的地位。《一六四九年会典》的前两章为"关于渎神者和宗教叛逆者"和"关于皇上荣誉和维护皇上的健康",它们都直接与维护专制统治有关。前者通过保护宗教来为专制制度服务,把神权与专制结合起来,提高专制制度的权威性。后者则赤裸裸地通过保护专制制度的承担人沙皇来确保这一制度的不

---

① 《宋刑统·断狱律》"断罪引律令格式"门。

灭。在此以前的《罗斯法典》和《一四九七年会典》等法典中都无此种结构。这说明,随着专制程度的提高,俄罗斯法典的结构也会作相应的调整,更露骨地表现对专制制度的维护。中国法典的这种变化更是明显。战国的《法经》有六个篇目,依次是《盗》、《贼》、《囚》、《捕》、《杂》和《具》。《晋书·刑法志》指出,把《盗》和《贼》排列在前的原因是"以为王者之政莫急于盗贼,故其律始于《盗》、《贼》"。在这一结构中,还是把打击侵害财产权的犯罪"盗"作为主要打击对象,列在危害人身安全的犯罪"贼"前面。这一结构在秦、汉时没有重大变化。经过魏晋南北朝的调整,唐律的结构有了较大变动。它的第1篇为《名例》,内容是对本律指导思想和基本原则的规定,排列在最前的"五刑"之后便是"十恶",把它作为首要的打击目标。《唐律疏议·名例》"十恶"条"疏议"说:"五刑之中,十恶尤切,亏损名教,毁裂冠冕,特标篇目,以为明诫。""十恶"中的前三罪是对专制制度危害最大的"谋反"、"谋大逆"和"谋叛",分列为一、二、三。第2篇为《卫禁》,内容主要是保护皇帝的人身安全,包括不可随便进入宫殿,不得向宫殿射箭等等。第3篇为《职制》,内容主要是惩治各种犯罪官吏,包括擅自改定制书、上书奏事有误等等。这两篇同样与专制制度关系密切,前者是为了保护皇帝的肉身,后者是维护皇帝的意志。此两者在专制统治中少一不可,因而唐律把它们列在《名例》之后,并明言自己的这一意图。《唐律疏议·卫禁》的文前"疏议"说:"卫者,言警卫之法;禁者,以关禁为名。但敬上防非,于事尤重,故次《名例》之下,居诸篇之首。"《唐律疏议·职制》的文前"疏议"说:"言职司法制,备在此篇。宫卫事了,设官为次,故在《卫禁》之下。"《明律》和《大清律例》又部分改变了唐律的结构,更重视对专制制度的维护,除继续保持"十恶"的位置外,还在所有律条后附例,便于律文的实施,更严厉地打击有损专制制度的行为。古代东方法典的这种变化,不是巧合,而是立法者的有意识安排,其目的是为了满足加强专制统治的需求。

　　随着专制制度的不断加强,法律内容越来越具专制性。这种专制性表现在更突出国君的地位和更严厉地制裁危害这一制度的犯罪。楔形文字法在法典的序言中对国王权限的规定日趋扩大。《乌尔纳姆法典》的序言只把国王乌尔纳姆称为"强有力的战士、乌尔之王、苏美尔和阿长德之王"[①]。《汉穆拉比法典》则把国王汉穆拉比说成是"恩利尔所任命的牧者"、"常胜之王"、"王者之贵胄"、"众王之统治者"、"众王之神"、"众王之君主"和"人

---

① 朱承思等:《〈乌尔纳姆法典〉和乌尔第三王朝早期社会》,载《历史研究》1984年第5期。

民的牧者"等。① 这些说法不仅提高了汉穆拉比的地位,使其成为诸王之王,还把他与神联系在一起,造成"君权神授"的事实,加固他专制统治的理论基础。俄罗斯法注重从限制贵族的权限和保护沙皇人身安全两个方面来显示加强专制制度的轨迹。《罗斯法典》从具体规定中反映出贵族的地位高于一般公民。②《一四九七年会典》和《一五五〇年律书》的内容则突出要限制贵族权力,严禁他们在审判中有复仇或袒护行为,他们审理重要案件要有地方行政官员到庭等。③《一六四九年会典》进一步规定要严格保卫沙皇,任何企图危害他的行为都会受到严惩。此法典在第二章中规定:如果"某人蓄谋危害皇上的健康",而且"经查实确有此罪恶意图"的,就要被处以"死刑",他的领地和财产都要被没收,他的知情妻子和子女也要株连被处死。这个从一般规定贵族有较高地位到要限制他们的权限,以至严惩有损沙皇的行为的内容变化过程,正是专制制度不断加强并在法律上的体现。中国法也有这样的过程。早在唐代以前已有"重罪十条"的规定,但只言"反逆",未言"谋反","谋"不在此罪之限。可唐代则把"谋"加入"十恶"的前三罪,而且对"谋"者的处罚"同真反"④,扩大了对危害专制制度行为的处罚范围。不仅如此,唐律还规定口误也要重罚。《唐律疏议·贼盗》"口陈欲反之言"条规定:口误要反的,即"心无真实之计,而无状可寻"的,也要"流二千里"。这在以前没有规定。到了明清,对专制制度的维护更甚一步。《明律·吏律》和《大清律例·吏律》都新增"奸党"条,规定:"在朝官员交结朋党紊乱朝政"等四种行为,都属"奸党"罪范围;构成此罪的,不仅本人处"斩",还要"妻子为奴,财产入官"。这一罪名在唐代没有。为此,有人曾把它作为与唐律的一大区别,并称:"自永徽定律之后,宋元皆因其故,惟明代多有更改,又增奸党一章。"⑤这一新增的罪名就是为了打击与皇帝对抗的行为,其目的也是为了巩固专制制度。由上可见,古代东方法的具体内容也受专制制度的支配,其趋势是不断专制化。

古代东方的专制法律在历史上起过一定的积极作用。可以说,如果没有法律的保护,那时的专制制度充其量只是个短命鬼,不可能长久。这样,

---

① 《外国法制史资料选编》上册,第18—20页。
② 参见王钺:《〈罗斯法典〉译注》,兰州大学出版社1987年版,第25—26页。
③ 详见外国法制史研究会编:《外国法制史汇刊》第1集,武汉大学出版社1982年版,第207、211页。
④ 《唐律疏议·贼盗》"谋反大逆"条"疏议"。
⑤ 《岱南阁丛书·重刻唐律疏议序》。

专制制度的积极作用便无从谈起。另外,在一些有作为的专制国君执政时期,法律还可发挥其他一些作用。中国的唐太宗曾把它作为一种打击犯罪官吏,肃清吏治,促进廉政的办法。有史料记载,他"深恶官吏贪浊,有枉法受财者,必无赦免。在京流外有犯赃者,皆遣执奏,随其所犯,置以重法,由是官吏多自清谨,制驭王公,妃主之家,大姓豪猾之伍,皆畏威屏迹,无敢侵欺佃人"①。史称那时是"贞观之治"。俄国的彼得一世上台后,利用法律对国家进行改革:经济方面,鼓励商人联合起来,提倡定期市场,建筑运河;政治方面,在中央设立枢密院,在地方设立自治机关;军事方面,实行义务兵役制,建立陆军和海军等。他的这种改革被认为"是有进步意义的","对生产力的发展,对国防的巩固,对文化的发展,都有巨大的进步意义"。有了他的改革,"俄国就成了一个强国,在波罗的海沿岸有了巩固的防御,成为欧洲最强国家之一"。② 但是,这种法律的消极性更突出。专制国君控制了法律以后,法律变成了独裁工具,错杀无辜、酿成冤狱就不可避免。唐太宗执政时错杀非死罪者就不止一人。《新唐书·刑法志》载,大理丞张蕴古因与罪犯李好德"弈棋",并"阿纵好德",使太宗大怒,于是下令斩了不应处死的张于东市,"既而悔之"。以后,"交州都督卢祖尚,以忤旨斩于朝堂",也非死罪,太宗"亦追悔"。印度孔雀王朝时的阿育王也曾滥杀无辜。他在征服羯陵伽时,被杀者达10万,其中有相当一部分是无辜的。对此,他似乎受到了良心的责备,还归附佛门以表改过。他说:"我公开宣布做一个佛陀的世俗信徒","我虔诚地归附了僧伽"。③ 特别是到了封建社会末期,专制化法律严重地摧残资本主义萌芽,阻碍社会生产力的进一步发展,走向了反动。中国清代用法律手段扩大禁榷范围,重征商税,限制商品流通;实行海禁,阻挠对外贸易;甚至限制手工业发展和私人经营矿冶业等,都是为抵抗资本主义生产关系而设防,根本目的还是要保住快要毁灭的专制制度。这些法律就毫无积极意义可言,相反却具有逆历史潮流的反动性。

---

① 《贞观政要·政体第二》。
② 《苏联国家与法的历史》上册,第124、134页。
③ 《古印度帝国时代史料选辑》,第57页。

第五章　古代东方法与私有制

古代东方法与私有制的问题是古代东方法与经济关系中最为重要的问题,本章专题论述这一问题,并从这一侧面来透视古代东方法与经济的关系。

一、私有制是古代东方的基本经济制度

根据不同的历史发展时期,古代东方的经济可分为奴隶制经济和封建制经济,前者出现在奴隶社会,后者存在于封建社会。这两种经济有个基本的相同点,即都是以私有制为基础。奴隶制经济以奴隶主的私有制为基础,封建制经济以地主(封建主)的私有制为基础。在私有制中,又以生产资料私有制为主要组成部分,由它决定分配方式及人与人之间的关系,这三者又组合为奴隶制或封建制的经济基础,并决定社会的上层建筑,进而构筑成奴隶制或封建制的社会形态。这里讲的私有制,主要是指生产资料私有制。

在私有的生产资料中,土地是最基本的成分。古代东方的奴隶主和地主都曾占有过大量土地,并以它作为盘剥奴隶和农民的本钱。在两河流域的乌尔第三王朝时期,私人经济有了一定发展,奴隶主占有土地的情况也不再是极个别的情况。据当时的文献记载,拉加什一个最高祭司拥有36公顷土地,他的副手拥有18公顷土地。一般王室经济的管理人员也拥有15公顷土地。[1] 印度在奴隶制时期已存在私有土地。"随着犁耕的开始,土地就归奴隶主氏族贵族私人所有了。"[2]之后,具有私有性质的皇庄数量也相当大。在莫卧儿时期,国王的皇庄占全国土地的1/3左右。在阿拉伯伊斯兰国家,哈里发王族、军事贵族、僧侣贵族、游牧贵族等均有大片土地,其中王室占有的称为"沙瓦尔",其他贵族所有的称为"木尔克"。到奥斯曼统治时期,世俗地主和军事贵族的势力逐渐膨胀,他们明目张胆地侵占土地,使自

---

[1] 参见马月乔:《世界古代史选编》,黑龙江人民出版社1980年版,第215页。
[2] 〔印度〕萨拉夫:《印度社会》,华中师范学院历史系翻译组译,商务印书馆1977年版,第114页。

己成为大土地所有人。① 公元 10 世纪时,俄国的世俗、僧侣和军事贵族都成了大片土地的所有者。14 世纪,大量的土地又被僧侣和世俗贵族攫为己有,他们也成了世袭领地的主人。中国在春秋战国时期也出现了私有土地,之后在数量上渐渐增多,明、清时的私有土地已十分可观,仅庄园一项所侵占的土地就很惊人。到嘉庆十七年(1812 年)时,这种土地已约占全国土地总量的 1/10,有 11 万余顷。大贪污犯和珅一家就侵占了民田 8000 顷。

古代东方还存在过国有土地,但它在本质上仍是私有性质,与以上的私有土地只是形式上的区别。古代东方实行的是专制统治,专制国君一人把握着国家的所有最高权力,包括土地权,因此那时的土地国有实际上是国君一人所有,即国君私有。它与私有的主要区别在于,其他的土地私有人不可以国家身份出现,不能随便利用国家为己服务,国君则可以这样做。可见,那时的国有与私有土地在本质上无根本差别。

奴隶主和地主不仅占有土地,还拥有进行农业生产所需的其他一些生产资料,如耕牛、农具等。奴隶、佃农等就使用它们为奴隶主、地主干活,受他们的剥削。如印度的大奴隶主有数以千万计的牛,一个笃信耆那教的奴隶主阿难陀拥有四群家畜,每群由 1 万头牛组成。② 中国地主的耕牛也不少,三国时的吴国大地主私有的耕牛数量很多,有"牛羊掩原湿"之说。③ 此外,奴隶在古代东方也被当作奴隶主的会说话的工具,像私有财产一样。由于这个问题在本文的所有权部分有述,这里就不再展开了。

古代东方国家都曾有过私人手工业和商业,手工业主和商人都有必要的生产资料。在两河流域,私人手工业和商业都有过较大发展,其中有人也因此发了财,掌有许多生产资料。古巴比伦的穆拉树家族就拥有 12 个矿坑、13 所房产和 3 个建筑地区,还有奴隶 96 人,成为当时的大商富豪之首。④ 中国唐代的手工业和商业都有相当的发展,商人的运输工具等生产资料已十分可观。《旧唐书·崔融传》载:唐代有"弘舸巨舰,千舳万艘,交贸往通,昧旦永日"。陆路的情况同样如此。"东至宋、汴,西至岐州,夹路列店肆,待客酒馔丰溢,每店皆有驴赁客乘,倏忽数十里,谓之驿驴。"⑤ 宋代的私人手工业有进一步发展,纺织业、造船业、陶瓷业等都达到较大规模,还产生

---

① 详见郑之等编著:《世界中古史纪略》,黑龙江人民出版社 1984 年版,第 56 页。
② 参见《印度社会》,第 130 页。
③ 详见郑学檬等:《简明中国经济通史》,黑龙江人民出版社 1984 年版,第 126 页。
④ 详见《世界古代史选编》,第 222 页。
⑤ 《通典·卷七》。

了雇工生产和手工作坊式的工场。陕西就有"匠民乐工,组绣书画,机巧百端,名目五七百人或千余人"①。其他东方国家的手工业主和商人也不同程度地具有自己的生产资料。

私有生产资料的存在为剥削者提供了进行剥削的必要条件。土地所有人利用土地进行剥削。印度在奴隶制时期,无论是在牧场,还是在田地,都有"成群的奴隶,从清晨到深夜在奴隶主的鞭打之下劳动着。他们住的泥土小屋,与其说是人的住所,不如说是野兽栖息的洞穴"②。在18世纪下半叶的俄国,农奴要交纳的地租占其收成的绝大部分,俄国中部黑土地带7个省的农奴所交的高达70%,其中图拉省和库尔斯克省的甚至达92%。③ 农奴自己所剩的还会有什么呢?中国地主所收的地租也占很高的比例。秦汉时佃农承担的地租率在50%。《汉书·王莽传》载:那时"豪民侵陵,分田劫假。厥名三十税一,实什税五也"。商人牟利也十分厉害。中国大商人得利十分丰厚。唐大历、贞元年间的商人船主俞大娘的运输船很大。"操架之工数百",收利也很多,"岁一往来,其利甚博"。④ 商人致富也是因为剥削的缘故。《晋书·陶璜传》记载,商人用米换珠,以贱取贵,从中牟利。"百姓唯以采珠为业,商贾去米,以珠货米。"一些手工业主也利用自己的生产资料进行剥削。宋末元初,杭州有12种著名的私营手工业,各业有12000户,每户少则十几人,多则几十人。工场主及其家属都不"亲手操作",干活的是那些"勤于作业"的雇工。⑤

剥削为生产资料所有人造就了大量财富,一些大奴隶主、地主都家产万贯,生活极其奢侈。在印度《百道梵书》、《耶摩尼》和《罗摩衍那》中提到,毗提诃的奴隶主贾纳卡的财产不计其数。他给自己的一个述祀氏师傅的一笔赏赐,就有100头牛、几百名女奴,而且牛角上都挂着5枚一串的帕达斯金币。他给女儿息达的嫁妆是10万头牛、100名处女、200名男女奴隶及许多象、马和战车等。⑥ 中国的大地主、商人也不例外。《后汉书·仲长统》载:汉兴以来,"豪人之室,膏田满野,奴婢千群,徒附万计"。商人也不落后。《史记·货殖列传》记载了秦汉之际的一些大富商的资财,其中南阳孔氏

---

① 《赵清献公文集·卷七十六》。
② 《印度社会》,第118页。
③ 详见孙成本等主编:《俄国通史简编》上册,人民出版社1986年版,第300页。
④ 《唐国史补·卷下》。
⑤ 参见《简明中国经济通史》,第232页。
⑥ 详见《印度社会》,第129页。

"家致富数千金",鲁晋邴氏"富至巨万",师史"能致七千万"等等。

与此同时,没有生产资料的被剥削者却十分悲惨,死亡随时都可能发生。两河流域的奴隶因超额的剥削和压迫,每年都有大量的死亡。据记载,在古巴比伦,一个王室经济中有170个奴隶,但一年就要死亡50多人。在一个女奴劳动营中,有185人,可一个月就死去了57人。① 印度奴隶的遭遇也十分凄惨。他们"遭受最残酷的剥削,消费量被降到最低,仅仅使他不致于饿死。他的待遇有时比牲畜坏得多——眼睛被挖出,四肢被割掉,有时还被处死。无人要买的患病和年老的奴隶,一般是被带到丛林,遗弃在那里听任命运摆布"②。中国奴婢、农民的情况也差不多。《汉书·王莽传》载,秦时还"置奴婢之市,与牛马同兰(栏)"。他们被当作牲畜欺压、宰割。农民的状况也好不了多少,尽管终日忙碌,但仍难逃贫困和死亡。"贫者卖妻儿,甚至或自缢死"③的情况时见史册。

面对残酷的剥削和死亡,一些奴隶、农民不得不以起义的方式进行反抗。如希伯来在所罗门统治时期,就爆发过耶罗波安领导的起义。在印度,有公元前11世纪时毗那及妻子苏尼塔领导的起义、公元前6世纪阿吉塔领导的起义等。阿拉伯伊斯兰国家也出现过起义,有公元747年的穆斯里起义、776年的穆坎那起义、869年的辛吉起义等。俄国历史上同样产生过这种起义。1603年发生了赫洛普起义,1606年又发生了波洛特尼科夫起义等。中国的农民起义更多,每个朝代都有。自陈胜、吴广领导的农民大起义后,较为著名的也不下几十次。每次起义都是对私有制及剥削制度的示威和冲击,也表达了广大人民群众对私有制的强烈不满和抗争的态度。

二、私有制决定古代东方法的内容

私有制作为社会经济中的一个重要构成部分,对古代东方法的内容也有决定作用。有什么样的私有制,便有什么样的法律内容;私有制变化了,法律内容也会有相应的变化。

古代东方法的内容受制于私有制,后者决定前者。楔形文字法和希伯来法都是奴隶制法,它们所规定的只是奴隶制的私有制,不可能是封建制的

---

① 详见《世界史》(古代史),第103页。
② 《印度社会》,第118页。
③ 《宋书·沈怀文传》。

私有制。伊斯兰法和俄罗斯法是封建制法,它们所确定的只是封建制的私有制,也不可能是奴隶制的私有制。探其原因,是因为法的内容本身就是由一个社会的经济形态所决定的,不可能跳出特定的经济形态的圈子,古代东方法也是如此。以上各法均由其所处时代的经济形态所限定,不可能对超越时代的私有制形式作出规定。从这种含义上来理解,可以认为法律"是一种反映着经济关系的意志关系。这种法的关系或意志关系的内容是由这种经济关系本身决定的"①。

　　具体的私有制内容还决定了详细的古代东方法对私有制的规定,使它具有较强的可操作性,便于实施。俄国《一六四九年会典》第十七章对一些具有私有性质的世袭领地的规定就很详尽,其中有关两个以上儿子继承其父的世袭领地的规定中,内容就包括:如果有两个以上儿子共同继承其父的世袭领地,那么他们共有这些土地,任何人都不可擅自单独出售或抵押这些土地;如果其父死后还有未清偿的债务,那么这些儿子需用继承的土地来还债;如果被继承的土地作过分割,那么每个得到自己土地的儿子在经济困难时可以出卖自己的那份土地等。中国在唐前期的立法中对永业田的规定也十分详尽,其基本内容是:根据农民的年龄、性别和身体情况决定可授田数,但永业田与口分田的比例均是二与八之比;永业田可被继承,传子孙,国家不收回;即使继承人受到除名等处分,仍可继承,已继承的也不收回;贵族、官吏可受较农民为多的永业田,并根据他们的地位来决定具体田数,地位高者多,低则少,亲王可得100顷,依次减至武骑尉得60亩;在永业田内可种桑树50棵,榆和枣树各10棵,3年里种毕等等。②

　　私有制性质变化了,古代东方法的内容也会随之发生变化。古代东方的私有制主要是两类,即奴隶制的私有制和封建制的私有制。这两种私有制虽在本质上都认定生产资料为私有,但仍有区别,前者为奴隶主所有,后者是地主所有。这种不同的生产资料所有权又决定了剥削形式上也有所不同,前者主要是剥削奴隶的剩余劳动,后者主要是剥削农民的剩余产品,当奴隶制的私有制发展为封建制的私有制以后,古代东方法在内容上也发生了同样的变化。印度在孔雀王朝时期发布的《政事论》等一些法律都强调对奴隶制的私有制的保护。《政事论》认为奴隶及劳动工具等均为奴隶主所

---

　　① 马克思:《资本论》第1卷,载《马克思恩格斯选集》第2卷,人民出版社1995年版,第143页。
　　② 详见〔日〕仁井田升:《唐令拾遗》,栗劲等译,长春出版社1989年版,第540—555页。

有,奴隶们必须极力从事农业生产劳动,不可借故影响收成,否则就要被罚。它规定:"用奴隶、雇工和罪奴在多次翻过的、适于(生长)不同作物的土地上播种。不能因犁、工具和牛,以及因铁匠、木匠、编篮匠、搓绳匠、捕蛇者和其他工匠的缘故而影响(耕作)。由此损失了生产果实,罚金则与所损失的果实相等。"① 进入封建社会以后,印度法又转向反映和维护封建制的私有制。《那罗陀法论》强调了地主对土地的私有,规定他们可以进行"出卖房屋和田地等项交易",还规定地主可以用雇工进行农业生产,只是应付出"他们的劳动所应得到的工钱"。② 中国在夏、商奴隶制时期,土地为国有,现虽然看不到关于这种奴隶制土地所有制的法律条文,但从有关史料来看是存在的。《孟子·滕文公上》记载的有关国王分配土地给贵族,并按期收缴贡物的内容有一定的真实性。它说:"夏后氏五十而贡。"朱熹注说:"夏时一夫授田五十亩,而每夫计其五亩之入以为贡。"商时出现了井田制。"商人始为井之制,以六百三十亩之地,画为九区,区七十亩,中为公田,其外八家各授一区。"奴隶们在井田上劳动,其成果被奴隶主剥夺。进入封建社会以后,封建制的土地所有制取代了奴隶制土地所有制,土地除了保持国有部分外,还出现了地主的私有土地。在秦代的法律中已能看出有关规定。《法律答问》载:"盗徙封,赎耐。"有学者认为:"这显然是给擅自改变田界的人以惩处的法律规定,其目的既是为了防止有人侵犯封建国有土地,也是为了保护地主的私有土地。"③ 这是正确的。以后的法律更是明确地提出了"公"、"私"田的概念,这里的"私"田显然主要是指地主的私田。《唐律疏议·户婚》的"盗耕种公私田"和"妄认盗卖公私田"条和《宋刑统·户婚律》的"占盗侵夺公私田"门等都提及这种私有土地,还对其进行保护,并惩罚侵田人。

在同一历史时期,私有制内容的变化,也会引起古代东方法内容的变化。在俄国,土地私有制的发展和复杂化也使有关私有土地的规定更加具体和详尽。在俄国,起初土地以国有为主,其他形式很少且不重要,因此在《罗斯法典》中有关土地私有制的规定极少。以后,俄国的土地所有制形式逐渐复杂,除继续保留着国有的以外,私有土地大量涌现。这种变化在俄罗斯法中也有反映。《一六四九年会典》专设十六、十七两章规定土地问题,前为"领地",后为"世袭领地"。其中,对私有土地的取得、买卖、登记、抵押和

---

① 《古印度帝国时代史料选辑》,第 39 页。
② 同上书,第 111、118 页。
③ 高敏:《云梦秦简初探》,河南人民出版社 1979 年版,第 165 页。

继承等诸方面都作了较完全的规定。如在买卖世袭领地时有关领地上住宅的处理是这样的:"某人向世袭地主购买世袭领地,在此世袭领地上有住宅,住宅由农民的儿子、兄弟、侄子居住,而这些人在契约上已写明,不是新迁来的,并且契约上写明这些人是父亲、兄弟、叔叔一起居住而没有分居,则购买之人不必为这些人另加钱款,因为他们是此世袭领地原有农民而不是新来的。"内容十分周全。中国也发生过类似变化。唐初实行的是均田制,其中有口分田和永业田之分,唐律反映了这种土地所有制,《唐律疏议·户婚》的"里正授田课农桑违法"、"卖田分田"、"占田过限"等条都是为贯彻和推行这种所有制而设立的。唐中期以后,两税法逐渐替代了均田制,它不再为后人所用,同时唐后期的土地私有成分不断增大。因此,在以后颁布的《宋刑统》、《明律》和《大清律例》中不再有与均田制相关的条款,却出现了一些关于买卖私有土地的条文。《大清律例》在它的《户律》中专置"任所买田宅"和"典买田宅"条,规定官吏"于见任处所置买田宅"和"典买田宅不税契者"都是犯罪行为,前者要被"笞五十,解任,田宅入官",后者要被"笞五十,契内田宅价钱一半入官"。这些唐律中均没有。

三、古代东方法对私有制的保护

古代东方法作为一种由国家强制力作保证的国家意志,是保护私有制的强劲力量。它通过制裁各种损害私有财产的行为,来保护私有制不受侵犯。这主要表现在以下这几个方面。

制裁偷盗私有财产的行为。偷盗行为是用一种隐蔽手段非法获得他人财产的行为。它对私有财产造成了很大的威胁。古代东方法决不姑息这一行为,并根据情节加以严惩。楔形文字法用多种形式制裁偷盗者。《李必特·伊丝达法典》规定:"倘自由民入人之园而以盗窃行为被捕。则彼应偿银十舍客勒。"《赫梯法典》规定,假如有贼偷窃了他人的牛、马、骡和驴等财产,那么此贼"应加倍交还,同时用自己的房屋担保";如果是"在宫廷大门内盗取青铜矛,则他应处死";如果有人破坏田界企图偷盗他人的田地,那么"那个破坏田界的人应交付一只绵羊,十块面包,一瓶啤酒,而地要重新净秽"。① 希伯来法也打击偷盗行为。"贼若被拿,总要赔还,若他一无所有,就要被卖,顶他所偷之物,若他所偷的,或牛、或驴、或羊,仍在他手下存活,

---

① 《外国法制史资料选编》上册,第12、81、88、91页。

他就要加倍赔还。"① 印度法对偷盗者区别对待,但用罚都很重。《政事论》规定:"偷窃别人稼"者,如与被偷者是同一等级的,要被"罚五十倍的收成",而"外来者处死"。② 伊斯兰法对偷盗人的处罚十分严酷。穆罕默德曾规定:"偷窃价值四分之一第纳尔之物的窃贼,其手当被砍断。"③ 俄罗斯法对偷盗行为的处罚也十分严厉。《一四九七年会典》规定:"一个众所周知的歹徒被指控行窃",那他"应处以死刑,没收其财产以偿付诉讼金额,多余部分归法官"。④ 中国法历来都把偷盗作为犯罪惩治,受刑幅度一般以所盗数额而定。《宋刑统·户婚律》"占盗侵夺公私田"门规定:"诸盗耕种公私田者,一亩以下笞三十,五亩加一等,过杖一百,十亩加一等,罪止徒一年半。""强盗窃盗"门规定:"诸窃盗不得财,笞五十,一尺杖六十,一匹一等,五匹徒一年,五匹加一等,五十匹加役流。"宋代以前也有相似的规定。

制裁毁损私有财产的行为。毁损行为虽与偷盗行为不同,但它却全部或部分地破坏了私有财产,使其丧失全部或部分使用价值,其后果同样十分严重,不亚于偷盗行为,因此这一行为也在古代东方法的制裁范围中。楔形文字法根据不同的被毁损物,作出不同的处理规定。《李必特·伊丝达法典》规定,自由民如造成了被租用牛伤害的,要依据伤害部位作出赔偿,其标准是:伤牛鼻环筋肉的"应赔偿买价之三分之一";伤牛眼睛的"应赔偿买价的一半";折断牛角的"应赔偿买价之四分之一";伤牛尾的也"应赔偿买价之四分之一"。⑤ 希伯来法也要求毁损人进行赔偿。"若点火焚烧荆棘,以致将别人堆积的禾捆、站着的禾稼、或是田园,都烧尽了,那点火的必要赔还。"⑥ 印度法较重视毁损人的主观方面因素,对故意者的制裁重于非故意者。《政事论》规定:"使用池塘,水渠和水浇土地损害别人土地中已播种的种子,应付所损失的价值。有意损害水浇地、园林、建筑物,罚款为所损失的双倍。"⑦ 伊斯兰法也不允许有毁损他人财物的行为。《古兰经》说:"他转脸之后,图谋不轨,蹂躏禾稼,伤害牲畜。真主是不喜作恶的。"⑧ 这样的行为当然逃脱不了惩罚。俄罗斯法同样不容忍毁损他人财产的行为,违犯者要

---

① 《新旧约全书》,第92—93页。
② 《古印度帝国时代史料选辑》,第51页。
③ 《布哈里圣训实录精华》,第190页。
④ 《外国法制史汇刊》第1集,第208页。
⑤ 《外国法制史资料选编》上册,第15页。
⑥ 《新旧约全书》,第93页。
⑦ 《古印度帝国时代史料选辑》,第48页。
⑧ 《古兰经》,第23页。

受到制裁。《一五五〇年律书》规定:"一个农民耕坏或割草损坏本乡或本村农民田界,则乡长或村长应向破坏者索取二阿尔蒂赔款。"①中国法把各种毁损行为都归入犯罪范畴,行为人要承担刑事责任。《唐律疏议·杂律》"弃毁器物稼穑"条规定:"诸弃毁官私器物及毁伐树木、稼穑者,准盗论。"即要依偷盗的规定量刑定科。

制裁抢劫和抢夺私有财产的行为。这两种行为侵害了被害人的双重权利,不仅有损他们的人身权,同时也损害了他们的财产权,因而古代东方法的制裁重于以上两类。希伯来法规定:凡是"抢夺人的财物"的,除了要"归还他所抢夺的",还要"另外加五分之一"。②印度法要求按制裁盗贼那样制裁抢夺生产资料的人。《政事论》说:"如果强夺生产资料,按盗贼处罚。"③俄罗斯法对抢劫者的处罚十分严厉,除行为人要被处死外,还要没收其财产。《一四九七年会典》规定:"一个众所周知的歹徒"被指控为"抢劫",那他"应处以死刑",同时还要被没收财产。④中国法把抢劫和抢夺统称为"强盗",并列入重大犯罪打击,刑至处死,明显比对偷盗行为的处罚严厉。《宋刑统·贼盗律》"强盗窃盗"门规定:"诸强盗,不得财徒二年,一尺徒三年,二匹加一等,十匹及伤人者绞,杀人者斩。"

制裁诈骗私有财产的行为。这是一种用欺诈手段非法谋取他人财产的行为,同样对私有财产构成了威胁,古代东方法也对此作了制裁规定。在楔形文字法中已能看到这种规定。《汉穆拉比法典》规定:放牧牛羊人有诈骗行为,"不诚实,交换标记"等,一旦被查出,就要以"十倍偿还其主人"。⑤希伯来法也明文规定不能放过诈骗人。凡是"在交易上,行了诡诈"的,除了要"如数归还,另外加上五分之一"。⑥印度法把这种行为认定是卑鄙的犯罪行为。《政事论》说,用"欺骗"手段而获得的财产是"黑的财富",取得这种财富的行为是"犯罪活动",行为人要受到刑法的追究。⑦伊斯兰法则决不放纵这种行为。穆罕默德曾说过:"倘若他们隐瞒商品和钱币的缺陷,买卖时讲假话,兴隆的买卖定会毁掉。"⑧中国法把诈骗财产的行为列在犯罪中,

---

① 《外国法制史汇刊》第 1 集,第 231 页。
② 《新旧约全书》,第 122、123 页。
③ 《古印度帝国时代史料选辑》,第 47 页。
④ 《外国法制史汇刊》第 1 集,第 208 页。
⑤ 《外国法制史资料选编》上册,第 45 页。
⑥ 《新旧约全书》,第 122、123 页。
⑦ 《古印度帝国时代史料选辑》,第 112—113 页。
⑧ 《布哈里圣训实录精华》,第 64 页。

并处以刑罚。《唐律疏议·诈伪》"诈欺官私财物"条规定:"诸诈欺官私以取财物者,准盗论。"

此外,古代东方法还制裁负有私人债务不还的行为。负债不还,侵吞他人的财产,也是一种非法占有他人财产的行为。此行为也要受到古代东方法的追究。楔形文字法很注意保护债权人的利益,强制债务人履行义务。《汉穆拉比法典》规定:如果自由民举债,又"无银还债"的,就要其取谷还之。[①] 希伯来法要求借物人不能有损原物,否则就要赔偿。"人若向邻舍借什么,所借的或受伤、或死,本主没有同在一处,借的人总要赔还。"[②]印度法对还债的规定十分苛刻,甚至要求债务人作奴清偿。《政事论》说:"假若有人不能按时偿还他所借贷或已允诺的(数额),则此项数额(连同利息一起)可增至总计达一百克洛尔(等于十亿)。假若已达一百克洛尔,他在一切继续存在的情况下,还要在(债主)家作为他的奴隶,为的是(用他的劳动)来偿还债务。"[③]伊斯兰法认为,负债不还是一种罪过。穆罕默德曾说:"拖延和不及时交付富人的债款当属罪过。"[④]俄罗斯法也规定债务人在无力还债的情况下,可以役折酬。《一五五〇年律书》规定:"某人随带货物外出经商,但物品被喝尽和毁坏了,又不存在某人意志不可抗拒的条件,那么将某人交给原告充作好洛仆,直至抵清或还清债务时为止。"[⑤]中国法对负债不还者甚至动用刑罚,并处赔偿。《宋刑统·杂律》"受寄财物辄费用"门规定:"诸负债违契不偿,一匹以上违二十日,笞二十,二十日加一等,罪止杖六十。三十匹加二等,百匹又加三等。各令备偿。"

在以上一些被制裁的损害财产的行为中,涉及公、私两部分财产,但私有财产是其中一个重要部分,因为古代东方社会是以私有制为基本特征的社会。制裁危害私有财产的行为,有其独特的作用。一方面有惩治作用,可使行为人得到应有的惩罚,承担应有的法律责任,从中得到回报;另一方面有儆诫作用,使他人从中得到教训,知晓其中的利害关系,不敢妄为,达到预防效果。为了起到这样的作用,古代东方法虽采用了一些不同的制裁方式,但大多比较严苛。如伊斯兰法、俄罗斯法和中国法等都规定死刑,要处死犯有偷盗、抢劫等行为者。又如,楔形文字法和俄罗斯法等还规定可以役折酬

---

① 《外国法制史资料选编》上册,第29页。
② 《新旧约全书》,第93页。
③ 《古印度帝国时代史料选辑》,第110—111页。
④ 《布哈里圣训实录精华》,第67页。
⑤ 《外国法制史汇刊》第1集,第232页。

还债。从中可见,古代东方的统治者及其法律对维护私有制的重视程度。

古代东方法中有关保护私有财产的规定,从形式上看,好像对任何人都有利,保护的对象似乎是所有人的私有财产,并无特指。但是,实际上它所保护的主要还是剥削阶级的财产,并非全体民众的财产。因为,古代东方实行的是剥削制度,剥削者奴隶主、地主除了占有大量用于腐化生活的生活资料外,还拥有更多的生产资料,并以此来剥削奴隶、农民,榨取他们的剩余劳动或劳动成果,使自己不断致富,集聚越来越多的财产。被剥削的奴隶和农民则没有或只有少量生产资料,有的甚至连基本的生活资料都十分缺乏。在这样的情况下,他们只能忍受剥削,向剥削者提供劳役或劳动果实,自己得到的却很少,仅能勉强维持生活,有的还无法维持,以致死亡。对他们来说,没有什么财产需要保护,保护私有财产的法律也没有什么意义。相反,剥削者却有许多不义之财,他们需要法律保护,并为不断生财创造条件。对他们来说,法律就是护身符,不可缺少。其实,他们要得到这类法律也不难,原因是他们本身就掌握着国家政权,制定、颁布法律不费吹灰之力。事实也证明,古代东方国家都颁行过大量有关保护私有制的法律,使他们受益,并使剥削制度得到延续。

第六章 古代东方法与宗教

古代东方国家盛行宗教。宗教是那时社会意识形态中的一个主要组成部分。宗教与法律的关系如何？此处作些探研，并从中窥视古代东方法与意识形态间的关系。

一、古代东方的主要宗教

世界上几个主要宗教的发源地都在东方，它们是佛教、道教、希伯来教（犹太教）、基督教和伊斯兰教。佛教起源于印度，时间大约在公元前6至前5世纪，创始人是释迦牟尼。他出生在当时印度北部迦毗罗卫国（现今尼泊尔南部提罗拉科特附近），是释迦族净饭王的儿子。20岁那年，他有感于人生的各种苦恼和对婆罗门教的不满，舍弃了王族生活，出家修道。35岁那年，他"顿悟"了，"以后的全部生活都是和他迅速发展起来的信徒队伍一起到处传教"[1]。传教地区在印度北部、中部恒河流域，并最终形成了佛教。道教产生于中国的汉代。它的思想渊源是古代鬼神思想、神仙方士的信仰和黄老学说的结合。奉老子为教祖，赋予"太上老君"尊号。一般认为，东汉时的张陵是此教的创始人，他的子孙三代都在四川和陕西一带行道，到第四代张盛时才移入江西龙虎山。希伯来教起源于中东的迦南地区，时间大约在公元前13世纪，创始人是摩西。他带领希伯来人逃出埃及，到迦南的西奈山下定居，并使这一宗教最终形成。基督教晚于以上各教。按此教自己的说法，它是由罗马帝国统治下的巴勒斯坦的拿撒勒人耶稣创立的，地点就在巴勒斯坦，时间大约在公元1世纪。当时的巴勒斯坦人在罗马人的压迫下，生活十分贫困。他们建立这一宗教，并借助其与压迫者进行斗争。至于是否有耶稣这个人，至今在世界上还争论不休。我国有学者认为："与其说耶稣创立了基督教，不如说是基督教描绘出一个耶稣。"[2]这话比较科学。伊斯兰教是这几个宗教中最年轻的一个，创立时间约在公元7世纪初，地点

---

① 〔美〕L. M. 霍普夫：《世界宗教》，张云钢等译，知识出版社1991年版，第109页。
② 胡玉堂：《凡人耶稣》，载《外国史知识》1981年第8期。

第六章 古代东方法与宗教

在阿拉伯半岛。公元610年前后,穆罕默德进入不惑之年,他自命"先知",以"真主"的"使者"自喻,公开打出了伊斯兰教的旗帜,于是这一宗教起始了。另外,还有两河流域的多神教;印度的婆罗门教、耆那教和印度教;中东的波斯教和巴哈教;日本的神道教等也都生成在东方。

这些宗教都跨出国门,传播到其他东方国家,甚至传入世界其他地区。佛教流传到的国家有中国、泰国、缅甸、柬埔寨、老挝和一些东南亚国家,以及法国、意大利和德国等一些西方国家。目前,全世界有佛教信徒3亿人,僧尼80万。道教先于公元2世纪传入朝鲜和越南,18世纪以后,又传到日本、印尼、马来西亚和新加坡等国,随后又传到了南、北美洲。希伯来教随着犹太人的流散,也在世界各地流传开来。到16世纪末,波兰已有犹太人150万人,是当时世界上最大的犹太人集中地。现在居住犹太人最多的国家是美国,约占世界上犹太人总数的1/3,其次是以色列和俄国。这些国家都是希伯来教的主要传播地。基督教形成后,首先对罗马发生作用。公元321年,罗马皇帝君士坦丁宣布皈依这一宗教。公元5至10世纪,它在经济、政治和思想三方面都达到全盛。随着西方殖民者的铁蹄,基督教也跟至世界各地。它是现今世界上最大的宗教,教徒覆盖各大洲。据20世纪70年代的统计,全世界共有教徒10亿人,即地球上平均每三人中就有一个是基督徒。伊斯兰教虽是古代东方最年轻的一种宗教,但它却十分活跃,传教速度也很快。现全世界有穆斯林8亿人,仅次于基督徒,远远超过佛教,也遍布世界各大洲。

古代东方的宗教能不断传播,扩大影响,原因很多,但与统治者的推崇和宣传关系很大。也就是说,统治者出于自己的统治目的而人为地发展宗教。有个外国学者曾这样阐说希伯来教走向正轨的时间和原因:"大卫成了以色列第一位真正强有力的国王后,犹太教才走向正轨。大卫来自南部地区,他需要一个中心城市和一个礼拜中心来团结人民。他选定了山国中心的耶路撒冷作为首都。"① 这里的"团结人民"无非是要共同抵御外来侵略,巩固当时已经实行的专制制度。中国在唐时,佛教有过很大的发展,并达到全盛,其中的重要原因是唐统治者的大力支持。他们从隋亡中得到教训,认为隋末发生农民起义的原因是"赋繁役重,官吏贪求,饥寒切身,故不暇顾廉耻尔"②。为了使百姓能"顾廉耻",他们便利用佛教,使它起麻醉剂的作用,

---

① 《世界宗教》,第207页。
② 《历代名臣奏议·卷三一九》。

因此不惜占地建寺,几度下诏普度僧尼,还优礼名僧,颁发佛典。由于唐统治者的扶植,佛教发展迅速,以至"十分天下之财而佛有七八"[①]。其他宗教的发展也都少不了这种人为培植的因素。

古代东方各宗教形成后,既相对独立,又有一定的联系。这种联系是多方面的,有的是从一个宗教中分离出另一个宗教,如基督教是从希伯来教中分离而成;有的则相反,由不同的宗教组建成新宗教,如印度的婆罗门教、佛教和耆那教就汇合成新的印度教;还有的虽在形式上各自为政,但思想理论上却互相渗透,中国的佛、道两教即是如此。基督教是由希伯来教的一个派别发展而成的。公元1世纪,罗马帝国正处在充分发展时期,但这种发展却建立在对人民的残酷压迫之上。所以那时尽管出现了繁荣,但人民却感到濒临绝境,十分希望有个超自然的救世主降临。于是,有人便在现存的希伯来教的基础上,发展了基督教。正因为如此,这两教便有了共同的经典《旧约全书》,而且在根本上还有一些相同之处,所以有人说:虽有"犹、耶两教人",但"为偶像信仰所乘之各教人威信,死后之生活与赏罚,惟于二者之情形,说法不同,于其根本则未有不同"[②]。在印度,公元前6世纪除了出现佛教外,还有耆那教,这对婆罗门教是个严峻的挑战。因为,这两教都拒绝把吠陀视为圣典,还主张只要正确地生活,都能得到解脱。这对于深受种姓制度磨难的广大人民来说,无疑是个福音,因此佛教和耆那教很快盛行起来。在这种情况下,原有的婆罗门教不得不吸收这两个教中一些易被人们接受的内容。公元8、9世纪后,这三教进行了改革,组合成印度教。现在,印度的印度教徒的人数十分可观。"在印度本土,根据最新的政府人口普查结果,在将近4亿人中有近26500万人是印度教徒,其中三分之二非常均匀地分布在全国各地。"[③]在中国,佛教传入后,与本土的道教发生了矛盾。但是,经过斗争,并在适应中国"水土"的基础上,它们在思想理论上互相渗透,以致对立面越来越小,相同点越来越多。有中国学者这样认为:"佛教如同一切外来宗教,它要在异乡他邦获得发展并形成独具特色的宗派,取决于它和传入国家传统文化结合的程度。历史告诉我们隋唐时期中国佛教的盛行及其宗派的形成,标志着佛教传入后依附于我国传统的儒道等思想的过程

---

① 《旧唐书·辛替否传》。
② 〔埃及〕穆罕默德赖施德:《穆罕默德的默示》,马瑞图译,中华书局1946年版,第163页。
③ 〔美〕爱德华·丁·贾吉编:《世界十大宗教》,刘鹏辉译,吉林文史出版社1991年版,第47页。

已告结束","凡重视又结合得比较好的,就流传得比较久远,在后来发挥于中国封建社会的反作用就比较大,如禅宗等"。① 这符合佛道两教的实际情况。

这些古代东方宗教都有自己的经典、戒律或戒规等。佛教的典籍丛书称《大藏经》。它以经、律和论为主,还有一些关于佛教的撰述。现在世界上流传的《大藏经》有南传藏经和北传藏经两种,前者用巴利文编写,后者用汉文写成。佛教的戒律主要是"五戒"和"八戒"。"五戒"为:不杀生、不偷盗、不邪淫、不饮酒和不妄语。"八戒"是在"五戒"上再加三戒,它们是不眠坐高广华丽大床、不服饰打扮及视听歌舞、不食非时食(如正午过后不吃饭等)。道教的经书总称为《道藏》,包括了经典和有关书籍,其中主要的有《道德经》、《南华经》、《玉皇经》和《三官经》等。此教的戒律种类很多,有"五戒"、"八戒",也有一千二百戒等,其中的"五戒"和"八戒"与佛教的相同。希伯来教的经典主要是《旧约全书》的前五经。它的戒律主要是摩西发布的"十诫",即除了耶和华以外,不可信奉其他的神;不可雕刻和崇拜任何其他偶像;不可妄称耶和华的尊名;要守安息日为圣日;要孝敬父母;不可杀人;不可奸淫;不可偷盗;不可伪证陷害良民;不可贪婪他人的一切等。基督教的经典是《新旧约全书》,即《圣经》。它全盘接受了希伯来教的"十诫",此外还有赎罪、圣餐、结婚仪式等其他规定。伊斯兰教的经典主要是《古兰经》和《圣训》。此教的戒规很多,包括只可信仰"真主"安拉;不吃猪肉;禁止饮酒等等。这些经典中都包含着本宗教的戒律或戒规。在宗教法国家里,它们便成了国家法律中的重要组成部分;而在非宗教法国家里,它们中的有些也被吸收进法律,成为世俗法中的一部分。它们都对古代东方法产生过不同程度的影响。

二、宗教对法律的影响

在古代东方,宗教对每种法都产生过影响,只是大小不一而已。

希伯来、印度和阿拉伯伊斯兰国家虽都执行宗教法,但它们的国家结构仍有所区别。希伯来的国家首脑又是宗教领袖,政教完全合一。阿拉伯伊斯兰国家的初期,也与希伯来的情况一样,穆罕默德就是政教的双重领袖。但是,后来有些变化,哈里发侧重于世俗事务,不再兼任伊斯兰教领袖。当

---

① 曹琦等:《世界三大宗教在中国》,中国社会科学出版社1985年版,第52页。

然,这不是说他们就一点不涉宗教事务,但性质不同了。"哈里发有时确实在维护伊斯兰教法律和捍卫信仰的幌子下干预宗教事务,例如宣扬某种神学观点和压制另一些观点,但是他们这样做时没有神授的权。"① 印度的国王是刹帝利种姓,不是宗教领袖,尽管他们也信教。如阿育王曾公开承认:"他是皈依佛、皈依法、皈依僧的三宝弟子,他称佛陀为法王。他曾去佛陀所历经之地朝圣、膜拜。他说,凡是佛陀所宣化的,也都是他所要说的。"② 宗教领袖为婆罗门种姓,但又不任国王。

尽管如此,宗教对这三个国家的影响仍十分相似,它们都是宗教法国家,宗教与法律密不可分。宗教经典中的教义是立法的指导原则。宗教经典中的律例不仅是主要的法律渊源,还是其他法律渊源的出发点。宗教戒律和教规又是法律的组成部分。在希伯来,"摩西五经"中的教义是希伯来法的原则。如根据有关"安息年"的说法,便有了在第50年要归还田地、财产的规定。其中的摩西"十诫"又是希伯来法的重要组成部分,违反者要被制裁。"摩西五经"中的律例还是其他法律渊源的出发点,《密西拿》和《革马拉》中的有些规定,就从其中引申出来。鉴于希伯来教对法律的影响,有人认为:"神意法律,是'摩西五经'中法律规范的重要特点。"③ 这话不无道理。伊斯兰教的主要经典是《古兰经》,其中的教义也是伊斯兰法的立法原则。如《古兰经》有不可叛教的原则,根据这一原则,伊斯兰法相应规定了叛教者要受到惩罚;《古兰经》中有关不可杀人、通奸和偷盗等许多戒律,又都成了伊斯兰法的组成部分,违犯者都要被罚。《古兰经》中的律例还是产生其他法律渊源的出发点,后者的规定不可违背前者。如果审核其他法律渊源,必须具备四个条件,其中的第一个就是"应当知道《古兰经》文字方面的意义,和宗教方面的意义"④。实践中也确是如此。"按照《古兰经》里规定的行为准则,检查地方的惯例,包括法律习惯和民间习惯。对各种制度和活动都逐一加以审查,然后根据它们是否符合这些标准而决定取舍。例如,倭马亚时期发放军饷的方法之一,是发给士兵一种类似于支票的票证,持证人有权据此在收获季节从国库里领取一定数量的粮食。利用粮食价格的波动进行投机,引起买卖这些票证的活动,为学者们所不取。他们认为,这类活

---

① 《伊斯兰教与穆斯林世界》,第5页。
② 《印度通史》,第159页。
③ 胡大展:《〈圣经〉中的摩西法律》,载《外国法制史汇刊》第1集,武汉大学出版社1982年版,第80页。
④ 《回教真相》,第328页。

动属于《古兰经》里规定的不准吃重利(里巴)的普遍禁令之列",于是便"制定了一项规定:食品购买者不得在原地转卖食品"①。从这种意义说,《古兰经》同是信仰和法律的源泉。

印度法先后受到吠陀教、婆罗门教、佛教和印度教等多种宗教的影响,留下了多种宗教的痕迹。如果说印度法与以上两法有区别的话,这便是其中之一。这些宗教经典中有关法律规范的内容都是法律渊源,是当时人们的行为准则。对印度法影响最大的是依据宗教经典而著成的"法论",它们既充满了教义,保持着宗教的本色,又综合了戒律和教规。它们成为国家法律,全民都要遵循,违犯了要受到国家强制力的制裁。《摩奴法论》是其中的典范。它的"创世说"、"再生人的圣礼和宗教义务"、"家居期的法"、"杂种姓"、"四种姓的职业"、"赎罪法"和"行为的果报——转世与解脱"等部分的绝大多数内容与教义有关,它的"国王的法"等部分则主要与法律有关。但是,它们也不是绝对分开,有的内容有交叉。如在"家居期的法"中有关于婚姻法的内容,在"国王的法"中则有教义。②印度法内容的变化,往往有宗教的变化为前导。后者是前者变化的重要原因,印度法中有关婆罗门教、佛教内容的出现,都以这两个宗教的存在为前提。因此,"在印度人中间,法律中的宗教成分获得了完全的优势"③,这种说法是正确的。

在古代东方的非宗教法国家里,"法律责任和宗教义务已不再搀杂在一起"④,宗教对法律的影响也不及以上国家的大。这些国家的法又各有自己的特点,亦不可一概而论。在两河流域国家,政教分开,国王不是宗教领袖,其代表的只是世俗力量。宗教只是一种为世俗所用的工具,扮演的是婢女角色,神职人员不能决定国家的政治。这些国家的法律是世俗法律,尽管在法典的序言和结语里有借助宗教力量的句子,法典条款中也有一些与宗教有关的规定,但是它们毕竟是独立于宗教的法律,教义、戒律和教规不与法律同篇,它们间有明确的界限。那些宗教中的行为规范只对信教徒有效,不为全体国民所接受。在法典中,有关宗教的内容也不多。《乌尔纳姆法典》只有两条与宗教有联系,全是关于神判的。《汉穆拉比法典》中与神及神职人员有关的也只有十余条。可见,楔形文字法受宗教的影响远不及以上各法。

---

① 〔英〕诺·库尔森:《伊斯兰教法律史》,吴云贵译,中国社会科学出版社1985年版,第27页。

② 参见《摩奴法论》,第103、115页。

③④ 〔英〕梅因:《古代法》,沈景一译,商务印书馆1964年版,第110页。

俄罗斯法有个变化过程,情况稍复杂一点。在基辅大公弗拉基米尔当权以前,俄国只有多神教,法律受宗教的影响很小,《罗斯法典》中没有与宗教有关的法条。可是,在他执权后,情况发生了较大变化。他与拜占庭公主安娜联姻,还于公元988年宣布把在拜占庭流行的东正教立为国教,并采取了一些相应的信教措施。他强令基辅的臣民们跳入河中,接受集体的宗教洗礼;建立大主教区,兴建教堂;把《圣经》译成斯拉夫语;捐赠大批土地给教会等。于是,基督教在俄国迅速发展起来。伊凡四世上台后,除开始用"沙皇"尊号外,还采用政教合一制度。彼得当权后,把教会的管理权置于自己的控制之下,并自兼教会首领。不过,即使在此时,俄国也没有形成像宗教法国家那样的局面,世俗法律还是国家的主要法律。基督教的经典仍与国家法律分属两个系统,只是在法律中明显地增加了一些维护或有利于宗教的内容。《一五五〇年律书》规定,神职人员可以审判者的身份审理有关案件;神职人员作为被告而需进行决斗时,可享有委托代理人执行的特权等。《一六四九年会典》则专立一章,取名"关于渎神者和宗教叛逆者",列在第一。全章共9条,涉及内容全与宗教有关,凡是攻击上帝及有关神职人员、扰乱和破坏教堂秩序、蔑视教规等行为,均要受到惩处,而且用刑很重,有1/3条款规定有死刑。

中国曾受到多种宗教的影响,除土生土长的道教外,还有佛教、基督教和伊斯兰教等。佛教在两汉之际踏进中国,东晋时勃兴起来,隋唐时达到鼎盛。那时,"天下之寺盖无其数。一寺当陛下一宫,壮丽之甚矣,用度过之矣"①。之后,它便衰落下来。基督教随着丝绸之路开通,在唐初步进中国,时称"大秦景教",元时在中原地区盛行一时。明、清时又有发展,有些教士得到官吏的宠信,竟可"出入宫禁,颇形利便,与太监等往来"②。在极短的时间内,中国信教的人数达到数万,明末仅宫中信教者就有五百四十名之多。伊斯兰教传进中国的时间大约也在初唐。宋时,它借助海上贸易之力,有了进一步发展。元时,蒙古人远征欧亚大陆,穆斯林大量来到中国,此教规模空前,史有"元时,回回遍天下"③之说。明、清时它走向衰落。中国有不少皇帝也信崇宗教。在南北朝时期,南朝的四代皇帝基本上都信佛,北朝的也大多信佛。但是,中国没有形成政教合一的体制,更没有出现宗教法,世俗

---

① 《旧唐书·辛替否传》。
② 徐宗泽:《中国天主教传教史概论》,上海书店出版社1990年版,第202页。
③ 《明史·西域传》。

第六章 古代东方法与宗教

力量远远超过宗教力量,宗教主没能掌握国家政权。宗教经典始终只能在宗教领域内起作用,其中的律例也没有成为全体国民的行为规则。在古代东方的几种法中,中国法是受宗教影响最少的法。但是,这并不意味着它就没有一点宗教气息。从现存的法典来看,也有与宗教有关的内容。唐律曾对神职人员的地位、神像的保护等诸问题都作出过规定。① 此外,中国法还吸取过个别宗教戒律为己所用,成为一种法定制度。唐律把佛、道教中的"断屠月"和"禁杀日"列入禁止执行死刑的时间,作为时令行刑制度中的一个部分,违反者要被追究法律责任。《唐律疏议·断狱》"立春后秋分前不决死刑"条规定:"若于断屠月及禁杀日而决者,各杖六十。"此条"疏议"还详细介绍这两个时间的具体安排。之后,宋等朝代的法律也都有相似的规定。

从以上所述可知,古代东方法均受到宗教的影响,只是程度不同。希伯来法、印度法和伊斯兰法三个宗教法均受到宗教的巨大影响,宗教甚至可以通过政府支配法律。其他的三个非宗教法情况不一。其中,俄罗斯法受宗教的影响最大,中国法最小,楔形文字法居中。这就是古代东方宗教对法影响的基本状况。

三、法律对宗教的保护

在古代东方,有宗教影响法律的一面,也有法律保护宗教的一面。古代东方法主要通过打击以下方面的违法犯罪行为,来达到保护宗教的目的。

打击叛教行为。叛教会销蚀宗教,大量的教徒叛教会动摇甚至毁灭一个宗教。有些古代东方国家特别重视打击叛教行为,尤其是希伯来、印度和阿拉伯伊斯兰国家。它们都有特定的国教,而且这些国教都有排他性,禁止其信徒崇拜其他宗教,否则要被认为是叛教,并受到法律的惩罚。希伯来法规定,除希伯来教外,人们"不可有别的神",也不可跪拜其他神像等,即"不可跪拜那些像,也不可事奉他"。如果有人违犯,那么就要"讨他的罪,自父及子,直到三、四代"。还有,如果有人不祭希伯来教的神,也要被视为叛教行为而受到惩处。"以色列家中的人,或是寄居在他们中间的外人,献燔祭、或是平安祭,若不带到会幕门口献给耶和华,那人必从民中剪除。"②实际情

---

① 详见王立民:《唐律与佛道教》,载《政法论丛》1991 年第 3 期。
② 《新旧约全书》,第 90、140 页。

况也是如此。有希伯来人"敬奉他神者,应处叛逆之罪,而受死刑。例如耶户杀戮敬拜推罗勒之人是"①。印度法把"若行变节"作为一种叛教行为,并加以惩治。《那罗陀法论》规定:"若行变节者,将变成国王的奴隶。他既不能被释放,也没有对他的罪过的任何补偿。"②伊斯兰法同样不容忍叛教行为,《古兰经》在多处明示要打击这种行为,而且处罚都十分严酷。"否认真主的迹象,而加以背弃的人,有谁比他还不义呢?背弃我的迹象的人,我将因他们的背弃而以最严厉的刑罚报酬他们。""那些口称信道,而内心不信的人和原奉犹太教的人,他们中都有争先叛道的人","他在今世要受凌辱,在后世要受重大的刑罚"。③ 俄国在把东正教奉作国教后,俄罗斯法也要求每个教徒都要有虔诚的宗教信念,严格遵守教规,否则就要被当作叛教行为而受到处罚。《一六四九年会典》在第一章中规定:"东正教徒光临神圣教堂,进行虔诚的祷告,而不作世俗人的思考","倘某人忘了虔诚的信念,蔑视教规",就要将其"监禁",监禁期限"按皇上的规定"执行。

打击危害神职人员的行为。神职人员是神与信徒之间的沟通者,以表达神意的身份出现。如果没有他们,宗教也会荡然无存。对他们的侵害,被视为对神灵的侵害,也为古代东方法所不容。印度法认为,婆罗门不受侵犯,辱骂了他们,要根据辱骂者的不同身份,进行不同的处罚。《那罗陀法论》规定:"辱骂婆罗门的刹帝利,必须征纳一百(帕那)作为罚金。吠舍(必须缴纳)一百五十或二百。首陀罗应受体刑。"低神姓者用肢体冒犯了婆罗门,处罚就更严了。《那罗陀法论》同时还规定:"低种姓的人,不管用哪部分肢体冒犯婆罗门时,则他的那部分肢体应被砍掉;这就是对他罪行的赎偿。"④俄罗斯法也保护神职人员,谩骂他们要被作为犯罪惩处。《一六四九年会典》在第一章中规定:"某人闯入神圣的教堂,对大牧首、总主教、大主教、主教、大司祭、修道院院长等神职人员使用污秽语言"并产生后果的,"应处以鞭笞刑"。中国法特别强调不可诬告僧、道之士。唐时规定,僧、道人士有穿俗服等不轨行为,都要被逐出寺观,回家还俗。如果诬告他们有这些行为的,诬告人要依情节受到不同处罚。《唐律疏议·名例》"除免比徒"条"疏议"说:"假有人告道士等辄著俗服,若实,并须还俗",如果是诬告,那么

---

① 《希伯来宗教》,第78页。
② 《古印度帝国时代史料选辑》,第119页。
③ 《古兰经》,第82、110页。
④ 《古印度帝国时代史料选辑》,第129页。

诬告人要被"反坐比徒一年"。如果诬告他们有其他不轨行为,造成他们被迫还俗的,诬告人也要受罚,此律条规定的量刑幅度也是"比徒一年"。如果诬告后致使他们被罚作苦使的,诬告人要承担的法律责任就更重,要以"十日比笞十"累计科刑。另外,官吏在审判这类案件时有所出入的,也要被罚。此条"疏议"说:"应断还俗及苦使,官司判放;或不应还俗及苦使,官司枉入:各依此反坐徒、杖之法。"之后的宋等朝代也都有相似的规定。

打击损害宗教场所及其秩序的行为。宗教场所被认为是圣地,不能有丝毫的损害。这种场所的秩序必须符合宗教的要求,不可被扰乱,否则会损害宗教的神圣性。古代东方法从各种不同角度保护这类场所及其秩序。希伯来法把朝觐场所称为"圣所",凡是玷污"圣所"的行为都要受到严厉的制裁。"玷污我的圣所"者,"都要从民中剪除"。① 伊斯兰法同样严格保护朝觐禁寺及其秩序,触犯者要被以大罪论处。穆罕默德曾说:"谁为真主而朝觐。在朝觐中不做朝觐所禁戒之事和不行恶,则他朝觐回归时,就如其母生养他时那样的纯洁无罪。"②那些"妨碍主道,不信真主,妨碍(朝觐)禁寺,驱逐禁寺区的居民出境,这些行为,在真主看来,其罪更大"③。另外,在礼拜时,人们要列队整齐,"否则真主会使你们的脸变歪"④。俄罗斯法特别注意维护教堂秩序,用严刑惩治那些搅乱教堂秩序者。《一六四九年会典》在第一章中规定:"在至高无上的弥撒时间内,一个不守规矩者闯入神圣的教堂,阻挠宗教弥撒的进行,无论出于何种原因,应将其赶出教堂,业经查实此人的行为,应毫不宽恕地将其处以死刑。"在教堂内打人也是不允许的,此章还规定:"不守规矩者在神圣的教堂内殴打他人,未致伤的,则因其不守规矩应处以笞刑,挨打者可索取赔款。"

打击毁损、偷盗宗教神像和财物的行为。在古代东方的宗教中,大多有神像,它们是宗教的象征,人们从朝拜这些神像中得到某种满足。宗教场所还摆设一些物品,起装饰作用,形成一种神圣的气氛。这些都不可缺少,并且是严加保护的对象。楔形文字法保护神殿中的每件物品,偷窃者特别是女性偷窃者会受到严厉处罚。《亚述法典》规定:如果某个女人"进入神殿,(从)神殿中(偷)去任何一件圣物",那么,"神吩咐把女人怎样办,那就把她

---

① 《新旧约全书》,第143页。
② 《布哈里圣训实录精华》,第59页。
③ 《古兰经》,第24页。
④ 《布哈里圣训实录精华》,第41页。

怎样办"。① 希伯来法认为,人们应远离献放在祭神场所的物品。"要远离以色列人所分别为圣归给我的圣物,免得亵渎我的圣名。"更不可侵占这些物品为己所有,否则要被处死。"无论何人吃了献给耶和华当火祭牲畜的脂油,那人必从民中剪除。"其他财物也是如此,只要"亵渎了耶和华的圣物,那人必从民中剪除"。② 俄罗斯法竭力保护教堂的神像和财物,任何在教堂里行窃的小偷都将被处死。《一六四九年会典》在第二十一章中规定:"在教堂行窃的小偷应毫不宽恕地处以死刑,其财产归遭偷窃的教堂。"中国法决不允许有任何盗毁神像的行为,否则行为人要被严惩。《宋刑统·贼盗律》"盗毁天尊佛像"门规定:凡人"盗毁天尊像、佛像者,徒三年",而"道士、女官盗毁天尊像,僧、尼盗毁佛像者,加役流"。

此外,古代东方法还打击那些亵渎神灵的行为。楔形文字法禁止女人说渎神的话,否则就会被罚。《亚述法典》说:如果有某个女人"说了渎神的话,那末这个女人应该受到应得的惩罚"③。希伯来法不许人们咒诅神,把这种咒诅行为作为亵渎神灵行为打击。"凡咒诅上帝的,必担当他的罪。那亵渎耶和华名的,必被治死,全会众总要用石头打死他,不管是寄居的,是本地人,他亵渎耶和华名的时候,必被治死。"实际上,确实处死过这样的罪犯。有个"以色列妇人的儿子亵渎了圣名,并且咒诅,就有人把他送到摩西那里",摩西"把那咒诅圣名的人带到营外,叫听见的人都放手在他头上,全会众就要用石头打死他"④。俄罗斯法中也有相似的规定。《一六四九年会典》在第一章中明确说:"俄罗斯人以肮脏语言咒骂上帝和我们的救世主耶稣基督,或者咒骂降生耶稣的贞洁圣母玛丽娅、神圣的十字架、神的使者","业经查实,应揭露此类渎神者,并将其烧死"。

为了保持宗教的严肃性,发挥其应有的作用,古代东方法还惩办各种违法犯罪的神职人员,从另一种角度保护宗教。楔形文字法要求神职人员必须认真执行教规,违反者要被处以重刑。《汉穆拉比法典》规定:"神妻或神姊不住于修道院中者,倘开设酒馆或进入酒馆饮西克拉,则此自由女应焚死。"⑤希伯来法决不放纵那些亵渎圣物的祭司。"祭司不可亵渎以色列人

---

① 《外国法制史资料选编》上册,第57—58页。
② 《新旧约全书》,第120、142、145页。
③ 《外国法制史资料选编》上册,第58、31页。
④ 《新旧约全书》,第149页。
⑤ 《外国法制史资料选编》上册,第58、31页。

第六章　古代东方法与宗教

所献给耶和华的圣物,免得他们在吃圣物上,自取罪孽。"① 印度法要求婆罗门也应洁身自好,不能做不应做的事。《那罗陀法论》说:"即便婆罗门,当他发现珍宝时,必须立即通知国王。假若国王把它赐给他,他可以享有它。假若他不通报,他则(被看作)是贼。"② 俄罗斯法要求神职人员在审案中不可有非法行为,否则同样要被追究法律责任。《一五五〇年律书》规定:严禁僧侣"在主持审讯和受理诉讼时接受贿赂",如果他们"在审理中接受贿赂,蓄意不按事实判决,一旦查清案情事实",原告可对他们"提起诉讼","应受的惩罚由皇上裁定"。③ 中国法严禁神职人员的行奸行为,违犯者要受到重罚,用刑幅度大于其他人员的同类行为。《唐律疏议·杂律》"凡奸"和"监主于监守内奸"条规定:常人行奸的,"徒一年半";监临主守行奸的,"徒二年";僧、道人员行奸的,"又加一等",即要"徒二年半"。

　　古代东方法对以上违法犯罪的打击,明显地重于同类的其他犯罪。如俄国的《一六四九年会典》在第二十一章中规定,小偷只要在教堂里行窃,就"应毫不宽恕地处以死刑"。如果小偷在其他地方行窃,则要在第三次被捕或在行窃时杀死了人,才"处以死刑"。前者的用刑明显重于后者。又如,在中国法中,对僧、道人员行奸的处罚也重于非僧、道人员。究其原因,都是为了保护宗教。古代东方法就是用严刑酷法来保障宗教不受侵犯,目的是为了充分发挥它们的作用,为统治百姓服务。

---

① 《新旧约全书》,第 146 页。
② 《古印度帝国时代史料选辑》,第 122 页。
③ 《外国法制史汇刊》第 1 集,第 217 页。

第七章　古代东方法的移植

本章涉及的古代东方法主要包括楔形文字、印度、希伯来、伊斯兰、中国等种类或国家、地区的法。古代东方法经历过移植或被移植的过程。在这一过程中，有一些值得关注的问题。

一、古代东方法移植的主要形式

古代东方法移植的形式主要有哪些？主要有两种，即主动式与被动式。

主动式是一种被移植方积极、自愿地吸取移植方法的方式。一般而言，这是一种和平的移植方式，移植方与被移植方之间没有根本的利害冲突，双方也不发生激烈的斗争。而且，移植方的法往往要比被移植方的法先进一些，被移植方是通过吸取移植方的法来提高、改善自己的品位，促进自己的发展。另外，移植方与被移植方的社会情况比较接近，有比较相似的"土壤"，可以避免移植后水土不服情况的产生。在古代东方，希伯来移植楔形文字法和日本移植中国法都采用过这种移植方式。

楔形文字法与希伯来法同处于西亚，只是前者起源比较早，水平也比较高。楔形文字法起源于公元前30世纪，是当时东方较为发达的奴隶制法，它的《汉穆拉比法典》是当时一部很有影响的法典，有人甚至认为它是当时"无一能与其伦比之法典"[①]。希伯来法则创建于公元前13世纪，在它创建时就曾经主动吸取过楔形文字法中的一些内容，其中包括《汉穆拉比法典》的内容，并使自己达到了较高的水准。有人说：摩西律法之所以优胜，楔形文字法对它不无影响，摩西律法有若干点正是抄照《汉穆拉比法典》而来，如"以眼还眼，以牙还牙"早见于《汉穆拉比法典》的条文。此话有一定的道理。

希伯来法移植楔形文字法，在时间上有个先后，即楔形文字法在前，希伯来法在后，是后者主动移植前者的法。在古代东方，还有在同一时期内国家间主动移植法的情况，较为典型的是日本移植中国的法。

---

① 周敦礼：《罕摩拉比法典之研究》，载《法学丛刊》第1卷第5期，1930年12月，第3页。

第七章　古代东方法的移植

唐朝时的中国是当时东亚最为强盛的国家,文化也特别发达。这引起了许多东亚国家的关注,它们纷纷主动派员到中国学习,吸取中国的文化,特别是日本。据统计,在唐朝,日本派出的"遣唐使"有 13 次,迎送唐朝的日本使节的"迎入唐使"和"送客唐使"也有 6 次,总计 19 次。"遣唐使"来中国时,还往往随带了许多留学生等。尤其是从唐高宗到中宗、玄宗时期,来中国的使团规模较大,多时达 150 人。① 在他们学习、吸取的中国文化中就包括法律,而且还把它移植到日本法中。日本文武天皇时制定的《大宝律令》、元正天皇时颁布的《养老律令》和醍醐天皇时公布的《延喜格式》等,无一不以唐朝的律、令、格和式为楷模。② 许多日本学者、专家也肯定了日本移植中国法的史实。本宫泰彦说:"日本中古之制度,人皆以为日本自创,然一检唐史,则多知模仿唐制也。"③ 池田温讲:"日本古代的律令开创于中国隋唐时代,日本向隋唐学习过国家制度和文化,也模仿隋唐的国家制度和律令,编纂了自己的律令。"④ 中国学者也有相同的看法。有学者指出,日本学习隋唐制度,制定律令,把国家的政治经济生活纳入律令体制之内,这就是日本史上所说的"律令国家"。⑤ 这些说法都与历史相符。

被动式是一种被移植方消极、非自愿地吸取移植方法文化的方式。一般来说,被移植方与移植方之间有利害冲突,常是移植方在占领被移植方后,迫使其接受自己的法,而被移植方则是出于无奈,不得不消极、不自愿地引入移植方的法。在古代东方,较为典型的是印度以这种方式被移植了伊斯兰法。

公元 7 世纪以后,印度多次遭到信奉伊斯兰教民族的入侵。7 世纪末,阿拉伯哈里发在占领了伊朗和阿富汗以后,又向印度进军。公元 711 年,倭马亚朝大将卡西姆从巴斯拉率军循海道进攻印度河下游的信德,并占领了它。10 世纪末,信奉伊斯兰教的突厥人侵略印度。还有,新兴于阿富汗境内同样也信奉伊斯兰教的伽色尼王朝统治者马穆德在从 1001 年起的 26 年内,先后 17 次入侵印度,等等。这些穆斯林在入侵印度以后,都强行要求原

---

① 参见韩国磐:《隋唐五代史纲》,人民出版社 1979 年版,第 244 页。
② 详见杨鸿烈:《中国法律在东亚诸国之影响》中的"中国法律在日本之影响"部分,商务印书馆 1937 年版。
③ 〔日〕木宫泰彦:《中日交通史》,陈捷译,商务印书馆 1932 年版,第 195 页。
④ 〔日〕池田温:《隋唐律令与日本古代法律制度的关系》,载《武汉大学学报(社科版)》1989 年第 3 期。
⑤ 参见武安隆:《遣唐使》,黑龙江人民出版社 1985 年版,第 19 页。

来不信伊斯兰教的印度人改信伊斯兰教。卡西姆甚至规定,不信伊斯兰教者要课以人头税。在以后的德里苏丹国家时期,伊斯兰教在印度北部广泛传播,并被定为国教。于是,伊斯兰法文化渐渐在那里深深地扎了根,其中包括伊斯兰法。那时,公法领域几乎由伊斯兰法一统天下,刑法被广泛地适用于每个公民。"刑法和证据法以伊斯兰教为基础,平等地适用到印度人和穆斯林。"[①]

以上是古代东方法移植的两种具有代表性的形式。古代东方的东亚、西亚和南亚等国家或地区就是通过这两种形式移植、传播不同的法,并扩大其影响的。

二、古代东方法移植后的直接结果

在古代东方,法移植后所产生的直接结果是什么呢?是形成一种新的法。

从古代东方的实际情况看,经移植后所产生的法都是一种新的法。这种新的法既有被移植方法的内容,又有移植方法的内容,是这两种内容的结合。以印度法与伊斯兰法结合的结果为例。印度的这种新法既保留了原印度法的内容,又移植进了伊斯兰法的内容。其中,作为公法的刑法内容主要来自伊斯兰法,而作为私法的民法内容则主要取自原印度法。"在穆斯林统治时期,刑事案件依传统的伊斯兰法处理,民事案件则以印度法为主来解决。"[②]

在古代东方,较为落后的移植方主动移植了较为先进的被移植方法后,其直接结果也是形成了一种新的法,而且比原移植方的法要先进。日本移植了中国先进的法后所形成的新法,就是一种比原来日本法先进的法。当今的日本学者对此也直言不讳。大竹秀男和牧英正在他们撰写的《日本法制史》一书中认为,日本的《大宝律令》和《养老律令》的母法是当时世界上具有最高理论水平的唐律,日本法律继承了唐律并一下跃上像唐律那样的高水平。[③]事实也是如此。移植中国法前的日本法要比中国的落后得多。它既不具有唐初那样先进的法律思想,也没形成像唐朝那样规范的法律形式,更没有像唐律那样完善的法典。只是在移植了中国的先进法后,日本才

[①][②] Bisheshwar Prasad, *Bondage and Freedom*, Rajesh Publication, New Delhi, p.332.
[③] 参见〔日〕大竹秀男、牧英正:《日本法制史》,青林书院 1985 年日文版,第 22—23 页。

第七章 古代东方法的移植

使自己的法达到了像中国那样的高水平。那时,除了日本外,还有其他一些东亚国家和地区也主动移植过中国的法,以致形成了中华法系。

在古代东方,被移植方法被动地被移植进一个较为落后的法以后,所产生的新法往往是一种比被移植方原先法落后的法。这种结果既产生于国家间法的移植,也出现于地区间法的移植。在中国古代,居住于北方地区的少数民族曾多次入侵中原地区,甚至建立过政权,移植过自己游牧民族的法,从而形成了新的法。可是,这种新的法要比原先中原地区农耕民族的法落后。这里以元朝的法为例。元朝的法是原中原地区宋朝的法被移植进蒙古法后所形成的新法,可它落后于宋朝的法。把元朝著名的法典《大元通制》与宋朝的《宋刑统》相比较后,就可得出这一结论。《大元通制》的内容由断例、条格、诏制等部分组成,其篇目体制和有些内容虽也模仿《宋刑统》,但不及《宋刑统》那样系统和完整,有点类似于各种单行法规和判例等的混合。《宋刑统》则从唐律演变而来,唐律的优越性在其中几乎都得到了反映,是一部体例和内容都较为完美的法典,因此它在中国法史上的地位要比《大元通制》高得多。其他北方少数民族移植至中原地区以后形成的新法,如辽、金等的法,也都如此。

综上所述,在古代东方法的移植中,移植方法的文明程度举足轻重,往往决定着移植后所形成的新法的面貌。一般来说,移植方法较被移植方先进的,移植后新形成的法也较为先进,如中国法对日本移植的结果;反之,则较为落后,如蒙古法对中原地区移植的结果。

同时,移植形式也对移植后的结果有很大影响。在主动式中,移植方对移植后结果的影响比较大。日本对中国法的移植就是如此。它是主动、积极地引进中国法,改造自己落后的法,其结果是提高了自己法的档次,使其达到了一个较高的水平。在被动式中,移植方对移植后结果的影响也比较大。北方少数民族法对中国中原地区的移植就是这样。当时的北方少数民族是以牧畜业为基础的落后民族,其法也较落后。但是,他们比较强悍,依仗战争来征服以农业为基础的较为先进的中原地区,并强行把自己的法移植进中原地区,迫使其接受,以致形成的法是一种比原中原地区落后的法。从这种意义上讲,古代东方被动式法的移植往往是一种反进步、摧残文明的法移植。

最后还要提及的是,移植后新法结果的最终形成也有个过程,不是一蹴而就的。以印度新法的形成为例。在穆斯林入侵以前,印度法先后与土生土长的吠陀教、婆罗门教、佛教、印度教等宗教联系在一起,是一种与本土宗教相联系的法。但自穆斯林入侵以后,开始有所改变,逐渐形成了一种新的法。先是原印度法受到致命的冲击,入侵的穆斯林一方面强迫印度人改信伊斯兰教;另一方面大肆摧残印度的本土宗教,几乎毁灭了所有的佛教塔庙寺院。① 这样,不少印度人不得不皈依伊斯兰教。接着,穆斯林统治者大量颁行伊斯兰法,建立伊斯兰司法系统,废止印度教司法机关,大大削弱原印度法的地位和权威,减少原印度法对社会的影响。② 最后,渐渐形成了印度的新法,这是一种以印度本土宗教为基础的原印度法与以外来伊斯兰教为基础的伊斯兰法相结合的法。这个结果的最终形成,整整经历了八百年左右的时间,因为"印度由印度教时代转入伊斯兰教时代,是经历了八个世纪的历程"③。

三、近代东方法移植与古代东方法移植的主要区别

进入近代社会以后,东方社会成了巨大的被移植方,西方列强则是巨大的移植方,西方法大规模向东方移植。那么,近代东方法的移植与古代东方法的移植有区别吗？回答是肯定的。其主要表现在以下三个方面。

首先,移植的形式不同。

近代东方国家不同程度地受到西方列强各种形式的入侵,逐渐变成了殖民地、半殖民地社会。为了获得更多的权益,西方列强要求东方国家也具有类似自己的法。可是,东方国家传统的法根深蒂固,不愿轻易地被取代。在这种情况下,他们便运用各种手段,强行移植自己的法到东方国家,因此近代东方法的移植方式就是被动式的移植方式。

在印度,英国殖民者在17世纪就开始入侵。到了19世纪,这种入侵发展成了直接的掠夺和军事侵略。那时,英国国会通过印度事务大臣直接控制印度,印度成了英国的殖民地。英国侵占了印度以后,便利用其人力和物力,向周边的缅甸、伊朗、阿富汗等国家入侵,也使它们成为殖民地或半殖民地。在日本,美国于19世纪以大炮战舰打开了它的大门,迫使其签订了一系列不平等条约。在阿拉伯,法国、英国等殖民者于19世纪侵入阿拉伯半岛,把科威特、沙特阿拉伯、巴林、卡塔尔、阿拉伯联合酋长国、阿曼等国家先

---

① 参见陈峰君主编:《印度社会述论》,中国社会科学出版社1991年版,第133页。
② 参见王云霞等:《东方法概述》,法律出版社1993年版,第78页。
③ 《印度社会述论》,第133页。

第七章　古代东方法的移植

后划为自己的势力范围,也使它们沦为殖民地或半殖民地。在中国,自1840年的鸦片战争后,西方列强不断瓜分,使其越来越半殖民地化。其他东方国家也都难逃厄运。入侵以后,西方列强都逼迫东方国家改革原来的法,设法改变其传统的法,移植进自己的法。在西方列强大炮枪口之下,广大的东方国家别无选择,纷纷被动地移植进西方法。

古代东方法的移植形式可分为两种,即主动式与被动式,而且移植方和被移植方主要在东方的国家和地区内。这与近代东方法的移植形式不同,因为此时的法移植方式仅为被动式,而且移植方都是东方以外的西方列强,被移植方则是东方国家,是由外向内的移植。

其次,移植的内容不同。

近代东方国家引进、移植的法的内容基本一致,都是来自东方社会以外西方的先进法,即大陆法系和英美法系的法。这种法植根于西方社会,与东方本土传统法的内容差别较大。一方面,西方的法是一种资产阶级的法,贯彻了民主、平等等原则,完全不同于东方强调专制、等级等原则;另一方面,西方的法是一种世俗法,既不同于有些东方国家的宗教法,如印度法与伊斯兰法,又不同于有些东方国家的世俗法,如中国的儒家化的法。

然而,这种与东方国家差别较大的法确实在那时被强行移植进了东方国家。以印度被强行移植进英国的法为例。英国政府通过《一八三三年公司章程》,要求在印度各地区、各阶层中排除种姓的不平等和宗教歧视。1860年的印度刑法典也大量援用英国的刑法原则和制度。所以有人说,"由英国法学家制订的这部1860年印度刑法典在它完成时看来还是以普通法为基础的",而且"以英国法学家的概念和思想方法为依据,因此人们把它看成是适用英国的真正的样板法典"。[①] 此话不假。印度于1860年制订的婚姻法,"反映了英国法和盎格鲁—印度法的模式"[②]。这些都是英国法在印度法中的表现,也是西方法移植于印度后的实证。其他东方国家也都有类似情况。

在古代东方法的移植中,移植的内容主要是东方不同种类、国家或地区间法的内容,它们都是传统东方法中的一个部分。可是,近代东方被移植的却是西方法的内容,与传统的东方法大相径庭,是一种外来的、较为先进的

---

① Setalvad (m. c), *The Common Law in India* (1906), pp.127—128.
② 丘日庆主编:《各国法律概况》,知识出版社1981年版,第257页。

法。

最后,移植的结果不同。

东方国家在近代被迫移植进西方法以后,很快便改变了原有的传统法,形成了一种较传统法更为先进的、接近于西方的新法。在这种法中,主要部分来自西方,还有少部分保留了原来的传统,实是一种西方外来法与东方传统法杂交的法,而这种法实际上已近代化,实现了从古代到近代的飞跃。这种移植结果在近代东方国家普遍存在。

在印度,新形成的法是一种混杂的法,除保留了原来印度和伊斯兰法外,还加入了英国的法。"英国人到来之后,三种法在这块次大陆上并存。"[1]其中有一种就是英国法。那时,有些法典由英国人帮助制定,刑法典就是其中之一。它的制定人是"当时任立法委员的詹姆斯·斯蒂芬"[2]。

在阿拉伯国家,19世纪也进行了法律改革,"这种法律改革以引进西方国家特别是法国的法典为主要特色"[3]。事实确是如此。当时的奥斯曼帝国于1850年颁布的《商法典》,是法国《商法典》的翻版;1858年制订的《刑法典》又仿照了法国1810年的《刑法典》;1861年和1863年颁行的《商事程序法典》和《海商法典》,也都依照了法国的相关法律等等。而且,新法典的内容均以法国的为主。比如,1858年制订的《刑法典》除了保留对叛教处以死刑的传统规定外,其他传统的刑法原则和具体规定则统统被放弃,代之以法国的犯罪概念和刑罚制度。[4] 此时,阿拉伯的伊斯兰法也逐渐西方化、近代化了。

在日本,先是移植法国法,后又转向移植德国法,并把它作为自己主要的移植对象。一位德国学者曾客观地说:"日本宁愿编制德国的法典以保留欧洲大陆法模式。"[5]关于这一点,中国和日本学者也都这样认为。沈家本曾把日本法说成是"模范德意志者"。日本学者伊藤正已也在其主编的《外国与日本法》一书的第三部分中,专门阐述了日本对外国法的接受问题,其中把19世纪80年代至19世纪末作为德国法起支配作用的时期。[6] 可见,

---

[1] 〔美〕埃尔曼:《比较法律文化》,贺卫方等译,三联书店1990年版,第40页。
[2] John Henry Wigmere, *A Panrama of the World's Legal Systems*, Vol. Ⅱ, West Publishing Company 1928, pp. 621—622.
[3] 高鸿钧:《伊斯兰法:传统与现代化》,社会科学文献出版社1996年版,第128页。
[4] 同上书,第128—129页。
[5] 〔德〕诺尔:《法律移植与1930年前中国对德国法的接受》,李立强等译,载《比较法研究》1984年第2期。
[6] 参见〔日〕伊藤正已主编:《外国法与日本法》,岩波书店1966年日文版,第172页。

第七章 古代东方法的移植

日本近代法中含有大量德国法的内容,它是一种以德国法为主的西方法与日本传统法相结合的法。

在中国,从20世纪初开始,通过直接和间接途径,大量移植以德国法为主的西方法。直接途径是一种直接从德国引进其法的途径,具体办法是:从翻译出版的德国法典和法学著作中接受德国法;从驻外使节的了解中引进德国法;从德国在中国设立的司法机构及其实施的法律中吸取德国法;从到德国实地考察其司法中了解德国法等等。间接途径是一种间接从第三国引进德国法的途径。这第三国主要是日本,具体办法包括:翻译出版仿效德国法的日本法律和法学著作;聘请日本法学专家到中国讲学和帮助制订法典;派遣留学人员前往日本学习法律等等。① 这样,中国也逐渐形成了一种以德国法为主的西方法与中国传统法相融合的法。

在古代东方,移植后产生的结果几乎都是东方社会内部的杂交法,很少受到西方法的影响。而且,这种移植结果还都停留在古代法的阶段,没有跳出这一框框。然而,在近代东方,移植进的是东方社会以外的西方先进的近代法,其结果不仅使东西法融合在一起,还使东方法实现了从古代到近代的转化。这确实又是一种区别。

---

① 参见王立民:《论清末德国法对中国近代法制形成的影响》,载《学术季刊》1996年第2期。

第八章　古代东方法的特点

本章主要探讨有关古代东方法特点的三个问题。

一、关于古代东方法的四个特点问题

与古代西方法相比较,古代东方法具有以下四个特点:
1. 部族间的战争作为法的起源和重要原因,表现得比较突出

在古代东方社会,部族间的战争是促成法的起源的一个重要原因。这种战争通过掠夺财富,加快了私有财产的集聚;通过捕获和压迫战俘,增加了奴隶的数量。这些都如同催化剂,加速了法的形成。在印度,公元前20世纪中叶,雅利安人从西北方入侵印度,那时他们还过着原始部落的生活。以后,雅利安人与土著居民以及雅利安部落之间都发生了战争。战争促成了氏族成员的分化,一些较为发达的部族率先产生了种姓制度,法也随之产生了。在西亚,公元7世纪初,穆罕默德创立了伊斯兰教,以代替原来的多神教,但遭到麦加部族贵族的反对,致使他和他的弟子们不得不于公元622年离开麦加到麦地那。在那里,他组织武装,用战争手段先后征服了麦地那和麦加地区的部族。就这样,穆罕默德用战争把阿拉伯部族都联合起来,正式建立了伊斯兰国家,伊斯兰法也随之诞生了。其他古代东方国家也程度不同地通过战争手段催成了国家和法律的产生。①

从现存资料来看,战争在中国法形成中的作用表现得最为具体和显著。其中,战争对法律、刑罚、刑具和司法官的形成都十分重要。首先,战争中部族首领颁布的纪律和命令都演变成了法律。《尚书·甘誓》中记载的夏启在征战前所发布的命令"用命,赏于祖;弗用命,戮于社"等,以后就成了夏朝法律的一个组成部分。其次,战争后用以制服被征服者的手段演变成了刑罚。《尚书》中记载了舜命皋陶为法官,用五刑去制服被征服的"蛮夷"。"帝曰皋陶,蛮夷猾夏,寇贼奸宄,汝作士,五服有服。"这五刑以后成为夏、商时期

---

① 参见《世界中世纪史》,第167—173页。

的主要刑罚。再次,战争中使用的兵器演变成了刑具。《汉书·刑法志》记载,古时的刑具与兵器不分,"大刑用甲兵,其次用斧钺,中型用刀锯,其次用钻凿,薄刑用鞭扑"。以后,刑具就从这些兵器中发展而来。最后,战争中军事长官演变成了司法官。那时的军事长官要制裁违犯军令者,起类似以后司法官的作用,当时把他们称为士、士师和廷尉等。以后,司法官也用这些称谓,直到汉代以前同寇和廷尉的称谓还在被使用。因此,"刑也者,始于兵"①的说法确有道理,它揭示了战争与法起源的密切关系。

然而,在古代西方社会,法的产生主要不是通过这种部族间的战争来实现。那里法的产生主要是三种形式,即古希腊的雅典式、罗马式和日耳曼式。古希腊的雅典式是直接地和主要地从氏族内部贵族和平民的斗争中,并随着平民的胜利而直接从氏族制度中产生出国家,随之产生了法律。罗马式是氏族外平民反对氏族贵族,争取权利平等的斗争加速了罗马氏族组织的崩溃和国家的产生,同时也产生了法律。日耳曼式是日耳曼人征服罗马帝国的战争对国家的形成起了促进作用,从而在罗马领土上建立了日耳曼国家,同时便形成了法律。它们的产生与古代东方法产生的主要形式都不同。古代东方法的起源有其特殊的一面。

2. 受宗教的影响比较大

世界上几个主要宗教的发源地都在东方,它们是佛教、希伯来教、伊斯兰教、道教和基督教等。其中的佛教、希伯来教和伊斯兰教都曾对法律产生过巨大影响,以致形成了宗教法,即印度法、希伯来法和伊斯兰法。在宗教法国家里,宗教与国家政权结合在一起,国家政权带有宗教性,宗教领袖控制着国家政权;宗教与法律也密不可分,宗教经典中的教义是立法的指导原则,宗教经典中的律例是主要的法律渊源和其他法律渊源的出发点,宗教的戒律和教规又都是法律的组成部分。在那里,世俗的力量如同附庸,不被重视,也无法与宗教势力抗衡。

这里以伊斯兰法为例,来看伊斯兰教对伊斯兰法的巨大影响。伊斯兰教的主要经典是《古兰经》,其中的教义就是伊斯兰法的立法原则。《古兰经》中有不可叛教的原则:"你们中谁背叛正教,至死不信道,谁的善功在今世和后世完全无效。"②根据这一原则,伊斯兰法相应规定了叛教者将要受

---

① 《辽史·刑法志》。
② 《古兰经》,第 24 页。

到惩罚。"这等人(指叛教者),是火狱的居民,他们将永居其中。"①还有,《古兰经》中有不可杀人、通奸、抢劫等许多戒律,这些戒律都成了伊斯兰法的组成部分,违犯者都要被罚。其中,杀人又抢劫的,处以斩首或钉死在十字架上;仅杀人的,处以斩首;只抢劫而未杀人的,交互砍手脚;②通奸妇女要受到刑罚的处罚,量刑幅度是"应受自由女所应受的刑罚的一半"③。另外,《古兰经》中的律例还是产生其他法律渊源的出发点,后者的规定不可违反前者。其他法律渊源必须具备四个条件,其中第一个就是"应当知道《古兰经》文字方面的意义,和宗教方面的意义"④。实践中也是如此。按照《古兰经》里规定的行为准则,检查地方的惯例,包括法律习惯和民间习惯。对各种制度和活动都逐一加以审查,然后根据它们是否符合这些标准而决定取舍。例如,倭马亚时期发放军饷的方法之一,是发给士兵一种类似于支票的票证,持证人有权据此在收获季节从国库里领取一定数量的粮食。利用粮食价格的波动进行投机,引起买卖这些票证的活动,为学者所不取。他们认为,这类活动属于《古兰经》里规定的不准吃重利(里巴)的普遍禁令之列,于是便"制定了一项规定,食品购买者不得在原地转卖食品"⑤。所以,从这种意义上说,"可兰经(即《古兰经》)同是信仰和法律的源泉"⑥。

伊斯兰法是这样,印度法和希伯来法也是这样。对此,人们作过客观的评说。有人认为:"在印度人中间,法律中的宗教成分获得了完全优势。"⑦有人认为:"神意法律,是'摩西五经'中法律规范的重要特点。"⑧这里的"摩西五经"是希伯来教教经和法律的统一体。这些评说不是没有道理。另外,古代东方的宗教法长期存在,而且始终是这些国家的法律,只是到了近代,宗教法的地位才发生动摇。

在古代西方社会,最有影响的宗教是基督教,受宗教影响最大的是教会

---

① 《古兰经》,第 24 页。
② 参见〔巴基斯坦〕穆罕默德·伊库马尔·西第奇:《伊斯兰刑法》,全理其等译,西南政法学院法制史教研室 1984 年印行,第 97 页。
③ 《古兰经》,第 60 页。
④ 《回教真相》,第 328 页。
⑤ 《伊斯兰教法律史》,第 27 页。
⑥ 马克思:《希腊人暴动》,见《马克思恩格斯全集》第 10 卷,1979 年版,第 141 页。
⑦ 《古代法》,第 110 页。
⑧ 胡大展:《〈圣经〉中的摩西法律》,见《外国法制史汇刊》第 1 集,武汉大学出版社 1982 年版,第 80 页。

法。然而,那里的世俗政权长期处于主导地位,基督教受到限制,更没有与国家政权合二为一。教会法主要在教会事务中发挥作用。而当教会法成为一个独立的法律体系时,社会中仍有一个与其对峙的世俗法律体系。教会法对社会影响较大的时间不长,只是在公元 10 至 14 世纪,以后便走向衰落,影响逐渐减弱,最终让位于世俗法。可见,与古代东方的宗教法相比,古代西方的教会法受宗教的影响不及宗教法的大。古代东方法在这方面也有自己的特点。①

3. 私法和公法先后比较发展

与古代西方法比较,古代东方法有个先私法发展、后公法发展的演变过程,其界线在公元 6 世纪前后。公元 6 世纪以前,东方的私法比西方的发展。以东方的《汉穆拉比法典》和西方的《十二表法》(亦称《十二铜表法》)为例。这两者都是综合性法典,又都是东、西方当时具有代表性的法典。前者虽比后者早诞生 10 多个世纪,但在民法方面仍然领先。前者中有关民法的规定占近 170 条,约占法条总数的 3/5;后者中有关民法的规定只有 25 条,仅占 1/4 有余,前者在民法数量上优于后者。不仅如此,前者在所有权、债权和继承权等具体内容的规定方面也领先于后者。以债权为例:前者规定的契约种类有买卖、借贷、租赁、保管、合伙、人身雇佣等许多种,而且每种涉及的范围也很广泛,租赁契约的对象包括房屋、土地、交通工具、牲畜等;损害赔偿的规定同样比较全面,仅行为人的主观因素就包含故意、过失及无故意过失等数种;损害物的种类也很多,有建筑物、农作物、交通工具、牲畜、人体器官等大类,真可谓是周全。后者对债权的规定却十分单薄,契约只有借贷和买卖两种,损害赔偿物也只有房屋、木料、农作物和牲畜。所以有人说:"《哈漠拉比法典》(即《汉穆拉比法典》)在许多方面,特别是在调整私法关系方面所反映的奴隶制社会关系发展水平,比许多较晚的古东方立法所反映的要高一些,而且从一系列范畴拟制的精密程度来看,大大超过奴隶制西方如《十二铜表法》这类文献。"②此话很中肯。

公元 6 世纪以后,原东、西方私法的格局被打破了,以罗马法为代表的西方私法异军突起,赶到了东方私法的前列,西方私法先进了。此后,东方的公法则有了大发展,超过了西方公法,其突出的标志是唐律的诞生。唐律

---

① 参见何勤华主编:《外国法制史》,法律出版社 1997 年版,第 120—121 页。
② 〔苏〕贾可诺夫等译注:《巴比伦皇帝哈漠拉比法典与古巴比伦法解说》,中国人民大学国家与法的历史教研室译,中国人民大学出版社 1954 年版,第 96 页。

是世界上第一部现存的、内容完整的刑法典。它的定本是公元637年颁行的《贞观律》,现存的是公元653年公布的《永徽律疏》①。唐律共有12篇,500条②,可以分为类似今日刑法典的总则和分则。第一篇《名例律》,共57条,类似总则,规定了刑法的原则、刑罚等内容。其中涉及一些行政制裁方式,但只是附带而已,不单独适用,目的是为了同时解决犯罪官吏的官职问题。《唐律疏议·名例》"除免比徒"条"疏议"说:"假有人告五品以上官,监临主守内盗绢一匹,若事实,盗者合杖八十,仍合除名。"③在这里,刑罚"杖"是主要的处罚手段,"除名"只是附带性的处罚手段。唐律的其他11篇,共443条,类似分则。其中,每一篇都以打击两类或两类以上的犯罪为内容。第二篇《卫禁律》打击侵犯宫殿、太庙、陵墓和危害城戍、关津、要塞等方面的行为。第十篇《杂律》打击违反市场管理秩序、有害社会安全、违犯金融秩序和侵害公民人身权利等方面的行为。每一律条都由罪状和法定刑两部分组成,这与当今刑法法条相似。其中有少数律条中还含有其他制裁方式,不过只是附带而已。《唐律疏议·厩库》"官私畜损食物"条规定:"诸放官私畜产,损食官私物者,笞三十,赃重者,坐赃论。失者,减二等。各偿所损。"这里的"偿"指民事赔偿。在此律中,"偿"只是附带"笞"而适用,刑罚"笞"仍是一种主要处罚手段。刑法典是公法高度发展的产物。唐律的产生标示着古代东方的公法有了充分的发展。西方颁布刑法典要比东方晚将近十个世纪④。这不能不说是东方公法比西方发展的一个重要表现。

古代东方公法比古代西方公法发展的另一个表现是,古代东方用刑罚处罚的有些行为在古代西方则不用刑罚处罚。偷窃行为便是其中之一。古代东方国家都把偷窃行为认定为犯罪行为,只是处罚不同而已。楔形文字法规定偷窃者要被处死;印度法规定偷窃金银衣物50以上的要被断双手;伊斯兰法规定偷窃者要被断手;俄罗斯法规定第一次偷窃的割左耳并监禁2年,第二次割右耳并监禁4年,第三次处死;中国法则规定偷窃不得财笞五十,一尺杖六十,五十匹加役流。⑤ 然而,在西方的罗马法中,对偷窃者的制

---

① 现称《永徽律疏》为《唐律疏议》。
② 唐律总条目数为500条或502条。
③ 除名是指一种免去违法官吏的官职、官品、爵位和名号等的行政制裁方式。
④ 参见王立民:《我国古代法的一个重要特点》,载《法学》1996年第2期。
⑤ 参见王立民:《古代东方法研究》,学林出版社1996年版,第201页。

裁只是要求偷窃人给付被害人4倍物件的价值或4倍损害的金额。① 这具有一种民事赔偿的性质,而不是刑罚处罚,不属于刑法。

从以上所述可见,古代东方法先是私法发展,后又公法发展,与西方法正好相反。这又是古代东方法的特别之处。

4. 司法的独立性比较差

从古代东方诉讼法的规定和具体的史料来看,古代东方的司法独立性比较差,非专职司法人员控制、参与司法的情况司空见惯。从中央来看,世俗法国家的国君往往掌握着国家的最高司法权。在俄罗斯,沙皇控制着国家的最高司法权。"俄罗斯沙皇行使剥削阶级类型国家所固有的一切职权。他们有立法、司法和管理权。"②在中国,皇帝亲自定案的情况频见史册。《汉书·刑法志》说:"秦始皇昼断狱,夜理书。"到了清代,这种情况还在延续。《清史稿·刑法志》讲:"自顺治迄乾隆间,有御廷亲鞫者。"宗教法国家的国君与宗教领袖往往为同一个人,这样宗教领袖也就成了国家的最高司法官,他们同样掌握着国家的最高司法权。伊斯兰法规定:"一切判决只归真主;他依理而判决,他是最公的判决者。"③然而,"真主"须由他的"使者"来表达自己的意志,所以实际上是作为宗教领袖的"使者"来行使司法权。在希伯来,宗教领袖摩西也"常坐着审判百姓,百姓从早到晚都站在摩西左右"。摩西也对人说:这些"百姓到我这里来求问上帝,他们有事的时候就到我这里来,我便在两造之间施行审判"④。当然,国君的地位决定了他不可能亲审国家的所有案件,而只能亲审一些重大、疑难案件。楔形文字法曾规定,有关人命的大案要由国王审定。《俾拉拉马法典》强调:"有关生命问题,则仅能由国王解决之。"⑤在希伯来,摩西审断的主要是一些疑难案件。"有难断的案件,就呈到摩西那里。"⑥

从地方来看,宗教法国家里的地方宗教人员往往兼行司法权。在希伯来,地方司法官从希伯来教支派的人员中选任,摩西时已是如此。"各城里,按着各支派,设立审判官和官长。"⑦在伊斯兰国家,从地方的伊斯兰教徒中

---

① 《罗马法》,第254—255页。
② 《苏联国家与法的历史》上册,中国人民大学国家与法的历史教研室译,第106页。
③ 《古兰经》,第98页。
④ 《新旧约全书》,第88页。
⑤ 《外国法制史资料选编》上册,第9页。
⑥ 《新旧约全书》,第89页。
⑦ 同上书,第233页。

选出"使者"来行使该地的司法权。"使者来临的时候,他们要秉公判决,不受冤枉。"①非宗教法国家里的地方行政长官也往往兼任司法官。在古巴比伦,地方行政长官是由国王指派的"沙卡那库"和"拉比阿努穆",他们同时行使地方的司法权。② 在俄罗斯,地方的督抚"既是行政长官,又是法官"③。在中国,地方行政长官都是当地的司法长官,20世纪初还是如此。

然而,古代西方却有专门的审判官,司法独立性比古代东方强。早在雅典时期已是如此。那里不仅有专门的审判机关,而且还有较为明确的分工。最古老的审判机关是"阿留帕克",专门审理故意杀人、毒害、放火等重大刑事案件。"埃非特"法院则专门审理误杀、教唆杀人致残、杀害异邦人等的案件。"迪埃德特"法院和"四十人委员会"又专门审理财产纠纷案件,或与矿井、海外贸易、破坏宗教仪式等有关的案件。此外,还有陪审法院等审判机关④。古代东方则没有出现过这样较为独立、分工又较为明确的审判机关。古代东方法在这方面比古代西方法逊色一些。这也可以说是古代东方法的又一个特点。

以上分别从法的起源、法受宗教的影响、法的内容以及司法诸方面,通过与古代西方法的比较,反映了古代东方法的主要特点。那么,什么原因使古代东方法形成这些特点呢?

二、关于形成古代东方法特点的原因问题

形成古代东方法特点的原因还在古代东方社会本身,而且比较复杂。可以说,是古代东方社会多种复杂的原因,组成了"合力",共同造就了古代东方法的特点。这种社会原因又与古代西方的不同,以致造就的法律也不同,所以古代东方法才具有了自己的特色。总归起来,主要的原因在于以下几个方面。

1. *血缘的纽带特别强韧*

在原始社会的氏族组织中,血缘是一种维系氏族成员的纽带。它可以用来决定成员间的关系,团结每个成员,组织社会活动。古代东方社会也是

---

① 《古兰经》,第158页。
② 参见《外国国家和法律制度史》,第13页。
③ 〔苏〕诺索夫主编:《苏联简史》第1卷上册,武汉大学外文系译,三联书店1977年版,第134页。
④ 参见林榕年主编:《外国法制史新编》,群众出版社1994年版,第148页。

如此。并且,在从原始社会进入到奴隶社会的过程中,古代东方社会的这种血缘纽带没有松弛,仍然十分强韧。这使各部族相对独立性依然很强,部族成员间的关系依然非常密切,以致部族组织不易瓦解。古代东方有许多这样的部族。中国尧舜禹时期就是这样。禹会盟天下时,独立的部族不计其数。部族需要发展,需要不断扩大,战争是有效手段。战争可以掠夺其他部族的财产、地盘和成员,并使本部族的财产增加、地盘扩大、成员增多。因此,古代东方这个时期部族间的战争特别多,各地区都有。这种战争不仅使分散的部族趋向集中,由小到大,由多到少(像中国炎黄部族那样),同时也加速了东方国家和法的形成。这是东方法形成的一个特点。而这个特点的背后是因为有强韧的血缘纽带。

然而,西方社会则是另一番情景。在原始社会向奴隶社会过渡时期,氏族内部的血缘关系逐渐松弛、瓦解。人们间的关系不再靠血缘纽带来维系,而与经济地位等关系密切。社会的矛盾和斗争不是表现在部族间的激烈战争,而是在氏族内部贵族和平民的斗争中,并随着平民的胜利而直接从氏族内部产生了国家和法律。这是典型的古希腊雅典式法的起源。还有,罗马式和日耳曼式法的起源也与血缘关系不密切,相反却与社会地位、民族矛盾等有直接关系。

可见,强韧的血缘纽带是形成东方法起源特点背后的一种直接原因。

2. 宗教势力特别强大

世界上的几大宗教不仅都发祥于东方,而且势力还特别强大,对东方国家的政治和社会生活等方面都产生过很大影响,尤其是佛教、希伯来教和伊斯兰教。

这三种宗教产生后,都曾对古代东方许多国家的政治生活产生过很大影响。它们都曾被奉为国教。佛教曾是南亚印度和周边地区的国教,希伯来教曾是西亚迦南地区希伯来国的国教,而伊斯兰教曾是西亚阿拉伯伊斯兰国家的国教。在这些国家里,宗教与国家政权紧密结合在一起,国家的最高统治者就是宗教徒或宗教主,政教合一。希伯来的国家首脑义是宗教领袖,两位一体。阿拉伯伊斯兰国家的初期,穆罕默德就是政、教的双重领袖。印度的国王虽是刹帝利种姓,不是宗教主,但都是虔诚的宗教徒。阿育王公开承认,他自己"是皈依佛、皈依法、皈依僧的三宝弟子,他称佛陀为法王。他曾去佛陀所历经之地朝圣、膜拜。他说,凡是佛陀所宣化的,也都是他所要说的"①。在这些国家里,国家的政治活动带有明显的宗教色彩,世俗力量不敌宗教势力。

这三种宗教还都对古代东方许多国家的社会生活产生过很大影响。在印度、希伯来和阿拉伯伊斯兰国家中,绝大多数人民都相信宗教。在社会生活中,他们要依照教经的要求行事。佛教中的"八戒",希伯来教中的"十诫",伊斯兰教中的不吃猪肉、禁止饮酒等等,都是他们的行事准则。如果违反了这种准则,他们还要受到应有的惩罚。② 宗教在社会生活中的作用举足轻重,没有一种社会意识形态能与其同日而语。

古代东方政教分离的世俗国家,也不同程度地受到过宗教的影响。俄国在基辅大公弗拉基米尔执政前,受到宗教的影响不大,但在他执政后,宗教的影响逐渐扩大。他先与拜占庭公主安娜联姻,后于公元988年宣布把在拜占庭流行的东正教确立为国教,并采取了一些相应的信教措施:强令基辅的臣民们跳入河中,接受集体的宗教洗礼;建立大主教区,兴建教堂等等。在中国,南北朝时期南朝的皇帝都信奉佛教,北朝的皇帝也大多信教。元朝时,穆斯林大量来到中国,伊斯兰教有了较大规模的传播,因而史有"元时,回回遍天下"③之说。在古代中国,宗教势力虽不及印度、希伯来和阿拉伯伊斯兰国家的大,没有形成长时期政教合一的国家政权,信教人数的比率也不高,但宗教势力还是有其"市场",其影响力不可低估。

古代西方国家受宗教的影响小于古代东方国家。即使是在基督教横行的中世纪,也没有形成政教合一的国家政权,没能使教会法久经不衰。强大的古代东方宗教势力决定了它对法律的影响也比较大,以致形成了古代东方法的一个特点,即法律受宗教的影响比较大。

3. 文明的起源特别早

东方国家文明的起源早于西方国家,经济和商品交换也都先发达于西方国家。两河流域的国家、中国、印度等都是如此。公元前18世纪,古巴比伦已成为两河流域的一个大国,并维持了几个世纪的统一。它的经济比较繁荣,首都巴比伦城是一个在西亚乃至地中海地区都著名的世界性商业城市,各国商人云集,集市往往一、二个月不散。中国在夏商时,商品交换已有一定规模。夏时已有商品交换的固定场所"市"。《易经·系辞下》说:"日

---

① 〔印度〕R. C. Majumdar 等:《印度通史》,第159页。
② 详见《古代东方法研究》,第99—100页。
③ 《明史·西域传》。

中为市。"商时的商品交换有了发展,"市"也有所增加。到了西周,商品交换的规模更大了,以致每个城市都设有"市"。"左祖右社,面朝后市。"①而且,交易量也很大,每天要集中进行三次。"大市,日昃而市,百族为主;朝市,朝时而市,商贾为市;夕市,夕时而市,贩夫贩妇为主。"②春秋战国以后,随着私有制的进一步发展,社会经济和商品交换又有了长足的进步。印度早在公元前25到前17世纪就与两河流域国家有大规模的贸易往来,交换的商品包括金属、农产品、珠宝首饰、棉织品等许多大类。到了孔雀王朝时期,这种贸易的地域还有扩大,形成了一个西至海湾地区、西亚、埃及,东至缅甸、锡兰,北至中国的贸易网络。③ 有这种较为发展的商品交换为基础,古代东方的私法自然也相应发展起来了。与东方国家相比,西方国家踏进文明的门槛晚了少则几个世纪,多则十几个世纪,社会经济和商品交换也不及当时东方发展。因此,在公元6世纪前,东方的私法领先于西方的私法也就不足为奇了。

但是,到了公元6世纪,随着罗马法的诞生,东方的私法落后了,西方的私法赶上了东方。其原因是罗马文明的突起及其经济和商品交换有了比东方更快的发展。随着罗马对世界的不断征服,它成为了世界上第一个横跨欧亚非三大洲的帝国。与此同时,它的经济和商品交换也大大发展,贸易遍及三大洲。中国也卷入了这一贸易圈,有人用上了罗马的商品。《汉东府·羽林郎》说:有的妇女"耳后大秦珠"。此处的"大秦"就是指罗马。与这样的贸易规模相比较,东方国家只能甘拜下风。以罗马的文明和较为发达的经济为依托,罗马私法迅速崛起。到公元6世纪,终于形成了以后所称的《罗马法大全》。此时的西方私法便更胜东方私法一筹,文明起源早于西方的东方国家没有能在私法方面保持领先。然而,这种起源早的文明毕竟给古代东方的私法带来了一度的辉煌,形成了古代东方法的一个特点。

4. 专制制度特别发达

古代东方国家长期实行专制统治,专制是那里的基本政治制度。世俗法国家就是这样。在两河流域,那里的国家尽管有过统一和分裂,但实行的都是专制制度。早在乌尔王朝这一制度就已确立了。那时的国王权力高于一切,掌控包括任命官吏、掌握军权、控制法庭等许多大权。与此同时,地方

---

① 《周礼·孝工记·匠人》。
② 《周礼·地官·司市》。
③ 参见培伦主编:《印度通史》,黑龙江人民出版社1990年版,第27—28、91—92页。

势力受到很大削弱,地方官吏都要听从国王的调遣,不可违抗。之后,经过伊斯、拉尔萨、埃什嫩那、古巴比伦、赫梯和亚述等王国,这一地区已实行专制制度达 16 个世纪左右。在俄国,伊凡三世于 1480 年统一东北罗斯以后,也实行中央集权的专制制度。他全揽国家的一切大权,建立了有利于专制统治的机构。这一专制制度一直延续到 20 世纪初的资产阶级革命时期,前后也有 5 个多世纪。中国历史上很早就存有专制制度。① 夏、商和周时有过国王和诸侯的专制,春秋、战国时期则转向中央集权的专制。秦始皇统一中国后,中央集权的专制制度发展到了一个更为发达的阶段。这一制度在中国历史上延续了 40 个世纪左右。

专制还是古代东方宗教法国家的基本政治制度,只是在表现形式上突出了宗教权与政权的结合,专制君主除了掌有国家政权外,还往往控制着宗教权。在希伯来,摩西是个独裁君主。他多次借助上帝耶和华教训百姓:"听从我的话,遵守我的约。"② 摩西的继承者们沿走了他的专制路子,统治持续了 7 个世纪左右。阿拉伯伊斯兰国家的第一个专制国君穆罕默德统揽了国家的立法、行政、司法和宗教大权。《古兰经》公开说:"一切权势全是真主的。"③ 由于"真主"的"使者"行使这一权力,所以实际上穆罕默德掌有"一切权势",即一切国家大权。到西方殖民主义者在近代入侵前,这个专制制度也在那里存续了 8 个世纪左右。印度的国王也是专制君主,孔雀王朝、笈多王朝和莫卧儿帝国时代等都是如此。《巴卑尔自传》记载了莫卧儿帝国时代国王的专制情况,说对于莫卧儿国王,总督、大臣、军队、农民们都要服从他,臣属于他,像尊重先王一样尊重他,对他的命令绝对服从。④ 到近代以前,这一制度也在印度施行了 21 个世纪左右。

古代东方国家专制制度的基本走势是专制程度越来越高,君主对国家大权的控制越来越集中。这里以俄国为例。自伊凡三世确立了中央集权的专制制度以后,他的后继人选择了一条不断加强专制制度的道路,并推出了一些新举措。伊凡四世于 1547 年加冕为沙皇,之后出台了一些新措施,其中包括制订统一全国的专制法律、在各地设立对他负责的司法机关、加强自己对军队的控制等。到了 17 世纪,沙皇的专制统治有了进一步的发展,他

---

① 《古代东方法研究》,第 61 页。
② 《新旧约全书》,第 89 页。
③ 《古兰经》,第 72 页。
④ 参见《世界通史资料选编》(中古部分),第 438 页。

拥有更大的权力,他的个人意志就是国家的法律。18世纪的沙皇已不向任何人负责,可以不受监督地支配国家的财政。其他古代东方国家也走过了类似俄国的这种道路。

古代东方国家的专制制度对法律产生过很大的影响,其中包括对古代东方法特点形成的影响。首先,它促进了公法的高度发展。随着专制制度的发展,国家利益和社会秩序显得日益重要。它们靠以平等为基础的民法来维持,显然不够有力,相反,采用具有最为严厉制裁措施的刑法则是一种较为理想的手段。因此,古代东方国家的刑法就越来越发展了。公元7世纪,中国颁行了现存的世界上第一部刑法典——唐律。这标志着古代东方公法的高度发展,而且大大超过了当时西方的公法。古代东方法在原先私法发展后,又转向公法发展,形成了自己的一个特点。其次,它削弱了司法独立性。古代东方的专制制度也以高度集中国家的各项权力为特征。在中央,国君掌握着国家的立法、行政、司法等所有最高权力,其中司法往往从属于行政,无法独立。在地方,没有独立的司法长官,地方行政长官兼任司法长官,兼行司法职能,司法也不能独立。在古代东方的专制制度下,司法没能独立,其地位受到削弱。这又成为古代东方法的一个特点。

以上这些原因不同程度地与古代东方长期存在农村公社有关。在东方的原始社会末期,农村公社没有解体就被推入到阶级社会,并在相当长的时期内保留着,有的东方国家甚至在封建社会中还长期保存着它。农村公社的长期存在对社会产生了很大的影响:公社内部的血缘关系十分重要,它决定了人们的社会地位,又是一种维系公社成员的内在力量,因此血缘的纽带不会轻易松弛;公社的首领为了笼络人心,便于管理或统治,借用了宗教形式,以便从思想上控制公社成员,所以宗教力量长期不衰;公社中的家长制管理或统治形式又直接演变为专制制度,因而专制制度是古代东方国家的基本制度;专制统治需要有公法的支持,因而公法乘势大发展。可见,古代东方法特点的形成原因能在农村公社中找到最终答案。古代西方社会则不同。以希腊、罗马为例,那里的农村公社是个发育不良的早产儿,而且在进入阶级社会时就解体了。这样,古代西方法也就无法形成与古代东方法一样的特点了。

三、关于古代东方法特点的淡化问题

进入近、现代社会以后,由于各种原因,古代东方法的一些主要特点逐渐淡化了。

1. 公法和私法的发展渐渐趋向平衡

在近、现代社会以前,东方的公法明显优于私法,私法比较落后。进入近、现代社会以后,东方法的这种状况有所改观,公法和私法渐渐趋向平衡发展,与西方法的这种反差也越来越小了。

在这一时期,东方国家把制订刑法典作为刑事立法的一个重要举措,纷纷制定了近、现代的刑法典,使刑法的内容进一步系统化、完整化。那些在古代没有制订过刑法典的国家是这样,制定过刑法典的国家也是这样。根据国际法律科学协会编辑的《国际比较法百科全书》第1卷《各国情况报告》①的记载,一些原属适用印度法和伊斯兰法的东方国家都在近、现代颁布了刑法典,其中较早的有印度(1860年)、缅甸(1860年)、黎巴嫩(1858年)等。② 一些原属世俗法的东方国家也开展了制订刑法典的工作。俄国在1864年进行了司法改革以后,颁布了治安法官使用的刑罚条例,1885年又公布了《刑罚与感化法典》。这两个法律已具备一些刑法典的性质,尽管在内容上还不及刑法典的系统和完整,但它们已不再是混合性法典了。在此基础上,俄国于1903年又正式颁行了新刑法典。中国在古代虽已有刑法典,但在进入近代以后,又重新制订了新刑法典,使其在体系和内容上都能跟上世界上先进刑法典的步伐。1910年清政府颁行了《大清现行刑律》,把它作为向近代刑法典过渡的法典。1911年又制定了《大清新刑律》,这是中国历史上第一部近代意义上的专门刑法典。此后,北洋政府和国民政府也相继颁行过这类刑法典。东方国家在制订自己刑法典的过程中,大量引进了西方近、现代刑法中先进的基本原则和制度③。这些刑法典是近、现代化和西方化的刑法典。

在东方国家的刑法近、现代化和西方化的过程中,原来比较落后的民法也紧跟而上。在古代,东方各国皆无民法典,民法内容不系统、不完整。进入近、现代后,绝大多数东方国家也都制订了民法典。19世纪下半期,奥斯曼帝国颁布了民法典,并适用于除埃及以外的阿拉伯国家,至今它还在约旦和科威特施行。几乎是同时,埃及也拥有了一部民法典④。一些阿

---

① 即上海社会科学院法学所编译室编译的《各国宪政制度和民商法要览》,法律出版社1987年版。
② 参见《各国宪政制度和民商法要览》(亚洲分册),第318、157、101页。
③ 详见《古代东方法研究》,第219—221页。
④ 《法律结构与分类》,第241页。

拉伯伊斯兰国家独立后,也制订了新民法典,如伊拉克于 1951 年颁布并于 1953 年实施的《伊拉克民法典》,伊朗于 1929 年至 1935 年间分卷颁布的《民法典》等①。中国的清政府于 1907 年起草民法典,1911 年 8 月完成《大清民律草案》,但由于清政府的灭亡,该草案未能正式施行。以后,国民政府于 1929 年至 1930 年间分编公布、实施了《中华民国民法》,它是中国历史上第一部正式民法典。俄国和印度的情况与绝大多数东方国家有所不同。俄国在"十月革命"前没有专门的民法典,只是在《法律全书》中设有民法卷。此《法律全书》即是《俄罗斯帝国法律全书》,于 1835 年 1 月 1 日在全国生效,一直适用至"十月革命"前。全书共 15 卷,其中第 10 卷为民法卷。印度则是把主要的民法内容规定在一系列单行法规内,其中有:关于民事法律关系主体的《成年法》(1875 年)、《精神失常法》(1912 年);有关债权的《合同法》(1872 年)、《商品买卖法》(1930 年)、《合伙法》(1932 年);有关继承权的《继承法》(1925 年)、《印度教继承法》(1956 年)等等。俄国和印度虽无完整、系统的民法典,但已向民法典靠拢,向法典化发展。东方国家在制订自己民法典的过程中,同样大量引进了西方近、现代民法中先进的基本原则和制度②。这些民法典也在近、现代化和西方化的民法典之列。

刑法典和民法典是公、私法中的两大代表性法典。它们的相继产生,不能不说在很大程度上改变了进入近代社会前,东方国家公法发展、私法相对落后的面貌,公、私法的差距在缩小,同时原东方法中私法和公法先后比较发展的特点也逐渐淡化了。

2. 宗教对法律的影响明显减弱

在近、现代,一些古代东方的宗教法国家不同程度地受到西方殖民主义者各种形式的侵略,并蜕化成了殖民地、半殖民地国家。这些国家被强迫推行类似西方资本主义国家的制度,原先那种政教合一的国家政权不复存在了。印度是其中的典型。1757 年的普拉西战役后,印度很快变成了英国的殖民地,成为英国政府的一个下属机构,一切唯英国的命令是从。也是从那时起,印度逐渐建立起近似英国的资产阶级政府,政教合一的政权形式被否定、废止了。1947 年印度独立。独立后的印度新政府没有再恢复原先政教合一的政权,而是对英国统治时期的旧政权进行了利

---

① 参见《各国宪政制度和民商法要览》(亚洲分册),第 259、270 页。
② 参见《古代东方法研究》,第 276—279 页。

用和改造，建立了具有印度特色的资产阶级国家政权和制度，其中包括议会民主制度、文官制度、联邦制度和政党制度等。① 这样，宗教对近、现代印度政权的影响就非常小，不能与古代相比拟了。

国家政权的性质对法律的性质起决定性作用。政教合一政权的不再存在，必然会冲击宗教法，以致宗教对法律的影响明显减弱。事实也是如此，一些古代东方的宗教法国家在进入近、现代社会以后，纷纷引进和采用西方国家先进的法律，而它们的法律是世俗法，因此，从那时起，宗教对法律的影响明显减弱了。这些国家在那时制订的一些法典，都以西方国家的法律为基础，实是西方法的翻版，这一点已被公认。1860年印度实施的刑法典由英国法学家帮助制定，其内容以英国刑法为样板。所以，有人说："由英国法学家制订的这部1860年印度刑法典在它完成时看来还是以普通法为基础的"，而且以"英国法学家的概念和思想方法为依据，因此人们把它看成是适用英国的真正的样板法典"②。1840年阿拉伯伊斯兰国家制订的刑法典则以法国刑法典为蓝本，这正如法国学者查菲克·切哈特所说的："严格地说就是所谓1840年《奥斯曼帝国刑法典》，它是在1810年《法国刑法典》的特定影响下制定的。"③作为公法的刑法是如此，作为私法的民法也是如此。近、现代的印度民法是以英国为楷模的。它在1860年以后制订的民法中，"反映了英国法和盎格鲁—印度法的模式"④。近、现代阿拉伯伊斯兰国家的民法同样以欧洲民法为模式。"一般民法在多数穆斯林国家已被抛弃，而代之以根据欧洲模式的一些新法典和运用这些法典的新兴世俗法庭。"⑤

东方的世俗法国家原来受宗教的影响就不及宗教法国家的大，进入近、现代社会后，宗教对这些国家法律的影响更是微乎其微，甚至是零。俄国于1835年施行的《俄罗斯帝国法律全书》里已很少有宗教的遗迹，"十月革命"后苏联颁行的法律是纯粹的世俗法律，宗教残余一扫而光。中国在20世纪初法制改革后所制订的法律，无论在体系上，还是在内容上，都以西方法为样本，也没有宗教因素。

总之，在近、现代东方法受宗教的影响大大减弱了，远不如古代。

---

① 参见《印度社会述论》，第38—52页。
② *The Common Law in India* (1906), pp. 127—128.
③ 《法律结构与分类》，第240页。
④ 《各国法律概况》，第257页。
⑤ 同上书，第127页。

3. 司法开始相对独立

古代东方的司法处于一种附属地位,没能独立。但是,到了近、现代,东方国家开始建立起相对独立的司法机关,司法也逐步独立了:司法机关与立法、行政机关并立,司法官不再由行政官等兼任。这样,原来司法独立性比较差的特点也开始淡化了。

19世纪以后,绝大多数东方国家都在根本法(宪法)中明文规定司法独立。一些独立后的阿拉伯伊斯兰国家,如阿联酋、也门、卡塔尔、科威特、黎巴嫩、伊拉克、伊朗等国家都在宪法或宪法性文件中申明,司法独立于立法和行政,法官独立行使职权,任何人不得干预司法。如伊拉克宪法第60条(a)款规定,伊拉克"司法独立"。伊朗宪法补充规定的第71至89条规定,伊朗保障"法院的权力和司法独立"[1]。印度在英国统治时期已搬用三权分立的政体,司法开始独立。在摆脱英国统治而独立后,仍保持司法独立,1949年通过的宪法规定:在法律范围内,最高法院"应有对任何事件之管辖权力",而且"最高法院之法官,不得免职"[2]。俄国在1864年的司法改革中开始走上司法独立的道路,"司法官的职业才与行政上的职业分开"[3]。中国在1912年颁布的《中华民国临时约法》中,第一次公开明确承认三权分立与司法独立,即"法院,依法律审判民事诉讼及刑事诉讼","法官独立审判","法官在任中不得减俸或转职"等[4]。

同时,东方国家还设立了独立的法院和法院系统。印度于1861年在加尔各答、马德拉斯及孟买成立了高等法院,它是由原最高法院与高等民、刑两院合并而成的,到了1935年又设立了联邦法院,下属还有各地的初级法院[5]。俄国在1864年的司法改革后,形成了从乡、地方法院,到元老院即最高法院的法院系统。中国在南京临时政府时期始有从中央至地方的一套审判机构,中央设裁判所,地方有裁判厅。有的东方国家还设有专门的法院。一些阿拉伯伊斯兰国家除建立了伊斯兰教法院外,还另设了一些其他法院。如卡塔尔有民事、交通和劳工3种法院;黎巴嫩有行政

---

[1] 参见《各国宪政制度和民商法要览》(亚洲分册),第10、19、72、75、92、255、266页。
[2] 参见《古代东方法研究》,第360页。
[3] 〔法〕勒内·达维德:《当代主要法律体系》,漆竹生译,上海译文出版社1984年版,第157页。
[4] 北京大学法律系宪法教研室、资料室编:《宪法资料选编》第2辑,北京大学出版社1982年版,第260页。
[5] 参见〔印度〕R. C. Majumdar等:《印度通史》,第1440页。

法院；伊朗有刑事、家庭、租赁、儿童等法院①。

另外，东方国家还相继制定了诉讼法典，从程序上保证司法的独立进行。阿拉伯伊斯兰国家在奥斯曼统治时期，已制订过诉讼法典，独立后再次制订和颁布这类法典。科威特于1960年颁布了《民事商事诉讼法》和《刑事诉讼法》。黎巴嫩于1933年施行了《民事诉讼法》。伊拉克于1909年和1971年分别公布了《民事诉讼法》和《刑事诉讼法》。伊朗于1939年实施了《民事诉讼法》等。印度也是如此。它在1898年和1908年分别颁布了《刑事诉讼法》和《民事诉讼法》②。俄国在19世纪前已制定过诉讼条例，1864年司法改革时又更新了它的内容，使其更为系统和完备。中国在20世纪初也加入了制订诉讼法典的行列，于1906年拟成了《刑事民事诉讼法草案》，1911年又草成了《刑事诉讼律草案》和《民事诉讼草案》。可因清政府土崩瓦解，这些诉讼法均未施行，而以后的北洋政府都把它们改头换面，并付诸实施。

古代东方法特点的淡化有其历史的必然原因。古代东方法特点的淡化时期正是古代向近、现代的转型时期。这一时期矛盾纵横，情况多变，因此引起古代东方法特点淡化的原因也非常复杂，但最终可归结为内、外因两大方面。

从外因来看。那时，绝大多数的东方国家都不同程度地受到西方殖民主义者的入侵，先后沦为殖民地和半殖民地。这些殖民者不仅给东方国家带来了西方的商品和资本，还带来了西方的法律。这些法律一方面反映了西方殖民主义者的意志，另一方面又比古代东方的法律先进。为了维护其在东方国家的非分权益，这些西方的殖民主义者通过各种途径对东方国家的统治者施加压力，迫使他们变革原有法律，制订以西方国家为样板的、有利于自己侵略利益的法律。东方国家的统治者在西方殖民主义者的强大压力之下，不得不逐渐放弃原有法律，接受西方法律，所以这一时期制定的法律基本是西方法律的翻版。印度的法律主要来自英国，阿拉伯伊斯兰国家的法律主要来自法国，中国的法律主要来自德国。其他东方国家也是类似情况。只有俄国是个例外，因为俄国在近代不是被侵略者而是侵略者。但是，俄国同样受到西方国家法律的影响，在近代也开始采用西方国家的法律原则和制度。东方国家的近、现代法律主要

---

① 参见《各国宪政制度和民商法要览》（亚洲分册），第73、94、267页。
② 同上书，第78、98、257、277、316页。

以西方国家的为样板,自然也就逐渐淡化了自己的特点。

　　从内因来看,随着近、现代东方国家社会情况的骤变,特别是资本主义生产关系和市场经济的形成,原来以封建制生产关系和自然经济为基础的古代法律已无法再继续发挥其作用,有必要由新的法律来适应这种变化。此时的西方资本主义国家的法律正是资本主义生产关系和市场经济的产物,能在很大程度上为东方国家所用,因此那时几乎所有的东方国家都不同程度地争相仿照这种法律,并根据本国的国情,制定新法。这些新法中包含有大量西方资本主义国家法律的原则和制度。民法中就移植使用了私有财产神圣不可侵犯、契约自由、男女均有平等继承权等原则和制度。伊朗在它的民法典中确立了私有财产神圣不可侵犯和契约自由的原则,规定财产是一项绝对权利,所有人有权按照他认为适当的方式,处分和享用他的所有物,同时还承认"自由同意和契约自由的原则"[①]。中国的《中华民国民法》也贯彻了这两个原则,在债编中规定:"所有人于法令限制之范围内,得自由使用、收益、处分其所有权,并排除他人之干涉。""当事人互相表示意思一致者,无论其为明示或默示,契约即为成立。"[②]印度民法提高了妇女的继承地位,使妻子与儿子具有同等继承丈夫遗产的权利。1937年实行的《中央印度教妇女财产条例》,把寡妇的身份提高到同儿子一样高,使他们也成为丈夫遗产的继承人[③]。在引进西方资本主义国家法律原则和制度的同时,与此相悖的古代东方法中的原则和制度也被摒弃了。这样,古代东方法的特点也就相应淡化了。从此,东方法告别了它那过去传统法律的旧途,开始跨进世界现代法律的行列。

---

① 参见《各国宪政制度和民商法要览》(亚洲分册),第273—274页。
② 《最新六法全书》,上海春明书店1946年版,第28、71页。
③ 参见《各国法律概况》,第261页。

下　编

　　本书的下编着重探研古代东方法中一些部门法的各自内容、特点及其发展规律,反映东方法的一些不同侧面。总汇这些侧面,可框出古代东方法的大概。本编涉及的部门法有身份法、刑法、民法、婚姻法和诉讼法等。

下 篇

第九章 身　份　法

　　身份法是古代东方法中的一个重要组成部分。它用法律形式直接或间接地规定人们在社会中的不同身份,确定人们的不同法律地位。这一法律在古代东方主要表现为等级差别和特权。这种等级差别和特权在统治者和被统治者之间有,在统治者内部和家庭成员之间也有。这些等级差别和特权还直接影响到其他法律部门,成为确认人们权利、义务关系的主要依据之一。从这种意义上说,身份法在古代东方法制中如同基石,作用非同一般。古代东方国家的统治者没有制订过专门的身份法典,有关身份法的内容都散见在其他部门法中,总合起来主要是以下一些内容。

一、统治者与被统治者的不平等身份

　　确定统治者与被统治者的不同身份是古代东方身份法的主要任务之一。它集中反映了统治者与被统治者在社会中的不平等关系,充分体现了统治与被统治、压迫与被压迫、剥削与被剥削这些在古代东方社会中的本质联系,直射了那时法制的实质。

　　统治者与被统治者之间的不平等身份在古代东方能得到法律的确认有其必然性。法律是统治阶级意志和愿望的表现,又是统治者用来压迫、剥削被统治者的工具。少数统治者为了实现和巩固对多数被统治者的压迫和剥削,不得不千方百计抬高自己,贬低被统治者,人为地制造身份等级,显示自己的高贵,寻找进行压迫和剥削的依据,并用自己控制的法律加以确认,使其成为既成事实。在古代东方法中,有关这类不平等身份的内容屡见不鲜。

　　统治者与被统治者的不平等身份在东方奴隶制社会的奴隶制法中大量地表现为奴隶主与奴隶的不平等。由于古代东方长期保留着大量的家内奴隶,因此那时奴隶主与奴隶的不平等关系又主要存在于主人与奴隶之间。在楔形文字法中,两河流域现存最早的法典《乌尔纳姆法典》已把主人与奴隶严格划分为两个不同的等级,主人为上,奴隶在下。奴隶必须安分守己,并对主人十分恭敬,否则就会受到严罚。此法典规定:"倘有人的女奴把自己与其主人相比,对她(或他)出言不逊",就要严罚。① 之后的《汉穆拉比法典》规定,自由民损毁或折断了自由民的奴隶之骨,只需"赔偿其买价之一半"。此法典同时规定,如果损伤了租用的牛,也只"以相当于牛价之半之银赔偿牛之主人"②。可见,奴隶的身份在那时仅和牛相同。

  在现存的希伯来法资料中,虽不能直接看到有关奴隶主与奴隶不平等身份的规定,但从《旧约全书》的"出埃及记"中仍可看到他们的不同身份情况。据记载,法老住在宫里,而以色列人都住在野外,还在法老督工的监督下劳动。法老要督工们"不可照常把草给百姓作砖,叫他们自己去捡草,他们素常作砖的数目,你们仍旧向他们要,一点不可减少",还吩咐他们"要把更重的工夫加在这些人身上,叫他们劳碌,不听虚谎的言语"。于是,"百姓散在埃及遍地捡碎秸当作草,督工催着说:'你们一天当完一天的工'"。在那种"草是不给你们的,砖却要如数交纳"的情况下,完不成任务,还要受到法老督工的"责打"。③ 这里的"法老"和他的"督工"与广大"以色列人"不是那种不同身份的奴隶主与奴隶关系,又是什么呢?

  印度在奴隶制时期存有四大种姓,他们是婆罗门、刹帝利、吠舍和首陀罗。其中,婆罗门的地位最高,掌握着国家的神权;刹帝利的地位仅次于婆罗门,掌管着国家的军政事务;吠舍是第三等级,要从事农业、手工业和商业等工作;首陀罗的地位最低,要服侍以上三个等级的人,实是奴隶。在以上四个种姓中,前三者是统治者,后者是被统治者。这一等级身份在印度法中得到了真实地反映。《摩奴法论》说:婆罗门"一出生便为天下之尊",他们"教授吠陀、学习吠陀、祭祀、替他人祭祀、布施"等;刹帝利要"保护众生、布施、学习吠陀和不执着于欲境";吠舍要"畜牧、布施、祭祀、学习吠陀、经商、放债和务农";首陀罗只有"一种业:心甘情愿地侍候上述诸种姓"。④ 这种侍候与被侍候的关系,不正是奴役与被奴役关系、压迫剥削与被压迫剥削关系吗?

  中国在奴隶制时期虽没有留下完整的成文法典,但从零星的记载中也可看到那时的奴隶主与奴隶也是两个身份完全不同的阶级成员。中国的奴隶被称为"众"、"众人"、"畜民"、"臣"、"妾"等,他们的法律地位也如同财

---

  ① 参见朱承恩等:《〈乌尔纳姆法典〉和乌尔第三王朝早期社会》,载《历史研究》1984 年第 5 期,第 183 页。
  ② 《外国法制史资料选编》上册,第 40、44 页。
  ③ 《新旧约全书》,第 71—74 页。
  ④ 《摩奴法论》,第 12—13 页。

第九章 身份法

物、牲畜一样,可以被任意买卖,甚至屠杀、殉葬。从殷墟及发掘的商王宗庙、陵墓和贵族墓中,可以看到一些无辜奴隶作为人祭、人殉被杀,并与物埋葬在一起的情况。

到了封建社会,古代东方的这种统治者与被统治者的不平等身份关系又大量地表现在地主(封建主)与农民(农奴)之间。那时,地主是统治者,农民是被统治者。他们之间的统治与被统治关系取代了奴隶制社会奴隶主与奴隶的统治与被统治关系,是不平等身份关系在封建社会的一种主要表现。

在俄罗斯法中,地主与农民是两个身份不同的等级成员。《雅罗斯拉维奇法典》规定,王公村庄的管理人(庄头)和王公的农业监督(田畯)被杀后,"命金是十二格里夫纳"。但王公的契约农被杀后,"命金是五格里夫纳"。① 从"命金"可见,前者的身份高于后者。之后《一五五〇年律书》又规定,有领土的小波雅尔受欺凌后应得的赔款数"按其登记的领地之收入计算",但自耕农或非自耕农同样被欺凌后所得的赔款数只是"一卢布"。② 后者的身份明显低于前者。历史也告诉人们,虽然俄国在9世纪以后进入了封建时期,还有一个从地方割据到中央集权的过程,但地主与农民始终处于不同地位,具有不同身份。前者高居压迫、剥削的地位和压迫者、剥削者的身份,后者则屈居被压迫、被剥削的地位和被压迫者、被剥削者的身份。俄罗斯法把这一地位、身份确定下来,也是为了一个目的,即"维持地主统治农奴制农民的权力"③。

在伊斯兰法中,虽未直接提及统治者与被统治者的等级身份差别,也没有一般规定封建主可享有的各种特权,但那时阿拉伯国家中哈里发、贵族与贫民、牧民、奴隶的身份差别依然存在,只是这种差别被宗教的外衣所掩盖,变得模糊不清,不易被直接感觉。尽管如此,现实生活还是无情地折射了这种差别。如伊斯兰法允许男子可娶四个妻子,同时又必须向他们提供生活费用。封建主和贵族等统治者可以做到,但贫民、牧民等被统治者做不到,因为"贫穷的穆斯林常常只能负担一个妻子"。又如,穆罕默德虽把释放奴隶奉为真主满意的一件事,"可是他并没有废除奴隶制。奴隶依然是奴隶主可以转让的占有物。只要奴隶不能赎身,奴隶主就可

---

① 《〈罗斯法典〉译注》,第25—26页。
② 《外国法制史汇刊》第1集,第222页。
③ 列宁:《论国家》,载《列宁选集》第4卷,人民出版社1995年版,第34页。

以把他们传给后代或转送他人,奴隶就是财产"①。这里的贫富差别和买卖关系从两个侧面反映了伊斯兰法,并为此法加上了一个最好的反映身份差别的脚注。

印度在进入封建制时期以后,形式上还保持着原有的四个种姓,但内容起了变化。原来作为奴隶主的婆罗门、刹帝利和吠舍成了地主,原来是奴隶的首陀罗成了农民,但他们仍是一种统治者与被统治者的身份关系,《摩奴法论》中对四种姓身份的规定依然有效。《大唐西域记》直观地反映了他们的差别:"宰牧、辅臣、庶官、僚佐,各有分地,自食封邑",但首陀罗是"农人也",他们要"肆力畴陇,勤身稼穑"。还有,"王族、大人、士、庶、豪右,庄饰有殊,规矩无异。君主朝座,弥复高广,珠玑间错,谓师文床,敷以细氎。蹈以宝几。凡百庶僚,随其所好,刻雕异类,莹饰奇珍"。但百姓之家,其墙壁"或编竹木,室宇台观,板屋平头,泥以石灰","地涂牛粪"。② 这种反差如此的强烈,把身份之别暴露得淋漓尽致。

在中国的封建时期,这种等级身份比以往更为森严,法律规定也更为周全,渗透到政治、经济,乃至社会生活的各个方面。在政治上,国家给地主以一定的民主,使他们可以参与一些国家事务,也可通过御前会议、集议、上奏等各种形式发表自己的意见,影响皇帝的决策。农民却没有这种民主,他们对国家事务没有发言权,因为他们根本参加不了国家的机构和管理国家。不仅如此,他们如果讲话稍有不慎,还可能招来大祸。汉除有"妖言"罪外,另设"腹非"等罪,打击思想犯罪,犯者要被处死。③ 唐及以后都设有"妖言"罪,禁止言论自由,犯者轻则杖,重则绞。④ 在经济上,国家通过立法在田、赋等的分配上都给地主,特别是大地主以特权,农民则没有。唐在开元时规定,丁男可分田一百亩,其中永业田二十亩,口分田八十亩。但是,官吏所受永业田却大大超过一般农民,从一品可得一百顷至五品可得五顷不等。⑤ 农民受田后,每年都须按时交纳租庸调,但是三品以上官吏及郡王期亲及同居大功亲、五品以上及国公同居期亲,均可免去

---

① 〔德〕赫伯特·戈特沙尔克:《震撼世界的伊斯兰教》,阎瑞松译,陕西人民出版社1988年版,第57页。
② 《大唐西域记·卷二·印度总述》。
③ 《史记·平准书》。
④ 详见《唐律疏议·贼盗》、《宋刑统·贼盗》"造袄书袄言"门、《明律·刑律》"造妖书妖言"条、《大清律例·刑律》"造妖书妖言"条。
⑤ 《通典·食货二·田制》。

第九章 身份法

课役。① 甚至在生活的衣、食、住、行等方面,也都因这种身份不同而有所不同。如汉时规定青、绿两色为民间常服色;隋、唐、宋时规定紫、朱、绿、青四色为官服色。又如,西周时农民只能食菜,牛、羊、猪肉等荤食是贵族官吏的桌上餐。再如,宋时规定执政亲王的住所称府,其他官的称宅,农民只能称家。而且,住宅的规模也有规定。明、清时规定,三至五品官的厅堂五间七架,正门三间三架;六至九品官的厅堂是三间七架,正门一间三架;百姓家的厅房不可超过三间,门至多只可一间。还如,一般来说,官吏贵族是乘车、骑马的主要对象,百姓通常只能步行,或只能乘指定的较差的交通工具。汉时百姓不可乘车骑马;唐、宋时百姓也不能乘用车轿或马,老疾者只能坐苇牵车及甕笼;元、明以后,才许百姓乘轿,但对骑马仍有严格限制。违犯以上规定的,将要受到处罚。唐、宋时规定,违反服饰规定的要笞四十,违反住、行规定的要杖一百。② 总之,地主可享有大量的权利,却履行很少的义务,农民则相反。这种权利、义务上的不平等正是统治者与被统治者在身份上不平等的直接体现。

古代东方法虽然对统治者与被统治者这种在剥削阶级社会中带有实质性的身份区别作了规定,但是为了迷惑被统治者,立法者则根据本国的具体情况,有意识地制造一些所谓理论依据,掩人耳目,给这种等级差别穿上了一件漂亮的外衣。印度法利用人们崇拜婆罗门教的心理,把当时的四个种姓说成是梵天的造化,因此他们生来就不平等,而且首陀罗的地位最低,应被压迫、剥削。《摩奴法论》说:"为了诸界的繁荣,他(梵天)从口、臂、腿和脚生出婆罗门、刹帝利、吠舍和首陀罗。"③首陀罗出自梵天的脚,地位自然就最低了,似乎被奴役也是合理的。中国法则处处标榜礼,以它来作为划分人们等级身份的根据。礼产生于原始社会后期的祭祀,到了阶级社会以后,经统治者的不断扩充、发展,至西周时已成为调整人们行为的主要规范。随着时间的推移,它似乎成了天经地义。礼以等级名分为基本特征,主张贵贱有别,上下有等。这些恰可为统治者所用,作为划分统治者与被统治者身份的标准,因此它不仅应运而生,还不断发展,形成了一套较完整的理论。伊斯兰法则是另一番情况,它鼓吹在"真主"安拉面前人人平等,以掩饰哈里发、贵族与贫民、奴隶的不平等身份。尽管如此,这种不平等的身份法还是

---

① 《唐六典·尚书·户部》。
② 参见瞿同祖:《中国法律与中国社会》,中华书局1981年版,第139—155页。
③ 《摩奴法论》,第6页。

通过现实生活毫不留情地表现出来,撕破那些漂亮的外衣,暴露其真容,最终被人们识破。

　　古代东方法中有关统治者与被统治者的不平等身份规定,充分说明那时的社会是一个不平等的等级社会。在这个社会中,自恃高身份的少数统治者利用手中的权力和财产残酷地压迫和剥削居于低地位的被统治者。尽管后者是社会财富的创造者,但仍过着非人生活。为了生存,他们不得不选择起义的道路。在起义中,他们表现出对这种不平等身份的强烈不满,也越来越直感地发出要消灭这种不平等身份的愿望。其中,中国的情况最为典型。夏末爆发了有大量奴隶参加的暴动,暴动者高呼"时日曷丧,予及汝偕亡"①,要与这个不平等的社会共存亡。在秦末农民大起义中,陈胜、吴广就曾对起义者说:"壮士不死即已,死即举大名耳,王侯将相宁有种乎!"②即他们已感到不平等身份的存在,而且还有改变这种不平等状况的壮志。在汉末的黄巾起义中,起义军利用《太平经》道出了要求平等的心声。他们说:"人无贵贱,皆天所生。"③即提出了比以往更明确的要求平等的口号。以后的农民逐渐注意提出消除这种不平等方法和口号。北宋的方腊在起义时,主张要"劫富济贫"。明末的农民起义进一步提出要"贵贱均田"和"均田免粮",从经济上铲除不平等身份的根源,比以往的认识又进了一大步。尽管奴隶和农民渐渐意识到自己与奴隶主和地主之间存在的身份差别,并试图改变这种不平等身份状况,但他们的阶级局限性,决定了他们不可能根本改变这种统治者与被统治者的不平等身份,历史已经作了这样的答复。

二、统治者内部的不平等身份

　　在东方的奴隶制社会和封建制社会时期,统治者的身份也非一律平等,亦有等级差别。这种等级身份大量地通过他们所持有的不同特权表现出来。身份高的,享有的特权就多,反之则少,特权的多少成了统治者内部不平等身份的显示器。

---

① 《尚书·汤誓》。
② 《史记·陈涉世家》。
③ 《太平经·卷一一二》。

第九章 身份法

1. 国君的独尊身份

国君是一国的最高统治者,也是所有统治者的总代表,其地位最高,处在等级的顶端。尤其是在古代东方,基本的政治制度是专制制度,国君掌有立法、行政和司法等一切国家最高权力,其地位更为显赫,如同宝塔上的塔尖一样。他们的这种地位决定了他们在统治者中占有独尊的身份,且得到法律的保护。

在楔形文字法中,法律已确认国君的这种独尊身份。《乌尔纳姆法典》的序言把乌尔第三王朝的最高统治者乌尔纳姆称为"强有力的战士、乌尔之王、苏美尔和阿卡德之王"①。以后的《汉穆拉比法典》在序言和结语中也把古巴比伦的最高统治者汉穆拉比确认为"众王之首"、"众王之君主"、"凌驾于众王之上之王",他的"言辞超群出众","威力莫可与敌","以后千秋万世,国中之王必遵从我(汉穆拉比)在我的石柱上所铭刻的正义言词","不得破坏我的创制"。②

在俄罗斯法中,国君的身份随着封建制的发展,也日益提高。12世纪以前,大公已是第一位和最大的封建主,是波雅尔利益的代表者和维护者。12世纪以后,虽然各封邑国的独立性较强,但大公的权力仍较重要、较强大。14世纪以后,中央集权制得到确立,大公逐渐成了国家的专制者,其地位尊于以往。③ 16世纪以后,中央集权制得到巩固和发展,沙皇以无比独尊的面目出现,正如列宁所言:此时沙皇的权力要多大有多大,沙皇一个人有独揽的无限专制的权力,什么法律都由他颁布,什么官吏都由他派。

在中国法中,国君的独尊身份始终得到确认。早在奴隶制时期,国王已居尊位,他要臣民绝对服从自己的命令,不可怠慢,否则就要大刑侍候。商盘庚在迁都时就申明,反对者都要被"劓殄灭之,无遗育,无俾易种于兹新邑"④。进入封建社会以后,随着中央集权制的确立和发展,皇帝的独尊身份不断得到加强。在唐代,中央集权已比以往有很大发展,但皇帝之下还设有中书、门下和尚书省三个中枢机关。到了明、清,自朱元璋废除相制以后,三省没有了,六部直属皇帝管辖,则出现了君主专制格局。此时的皇帝比以

---

① 朱承恩等:《〈乌尔纳姆法典〉和乌尔第三王朝早期社会》,载《历史研究》1984年第5期,第181页。
② 《外国法制史资料选编》上册,第20、48页。
③ 参见《苏联国家与法的历史》上册,第30、60、80、106、130页。
④ 《尚书·汤誓》。

往的权力更大,身份也更尊。唐律已经规定:"王者居宸极之至尊。"①但明、清律还觉不够。《明律》和《大清律例》中就新设了一些罪名,竭力维护君王的尊贵身份。如这两律都设专条,新定"奸党"罪,就是一例。此时皇帝的专制统治达到了顶峰,他的身份也达到了登峰造极的地步。

在以上这些国家的法中,大多把国君的这种独尊身份与超自然力量神、天等联系在一起。似乎他们的这种身份是由神、天授予的,假借一种超自然力量来助国君,并把它作为确立他们在统治者中的最高身份的理论依据。早在楔形文字法中就已经这样做了。《乌尔纳姆法典》在序言中说,乌尔纳姆是"依靠(乌尔)城之主南那的威力,遵照乌图的真言,在国土内确立公道,(并)消除诅咒、暴力与不和"②。乌尔纳姆能按月神(南那)、日神(乌图)的旨意行事,其身份当属高者了。《汉穆拉比法典》的说法与其十分相似。它在结语中说,汉穆拉比"受命于伟大之神明",包括有"以萨巴巴及伊丝达所赐与我(汉穆拉比)的强大武器,以埃亚所赋与我的智慧,以马都克所授与我的威力"。③ 一句话,他也是受命于各种神,也有神为依托。中国法则不像楔形文字法那样采用多种授权的形式,而强调天,称国君为"天子",说他是奉天治国、行罚。早在奴隶制时期就已有国王"行天之罚"、"天用剿绝其命"④和"天命殛之"⑤等记载。进入封建社会以后,更变本加厉地鼓吹"唯天子受命于天,天下受命于天子"⑥,而且这类内容得到了法律的充分肯定。唐律说:皇帝是"奉上天之宝命,同二仪之复载,作兆庶之父母"⑦。因此,皇帝的身份和地位不仅最高,还不可侵犯,否则就要被严惩。

在古代东方的宗教法国家中,最高统治者在制订的法律中更是假借天、神,把自己与它们联系在一起,以取得法定的最高身份。印度法认为,国王是由神所创造的。《摩奴法论》说:国王是由雷神、风神、死神、日神、火神、水神、月神和财神等"这些神主的分子创造的","从本性来说,他就是火神、风神和日神,他就是月神和法王,他就是财神,他就是水神,他就是雷神"。因此,"国王不得因为是人而受藐视,即使他还年幼;因为他是具有人的形象的

---

① 《唐律疏议·名例》"十恶"条。
② 朱承恩等:《〈乌尔纳姆法典〉和乌尔第三王朝早期社会》,载《历史研究》1984年第5期,第181页。
③ 《外国法制史资料选编》上册,第47页。
④ 《尚书·甘誓》。
⑤ 《尚书·汤誓》。
⑥ 《春秋繁露·为人者天》。
⑦ 《唐律疏议·名例》"十恶"条。

伟大神性"。① 孔雀王朝的阿育王在颁诏中也常自称是"天爱王"或"天爱喜见王"②。这里的"天"是指天神。之后颁行的《那罗陀法论》同样把国王与神凑在一起,只是改成了五神。此法论说:"被赋予以巨大权力的国王,是以阿耆尼、因陀罗、苏摩、阎摩和财神五种不同的形态(多样地)显现出来的。"③这样,印度国王的地位也如鹤立鸡群,高于其他人了。

伊斯兰法也属宗教法,但其做法不完全同于印度法。伊斯兰法只推崇"真主"即安拉一神,而不是多神,并把"真主"与穆罕默德的绝对地位和身份联系在一些,突出他在其他封建主和贵族中的地位。《古兰经》大肆渲染"真主",说他是"全世界的主","创造了大地上的一切事物","对于万事确是万能的"。④ 穆罕默德是"真主"派遣的使者,包括法律在内的经典要通过他发布给广大穆斯林,因此每个穆斯林都须严守经典,崇拜穆罕默德。他利用"真主"和经典确立了自己在伊斯兰教和国家中的独尊地位,以后的哈里发亦步其后尘。

古代东方国家的国君依据其法定的最高社会身份,以当然全国最高掌权者的面貌自居,驾驭官吏,统治百姓,并视任何有损其身份的行为为重大犯罪行为,用严厉的制裁手段惩治损害人。印度法严惩敢与国王为敌者。《摩奴法论》说:谁敢与"国王为敌,谁就必然毁灭;因为国王会决定立即把他毁灭",这种毁灭是要"毁灭整个家族及其牲畜和全部财物"。同时还规定:"对于执意反对国王的人","应该以种种刑罚将他们处死"。⑤ 伊斯兰法通过司法表现出对这类犯罪的严厉惩罚。在一次与麦加人的战争后,穆罕默德以胜利者的身份下令宽待俘虏,但有两人除外,仍被处死。其中一人是曾用伊朗故事与穆罕默德抗衡的商人,名叫苏德尔·伊本·哈里斯。⑥ 中国法亦对这类犯罪严惩不贷。早在奴隶制时期,不从王命的就要"孥戮汝,罔有攸赦"⑦。进入封建社会后,中国逐渐把这类犯罪归入"十恶",犯者不仅本人要被处死,还要株连家属,没收家产。⑧ 为了确保国君的独尊身份,古代东方法使用了最为严厉的招术。

---

① 《摩奴法论》,第115页。
② 《古印度帝国时代史料选辑》,第57、60、62、65、67页。
③ 同上书,第130—131页。
④ 《古兰经》,第1、3页。
⑤ 《摩奴法论》,第116、197页。
⑥ 参见《震撼世界的伊斯兰教》,第29页。
⑦ 《尚书·汤誓》。
⑧ 《唐律疏议·贼盗》"贼盗"条。

2. 贵族官吏的等级身份

在古代东方的统治者中,除国君外,贵族、官吏等其他一些成员间的身份也不相同,也有等级差别。这种差别同样反映了他们在社会中的不同地位。楔形文字法中已涉及此类内容。《汉穆拉比法典》通过对损害赔偿的规定,显示出阿维鲁与穆什钦努这两类自由民的身份之别。此法典规定,伤害了阿维鲁的眼或骨,伤害人要受到同态处罚,即"应毁其眼"或"应折其骨";而伤害了穆什钦努,伤害者只须"赔银一名那"。① 可见,前者的身份高于后者。在印度法中,一般把婆罗门作为第一种姓,地位高于刹帝利和吠舍。《摩奴法论》说:"世界上的任何东西全部是婆罗门的财产;由于地位优越和出身高贵,婆罗门的确有资格享有一切。""婆罗门是这整个世界的法主。"② 之后的《那罗陀法论》把婆罗门排列在八种"神圣之物"之首。③ 在俄罗斯法中,也能看到这类不平等身份的规定。在中央集权统治时期,封建主内部可分为宫廷官和一般封建主两大类,前者的身份高于后者。在前者中又可分为杜马官与非杜马官等。④ 主张穆斯林都"平等"的伊斯兰法中也有这类规定。《古兰经》说:"你们为大地的代治者,并使你们中的一部分人超越另一部分人若干级",以便使这些人得到赏赐的"恩典"。⑤

在中国法中,同样有关于贵族官吏等级身份的内容,且有些方面还比以上各法规定得更为详尽和规范。在奴隶制时期,已有国王、诸侯、卿大夫和士之分;商代还实行了班爵制度,出现了侯、伯、子、男等不同级别的爵位。在封建制时期,先后颁布了《唐六典》、《元典章》、《明会要》和《清会要》等法典,对官吏的官位、地位、管辖权限等都作了详尽规定,贵族、官吏的等级差别都详尽地记录下来了。同时,各朝还根据当时的需要,用其他一些法律形式,对各级官吏的各个方面,包括衣、食、住、行等作了严格的规定。如唐令对官服的服饰作了如下规定:文武三品以上服紫金玉带十三銙,四品服深绯金带十一銙,五品服浅绯金带十銙,六品服深绿,七品服浅绿,并银带九銙,八品服深青,九品服浅青,并鍮石带九銙。⑥ 另外,还用律规定他们享有

---

① 《外国法制史资料选编》上册,第38页。
② 《摩奴法论》,第12—13页。
③ 《古印度帝国时代史料选辑》,第131页。
④ 参见《苏联国家与法的历史》上册,第100—101页。
⑤ 《古兰经》,第111页。
⑥ 详见《唐令拾遗》,第390页。

第九章　身份法

不同的司法特权,从中也可反映出他们地位的高下。唐律规定,一至三品官可享有"议"权,犯死罪时先由大臣集议,然后报皇帝裁定;犯流罪以下,照律减一等处罚。四和五品官可享有"请"权,犯死罪时直接"上请听裁";犯流罪以下,也照律减一等受罚。六和七品官只可享有"减"权,即犯流罪以下照律减一等,犯死罪依律行科。八和九品官仅有"赎"权,即犯流罪以下按律用铜赎罪,犯死罪也照律行罚。① 这一规定不仅十分清楚地显示出官品与司法特权之间的密切关系,而且十分规范。唐后各代都相续沿用这些规定。

不仅国君、贵族和官吏本人有身份差别,连他们的家属也有,且以他们的身份为依据。他们身份高的,家属身份也高,反之则低,呈现一种连带关系。这种连带的身份差别在中国法中表现得非常突出,是古代东方的一个典型,此处仅举两例。在唐代,品官子孙叙阶是依其父祖的官品高低而高低,成正比。当时规定:诸一品子正七品上叙,从三品子递降一等,四、五品有正从之差,亦递降一等,从五品子从八品下叙,国公子亦从八品下,三品以上荫曾孙,五品以上荫孙,孙降子一等,曾孙降孙一等。② 并且,皇帝、贵族和官吏的家属犯罪,所受的法定司法特权也不一样,身份高者家属享有的司法特权大,反之则小,也成正比。唐律规定:皇帝的袒免以上亲及太皇太后、皇太后缌麻以上亲,皇后小功以上亲,可享受"议"权;皇太子妃大功以上亲、应议者期以上亲及孙,可享受"请"权;官爵得请者之祖父母、父母、兄弟、姊妹、妻、子孙,可享受"减"权;官品得减者之祖父母、妻、子孙,可享受"赎"权。③ 这些规定大多为唐后的朝代所用,直至清末。

统治者内部不平等身份的存在,并不排斥被统治者内部也有不平等身份的存在。在印度法中,被统治者也被划分为若干等级。《那罗陀法论》把雇仆者分为三种,即"最高的、中等的和最低的",其中,"士兵组成最高等级,农人为中间等级,脚夫为最低等级"。他们的劳动所得"取决于他们的技艺和他们服役效益的高低"。④ 在俄罗斯法中,霍洛普的身份低于一般债农,是10至18世纪初时的一种封建依附者,其地位接近于奴隶,可以被买卖,而且价格极低。《摩诺马赫法规》规定:"如果某人想以半格里夫纳的价

---

① 详见《唐律疏议·名例》"八议者"、"皇太子妃"、"七品以上之官"、"应议请减"条。
② 详见《唐令拾遗》,第214页。
③ 详见《唐律疏议·名例》"八议者"、"皇太子妃"、"七品以上之官"、"应议请减"条。
④ 《古印度帝国时代史料选辑》,第118页。

购买霍洛普,而且找到中人,并当着霍洛普本人的面交纳一诺卡达。"① 交易即可告成。债农的身份高于霍洛普,债农又称雇工,有诉讼自己主人的权利,霍洛普则没有。如《摩诺马赫法规》规定:债农可"因自己主人的不法行为而跑到王公或法庭那里诉讼",法庭"还要对他的诉讼予以审理"。② 在中国法中,除自耕农外,还有雇工人、奴婢等不同身份者。其中,自耕农的身份高于雇工人和奴婢,称"良人",雇工人和奴婢则称"贱人"。唐律甚至把奴婢、雇工人排斥在法律关系主体的范围之外,规定"奴婢贱人律比畜产"③。明、清时都规定:良人殴伤贱人的,可减凡人一等治罪;而贱人殴伤良人的,则要加凡人一等科刑。一减一加,相差两个刑等。④ 而雇工人的身份与奴婢相比,又比奴婢高。明、清时规定,奴婢骂家长的大功、小功及缌麻亲属,用刑分别为杖八十、七十和六十;而雇工人骂家长的同类亲属,用刑却是杖六十、笞五十和四十。⑤ 显然雇工人的用刑要比奴婢轻两个刑等,所以身份也相对高一些。

尽管被统治者之间有身份差别,但他们仍都属被压迫和剥削之列,只是被压迫和剥削的程度不同而已。在剥削阶级的社会中,压迫和剥削是多层次、多方面的,由此不仅产生了多层的统治者,也造就了多身份的被统治者,两者相辅相成。另外,统治者利用立法权有意识地使这类不平等身份也合法化。这一方面可分化被统治者;另一方面也可以此作陪衬,来证明等级身份是一种合理现象,要广大被统治者安守自己的身份,甘心情愿地被奴役。

三、家庭成员之间的不平等身份

在古代东方,家庭成员之间的不平等身份现象也十分普遍,且有法律为依据,主要表现在以下三个方面。

1. 家长与子女之间的不平等身份关系

在古代东方,家长与子女间的不平等是家庭成员之间不平等的一个重要方面。那时,普遍把家长与子女看作是两个不同等级的家庭成员,具有不

---

① 《〈罗斯法典〉译注》,第124页。
② 同上书,第92页。
③ 《唐律疏议·名例》"官户部曲"条。
④ 详见《明律·刑律》和《大清律例·刑律》"良贱相殴"条。
⑤ 详见《明律·刑律》"奴婢骂家长"条、《大清律例·刑律》"奴婢骂家长"条。

同身份,其中家长的身份高于子女。这集中表现在子女要单方面承担孝敬、服从家长等义务。在希伯来法中,摩西"十诫"里已有子女"当孝敬父母"①的内容。印度法中也有类似规定。《摩奴法论》规定,子女要"孝敬"父母。②孔雀王朝的阿育王也在他的铭文里多次规定,子女要"服从父亲、母亲与长者"③。伊斯兰法不止一次地作出了与希伯来法一样的规定。《古兰经》要求子女们"当孝敬父母"④。中国历代都强调子女要孝顺父母,并用法律加以规定。早在奴隶制时期就把不孝作为重大犯罪。到了唐代,关于不孝罪的规定已十分完备。唐律认为,"孝"就是要"善事父母",如有违反就是不孝。构成不孝罪的行为主要有:告发祖父母、父母犯除"十恶"以外的其他犯罪;咒骂祖父母、父母;祖父母、父母还在,就要求分家析产或供养有缺;在父母的丧期内,自作主张娶嫁,或作乐、不穿丧服;知道祖父母、父母死了,隐瞒丧事不举哀;祖父母、父母还活着,就谎说死了等等。⑤ 不孝罪为"十恶"之一,处罚严酷。子孙只要打或骂了祖父母、父母,不论结果如何,一律处死。⑥ 唐律的这些规定沿用至清末。为了巩固家长的这种高于子女的身份,东方法还赋予家长以财产权、主婚权和惩戒权,迫使子女不得不屈从家长,任其摆布。

家长拥有财产权。即家长拥有家庭的全部财产,子女不可有私产。楔形文字法中已有此类规定。《俾拉拉马法典》把尚未分家的儿子像奴隶一样看待,他们不可拥有家产的所有权,不得进行借贷等活动。此法典规定:"对于尚未分家的自由民之子以及奴隶,均不得贷与(财物)。"⑦印度法也作了类似的规定。《政事论》说:父母在时,"儿子没有(财产的)所有权"⑧。中国法严禁子女占有私产。唐律把子女占有私产的行为归入"别籍异财",是不孝罪的表现之一,要被严罚。此律规定:"诸祖父母、父母在,而子孙别籍异财者,徒三年。"甚至在父母死后的丧期内也不可有此行为,否则就要被"徒一年"⑨。唐后相续使用这一罪名,只是在量刑上作了些变动。明、清时都

---

① 《新旧约全书》,第 91 页。
② 《摩奴法论》,第 37 页。
③ 《古印度帝国时代史料选辑》,第 58、59、61 页。
④ 《古兰经》,第 8、61 页。
⑤ 详见《唐律疏议·名例》"十恶"条。
⑥ 详见《唐律疏议·斗讼》"殴詈祖父母父母"条。
⑦ 《外国法制史资料选编》上册,第 6 页。
⑧ 《古印度帝国时代史料选辑》,第 41 页。
⑨ 《唐律疏议·户婚》"子孙别籍异财"、"居父母丧生子"条。

规定,子女别籍异财的,"杖一百"①。经济在家庭生活中有决定意义。丧失经济权就意味着失去了独立生活的物质基础,同时也丧失了其他一些权利。古代东方法规定家长享有财产权,子女不可有私产。这就使经济权完全操纵在家长手中,排除了子女独立生活的可能性,同时也丧失了决定家庭其他事务的权利。因此,他们不得不俯首帖耳地听从家长。"子从父命"②便是真实说法。

家长拥有主婚权。即家长有决定子女婚姻的权利,子女不可擅自成婚。结婚是子女生活中的一件大事。它是组建新家庭,走上独立生活之路的必要途径。但是,在古代东方,作为婚姻关系当事人的子女却无权做主,而要由他们的父母来裁定。中国法规定,子女的婚姻须由家长决定,他们是法定主婚人,享有主婚权。子女要按家长的旨意,与家长选定的对象成亲,不得违抗,尽管他们之间毫无爱情,甚至从未见过面。唐律规定,如果儿子已在外自行订婚,但家父又为其做主定亲的,他就须按父意完婚,否则就构成了犯罪,要被"杖一百"③。宋代的规定和唐相同。④ 明、清略作改动,但仍坚持家长的主婚权。在其他古代东方法中,有关父母主婚的直接规定虽罕见,但从子女在家庭中的无权地位也可推定,子女无婚姻自由,这一大权掌握在家长手中。同时,从其他的一些记载中也能看到,在东方其他国家,父母对子女的婚姻有决定权。在伊斯兰国家中,子女的婚姻由家长做主,所以"青年男女在婚前互不相识。婚后,新郎才能看到新娘的面容"⑤。这与中国的情况十分相似。在印度,到了莫卧儿时期,子女的婚姻仍须由父母做主。"阿克巴规定新娘子和新郎双方同意和父母许可才能缔结婚约。"⑥家长攫取了法定的主婚权后,就可理所当然地操纵子女的娶嫁,并继续控制子女,巩固父权。另外,当时的婚姻以资财为基础,没有聘财,婚姻一般不能成立。但是,子女在家中无财产权,缺乏独立婚姻的基本条件,因此他们也只能忍气吞声,违心地听从家长安排。当然,这样的婚姻是没有感情基础的,因此悲剧屡见不鲜。中国戏剧《梁山伯与祝英台》正是一种真实的写照。

家长拥有惩戒权。即家长有惩戒有"不当"言行子女的权利。古代东方

---

① 《明律·户律》、《大清律例·户律》"别籍异财"条。
② 《荀子·子道》。
③ 《唐律疏议·户婚》"卑幼自娶"条。
④ 详见《宋刑统·户婚》"和娶人妻"门。
⑤ 《震撼世界的伊斯兰教》,第163页。
⑥ 《高级印度史》上册,第614页。

的统治者为了帮助家长管教子女,还给予他们以惩戒子女的权利。那时有不少国家的法律都直接规定,对于那些不守规矩、有出格言行的子女,家长可用惩戒手段,打骂甚至卖掉、杀死他们,迫使他们不得不循规蹈矩。在楔形文字法中,这种惩戒是十分严厉的。子女只要在讲话中稍有不慎,就会招来大难。《苏美尔亲属法》规定:子女只要对父亲说"尔非吾父",他们就会被"髡发",并打上"奴隶之标记,并卖之以易银";子女如果对母亲说"尔非吾母",就要被"髡彼之鬓",并被"逐出公社,逐之于家庭经济之外"。① 在俄罗斯法中也有关于家长可以惩戒自己子女的内容。16至17世纪的立法中规定,父母可以惩罚自己的子女。到18世纪时又规定,父母是子女的管制者,他们不仅可以惩罚自己的子女,而且还可把不顺从自己的子女送进管制所。② 在中国法中,这种惩戒权被称为"教令"权。唐律认为,家长"有所教令,于事合宜,即须奉以周旋,子孙不得违犯"。如有违犯,家长可以打骂责罚他们,殴伤也不负法律责任,殴死了所负的刑事责任也很轻,只需"徒一年半",而殴死凡人的则要被处死。如果家长不罚,也可将他们送官府处置,用刑为"徒二年"。③ 元时甚至规定:"诸子不孝,父与弟侄同谋置之死地者,父不坐。"④在这样的法律下生活的子女,只能唯命是从,否则就会遭打挨骂,甚至性命难保。中国把这种情况用"棒下出孝子"和"父叫子亡,子不敢不亡"等生动语言对其作了形象地概括。

家长具有以上三权,如同用三根绳索套在子女的脖子上,收紧就会致他们于死地,因此他们不得不接受这种不平等现实,被迫行孝道。子女应该履行自己应有的义务,也应尊敬家长,但这与古代东方的孝不同,前者以平等为前提,后者则以不平等为基础,两者的差别很明显。在那种不平等的日子里,家长与子女的关系如同猫鼠一般,子女听到家长声音也会害怕三分,生怕得罪了家长。《红楼梦》里的贾宝玉听到父亲贾政喊他,生龙活现的样子立即消失,一切都"登时扫了兴,脸上转了色",他先是"死也不敢去",可后来"只得前去",而且是"一步挪不了三寸"。⑤ 这种描写既生动又真实。

此外,在家长与子女的不平等方面,古代东方的一些国家还有些特殊规定。楔形文字法中有可把子女抵债的条款。《汉穆拉比法典》规定:如果自

---

① 《外国法制史资料选编》上册,第3页。
② 参见《苏联国家与法的历史》上册,第118、138页。
③ 详见《唐律疏议·斗讼》"殴詈祖父母父母"、"子孙违犯教令"、"半殴杀人"条。
④ 《元史·刑法四》。
⑤ 曹雪芹:《红楼梦》第24回。

由民"负有债务",可将"其子或其女出卖,或交出以为债奴"。① 在这里,子女如同物一般,成了家长债务关系中的对象。在中国,国家允许家长制订家法,并要求子女严格遵守。家法的内容十分繁苛,其中有相当部分与子女有关,包括他们的一言一行。子女违反家法,要按家法的规定受罚,有的在"堂前训伤"②,有的"重加责治"③,有的"鸣鼓罚罪"④等等。家法成了子女头上的一把刀,不从家长之意,随时可能成为此刀的宰割对象。那时,家法真正起到了维护父权和家庭中不平等身份关系的忠实卫士作用。

家长虽包括父与母,但由于夫妻之间的不平等,决定了家长主要是指父亲,而非母亲。在古代东方法中,有些在涉及家长问题时甚至根本就不及母,只言父。《汉穆拉比法典》只言子殴父要罚,却不言殴母如何,俨然把父母分别而论。⑤ 有些索性明文规定子女属父所有。《摩奴法论》说:"儿子属夫主。"此法典还对此作了如下解释:男女有别,因为"女子相传为田地,男子相传为种子",当"田地"与"种子"相比较后,"据说种子更重要;因为一切生物的后代都以种子的特征为特征",所以子女当属父有。⑥ 伊斯兰法也有相似的说法。《圣训》说:"孩子是丈夫的。"⑦子女不属母亲所有,于是她就不能成为名副其实的家长,同时也就失去了与丈夫平等的身份地位,只能冤屈低位了。在中国,"夫为妻纲"的观念根深蒂固,父为家主成了天理。《仪礼·丧服》说:"父,至尊也。"因此,中国法中的家长主要指父亲,母亲也只是陪衬而已。

2. 夫妻之间的不平等身份关系

夫妻之间的不平等是家长之间的不平等。夫与妻同为家长,但他们的身份地位不同,夫高妻低。自从母系社会解体以后,妻的地位一落千丈,夫的地位则上升,母权让位于父权。进入阶级社会以后,法律把夫妻间的这种不平等身份固定下来,并使它具有强制性,迫使人们遵守。古代东方法就是如此。楔形文字法中就已能反映出这种不平等身份的存在。《苏美尔亲属

---

① 《外国法制史资料选编》上册,第31—32页。
② 赵鼎:《家训笔录》。
③ 庞尚鹏:《庞氏家训》。
④ 霍韬:《霍渭崖家训》。
⑤ 参见《外国法制史资料选编》上册,第40页。
⑥ 详见《摩奴法论》,第176—177页。
⑦ 《布哈里圣训实录精华》,第62页。

法》规定:如果妻子对丈夫说"尔非吾夫",妻就应被"投之于河"。相反,如果丈夫对妻子说"尔非吾妻",夫丈只要给妻"半明那"。① 夫与妻说一样意思的话,后果却不同,制裁幅度相差悬殊。这种悬殊的制裁幅度直接反映了夫高于妻的身份。俄罗斯法中也有这类规定。在16至17世纪颁行的法律中就有这样的内容:丈夫杀死妻子,只受鞭笞;妻子杀死丈夫,则要处死。② 处罚幅度也很悬殊。中国法明确规定夫妻关系是天地关系。唐律说,夫是"妇之天"③。他们的法律地位在很多方面如同尊卑关系。此律规定,妻告夫与卑幼告期亲以上尊长一样受罚,都是"徒二年"④。以后,明、清律的规定基本与唐律相同,只是用刑加重,要"杖一百,徒三年"⑤。在宗教法国家中,虽有主张夫妻平等的说法,但在法律中仍不时把妻子放在顺从或低身份位置。《摩奴法论》讲:"女子依规则与具有什么样的属性的男子结合,她就会具有什么样的属性,正像河与海结合一样。"甚至规定:"贤妇应该永远敬夫若神,即使他沾染恶习、行为淫乱或者毫无优点。"⑥伊斯兰法中也有承认夫权的条款。《古兰经》说:妻子"应享有合理的权利,也应尽合理的义务;男人的权利,比她们高一级"⑦。

  为了使夫权得以实现,夫高于妻的身份得到巩固,古代东方法给予夫一些"必要"的特权,其中主要是家庭资财权、惩戒妻子权和离婚主动权。

  夫有家庭资财所有权。在古代东方,妻子虽需处理家内事,但法律却对他们拥有家庭资财问题作了严格限制。他们一般只能从丈夫那里得到家庭生活所必需的资财使用权,以料理家务,但没有这些资财的所有权和任意处分权。当丈夫死后,妻子还往往与丈夫的遗产无缘。家庭资财的所有权归丈夫所有。古代东方法从不同侧面对这些问题作了规定。印度的《那罗陀法论》规定,妻子是三种被宣布"没有所有权"人之一,不管他们获得什么财产,都应移交给他们的丈夫。⑧ 俄罗斯的《摩诺马赫法规》规定,即使妻子愿意守寡不嫁,也只能得到丈夫给她的财产,"不能继承丈夫的遗产"⑨。在妻

---

① 参见《外国法制史资料选编》上册,第3页。
② 参见《苏联国家与法的历史》上册,第117页。
③ 《唐律疏议·名例》"十恶"条。
④ 《唐律疏议·斗讼》"告期亲以下缌麻以上尊长"条。
⑤ 《明律·刑律》和《大清律例·刑律》"干名犯义"条。
⑥ 《摩奴法论》,第103、175页。
⑦ 《古兰经》,第26页。
⑧ 参见《古印度帝国时代史料选辑》,第120、127页。
⑨ 《〈罗斯法典〉译注》,第116页。

以夫为纲的中国,法律的规定更是苛刻。清代规定,妻子改嫁时不仅不能带走家中资财,就是连她的嫁妆能否带走,都要由丈夫决定。① 丈夫能在夫妻关系中占据上风,与他们把持着家庭经济有直接关系。妻子只能治内,没有经济来源或只有很少来源,因此在经济上不得不依靠丈夫。同时,丈夫为了控制妻子,也有意识地独占家庭资财,控制家庭经济。妻子在家庭中无经济权,在生活上不能独立,也就只能屈从丈夫了。

夫有惩戒妻子权。古代东方的一些国家用法律直接或间接地承认或默认丈夫具有惩戒妻子的权利。伊斯兰法允许丈夫可以通过殴打妻子,使其服从自己。《古兰经》说:贤淑的妻子"是服从的",对于"执拗的妇女,你们(丈夫)可以劝戒她们",甚至"可以打她们",直至"她们服从你们(丈夫)"。② 印度法不仅允许丈夫惩戒妻子,还要妻子逆来顺受,不可反抗。《摩奴法论》说:妻子"应该逆来顺受","贤妇绝不做夫主不喜欢的事情,无论在他生前或者死后"。③ 在中国法中,虽然没有明文规定丈夫可以殴妻,但从夫殴妻以后所受到的处罚很轻可见,它纵容了丈夫惩戒妻子的行为。唐律规定,夫殴妻不伤不论,殴伤的处罚也很轻,"减凡人二等"④。明、清律进一步规定,丈夫须折伤妻后才负法律责任,处罚同唐,但须妻亲告才立案,否则不论。⑤ 丈夫单方面拥有惩戒妻子权后,就可任意打骂妻子,妻子则如同子女一般蒙受凌侮。这不仅使妻子处于一种被奴役的低身份地位,还难逃精神和皮肉的折磨,甚至连生命都要受到威胁。此惩戒权拟有杀妻权之嫌。在这种不平等的法律下,妻子为了保全自己,在丈夫面前不得不唯唯诺诺、低三下四。

夫有离婚的主动权。丈夫除有以上两权以外,还有离婚的主动权,并得到古代东方法的肯定。楔形文字法已对这种权利作了明文规定。《乌尔纳姆法典》明示:夫可"弃其发妻",条件是"赔偿(她)银一明那";如果"离异之(原是)寡妇",那只须"赔偿(她)银 1/2 明那"。⑥ 在中国法中同样可找到关于丈夫这种权利的规定。唐律规定,妻子只要有"七出"之一的,丈夫即

---

① 详见《大清律例·户律》"立嫡子违法"条。
② 《古兰经》,第 61 页。
③ 《摩奴法论》,第 104 页。
④ 《唐律疏议·斗讼》"殴伤妻妾"条。
⑤ 详见《明律·刑律》和《大清律例·刑律》"妻妾殴夫"条。
⑥ 参见朱承恩等:《〈乌尔纳姆法典〉和乌尔第三王朝早期社会》,载《历史研究》1984 年第 5 期,第 182 页。

可休妻。① 与以上各法相比,希伯来法规定的休妻条件的随意性更大。丈夫娶妻以后,只要发现她有什么不合理的事,不喜欢他,"就可以写休书交在他(她)手中,打发他(她)离开夫家"②,休妻只是举手之劳。印度法还从另一个侧面作出规定,即禁止妻子有离婚权。《摩奴法论》说:如果妻子要离婚,那她"就应该在世间受谴责而被称为'旧货'","成为世间指摘的对象、投胡狼胎和得恶病"。③ 伊斯兰法也偏袒丈夫,把离婚的主动权交给他。《古兰经》在"离婚"章中专门提及"休妻",唯独没有"休夫"。④ 古代东方的妇女依附于男性,处于一种从属地位。他们一旦离婚,便断了生计,陷入走投无路的困境。因此,丈夫控制了离婚的主动权,对妻子来说是一种致命的威胁。为了求生,妻子也只能以屈求全了。

此外,古代东方还有一些法律也能直接反映出夫妻地位的不平等。如《乌尔纳姆法典》规定,如果妻子与人通奸,当局"应处死该女",即妻子。⑤ 但对通奸的丈夫却没有相同规定,对他们网开一面。又如《汉穆拉比法典》规定,如自由民丈夫"负有债务",可以将其妻"出卖",或"交出以为债奴"。⑥ 即可把妻作为抵债物。而对夫则没有类似的规定。

丈夫拥有以上这些法定权利后,就成了妻子的独裁者,妻子只能听从丈夫的"发落"和使唤。那时,妻子不只是在身份上低于丈夫,而且度日如年,如同中国近代著名的女民主革命者秋瑾所说,那时的妇女是"沉沦在十八层地狱",过着"一世囚徒,半生的牛马"⑦的生活。古代东方身份法确是一种极其野蛮的男女不平等的法律。

3. 其他亲属的不平等身份关系

在家庭成员中,除以上两类不平等身份关系外,还有一些其他亲属的不平等关系。划分这种关系的标准主要有二:一是血缘。血缘近则亲,身份高;血缘远则疏,身份低。这主要适用于不同亲等的亲属。二是性别和嫡长。男性和嫡长的,身份高于女性与非嫡长。这主要适用于同一亲等的亲

---

① 详见《唐律疏议·户婚》"妻无七出而出之"条。
② 《新旧约全书》,第241页。
③ 《摩奴法论》,第104页。
④ 详见《古兰经》,第438—439页。
⑤ 朱承恩等:《〈乌尔纳姆法典〉和乌尔第三王朝早期社会》,载《历史研究》1984年第5期,第182页。
⑥ 《外国法制史资料选编》上册,第33页。
⑦ 《秋瑾集》,上海古籍出版社1960年版,第14页。

属。

　　中国是个宗法制影响很深的国家,其法律中有关这类不平等身份规定的内容十分完备,衡量方法是"五服"。它把以上两个划分标准一起融合在丧服中,将亲属分为五等,即斩衰、齐衰、大功、小功和缌麻。每等不仅丧服不同,而且穿丧服期也不同,其中斩衰最长为三年,依次渐减,至缌麻为三个月。"五服"之外另设"袒免",把在"五服"之外的亲属全归进此类。中国在魏晋南北朝时期已把"五服"制搬进律,以后各代相沿,直至清末。血缘是确定五服的一个标准。如以本身为例:父母为斩衰,祖父母只是齐衰;伯叔为期年,堂伯叔则是小功;兄弟为期年,堂兄弟却为大功。性别和嫡长也是确定五服的一个标准。也以本身为例:兄弟为期年,可出嫁的姐妹却成了大功;嫡孙为期年,非嫡孙却为大功。① "五服"与法律联系在一起,成为身份法中的一项重要内容,并直接影响到法律责任。唐律根据"五服"确定的亲属关系,追究行为人同一行为的不同刑事责任。如亲等低的殴亲等高的受罚重,反之则轻。唐律规定:"诸殴缌麻兄姊,杖一百。小功、大功,各递加一等。尊属者,又各加一等。"相反,"尊长殴卑幼折伤者,缌麻减凡人一等,小功、大功递减一等。"②唐后一些封建朝代律的规定也大致如此。

　　在古代东方其他一些国家的法中,对这类身份的规定虽不及中国那样严格和规范,但仍有些规定从不同侧面反映出亲属间的身份也非一律平等。《摩奴法论》规定:年龄"是受尊敬的因素","母亲的姐妹、舅母、岳母、和父亲的姐妹应该像师母那样受尊敬;她们都相当于师母","父亲和母亲的姐妹,以及姐姐,应该像母亲那样对待;然而母亲比她们更可敬"。③ 还有,从楔形文字法和俄罗斯法有关继承的规定中也可知之一二。《汉穆拉比法典》规定,父亲死后,由诸兄弟"均分父家之财产",女儿没份。④《一四九七年会典》规定,只有当"无儿子"的情况下,那时"死者的全部财产和土地归女儿所有"⑤。男性子女与女性子女的不同身份在这里一目了然。

　　综观古代东方法中有关家庭成员之间不平等身份的内容,其贯彻的主线条是男尊女卑。在家长与子女之间,突出的是父亲的高身份;在丈夫与妻子之间,强调的是丈夫的高身份;在其他亲属之间,也侧重于男性的高身份。

---

① 参见王玉波:《历史上的家长制》附表1,人民出版社1984年版。
② 《唐律疏议·斗讼》"殴缌麻兄姊等"条。
③ 《摩奴法论》,第28页。
④ 参见《外国法制史资料选编》上册,第36页。
⑤ 《外国法制史汇刊》第1集,第214页。

第九章 身份法

法律是现成社会关系的记载。古代东方身份法确认的男尊女卑关系正是当时社会中男尊女卑关系的真实写照。在古代东方,男尊女卑的情况十分普遍。在中国,男贵于女已毋庸置疑。《晏子春秋·天瑞》说:"男女之别,男尊女卑,故以男为贵。"而女始终从男。"妇人有三从之义,无专制之道,故未嫁从父,既嫁从夫,夫死从子。"①在印度,妇女的遭遇与中国相差无几。他们也是"无论在幼年、成年或者老年、女子即使在家里也绝不可自作主张"。"女子必须幼年从父,成年从夫,夫死从子;女子不得享有自主地位。"②在阿拉伯国家,男子毒打女子的情况习以为常,以致当时的统治者不得不令男子有所收敛,要求丈夫"不要像殴打奴隶那样殴打妻子"③。女子一身都摆脱不了男子的枷锁。他们从事的只是家内之事,就像中国女子,他们只可"主内",而且是"大门不出,二门不迈"。这里有政治、经济和思想等各方面原因。在政治方面,女子不得过问政治,即使是统治者的配偶也应如此;在经济方面,女子没有财产所有权;在思想方面,"三纲五常"之类的理论大肆贬低女子的地位。他们在社会生活的各个方面都不及男子,自然处于卑位了。

古代东方的统治者是造成男尊女卑法制局面的罪魁祸首,其目的是为了维护自己的统治。由于古代东方的农村公社长期存在,小生产方式占据主要位置。在这种生产方式中,商品经济不发展,同时家庭的相对独立性又较强,一家一户既是生产单位,又是消费单位,另外还是国家赋税徭役的主要来源。整个社会就是由这些相对独立的家庭细胞组成的。家庭安定了,社会就稳定;反之,社会就要动荡。古代东方的统治者为了稳定社会,保证国家的经济收入,维护自己的统治,总是力求家庭的安定,以致国泰长治。用中国的话来说,就是"国之本在家"④,即通过齐家,最终达到治国、平天下的目的。为了实现这一目的,古代东方的统治者利用历史上形成的男尊女卑习俗,故意提高父、夫等男性家庭成员的身份,特别是父,由他来管理家庭,控制其他成员,并履行国家交给的各项义务。同时,他们还用法律把它固定下来,成为国家意志,令全社会都必须遵循,以增强它的强制性。于是,父权、夫权等一些直接反映男尊女卑的法定权利公开出现在古代东方国家的法律中,违反者还要受到惩罚。由于这样的原因,此种法律才在古代东方

---

① 《仪礼·丧服》。
② 《摩奴法论》,第103页。
③ 《布哈里圣训实录精华》,第148页。
④ 《孟子·离娄上》。

相沿数千年,久传不衰。

四、有关身份法的几个问题

为了较为全面地了解古代东方法,还有必要述及以下一些问题。

1. 高低身份间的转换

在古代东方,个人的身份不是一成不变的。由于各种原因,个人的身份会发生多种变化,有高者更高,低者更低的,也有高低间的转换变化。在后者中,有些是由非法律原因引起的。如奴隶和农民起义后,一些原属于低身份的起义组织者、领导者和有功者可能会改变原身份,也有一些原居于高身份的奴隶主、地主和贵族可能会顷刻失去原有身份,甚至被杀。又如,因为自然规律,家庭中的卑幼者也会随着年龄的增长成为尊长等。但有些则是由于法律缘故合法地转换了高低间的身份。在这中间又有政治、经济和婚姻等各种原因。

政治原因。古代东方的统治者把一些政治因素作为改变个人身份的条件,并用法律加以确认。其中,有高身份者因违法犯罪而失去高身份,也有低身份者因有功而升入高身份行列。楔形文字身份法规定要剥夺那些反对国君者原有的高身份。《汉穆拉比法典》在结语中说:那些反对汉穆拉比的人,"不论其为帝为王,为城邦之长或为其他任何有尊称的人",都要被"剥夺其贵为王者的光辉,断其王笏"。① 俄罗斯身份法确定,犯有重大罪行的封建主及其知情家族成员都要丧失其原有身份。《一六四九年法典》的第二章规定:"叛逆者的领地、世袭领地、财产应予以没收。"如果他们的父母或家族中的其他人"知悉其叛逆",那么"他们的世袭领地、领地、财产应予没收"。没有了领地和财产,他们也就丧失了原有的身份。中国的这类规定就更多了。为国立功者可晋爵加官,低身份者可改变自己的原有身份。在战国时期,秦国曾规定:"斩一首级者爵一级。"②如果不要爵位的可直接任官,"欲为官者为五十石之官"③。以后又进一步规定:"隶臣斩首为公士。"④有

---

① 《外国法制史资料选编》上册,第49页。
② 《商君书·境内》。
③ 《韩非子·定分》。
④ 《睡虎地秦墓竹简》,第93页。

了爵位和官位,就有了田宅,甚至有了税邑,这样原处于低身份者就可以获得较高身份。以后的朝代也都为有功者封爵赐官,这成了一种定制。同时,高身份者也会因违法犯罪而丢爵失官,被剥夺原先身份。秦始皇在镇压嫪毐集团时,就"夺爵迁蜀四千余家";在处理吕不韦案件时,又有"秦人六百石以上夺爵"。① 有些重大犯罪,不仅本人要受到严惩,家人也要株连受罚,丧失原有身份,甚至成为奴婢。唐律规定:犯有缘坐罪的"母女、妻妾、祖孙、兄弟"等都要"没官",其中"有官品者,亦各除名。狱成者,虽会赦,犹除名"。②

经济原因。除政治原因外,古代东方一些国家的统治者还以一些经济原因,作为改变身份的依据。中国在战国秦时曾规定,如果耕织不努力的会被"收孥",成为奴婢。"事末利及怠而贫者,举以为收孥。"③之后,中国还出现过"捐纳",即用钱买官。它起源于秦,流行于清。中国学者认为,这是当时"补救科举所施行"的一种办法。④ 其实,它还是一架为有钱人取得更高地位的阶梯。但是,高身份者如果因经济问题犯罪,也会因此而丧失原有身份。唐律规定:监临主守在所监守的范围内犯有盗窃和受财枉法罪的,要被"除名",就是"狱成会赦者",也要"免所居官"。⑤

婚姻原因。在古代东方,婚姻是改变低身份的一条合法途径,尤其是女性低身份者,如能与高身份男性成婚,他们及他们所生的子女、家庭其他成员,往往可改变原来的低身份状况。楔形文字法认可那些自由民因妻子无生育能力而娶的女奴可改变女奴身份,与女主人平等。《汉穆拉比法典》规定:"倘自由民娶不育妻,她给其夫以女奴,女奴生有子女,而后此女奴自视与其女主人平等。"还有,奴隶与自由民之女所生的子女也可逃脱奴隶身份。此法典还规定:"倘宫廷之奴隶或穆什钦努之奴隶娶自由民之女,此女生有子女,则奴隶之主人不得要求将自由民之女所生之子女作为奴隶。"⑥希伯来身份法也承认因婚姻而改变身份为合法,规定买来的婢女作主人的媳妇,那么主人就应像自己女儿一样,对待此婢女,原婢女身份不再存在。"人若

---

① 《史记·秦始皇本纪》。
② 《唐律疏议·名例》"除名"条、《唐律疏议·贼盗》"谋反大逆"条。
③ 《史记·商君列传》。
④ 参见王亚南:《中国官僚政治研究》,中国社会科学出版社1984年版,第109页。
⑤ 详见《唐律疏议·名例》"除名"条。
⑥ 《外国法制史资料选编》上册,第35、38页。

卖女儿作婢女","主人若选定他(她)给自己的儿子,就当待她如同女儿"。① 印度身份法的规定宽于以上两法,认为主人与其女奴结婚并生子女的,此女奴与其子女及一些亲属都可改变奴隶身份,成为自由人。《政事论》规定:"主人和其女奴所生之子与其母应视为自由人。其母如是主妇需照管家务,她的兄弟和姊妹应为自由人。"② 但是,中国法的规定是例外,它严禁高低身份间通婚,即使发生,也要离婚,并追究当事人的刑事责任。唐律规定:奴不可"娶良人女为妻",杂户"不得与良人为婚",官户也不能"娶良人女",否则就算犯罪,要被分别判处"徒一年半"、"杖一百",已经成婚的还要被强制离婚。③

除以上原因外,古代东方国家还规定其他一些原因也可改变原有身份,中国的科举即是其中一例。中国自隋、唐到明、清,有通过科举做官,改变原有低身份的途径,并有相应规定。如清代规定,获进士前三名的都可进入翰林院,其中第一名状元授予修撰衔,第二、三名榜眼和探花授予编修衔,其余的至少也可任个知州、知县的。据统计,在明、清两代这样的中举入官人员中,有40%以上"出生于从未有过功名的家庭"④。因此,一位华裔学者认为,这是一条选拔才能的途径,也为社会下层人员提供了一条上进的道路。⑤ 实际上,这更是一种改变身份的方式。

古代东方的统治者在身份法中规定有可改变身份的内容,有其一定的目的。如商鞅规定不从事耕战而变贫者要收为奴婢的目的,是为了激发人们的耕战积极性,最终是要富国强兵,争霸天下。还有,中国的"捐纳",它是统治者收敛钱财、弥补财政不足的一种手段,清初曾用此来筹措饷银。又如,古代东方的一些国家把婚姻当作改变身份的一种形式,其目的是为了使自由民得以繁衍后代,保证他们的子孙可世代进行剥削,不至于后继无人。这些都从另一个角度说明,身份法是为统治者尽效的法律。

尽管有以上一些原因可使小部分人改变原有身份,但从总体来看,这种法定的身份转换不涉及大多数人,社会中的大多数人的身份仍保持相对稳定。所以,古代东方的等级身份才得以延续数千年,高低身份间的差别没有

---

① 《新旧约全书》,第91页。
② 《古印度帝国时代史料选辑》,第50页。
③ 详见《唐律疏议·户婚》"奴娶良人为妻"、"杂户官户与良人为婚"条。
④ 王德昭:《清代科举制度研究》,中华书局1984年版,第24、68页。
⑤ See Ping-ti Ho, *The Ladder of Success in Imperial China*, Columbia University Press, New York, 1962, p.40.

明显的变化,贫富间的地位也没有显著变动。

2. 古代东方身份法中的差异

古代东方各国的身份法虽有许多相似之处,但也存在一些差异,其中包括具体规定的内容及其理论依据等方面。

古代东方各国的身份法在规定同一身份问题时,具体内容在表现上有差别。以统治者与被统治者的身份为例。在楔形文字法中,这类身份大量表现在自由民与奴隶之间。在印度法中,则主要表现在四个种姓的前三个种姓即婆罗门、刹帝利、吠舍与最后一个种姓首陀罗之间。在中国法中又不同,奴隶制时期表现为国王、诸侯、卿大夫等奴隶主与奴隶之间,封建制时期又表现为皇帝、贵族、官吏等地主与农民及其他劳动者之间。伊斯兰法中的这类身份差别不明显,法律中罕见此类规定,因为它有平等的外衣作掩饰,主张"穆斯林是弟兄,应互不欺压和互不抛弃"[①],所以,只能从哈里发、贵族等实际享有的特权中得到反映。在中央集权时期的俄罗斯法中,这类身份又表现在沙皇、贵族和一般建封主与农奴之间。不仅如此,从现有史料来看,反映这些身份差别的角度还各有侧重。楔形文字法侧重从损害、伤害的赔偿和制裁的角度来反映不同的人身价值、体现身份的区别。印度法则从四个种姓所从事工作的贵贱的角度来反映身份的高低。中国法又不同,主要从统治者享有的大量特权方面来表现身份上的距离。尽管这些具体内容不尽相同,但主心骨没变,即统治者与被统治者是两个地位、身份完全不同的社会成员。

在古代东方身份法中,有些法条虽在字面上有极其相似之处,但其所含内涵不尽相同。以表现子女低于家长身份的孝为例。希伯来法中有子女"当孝敬父母"的条文,伊斯兰法中有子女"当孝敬父母"的条款,还有印度法中子女要"孝敬"父母和中国法中子女要"善事父母"的规定等,在法条的字句上相同或相像,但所含内容却有差别。希伯来法把子女孝敬父母作为子女能过好日子的前提,认为子女只有孝敬父母,才能"使你得福",并使你的日子在"你的地上得以长久"。[②] 伊斯兰法对孝敬父母的基本要求是侍奉父母与不可训责父母。《圣训》规定,子女"当很好地侍奉你的双亲","训责

---

① 《布哈里圣训实录精华》,第70页。
② 《新旧约全书》,第219页。

自己的父母,是大罪"。① 印度法对孝敬父母的含义是,子女应该永远做父母"所喜欢的事情","永远侍候他们",即使受他们的虐待也不可对他们"无礼",还有应向他们禀明"有利于而无害于他们的事情"等。② 中国法中善事父母的规定更为具体,主要是子女不可犯有"不孝"罪中的任何一种行为。尽管所含内涵有别,但也属大前提下的小差别,即以承认身份上的差别为前提,以子女要服从家长,单方面承担孝敬父母的义务为核心。

形成古代东方不同身份的理论依据也不同。仍以上例为例。希伯来法认为,子女孝敬父母是神对子女的要求,即是神"所吩咐的"③。伊斯兰法中的这类规定由圣人穆罕默德代表真主发布,体现的是真主的旨意。印度法中主要从婆罗门等教的教义出发,认为"父亲是生主的化身,母亲是大地的化身",他们为了子女的出世"忍受的痛苦是报答不尽的,哪怕是用上几百年",因此子女必须孝敬父母、侍候父母,否则他们所做的"一切法事就不产生果报"。④ 中国法则以礼为指导,从尊卑有等出发,要求子女孝敬家长,具体地说就是要子女"一举足而不敢忘父母"、"一出言而不敢忘父母"⑤。家长对子女有绝对权威,如同鲁迅所言,家长对子女有"绝对的权力和威严"⑥。家长与子女的不平等关系在这种"权力"和"威严"中得到了体现。当然,这些理论依据都只是统治者玩弄的把戏,是他们借用自己制造的理论,甚至不惜借助于宗教,人为地制造人与人之间的不平等关系,造成身份差别、欺骗、愚弄人民,企图使人们都安守本分,从而形成一种有利于他们统治的社会秩序。

形成古代东方身份法差异的原因很多,包括政治、经济、思想文化、宗教、风俗习惯等各方面,因为法律本身就是以社会为基础的,是社会的产物。以上所述古代东方各种法对有关子女要孝敬父母规定所持的不同理论依据即是典型一例。

3. 古代东方身份法的发展

古代东方身份法作为古代东方法的一个组成部分,有其发展变化过程。

---

① 《布哈里圣训实录精华》,第 167 页。
② 《摩奴法论》,第 36—37 页。
③ 《新旧约全书》,第 219 页。
④ 《摩奴法论》,第 37 页。
⑤ 司马光:《家范》。
⑥ 鲁迅:《我们现在怎样做父亲》,载《鲁迅全集》第 1 卷,人民文学出版社 1981 年版,第 116 页。

第九章 身份法

如印度和中国的身份法都能反映出一个从奴隶主与奴隶的身份区别到地主与农民及其他劳动者的身份区别的过程。这一过程与社会制度的改变同步,随着奴隶制向封建制的转变而发生演变。在同一社会制度的不同阶段,身份法中同一身份也会发生变化。如在俄罗斯法中,有一个从领主封建制时期的大公到中央集权制时期的沙皇的变化过程。在这个过程中,作为俄国最高统治者身份的权力不断得到加强,地位也随之更尊。

这种发展的方向是不断完善。在中国法中反映统治者内部不平等身份的"八议"制度就有个不断完善的发展过程。这种制度在《周礼》中称"八辟";汉时改称"八议",但未入律;魏晋时的《曹魏律》把它移至律内,成为律中制度;南北朝时的《北齐律》充实了它的内容,明确划定了它的适用范围;至唐才定型、完备。还有,反映子女与家长不平等身份的不孝罪,也有个发展过程。我国早在奴隶制时期就已有关于制裁不孝行为的规定;西周时规定,即使有地位者犯有不孝行为也不可饶恕,要"君绌以爵";秦统一中国后,对不孝罪的处罚更为严厉,犯者要处死;汉武帝时太子犯了不孝罪,也要"弃市";南北朝时的《北齐律》把不孝罪列入"重罪十条"之中,作为重要打击对象;隋唐把"重罪十条"改为"十恶",不孝罪便成了"十恶"之一,而且内容也更为完备。①

由于古代东方各国的情况不同,因此身份法的发展也不是千篇一律的。如印度法中虽有一个从奴隶主与奴隶不同身份到地主与农民不同身份的发展过程,但在形式上都表现为种姓差别,不易看出明显变化。俄罗斯法与中国法中的宗教因素很少,身份的变化较为明显,身份差别也较公开,封建主与农奴、地主与农民一目了然。

古代东方身份法的发展依赖于社会的发展,它不可避免地要随着生活条件的变化而变化,而且社会越是发展,有关身份法的内容也就越完备。在中国法中,反映身份差别的一些重要制度都在唐代才较为成熟和完备,这与唐代的社会发展有密切关系。唐代是我国封建社会的全盛时期,特别是唐前期又是唐代的鼎盛期。在这一时期中,封建制度经过长期发展得到了巩固,社会的各种矛盾相对比较缓和,生产也发展较快。在隋末还是"黄河之北,则千里无烟;江淮之间,则鞠为茂草"②,到唐太宗时已是"天下大稔,流

---

① 参见王立民:《简论我国古代的不孝罪》,载《青少年犯罪问题》1990 年第 6 期。
② 《隋书·炀帝纪》。

散者咸归乡里,斗米不过三、四钱"①。唐玄宗时更是"耕者益力,四海之内,高山绝壑,米粜亦满"②。生产的快速发展也促进了法律的完善,被称为我国古代法律最善者的唐律在太宗时诞生。身份法作为法律的一个组成部分也在当时发展到较为完善的阶段。可见,古代东方身份法的发展与社会的发展具有一致性。

4. 东西方古代身份法比较

古代西方同样存在以不平等为特征的身份法,主要也表现在统治者与被统治者、统治者内部和家庭成员之间,在本质上与古代东方的身份法相同,而且还有不少内容极为相似。

在古代西方身份法中,统治者与被统治者之间也不平等。罗马法已把自由民与奴隶划分为两个不同等级的身份。《十二铜表法》通过侵害自由民与奴隶缴纳不同罚金的规定来体现他们的差别。此法规定:"折断自由人一骨,处300亚士的罚金;如被害人为奴隶,处150亚士的罚金。"③两者相差一倍。还有,自由民与奴隶犯同一罪的处罚也不同,自由民轻,奴隶重。此法规定:"现行窃被捕的,处笞刑后交被窃者处理;如为奴隶,处笞刑后投塔尔泊峨(Tarpeio)岩下摔死。"④在以后的日耳曼法中,贵族、自由民与农奴、奴隶也是两大身份不同的成员。贵族拥有大量土地,享有政治特权,以剥削农奴及其他劳动者为生。自由民也拥有土地,享有完全的权利,可以参加民众大会,出席法庭审判,有判决的表决权。农奴则需依附于领主,向他们交纳租税,服劳役。奴隶的处境更惨,他们可以被随意买卖,实是主人的私有财产。⑤

古代西方身份法也规定统治者之间的身份不平等。古代西方国家的国君在君主专制时期地位最尊,即使在领主制时期,也以全国最大领主的面目出现,拥有大量土地和军队,贵族不能与他匹敌。日耳曼法从各种角度维护国王的最高身份。《萨利克法典》规定:凡"有胆敢反对国王的命令"而公然反对迁移的,要被罚八千银币,是同类行为中被罚数额最高者。西撒克逊国王的《伊尼法典》规定,强力进入国王住宅的,"其人必须交赔偿金120先

---

① 《资治通鉴·卷一九三》。
② 《元次正集·卷七》。
③ 《罗马法》,第368页。
④ 同上书,第369页。
⑤ 参见《日耳曼法简介》,第27—30页。

令",也在同类行为中被罚数最高。查理大帝的敕令对违反王命的处罚十分严厉。他在801年规定:"任何人如蔑视王法",擅自离开军队的,不仅本人"应处死刑",其财产还要"没入国库"。① 在君主专制时期,国王的地位更尊。法国的亨利四世说:"我的意志就是法律。"路易十四说:"朕即国家。"这些都已成为当时国君地位独尊的名言。除国君以外,其他统治者的身份也不平等。划分这种不平等身份的主要依据是财产的多少。梭伦时规定,根据自由民的收入可划分为四个等级:第一等级者从自己的土地上收入的谷物、油或酒的价值不少于500美提蒙;第二等级者不少于300美提蒙;第三等级者不少于200美提蒙;第四等级者少于200美提蒙。② 同时,官吏也是"按各级的财产估价比率,指定以相当的官职",其中包括"九执政官、司库官、公卖官、警吏和国库监"等等。③ 到了中世纪,这种身份差别依然存在。《撒利克法典》规定:如果杀死伯爵,行为人"应罚24000银币",如果杀死男爵或副伯爵则"应罚付12000银币"。④ 所罚付数额不同的原因就是因为被害人的身份不同。

维护父权与夫权同样是西方身份法中的一个重要组成部分。早在罗马法中就已确立父权与夫权的权威,贬低子女与妻子的地位。《十二铜表法》专设"父权法"保护父权,规定父亲可以出卖自己的子女三次;对一些所谓"生性轻佻"的成年女儿,也"应予以监护"。同时还规定妻子所有的"要式财物"要受到"父系近亲"的监护,只有在监护人同意的情况下,这种财物才可转让。⑤ 妻子处在一种受丈夫监护的地位,没有独立的身份。在日耳曼法中,父亲有可以遗弃自己婴儿的权利。子女长大后,父亲有惩戒他们和决定他们婚姻的权利,甚至还可逐出、出卖和杀死自己的子女等。另外,妻子要服从丈夫,丈夫有惩戒妻子权和休妻权,甚至还可把妻子抵债或出卖为奴。⑥ 之后,子女与妻子的低地位状况也没有根本改善。日耳曼人在13世纪仍允许父或夫可在饥荒时卖掉子女或妻。英国在1663年还肯定丈夫有鞭打妻子的权利。意大利米兰在16世纪还续用丈夫可处死与人通奸妻子的法律

---

① 参见《外国法制史资料选编》上册,第174、195页。
② 参见《外国国家和法律制度史》,第23页。
③ 《外国法制史资料选编》上册,第119页。
④ 同上书,第182页。
⑤ 同上书,第147—148页。
⑥ 参见《日耳曼法简介》,第67、70页。

等等。①

　　形成古代东、西方身份法本质一致和不少内容相似的原因,主要是它们同是剥削阶级社会的产物。在剥削阶级社会中,私人占有生产资料,并形成以此为基础的经济基础。在这一基础上,不可避免地产生生产资料占有者对劳动者的剥削和压迫,出现剥削、压迫者和被剥削、被压迫者,形成统治者与被统治者。同时,古代东、西方的统治者内部也因他们享有大小不等的特权和多少不均的财产,而决定了他们的不同身份,并层层剥削、压迫劳动者。这种社会的等级身份也延伸到家庭中,古代东、西方国家都沿袭父系社会延续下来的男尊女卑习俗,确立父权与夫权的绝对地位,形成父与子、夫与妻的不同地位和身份,这成为身份法中的又一重要内容。

　　由于东、西方社会情况各异,因此在身份法中也有不同之处。一些西方国家在奴隶制时期就已实行民主制度,民众大会、贵族会议等对国君的权力有一定的制约;在以后的封建领主制时期,各地领主在本领地独霸一方,国君往往对其奈何不得;中世纪时宗教势力渐强,神权与王权的斗争激烈,国君的地位受到宗教主的挑战;另外,西方的中世纪时期不长,君主专制时期更短等等,这种种原因决定了西方国君的地位在较长一段时间里不及东方国君的地位独尊。还有,古代西方的一些国家、地区曾实行过民主制度,因此有些统治者身份的取得与选举有一定关系。梭伦曾规定:"国家的官职应先由各部落分别投票预选候选人,然后就这些候选人中抽签选举。以九执政官而言,每一部落先行预选十人,然后就这些人中抽签选举。"还有"司库官也要从五百斗级中抽签选举"产生。② 古代东方没有出现过这种情况。此外,古代西方法不像古代东方法那样注重法与伦理的结合,因此在规定家长与子女的关系时,不以母为陪衬,而赤裸裸地规定父子关系,明文规定"父权",还把父亲作为母亲的监护人。古代东方的身份法则不然,尽管父母地位不等,但在对待子女时,还多以父母同称,显示出子女应同尊父母的伦理原则。

5. 古代东方身份法在近现代的变化

　　进入近代社会以后,东方国家的社会性质发生了很大的变化,有的演进为资本主义国家,有的沦为殖民地国家,有的颓变成半殖民地半封建国家。

---

① 参见《历史上的家长制》,第37、54页。
② 《外国法制史资料选编》上册,第119页。

尽管这些国家性质不尽相同,但当时都在不同程度上受到资产阶级"平等"法律观的冲击,都相继引进了西方的资本主义法律,这使原有的东方古代法律受到猛烈冲击,包括身份法。

那时,东方身份法的主要变化是以形式上的平等取代了原来公开的不平等。在印度,英国殖民者把英国资本与法律一起搬进这个国家,以平等为原则的法律开始出现了。英国政府通过的《一八三三年公司章程》要求在印度各地区和各阶层中排除种姓的不平等和宗教歧视。1935年8月还发布了一个法令,规定在一般议员席中留若干席位给"表列种姓",即所谓贱民阶级;还让妇女获取更广泛的选举权。① 1949年11月26日通过的《印度宪法》几乎把不平等身份的残余从根本法中一扫而光。此宪法规定:"在印度领土内,国家不得拒绝给予任何人法律上之平等,或法律上之平等保护。""国家不得仅根据宗教、人种、世袭阶级、性别、出生地点或其中任何一项之理由,对任何公民有所歧视。""废除'贱民制'并禁止在任何方式下实行'贱民制';任何由于'贱民制'而产生剥夺人之能力情事,为罪行,应依法处罚。"②

在俄国,也出现了一些有关身份平等的法律。1861年俄国进行了资本主义化的改革,法制也相应从封建制向资本主义过渡。1861年2月19日发布了一个"宣言",宣布废除农奴制,规定"农奴在适当的时候将获得自由农村居民的一切权利"③,为改善农奴的处境迈出了一大步。同时,19世纪以后的立法还改善了家庭成员之间不平等的状况,承认妻子有独立财产,女儿可以与儿子一样具有财产继承权等。

在阿拉伯国家,同样有这类规定。1839年11月3日奥斯曼苏丹哈茂德二世在玫瑰宫发布"御园敕令",规定一切人不拘任何宗教、信仰,在法律面前一律平等。第二次世界大战以后,一些阿拉伯国家还纷纷制订或建议制订关于调整家庭和继承问题的新法律,力图改变或改善原来家庭成员之间身份不平等的状况。内容包括:对丈夫单方面休妻的权利作出更大的限制;授予妻子同他们的丈夫离婚具有一样的权利;对家长为子女安排婚姻作出限定等等。

在中国,自辛亥革命以后,颁行的根本法都在文字上公开宣布公民在法

---

① 参见《高级印度史》下册,第991页。
② 《印度宪法》,郭登皞等译,世界知识出版社1951年版,第5—6页。
③ 《外国法制史资料选编》下册,第824页。

律面前一律平等。《中华民国临时约法》规定:"中华民国人民,一律平等,无种族、阶级、宗教之区别。"①孙中山还专门发布总统令,规定被称为"疍户"、"惰民"、"丐户"等地位最低的人们"对于国家社会之一切权利","均许一体享有,毋稍歧异,以重人权,而彰公理",②力图消除身份上的不平等现象。之后北洋政府与国民政府也在宪法中作出了类似规定。北洋政府的《中华民国约法》规定:"中华民国人民,无种族、阶级、宗教之区别,法律上均为平等。"③国民政府的《中华民国宪法》也规定:"中华民国人民,不分男女、宗教、种族、阶级、党派,在法律上一律平等。"④

但是,这种平等是虚伪的,大量的只是停留在纸面上而已。这是由那时东方的社会性质决定的。那时的东方社会是以资本主义生产方式为基础的社会。在这样的社会中,资产阶级占有生产资料,无产阶级一无所有,只能处于一种被剥削、被压迫的地位,因为他们所需要的一切都只能从这个资产阶级(它的垄断是受国家政权保护的)那里得到。所以,无产阶级在法律上和事实上都是资产阶级的奴隶,资产阶级掌握着他们的生死大权⑤。在这样的关系中,社会成员的身份怎么会平等呢?这一点连现代西方学者都承认。一位美国学者直言不讳地说:"政治平等和经济平等必须是伴有程度差异的种类平等。在那些种类上已经是平等的人身上,仍然会出现程度上的不平等。""在已经拥有政治的或经济的自由和权利的人中,有的人拥有的自由、权力较多,而有的人则拥有的较少。"⑥不过,马克思说得更为彻底。他说:法律上的平等,即限制在目前主要的不平等的范围内的平等,简括地说,就是简直把不平等叫做平等。⑦ 也就是把事实上的不平等身份说成是平等身份。马克思的这段话虽在一百多年前叙述,但至今仍然正确,因为事实作了这样的验证。伊斯兰法的改革者们经过漫长的改革道路后,对不平等身份问题作了如下的结论:"在今日的情况下,完全公平实际上是不可能达到的。"⑧印度同样如此。"在四个种姓中,首陀罗有将近 1 亿人,他们受苦最深,处境最悲惨。印度独立后,虽然宪法规定不允许种姓歧视,但是几千年

---

① 《宪法资料选编》第 2 辑,第 256 页。
② 《中国法律思想史资料选编》,法律出版社 1983 年版,第 924 页。
③ 《宪法资料选编》第 2 辑,第 273 页。
④ 同上书,第 397 页。
⑤ 参见恩格斯:《英国工人阶级状况》,载《马克思恩格斯全集》第 2 卷,第 360 页。
⑥ 〔美〕摩狄曼·J.阿德勒:《六大观念》,陈珠泉等译,团结出版社 1989 年版,第 181 页。
⑦ 参见马克思:《德国状况》,载《马克思恩格斯全集》第 2 卷,第 647 页。
⑧ 〔德〕康·茨威格特等:《伊斯兰法概说》,潘汉典译,载《法学译丛》1984 年第 3 期。

来种姓制度根深蒂固,种姓歧视现象至今未能消除。"①

正因为如此,至今在近现代东方一些国家的法律中,身份上不平等的残余还有所表现。在俄国,19 世纪以后颁行的法律仍维护沙皇的最高身份,规定"俄罗斯皇帝是专制的、有绝对权力的君主"②。到 20 世纪初仍无改变,1906 年 4 月 23 日批准的根本法还是宣称:"最高专制政权属于全俄沙皇。"③另外,父权与夫权的残余依然存在,在 19 世纪还规定,妻子应随丈夫居住;子女不服从家长,可受到 2 至 4 个月的监禁等。④ 在印度,许多体现家庭成员之间不平等身份的法律在 20 世纪中叶以后才被废除,其中妻子(包括寡妇)可与儿女们平等地继承丈夫的遗产,女儿(包括已婚女子)也可享有继承权等,"从而减少了男女权利在法律的差异"。但是,种姓制度仍在某些范围顽强地表现出来,它"可以在礼拜、饮食、婚姻及类似涉及信念的问题上维持内部纪律",而且法院还"无权复查种姓准则"。⑤ 此外,在经济不发达的部落种姓和贱民种姓中,仍保留了古代印度人的模式,"并使种姓和戒规广泛使用",还有"印度教徒中至今仍流行种姓制度,不同种姓之间不能通婚,不能和首陀罗同桌共餐"。⑥ 在阿拉伯国家,伊斯兰法中夫与妻的地位还未平等。⑦ 在中国,虽在清末进行了法制改革,但不平等的身份关系并未根除,有些方面还表现得十分突出。清末的《钦定宪法大纲》还是念念不忘"大清皇帝统治大清帝国,万世一系,永永尊戴","君上神圣尊严,不可侵犯"。此后的《重大信条十九条》步其后尘,坚持规定:"皇帝神圣不可侵犯。"⑧皇帝的独尊地位依旧可见。在家庭成员之间,父权与夫权仍有一些市场,子女与妻子没有完全摆脱这两权的桎梏。国民政府在 1929 年至 1930 年间陆续颁行的民法典中,保留了维护父权与夫权的条款,规定子女的财产由父亲管理,父母对子女的财产有使用和收益的权利;夫妻联合财产的管理权归夫所有;妻必须在本姓前冠以夫姓;妻必须以夫的住所为自己的住所,别居不予承认等等。⑨ 对这些残余的存在,人们不该惊讶,因为向东方输出

---

① 刘国楠等:《印度各邦历史文化》,中国社会科学出版社 1982 年版,第 6 页。
② 《苏联国家与法的历史》上册,第 168 页。
③ 同上书,第 209 页。
④ 同上书,第 179 页。
⑤ 《法律结构与分类》,第 263、265 页。
⑥ 《印度各邦历史文化》,第 108 页。
⑦ 参见吴云贵:《伊斯兰教法及其改革》,载《宁夏社会科学》1988 年第 5 期。
⑧ 《宪法资料选编》第 2 辑,第 249、251 页。
⑨ 参见张国福:《中华民国法制简史》,北京大学出版社 1986 年版,第 277—279 页。

"平等"的西方国家在废除不平等身份的进展中,有些方面还落后于东方一些国家。如法国到 1970 年 6 月 4 日才在法律中取消了"夫为一家之长"的条文。

尽管如此,也不能否认近现代东方法的这些变化仍属法律发展中的一种进步,因为按其性质来说实质上也是反封建的。它逐步否认了过去以不平等为前提的法定身份差别,给人们以平等的希望,或多或少地改善了低身份人的处境;它还在思想上唤起了人们的平等意识,有利于开展进一步争取平等与民主的斗争。何况资本主义法是继奴隶制与封建制法后的又一种法,它的产生有其一定的历史必然性和现实性,因此对其不能简单地加以否定,人为地割断历史,而应对其客观地作出评价。

第十章 刑法（上）

刑法是古代东方法中的又一个重要组成部分。在所有部门法中，刑法的强制性最为严厉，规范人们行为的作用也最为突出。因此，古代东方各国的统治者无不根据自己的需要，制定刑法，打击各种犯罪，维护有利于自己的社会秩序，巩固自己的政权。

一、古代东方刑法总概

综观古代东方各法中的刑法内容，其总概大致如下。

1. 刑法的存在和发展不平衡

古代东方各国具体情况不一，有的还相差较大，因此刑法的存在和发展都不平衡。其中，有的较为发展，有的不那么发展；有的在前期不很发展，中后期则发展较快等等，差别比较明显。

楔形文字法中的刑法不发展。在现有的楔形文字法典中，刑法所占比例很少，而且，没有专门的刑法原则的规定，犯罪种类也少，刑罚比较原始。现存《乌尔纳姆法典》的正文共 23 条，但其中刑法只占 2 条，罪名是"通奸"和"奴侮辱主"，刑罚是"处死"和"以一夸脱盐擦洗其嘴"。一些在现代刑法中被认为是犯罪行为的，此法典却不以犯罪论处，只是用民事赔偿了结。例如，此法典规定："倘有人以强力奸污他人的童贞女奴，则该人须赔偿银五舍克勒。""倘某人用铜刀割掉他人之鼻，则他须赔偿银三分之二明那。"[1] 稍后，在现存仅 9 条的《苏美尔法典》中，则没有一条与刑法有关。[2] 在几乎与此同时制订的《苏美尔亲属法》、《俾拉拉马法典》和《李必特·伊丝达法典》中，刑法内容也无重大变化。[3]《苏美尔亲属法》只是增加了去发和鬓、投河

---

[1] 朱承恩等：《〈乌尔纳姆法典〉和乌尔第三王朝早期社会》，载《历史研究》1984 年第 5 期，第 182—183 页。

[2] 参见《外国法制史资料选编》上册，第 1 页。

[3] 同上书，第 3—16 页。

三种刑罚,分别适用于一些违反家庭伦理方面的犯罪。《俾拉拉马法典》现存 59 条,与刑法有关的不足 10 条,刑罚主要是"处死",主要适用于身份、人命和通奸三大犯罪。现存《李必特·伊丝达法典》还剩 30 条,没有一条规定犯罪与刑罚的内容。其后的《汉穆拉比法典》是楔形文字法的代表作。观其刑法内容,虽比以往有发展,但所占比例也不多。此法典中与刑法有关的仅有 50 余条,占 1/5 都不到,其余的为民法、经济法、婚姻法、诉讼法等,其中民法最多。刑法中的罪名与刑罚虽比以前法典有发展,内容也更具体,但规定的犯罪还主要是偷窃、强盗、伤害、违犯伦理原则等,且以伤害为多,刑罚也只是死刑、肉刑和财产刑,与民法等相比逊色多了。在以上这些法典中,大量严重侵害人身、财产等行为都用民事赔偿方式来解决,如同《乌尔纳姆法典》中的规定。尤其是自由民对奴隶的侵害,因为后者只是法律关系中的客体,似物一般,因此对他们的侵害再严重也只需民事赔偿,无须追究侵害人的刑事责任。这样,刑法内容锐减,而民法内容却相应增加,这也是刑法不发展的一个重要标志。

　　希伯来法、印度法和伊斯兰法都是宗教法。在这些宗教法国家中,法律的作用不及古代东方的世俗法,因为教义和教规在规范人们的行为中已发挥了很重要的作用,在一定程度上代替了法律的功效,所以一般来说,宗教法不及世俗法发展,刑法也是如此。现存希伯来法的资料不多,仅从《旧约全书》前五经来看,规定的犯罪主要是亵渎和背叛神灵、违犯伦理规则、杀人、伤害、偷盗、渎职和伪证等,刑罚是死刑、肉刑和财产刑,在古代东方宗教法中算是较为发展的一个。即使如此,希伯来刑法还不及楔形文字刑法,因为它内容分散,且不如楔形文字刑法规范。印度的宗教比希伯来的宗教更为发达,刑法则相应不及希伯来的。在《摩奴法论》中,刑法的内容很少。此法论共 12 章,2684 条,刑法主要集中在第八章,此章共 420 条,与刑法有关的仅占 1/8 左右,规定的犯罪主要是触犯种姓制度、杀人、偷盗、通奸和伪证等,刑罚主要是死刑、肉刑和财产刑。《阿育王铭文》、《政事论》和《那罗陀法论》中有关刑法的内容更少。在能见到的《阿育王铭文》[①]中,与刑法有关的几乎没有。《政事论》中涉及刑法的也很少。在中译的《政事论》(摘译)[②]中,共有 17 节,涉及刑法的仅 2 节,刑罚多为罚金。《那罗陀法论》[③]共

---

① 详见《古印度帝国时代史料选辑》,第 57—79 页。
② 同上书,第 25—52 页。
③ 同上书,第 110—131 页。

18篇,但与刑法较为密切的也仅4篇,规定的犯罪主要是侮辱高种姓、杀人、抢劫和强奸四种,刑罚是肉刑、罚金。由这些内容可见,印度刑法不及希伯来刑法。这与印度的治安状况有较大关系。《法显传》和《大唐西域记》所描述的印度社会秩序比较安定,犯罪也较少。《法显传》载:在印度,"民人富盛,竞行仁义","举国人民,悉不杀生","王治不用刑冈。有罪者,但罚其钱,随事轻重"。《大唐西域记·印度总述》载:"夫其俗也,性虽猖急,志甚贞质,于财无苟得,于文有余让,惧冥运之罪,轻生事之业,诡谲不行,明誓为信,政教尚质,风俗犹和。"所以,刑法也不会很发达。伊斯兰刑法主要规定在《古兰经》里。《古兰经》共有6200余节,与刑法有关的仅占三十余分之一左右,其中规定的犯罪主要是叛教、通奸、诬告、偷窃、抢劫和饮酒六类,明确规定的刑罚主要是死刑和肉刑。就这些内容而论,伊斯兰刑法较接近印度刑法。

俄罗斯刑法比以上任何一种刑法都要发展,而且在中后期发展得特别快。在早期的《雅罗斯拉夫法典》中,与刑法有关的条款只占1/6,罪名是杀人和伤害,刑罚是"同态复仇"。后在《一六四九年会典》中,与刑法有关的条款大幅度增加,几乎每章中都有刑法内容,不少章中的刑法条款还占了大多数。第一章是关于渎神和叛教的,共有9条,刑法占了8条;第二章是关于维护皇上荣誉和健康的,共有22条,刑法占了18条;第三章是关于朝廷秩序的,共有9条,刑法又占了7条。随着刑法内容的增加,罪名也相应增加,范围涉及政治、经济、宗教等各领域,形成了从规定危害宗教、国家政权和皇权、社会治安到侵害人身、健康、财产和各种职务犯罪等系统的有关犯罪内容;刑罚也门类俱全,包括死刑、肉刑、自由刑、侮辱刑和财产刑等。

中国刑法更甚于俄罗斯刑法,在古代东方堪称为最。除有刑法典外,中国刑法另有两个特点十分突出。一是刑法较早地成为主要部门法。据中国古籍记载,中国早在公元前21世纪建立的第一个朝代夏时,就已经重视使用刑法,其地位高于其他诸法,成为调整人们行为的主要法律规范,这为任何一种古代东方刑法所不及。楔形文字刑法与印度刑法虽也产生很早,但并不发展,其地位也非最高。其他古代东方刑法的形成均晚于中国刑法。二是刑法较早地达到完备的程度。中国刑法经过两千多年的发展,在公元7世纪的唐代便达到了完备的程度,代表作是唐律。它对刑法的原则、罪名、刑罚等都作了十分详尽的规定,大大领先于其他古代东方国家的刑法。

正因为古代东方刑法发展不平衡,所以对其不能一概而论,也不能简单地断言其发展或不发展,而应承认差别,具体分析,区别对待。

2. 刑法的内容世轻世重

古代东方各国的刑法内容也有变化,突出表现为世轻世重,即统治者根据本国当时的具体情况,制定出有利于维护自己统治的刑法。一般来说,社会秩序好则用刑轻,反之则重。中国很早就简要地总结并提出了世轻世重的理论,简称"三典"。《汉书·刑法志》载:"昔周之法,建三典以刑邦国,诘四方:一曰,刑新邦用轻典;二曰,刑平邦用中典;三曰,刑乱邦用重典。"而且,当时还运用这一理论进行了实践。"周道既衰,穆王眊荒,命甫侯度时作刑,以诘四方。墨罚之属千,劓罚之属千,膑罚之属五百,宫罚之属三百,大辟之罚其属二百。五刑之属三千,盖多于平邦中典五百章,所谓刑乱邦用重典者也。"之后,中国的统治者大多以这"三典"理论确定刑法内容。汉初,刘邦以"父老苦秦苛法久矣"为由,进关后便"与父老约法三章耳:杀人者死,伤人及盗抵罪。余悉除去秦法"。① 可谓轻典。但是后来,因为"四夷未附,兵革未息,三章之法不足以御奸",于是就由相国萧何参照秦法,"取其宜于时者,作律九章"。至汉武帝时已是"禁罔寖密",仅"死罪决事比"就有一万多。"死罪决事比万三千四百七十二事。"② 刑在不断加重。唐代也有类似情况。唐高祖李渊在位期间也有一个用刑不断加重的过程。"唐兴,高祖入京师,约法十二条,惟杀人、劫盗、背军、叛逆者死。及受禅,命纳言刘文静等损益律令。武德二年,颁新格五十三条,唯吏受赇、犯盗、诈冒府库物,赦不原。"以后,"又诏仆射裴寂等十五人更撰律令,凡律五百,丽以五十三条"。③ 以上两代的用刑均由轻入重。中国历史上还有些朝代在立国时便用重典,没有轻的开端,宋、明代都是如此。《宋史·刑法志》载:"宋兴,承五季之乱,太祖、太宗颇用重典,以绳奸慝。"明太祖朱元璋执政后也是马上施用重典。他说:"建国之初,当先正纲纪。"④ 还说:"吾治乱世,刑不得不重。"⑤《明律》正是这一思想的产物。

其他古代东方国家虽没有像中国那样完整、明确地提出"三典"的理论,但从它们刑法内容的变化来看,也曾进行过世轻世重的实践。以俄国为例。10世纪末,古罗斯国家经过了充分发展的鼎盛时期以后,开始走向衰败,各

---

① 《史记·高祖本纪》。
② 《汉书·刑法志》。
③ 《唐书·刑法志》。
④ 《明史纪事本末·卷十四》。
⑤ 《明史·刑法志》。

种矛盾接踵而来,且不断激化,其中抢劫杀人案件逐年增多。面对严峻的形势,作为最高统治者的弗拉基米尔大公便加重用刑,废除了对杀人者征收命金并免死的规定,改定抢劫杀人者处死。同时,为了防止更多人反抗自己的统治,他还采用了类似中国的连坐制度,对于没能破获的杀人案,要由作为村社集体的维尔福共同承担命金,以起到互相钳制的作用,减少犯罪。这在《罗斯法典》中得到了真实地反映。《雅罗斯拉维奇法典》规定:"如果某人故意抢劫杀害总管,而维尔福没有追查捕捉凶手。那么,被害人的尸首所在的维尔福,必须交纳命金。"这一规定在以前的《雅罗斯拉夫法典》中没有。

世轻世重并非全轻全重,而是轻法中有重刑,重法中有轻刑,轻重往往交叉存在。以中国法为例。唐太宗时颁行、并成为唐律定本的《贞观律》,轻于以往刑律。《旧唐书·刑法志》载:"削烦去蠹,变重为轻者,不可胜纪。"但是,其中也有用刑重于以往的,对谋反罪的用刑即是如此。中国历史上还有重法中有轻刑的情况。《明律》有重法之称,但其中也有轻刑之处。下面把《明律》与唐律中的有关罪与刑作一比较。

刑罚＼罪名＼律名	子孙违犯教令	子孙别籍异财	父母夫丧而自嫁娶	宿卫兵杖远身
唐律	徒二年	徒三年	徒三年	杖八十
《明律》	杖一百	杖八十	杖一百	笞五十

古代东方的统治者虽在制订刑法时能考虑到世轻世重,但并非都是成功者,有的成功,也有的失败,甚至导致一个朝代的早亡。秦孝公用商鞅施重法,秦国大振。秦始皇与秦二世用重法,则两世而亡,与其前辈不同。汉、唐之初都用轻法,得人心,国兴民安,社会发展。可南朝的梁武帝用轻法,"每年数赦,卒至倾败"①。再就一般的社会效果而言,即主要指犯罪的发生率,特别是死罪的发生率而言,用刑重并非就能导致低犯罪率,用刑轻也不一定就会有高犯罪率。在中国历史上,有的时期虽用刑很重,但实际效果却往往与统治者的愿望相反,犯罪率居高不下;而有的时期,刑虽不重,但犯罪率却不高。列下表以证之。

---

① 《贞观政要·赦令第三十二》。

朝代	用刑状况	人口	年断狱数或大辟数	年断狱率或大辟率	史料来源
汉文帝（前179—前157）	禁网疏阔，刑罚大省；在位二十三年，大赦四次。	1600万	断狱四百。	断狱率为万分之零点二五。	《汉书·刑法志》
自汉昭帝至平帝（前86—5）	大辟之刑千有余条，律令烦多。八十六年间大赦四十次。	6000万	年断狱二十四万，死罪六万。	断狱率万分之四十，殊死率万分之十。	《汉书·刑法志》、《后汉书·循吏传》
隋文帝开皇三年（583）	律尚严密，人多陷罪	2000万	年断狱万。	断狱率万分之五。	《隋书·刑法志》
唐贞观四年（630）	用法务在宽简，恤刑慎杀	1800万	年大辟二十九人。	殊死率万分之零点零一六。	《新唐书·刑法志》、《宋史·刑法志》
宋神宗熙宁三年（1070）	刑书益繁，行政紊矣。	7000万	年大辟二千人。	殊死率万分之零点三。	《宋史·刑法志》
明洪武六年（1373）	明礼以导民，定律以绳顽；以重刑治乱世。	3000万	年大辟三百余人。	殊死率万分之零点一。	《续通典·刑七》
明成祖永乐四年（1406）	与洪武初年相仿。	6000万	年断狱数千，大辟数百。	断狱率万分之一，殊死率万分之零点一。	《明史·刑法志》

造成这种情况的原因很多，其中与社会的阶级矛盾及统治者的用刑策略关系甚密。通常，在加重剥削和压迫的情况下，阶级矛盾就会尖锐，各种被统治者认为是犯罪的反抗活动也会增加，统治者的用刑便会加重。但是，此时只用重刑，往往无济于事，甚至适得其反。中国古代凡用重刑收效不大之际，往往就是重徭厚赋，民不聊生之时。处在这样的时刻，对被统治者来说，"生活对于他们没有任何乐趣，他们几乎一点享受都得不到，法律的惩罚对他们也再没有什么可怕的"①。统治者如果还只是一味加重用刑，忽视调整与被统治者的关系，就会事与愿违，用刑越重，反抗也就越强烈，以致葬送

---

① 恩格斯：《英国工人阶级状况》，载《马克思恩格斯全集》第2卷，第400页。

一个朝代,隋朝就是如此。《隋书·刑法志》记述了这样的事实:隋炀帝时"内穷嗜欲,兵革屡动,赋敛滋繁。有司皆临时迫胁,苟求济事,宪章遐弃,贿赂公行,穷人无告,聚为盗贼。帝乃更立严刑,敕天下窃盗已上,罪无轻重,不待闻奏,皆斩。百姓转相群聚,攻剽城邑,诛罚不能禁。帝以盗贼不息,乃益肆淫刑。九年,又诏为盗者籍没其家。自是群贼大起,郡县官人,又各专威福,生杀任情矣。……百姓怨嗟,天下大溃"。相反,如果阶级矛盾比较缓和,即使不用重刑,社会秩序也会比较安定。

从用刑上的得失来看,古代东方的统治者并非十分自觉地掌握和运用世轻世重理论,相反更多的是出于本能。刑法最具有强制性,也最具有规范性,统治者的意志在刑法中也往往暴露得最彻底。当社会秩序不利于他们的统治,特别是威胁到他们的政权时,他们便会自发地用重典进行镇压,打击有损自己统治的犯罪,设法维持和巩固自己的统治地位。当社会秩序较为安定时,重刑不起作用,他们也会自发地推出轻典,以示仁慈。轻重典的交替出现,形成了刑法内容上的世轻世重。

3. 滥刑现象并不鲜见

古代东方刑法在执行中的滥刑现象并不鲜见,其中较常见的是"冤杀无辜"和"重判轻罪者"。

国君是滥刑的源头。他们凭借手中之权,常不依法施刑,造成滥刑。俄国的伊凡四世曾"滥杀无辜,其中被他直接杀死的就有四万人以上,时常屠城。他曾经在克里姆林广场将四百人烧死"[①]。在中国,国君滥刑的现象也很突出,特别是第一个中央集权朝代秦诞生后,这类现象便更多地出现在史册。《史记·秦始皇本纪》载,秦始皇怀疑有人密告丞相李斯,以致"丞相后损车骑",于是便"诏捕诸时在旁者,皆杀之"。后来,他见刻有"始皇帝死而地分"之石,"尽取石旁居人诛之"。无辜者纷纷屈死。这种现象一直持续至清代。那时,在文字狱中被冤杀的就以千计。据近人邓之诚在《中国二千年史》的《清代文字狱简表》中所列,有名可查的顺治、康熙、雍正和乾隆四皇帝所兴的文字狱就达84起。在这些案件中,除个别外,大多属于诬陷,含冤受罚,甚至被杀。就是在一些被认为大治时期,皇帝错杀的情况也没有绝迹。唐贞观时期,唐太宗虽尽力治理,严肃法制,但他自己也错杀过两个大臣。

---

① 《俄国史话》,第46页。

与此同时,一些不法官吏特别是不法地方官吏,也因各种私欲而滥刑。其中,有的残杀无辜,有的故纵罪犯,这在中国的《历代刑法志》中有众多记载。秦时有"奸邪并生,赭衣塞路,囹圄成市"。汉时有"奸吏因缘为市,所欲活则傅生之义,所欲陷则予死比"。魏时有"百司多不奉法"。南北朝时有"奸吏致有轻重"。隋时有"有司皆临时迫胁,苟求济事,宪章遐弃"。唐时有"酷吏周兴、来俊臣辈典大狱","构陷无辜"。宋有"意所欲杀,则令证其当死之罪,呼喝吏率,严限日时,监勒招承,催促结款"。元时有"一日杀二十八人,冤滥多矣"。明时有厂卫"杀人至惨,而不丽于法"。清时有"官吏营私,相习成风,罔知省改"等等。① 那时,虽有关于司法官责任的规定,违犯者要受重罚,但他们仍我行我素,满不在乎,滥刑现象禁不胜禁。

古代东方的滥刑现象与专制制度关系密切。在专制制度下,国君把持着国家的一切大权,包括司法权。这样,他就可以擅断刑狱。由于没有有效的制约机制,国君的品质及其性格对司法的影响就很大,滥刑便不可避免。专制制度下的地方行政长官往往兼管司法,在辖区内往往可以一手遮天。于是,地方司法的随意性也就无法制止,滥刑随之滋生。在古代东方,滥刑似乎成了专制制度的必然产物。

4. 古代东西方刑法有所不同

古代西方刑法与古代东方刑法有些相似之处。比如早期的古代西方刑法也贯彻同态复仇原则。《十二表法》规定:"毁伤他人肢体而不能和解的,他人亦得依同态复仇而'毁伤其肢体'。"即也严惩危害国家政权的犯罪。《十二表法》还规定:"凡煽动敌人反对自己的国家,或把市民献给敌人的,处死刑。"②此外,刑罚也分为死刑、肉刑、财产刑等。这也说明刑法是时代的产物,在同一历史时期的不同国家或地区会产生相似的刑法内容,且不以人们的意志为转移。

同时,由于东、西方的具体历史条件有异,所以古代东、西方刑法也存在一些不同之处。古代东方国家侧重通过宗教、伦理规范来指导人们的行为,预防和减少犯罪,刑法只是一种辅助手段。古代西方国家则侧重通过刑法的惩罚作用来维护社会秩序,预防和减少犯罪。两者的用刑策略也不尽一致。古代东方的一些国家,如印度和阿拉伯等国家,都把宗教教

---

① 《历代刑法志》,第 14、18、221、244、268、313、359、488、567 页。
② 《罗马法》,第 368、370 页。

义和教规、伦理规范与刑法混编在一起,刑法只占极少比例,而把教义和教规、伦理规范作为主要的行为规范。还有的国家,如中国,把伦理规范刑法化,用严刑维护这种规范,并在法律中明示伦理规范在政教中起主导作用。《唐律疏议·名例》在前言中说:"德礼为政教之本,刑罚为政教之用。"古代西方国家则较强调法律的独立性,在它们的综合性法典中很少把刑法与宗教教义和教规、伦理规范掺在一起。尽管有的法典,如《十二表法》中也有"宗教法"并作为单独一表,但都以世俗法的形式出现,作为世俗法中的一个组成部分,与古代东方的宗教法不同。这是古代东、西方刑法中的一个重要区别。

把西方奴隶制时期的法典与同一时期东方的法典及有关典籍等比较后发现,西方的奴隶制刑法比东方的发展。将西方奴隶制时期的代表性法典《十二表法》与东方同期典型的《汉穆拉比法典》、《摩奴法论》比较后可见,《十二表法》在以下三个方面领先于《汉穆拉比法典》和《摩奴法论》:第一,《十二表法》中有关刑法的内容所占比例高于《汉穆拉比法典》和《摩奴法论》。《十二表法》共108条,有关刑法的有23条,占1/5有余,明显高于《汉穆拉比法典》和《摩奴法论》。在综合性法典中,有关刑法的内容所占比例大意味着它在诸法中的地位也较高,并已有了较大的发展。第二,《十二表法》规定的犯罪范围广于《汉穆拉比法典》和《摩奴法论》。《十二表法》中规定的罪名包括谋反、扰乱社会治安、偷窃、抢劫、放火、放毒、伤害、贿赂、诽谤、非法通婚、违约、负债不还和伪证等,多于《汉穆拉比法典》和《摩奴法论》,这说明《十二表法》中的刑法内容相对比较复杂和周全。第三,《十二表法》中规定的刑罚比较规范和文明。《十二表法》中的刑罚多为死刑和罚金,比较规范。同时,肉刑和酷刑也少于《汉穆拉比法典》和《摩奴法论》。这说明《十二表法》中的刑罚已有很大进展,相对更为文明。经过这样的比较可知,西方奴隶制刑法比东方的更为发展。

西方的封建制刑法不及中国的发展。西方的封建制刑法发展不快,也不及中国同期的刑法。在16世纪以前,西方国家没有制订过独立、完整的刑法典,刑法内容要么与其他部门法的内容合编在一起,是综合性法典中的一个组成部分,如《萨利克法典》、《伊尼法典》和《英国大宪章》等[①];要么就存在于国君发布的单行法规中,如《查理大帝诏令》、《查理四世黄金诏书》

---

① 均汇编于《外国法制史资料选编》上册。

和《查理五世迫害尼德兰异端的诏令》等①,刑法只是这些单行法规中的部分内容。16世纪以后,西方国家才制订了集中刑法内容的法典性文件,如1532年德国的《加洛林纳法典》和1670年法国的大敕令。但是,在时间上,它们要比中国的唐律晚10个世纪左右。而且,从法典的结构来看,唐律还胜于它们。唐律集刑法内容于一体,且结构类似当今刑法典有总则与分则之分,精致程度确实是那时西方刑法典性文件所不能比拟的。如《加洛林纳法典》还只是刑事诉讼法与刑法的混编,其中有相当部分不属刑法,而属诉讼法。唐律的这种结构还为唐后许多朝代所吸收、改进和提高。可见,中国封建时期的刑法,不论在法典的制订时间,还是在法典的结构上,都要高超于西方封建时期刑法。相比之下,古代西方刑法自然见绌了。

古代西方刑法也有自己的特色,它的有些规定为古代东方没有或极少,其中主要包括犯罪和刑罚两部分。公元前8世纪,早期罗马及王政时期的罗慕洛(Romulus)统治时期曾规定:"无论何人之妻被发现喝酒,则夫妻将一并被处极刑。"还有,"罗慕洛并未对'弑父'罪规定任何刑罚,但却将所有杀害行为统称为'弑父'罪"。那时,有的刑罚的执行也有些特殊。"倘儿媳殴打公公,得将其杀死献祭于公公的祖神。"②这些在古代东方刑法中都未曾有过。之后,在吐鲁斯·霍斯蒂里(Tullus Hostilus)执政时规定,鞭笞刑的执行方法是:"蒙被告之头,用绳子吊在树干之上,或是在城市、或是在城外加以鞭笞。"③古代东方国家也没有这样的规定。在以后颁行的《十二表法》有一种刑罚,即把受刑人"投于塔尔泊峨岩下处死"④,这在古代东方十分罕见。还有,日耳曼刑法中有种"把在敌前怯惧的懦夫和败德无耻者沉于沼泽之中并盖上柳枝"⑤的刑罚,也未见于古代东方史籍。古代东、西刑法的差异,是古代东、西社会具体情况差异的反映,从这种差异中可进一步了解东、西社会,特别是它们的不同之处。

二、一般原则的规定

刑法的一般原则贯穿于整个刑法,对犯罪及刑罚的规定均有指导意义,

---

① 均汇编于《外国法制史资料选编》上册。
② 参见江平等:《罗马法基础》,中国政法大学出版社1987年版,第377页。
③ 同上书,第380页。
④ 《罗马法》,第369页。
⑤ 《日耳曼法简介》,第73页。

是其中的灵魂。在现代刑法典中,一般原则集中规定在总则部分。由于古代东方的绝大多数国家都无专门刑法典,因此有关一般原则的规定只能从散见的刑法内容里发掘。中国是极少数具有刑法典的国家之一,从现存唐律及以后各代的律来看,一般原则的内容主要集中在首篇《名例律》内。综合古代东方刑法中的这类原则,对刑法内容及其执行有较大作用和影响的主要是以下几个方面。

1. 同态复仇和血亲复仇原则

古代东方刑法曾广泛使用这两个原则,尤其是在早期刑法中。

关于同态复仇原则。在楔形文字刑法中,这一原则司空见惯。《汉穆拉比法典》在多种伤害犯罪中都适用这个原则,规定:如果自由民损毁自由民之子的眼睛,"则应毁其眼";折断自由民之子的骨,"则应折其骨";击落自由民的牙齿,"则应击落其齿"①。希伯来刑法也有类似内容。当时规定:"人若彼此争斗,伤害有孕的妇人",并造成"别害"的,"就要以命偿命,以眼还眼,以牙还牙,以手还手,以脚还脚,以烙还烙,以伤还伤,以打还打"②。伊斯兰刑法也贯彻这一原则。《古兰经》说:"谁侵犯你们,你们可以同样的方法报复谁。"还说:"我在《讨拉特》中对他们制定以命偿命,以眼偿眼,以鼻偿鼻,以耳偿耳,以牙偿牙;一切创伤,都要抵偿。"③俄罗斯刑法也作了相应规定。《雅罗斯拉维奇法典》规定:"如果某人盗窃母牛时,把总管杀死在畜棚、马厩或牛舍,那就如同杀死条狗一样,处死凶手。杀害基温的情况也依据此法惩处。"④在中国刑法中,同态复仇原则也大量表现在杀人者偿命中。早在战国时期,《法经》就规定:"杀人者诛。"⑤汉初,汉高祖刘邦在"约法三章"中也规定:"杀人者死。"⑥这一原则同样体现在汉后的刑事立法中。《唐律疏议·斗讼》"斗殴杀人"条规定:"诸斗殴杀人者,绞。以刃及故杀人者,斩。"它还对作出这类规定作了说明:"杀人者死,伤人者刑,百王之所同。"⑦唐后的规定也大致如此。同态复仇原则主要适用于伤害和杀人犯

---

① 《外国法制史资料选编》上册,第40页。
② 《新旧约全书》,第92页。
③ 《古兰经》,第21、83页。
④ 《〈罗斯法典〉译注》,第23页。
⑤ 《七国考·魏刑法》。
⑥ 《汉书·刑法志》。
⑦ 《唐律疏议·名例》"苔刑五"条"疏议"。

罪中,如果由于生理上的原因,无法用同一器官等复仇的,古代东方有的国家的刑法还规定可用其他的取代。《中亚述法典》规定:"如果某女人在打架时打破了某人的睾丸,那末就应该割去她一个手指。"还规定:"如果这一妇女的丈夫没有儿子,而他打了她,她流产,则应杀殴打者,抵偿她的胎儿。"①

关于血亲复仇原则。早在楔形文字刑法中就已贯彻了这一原则。《汉穆拉比法典》把子女作为血亲复仇对象。此法典规定:建筑师为自由民造房,如果房子不固倒塌,"房主之子因而致死,则应杀此建筑师之子","倘此妇女死亡,则应杀其女。"②此法典还规定:如果强盗不能捕到,"则盗劫发生地点或其周围之公社及长老,应赔偿其所失之物"③。伊斯兰刑法也认可这一原则,规定:以"公民抵偿公民,奴隶抵偿奴隶,妇女抵偿妇女"④。俄国曾是古代东方广泛适用血亲复仇原则的国家之一。《雅罗斯拉夫法典》规定:"如果某人杀害了他人,被害人的兄弟可以为他复仇;子也可以为其父;父也可以为其子;或者是侄子为其伯叔;外甥为其舅父,向凶手复仇。"这种复仇还存有实例。1071年在白湖地区爆发了斯麦尔德起义后,大公波雅尔的总管维沙基奇便对当地的封建主说:"去为你们死难的亲属复仇吧!"于是,这些封建主就开始屠杀被俘的起义者,还把他们的尸体吊在橡树上。⑤中国在战国时已盛行血亲复仇之风,《孟子·尽心上》说:"吾今而后知杀人亲之重也,杀人之父者人亦杀其父,杀人之兄者人亦杀其兄,然则非自杀之也,一间耳。"至汉代这种情况还没有消除。"今人相杀伤,虽已伏法,而私结冤仇,子孙相报,后忿深至于灭户殄业。"⑥

同态复仇和血亲复仇原则是古代东方早期的刑法原则。在这两个原则指导下的刑罚以死刑和肉刑为主,比较残酷。随着社会文明程度的提高和刑法的发展,这两个原则受到了很大的限制。有的只在限定的范围内适用,如杀人者偿命等;有的则被废除,如擅自为被害家人复仇等。俄国于12世纪前后在法律上废除了血亲复仇。"雅罗斯拉夫之后,他的诸子——伊兹雅斯拉夫、斯维雅托斯拉夫、弗谢沃罗德及其臣僚——科斯尼稚奇克、别列涅

---

①②③ 《外国法制史资料选编》上册,第59、69、41、43、23页。
④ 《古兰经》,第19页。
⑤ 《〈罗斯法典〉译注》,第1、2、45页。
⑥ 《汉书·桓谭传》。

科、尼基弗尔,再次聚会。决定废除血亲复仇。"① 中国在汉时明禁血亲复仇。《汉书·桓谭传》载:"今宜申明旧令,若已伏官诛而私相杀者,虽一身逃之,皆徙家属于边,其相伤者,常加二等,不得顾山赎罪,如是则仇怨自解,盗贼息矣。"魏时又一次禁止这种行为,于黄初四年(223 年)再次规定:"今海内初定,敢有私复仇者,皆族之。"②南北朝时也能见到此类禁令。

2. 特权原则

特权原则在古代东方刑法中表现得十分突出。统治者在制订刑法时,把对他们有利的特权原则纳入其中。此原则在刑法中表现为:特权者与非特权者虽犯同罪,但罚不同,前者可轻罚或不罚,后者则要重罚或依法科刑。

楔形文字法的《汉穆拉比法典》已贯彻这一原则,其中不同地位者同罪异罚的规定,就体现了特权原则的存在。此法典规定:"倘自由民之奴隶打自由民之子之颊,则应割其一耳",但是,如果"自由民之子打与之同等的自由民之子,则应赔银一明那"。③ 在殴伤等行为中也有类似规定。俄罗斯刑法也实行这一原则,有特权者,犯有某些罪可以不罚,而无特权者则要被罚,甚至被重罚。《摩诺马赫法规》规定:如果自由民"因故殴打债农,那是没有罪责的"。但是,如果霍洛普殴打自由人,"根据雅罗斯拉夫的规定是打死凶手",以后又改为"收取一格里夫纳;或者捆绑拷打"。④ 两者的处理方法截然不同。印度刑法处处都表现出四个种姓不平等的精神,特别是维护婆罗门和国王的特权,这又集中反映在他们可免受死刑上。《摩奴法论》规定:"不应该杀婆罗门,即使他犯下所有的罪。"如果婆罗门犯了死罪,也不可执行,只能以剃发代之,因为"对于婆罗门,剃发被规定为死刑;其他种姓则应该有死刑"⑤。另外,《语根》、《波迭衍那》和《阿帕斯坦巴》都宣称,首陀罗因普通的罪过就要处死刑,而婆罗门犯有更严重的罪过却安然无事。⑥ 之后的《那罗陀法论》进一步规定:"婆罗门和国王,他们在这个世界上被宣布为不受谴责和体刑的人;因为这两者维持着这个现实的世界。"⑦中国刑法明

---

① 《〈罗斯法典〉译注》,第 1、2、45 页。
② 《九朝律考·魏律考》。
③ 《外国法制史资料选编》上册,第 41 页。
④ 《〈罗斯法典〉译注》,第 97、99 页。
⑤ 《摩奴法典》,第 170 页。
⑥ 参见《印度社会》,第 344 页。
⑦ 《古印度帝国时代史料选辑》,第 130 页。

确规定,贵族官吏犯罪可按其地位的高低分别享有议、请、减、赎等特权,可免死刑或轻罚。① 即使犯了重罪未被免死的,也可免去公开行死刑之辱。《史记·白起传》载:"秦王乃使使者赐之剑,自裁。"《旧唐书·刑法志》载:武宗会昌元年(841年)九月"库部郎中知制诰纥干泉等奏,'准刑部奏,犯赃官五品以上,合抵死刑,请准狱官令赐死于家者,伏清永为定格。'从之"。无这一特权者则需在大庭广众下被处死。

古代东方刑法中的特权原则以不平等身份为基础,而身份法又使各种身份及其地位法律化,并大量地通过特权使其得到反映,其中包括刑法中的特权。一般来说,身份高则特权多,身份低则特权少。被统治者是刑法锋芒所指的主要对象,无特权可言,只能依法被罚。刑法中的特权原则是有条件地存在的,即被限制在一定范围内,大多以不损害国家的根本利益等为前提,如果超越了这个范围,特权就会失效。中国刑法中的"上请"制度就能说明这一点。唐律规定:"诸皇太子妃大功以上亲、应议者期以上亲及孙、若官爵五品以上,犯死罪者,上请;流罪以下,减一等。"但是如果他们"犯十恶,反逆缘坐,杀人,监守内奸、盗、略人、受财枉法者,不用此律"。即不适用"上请",不可享有这一特权。② 印度法中也有限制性规定。《摩奴法论》规定:任何人都可毫不迟疑地杀死正在靠近的行刺者,包括"博学的婆罗门"③。也就是说,如果博学的婆罗门行刺,那么他的免死特权也会丧失。

3. 区分故意与过失原则

在古代东方刑法中还能体现出区分故意与过失原则。希伯来刑法已区分故意与过失犯罪,特别是对杀人罪,故意杀人的要被处死,过失杀人的则可免死。"倘若人用铁器打人,以致打死,他就是故杀人的,故杀人的必被治死。"而用石头、木器等故意打死人的,也要被治死。但是,如果是过失杀人的,那就不同了,有"六座城要给以色列人和他们中间的外人,并寄居的,作为逃城,使误杀人的都可以逃到那里"④。在印度刑法中也能看到区分故意与过失犯罪的规定。《摩奴法论》说:"其他种姓如果无意地犯了这些罪(喝酒、窃盗等),那就应该被没收全部财产,故意者则应该被处死。"在俄罗斯的

---

① 唐律、《宋刑统》、《明律》、《大清律例》在《名例律》中都有规定。
② 详见王立民:《论上请》,载《法学》1991年第6期。
③ 《摩奴法论》,第167页。
④ 《新旧约全书》,第208页。

后期刑法中,对故意与过失犯罪的处理方法完全不同。《一六四九年会典》第十章规定:"某人出于某种仇意,或者企图抢劫而焚烧他人的家院,并致使该家院被烧毁,业经查实某人系故意纵火,则应将该纵火者烧死。"还规定:如果某人向他人租借家院,"然而其后由于某人不小心致使该院失火,并被烧毁,则某人应就此家院按价格付款给将家院租给自己的主人"。中国早在《尚书·康诰》中已有关于区别故意与过失的说法,"人有小罪,非眚,乃唯终……有厥罪小,乃不可不杀,乃有大罪,非终,乃唯眚灾……时乃不可杀"。到了唐代,这一原则较全面地贯彻在唐律中,很多犯罪都有故意与过失之别,此处仅举两例。《唐律疏议·职制》"贡举非其人"条规定:"考校、课试而不以实及选官乖于举状,以故不称职者,减一等。失者,各减三等。""百官外膳犯食禁"条规定:"若秽恶之物在食饮中及简择不净者,笞五十。误者,各减二等。"

在古代东方刑法中,还有些特殊规定。有些犯罪只有在故意时才被罚,过失不论。伊斯兰刑法中有宽宥过失犯罪的意思。《古兰经》说:"敬畏者,当做了丑事或自欺的时候,记念真主,且为自己的罪恶求饶——除真主外,谁能赦宥罪恶呢!他们没有明知故犯地怙恶不悛。"[1]俄罗斯刑法规定得更明白。《一六四九年会典》第二十二章规定:如果马"由于受惊并挣脱笼头",而致妇女伤残的,"那么不应惩罚任何人,因为这样的事件不是蓄意行为所致"。有个别犯罪不论故意与过失都要同样处罚。《摩奴法论》规定:"不论有意无意,只要损坏某人的东西,就应该使某人满意",还要被罚。[2]唐律规定:"诸乏军兴者斩,故、失等。"[3]还有些犯罪,今天看来应有故意与过失之分,可在当时没作区别,且处罚亦相同,这在楔形文字刑法、印度刑法、伊斯兰刑法、俄罗斯刑法中都可见到。《汉穆拉比法典》规定:"倘自由民损毁任何自由民之子之眼,则应毁其眼。"[4]《摩奴法论》规定:"犯人命者,应该立即按窃贼治罪。"[5]《古兰经》规定:"杀人者抵罪。"[6]详编《罗斯法典》也规定:只要"撞击、推搡"他人,就要"交纳三格里夫纳的罚金"。[7]

---

[1] 《古兰经》,第48页。
[2] 《摩奴法论》,第162页。
[3] 《唐律疏议·擅兴》"乏军兴"条。
[4] 《外国法制史资料选编》上册,第40页。
[5] 《摩奴法论》,第163页。
[6] 《古兰经》,第19页。
[7] 《〈罗斯法典〉译注》,第68页。

刑法中的故意与过失是两种不同的罪过形式,都属犯罪构成中的主观方面因素,对犯罪的认定有重要作用。由于故意与过失反映的主观恶性程度不同,所以罪名不同,处罚也不同,故意则重,过失则轻。在古代东方刑法中,特别是在后期刑法中,能区分这两种罪过形式,说明立法者已考虑到犯罪中的主观恶性程度对定罪量刑的影响,这是刑事立法的一个进步。它有助于更准确地打击犯罪,更合理地处理刑事案件。

4. 保护和怜恤老小废疾及妇女原则

这也是古代东方刑法中的一个原则。古代东方刑法从生理和伦理两个方面出发,把老小废疾及妇女(主要是孕寡妇女)作为特殊的犯罪主体或受害人,并作出一些特殊规定,包括侵害了他们要受重罚和他们犯罪可减免刑罚或推迟刑罚的执行等,以示对他们的保护和怜恤。

楔形文字刑法已对孕妇进行特殊保护。《亚述法典》规定:殴打孕妇以致其流产的要严罚,即使是"殴打妓女,并使其流产"的,殴打人也"应像抵偿生命一样来抵偿"。① 希伯来刑法比楔形文字刑法更重视这一原则,在更广泛的范围内保护这些人员,这在《旧约全书》的"出埃及记"和"利末记"中都有记载:"人应敬恭老人,见白发者,宜即起立。""不可咒诅耳聋之人;不可置障碍物于瞽目人面前;违受咒诅。""欺凌孤儿寡妇,彼向我呼苦,我闻其声,必怒,使汝等被刀杀死,使汝等亦妻寡子孤。"印度刑法也能体现出对老小废疾及妇女的保护和怜恤。《摩奴法论》强调"应该永远以仁爱对待""病人"和"儿童、老人"。如果他们犯有普通犯罪,可不像凡人一样受罚。患精神病和患麻风病的人,如果出嫁前"事先声明过缺陷,他就不应该受惩罚"。还把杀害妇女、儿童视为与杀害婆罗门一样严重,规定"杀害妇女、儿童和婆罗门的凶手","应该将他们处死"。② 伊斯兰和俄罗斯刑法中对这一原则的规定之处不多,只有一些零星记载。《古兰经》说要"怜恤孤儿"③。《圣训》说,就是在战争中,圣人也"禁止杀戮妇女和小孩"④。《一六四九年会典》在第二十二章中规定:"已被判处死刑的妇女,倘正怀孕,在分娩前,不执行死刑,等她们分娩后再处死。"

---

① 《外国法制史资料选编》上册,第 70 页。
② 《摩奴法论》,第 171、155、193 页。
③ 《古兰经》,第 8 页。
④ 《布哈里圣训实录精华》,第 224 页。

第十章 刑法(上)

中国刑法较全面地贯彻了保护和怜恤老小废疾及妇女原则,唐律是个典型。它主要从给他们一些特殊的司法权利和保护他们其他的一些权利两个方面体现对他们的保护和怜恤。唐律规定,根据他们的年龄及具体情况,可减免有些罪的刑罚。"诸年七十以上,十五以下及废疾,犯流罪以下,收赎。八十以上、十岁以下及笃疾,犯反、逆、杀人应死者,上请;余皆勿论。九十以上,七岁以下,虽有死罪,不加刑。"而且,"犯罪时虽未老、疾,而事发时老、疾者,依老、疾论。若在徒年限内老、疾,亦如之。犯罪时幼小,事发时长大,依幼小论"。还规定,在审讯中"年七十以上,十五以下及废疾者,并不合拷讯,皆据众证定罪,违者以故失论"。此律还对孕妇的行刑另有规定,违反规定的要受罚。"诸妇人犯死罪,怀孕,当决者,听产生一百日乃行刑。若未产而决者,徒二年;产讫,限未满而决者,减一等。"①同时,唐律还对他们进行特殊保护。以对小的保护为例,唐律规定,禁止遗弃养子、拐卖儿童、妻殴夫之弟妹等,犯者都要处以刑罚,如养父母捨去养子的要被"徒二年"、拐卖十岁以下儿童为他人奴婢的要被处"绞"等。② 唐后各律大量沿用这些规定,同样贯彻这一原则。

古代东方刑法是有条件地实施这一原则的。印度刑法规定在有些条件下不保护和怜恤儿童和老人。《摩奴法论》规定:"任何人应该毫不迟疑地杀正在靠近的行刺者,无论他是师父、儿童、老人。"③中国刑法也有限制地实行这一原则。唐律规定:"犯加役流、反逆缘坐流、会赦犹流者",不适用于七十以上、十五以下废疾犯流以下收赎的范围。还有,凡属"缘坐应配没者"也不适用于"九十以上、七岁以下,虽有死罪,不加刑"的规定。④ 从这些规定中可知,当这些保护和怜恤对象严重地危害社会,实施重大犯罪以后,他们可享有的特殊照顾就随之告吹了。即他们只是在法定的范围内受保护、被怜恤,超出这一范围,就同凡人一样被罚,毫无保护、怜恤可言。

在古代东方刑法中保留保护、怜恤老小废疾及妇女的原则,是当时统治者采用的一种刑事策略。他们可通过这一原则来表现他们的所谓"恤民",以造舆论、取民心,增加刑法的声誉,促进它的实施和遵守。同时,这一原则

---

① 《唐律疏议·名例》"老小及疾有犯"、"犯时未老疾"条,《唐律疏议·断狱》"议请减老小疾不合拷讯"、"妇人怀孕犯死罪"、"拷决孕妇"条。
② 详见王立民:《唐律对青少年犯罪及保护青少年的若干规定》,载《青少年犯罪问题》1989年第5期。
③ 《摩奴法论》,第167页。
④ 《唐律疏议·名例》"老小及疾有犯"条。

中的有些内容本身没什么存在意义,有和无都不妨。以中国唐律规定的90岁以上和7岁以下者犯死罪可不加刑为例。中国古代人的寿命不长,"人生七十古来稀"是实言,就是皇帝也是如此。据统计,皇帝的平均寿命连40岁都不到,超过70岁的在259个皇帝中仅占8人,且无一超过90。① 90以上者实如"稀世珍品",唐律对他们的规定没有实际意义。还有7岁以下者,相当于当今的学龄前儿童,根本无知,他们不会对社会有什么危害。所以,唐律的这一规定犹如虚设,只是掩人耳目而已。从中可见,这一原则具有明显的虚伪性。

5. 灵活适用刑法原则

这是古代东方刑法中的一个重要原则。刑法根据一般情况制定,适用于绝大多数案件,但现实社会千差万别,会产生一些立法者所意料不到的情况,并为刑法所不及。在这种情况下,司法官便通过灵活适用刑法的方法来解决。另外,还有一些重大或特殊案件,国君也利用手中的最高司法权灵活运用刑法,以满足政治等方面的特殊需要。

有的刑法法条对罪名和刑罚的规定不甚明确,这便给司法官灵活适用刑法留下了余地。希伯来刑法规定:"人若用棍子打奴仆或婢女,立时死在他手下,他必要受刑。"② 受什么刑,没明确规定。印度刑法中也有类似条款。《摩奴法论》规定:首陀罗辱骂婆罗门后"应该受肉刑";奴隶、仆人等过失杀死驴、山羊等动物后"应该用绳子或者竹条予以鞭笞"。③ 但是,前者对肉刑的刑种,后者对鞭笞数,都未言。伊斯兰刑法中有些规定更不清楚。《古兰经》说:"背弃我的迹象的人,我将因他们的背弃而以最严厉的刑罚报酬他们。"又说:"继先民之后而为大地的主人公的人们,假若我意欲,我必因他们的罪恶而惩治他们。"④ 其中的"背弃我的迹象的人"和"大地的主人公的人们"指什么,"最严厉的刑罚"和"惩治他们"又是什么刑种,都十分模糊。这些法条无论是立法者有意安排或无意疏忽,都在客观上给司法者的定罪量刑留下了回旋余地。

有的法条明言司法官可根据具体情况确定刑罚。希伯来刑法规定:"人

---

① 详见《乾隆长寿有秘诀》,载《新民晚报》1988年5月26日。
② 《新旧约全书》,第92页。
③ 《摩奴法论》,第161、163页。
④ 《古兰经》,第110、121页。

若彼此争斗,伤害有孕的妇人,甚至堕胎,随后却无别害,那伤害他的总要按妇人的丈夫所要的、照审判官所断的受罚。"①中国刑法中也有这类规定。《宋刑统·杂律》"失火"门规定:"凡有不依令文节制而非时烧田野"的,要被"笞五十";造成严重后果的,要被"杖八十"。但中国南北气候不一,"北地霜早,南土晚寒,风土亦既异宜",所以"放火时节不可一准令文",而需"各依乡法",灵活施行。

更多的刑法条款允许国君按自己的意志判罪定刑。楔形文字刑法中已有这样条文。《俾拉拉马法典》把有关人命犯罪的审判权归于国王。②《古兰经》规定,"真主"可以自由判决。③ 历史上还确有这样的事实。哈特布的几个仆人偷了某人的一双骆驼,欧默尔唤他们来受审,他们立刻招供了。他又唤哈特布的儿子们来,对他们说:"啊!指主发誓,我本来要割他们的手,然而若不是荒年和你们的苛刻,他们不敢吃非法的东西。我现在不仅要释放他们,还要重重处罚你们。"④中国刑法在许多方面都能体现出这个原则的存在,此处以"会审"为例。中国历史上有会审制度,一些重大、疑难案件由大臣们审理,但是最后确定权仍在皇帝。《清史稿·刑法三》载:虽有热审、朝审之例,但仍须"请旨处决"。秋审后,"进呈复阅,一俟批发"。皇帝的审定意见才是终审判决。

古代东方的某些刑法中虽有罪行法定因素,如中国的唐律规定:"违犯军令,军还以后,在律有条者,依律断;无条者,勿论。"⑤但是,从总体来论,灵活运用刑法却占主导地位。这与古代东方的社会情况复杂,刑法难包罗全尽;那时的刑法还达不到十分完善的程度;以及统治者希望通过灵活运用刑法来打击各种认为需要惩治的行为,以满足自己的各种需要等都有密切关系。也因为如此,古代东方刑法中的罪行法定因素一直得不到充分发展,没能成为处于主导地位的原则。

另外,在古代东方刑法中还有一些特殊的具体原则。希伯来刑法的有些罪名与自然现象有直接联系,如与太阳的升起有关。此法规定:"人若遇见贼挖窟窿,把贼打了,以致于死,就不能为他有流血的罪。若太阳已经出

---

① 《新旧约全书》,第92页。
② 参见《外国法制史资料选编》上册,第10页。
③ 参见《古兰经》,第98页。
④ 《黎明时期回教学术思想史》,第232页。
⑤ 《唐律疏议·擅兴》"主将临阵先退"条。

来,就为有流血的罪。"①中国刑法在伤害、杀人的犯罪中适用保辜原则。唐律规定:"诸保辜者,手足殴伤人限十日,以他物殴伤人者二十日,以刃及汤火伤人者三十日,折跌支体及破骨五十日。限内死者,各依杀人论;其在限外及虽在限内,以及他故死者,各依本殴伤法。"②这类原则从一个方面反映了古代东方一些国家刑法中的个性和特点。

---

① 《新旧约全书》,第92页。
② 《唐律疏议·斗讼》"保辜"条。

第十一章 刑法（下）

古代东方刑法还对犯罪、刑罚等作了规定，并在近、现代发生了较大变化。

三、犯罪的规定

触犯刑法、应受刑罚处罚的行为是犯罪行为。古代东方刑法中规定的犯罪范围非常广泛，涉及政治、经济等许多领域，其中主要有以下几大类。

1. 危害国家政权的犯罪

这类犯罪直接威胁到统治阶级的根本利益，是古代东方各国刑法的主要打击对象，用刑也最为严厉。

楔形文字刑法把无视法律与国王的行为看作是对国家政权的极大危害，并严加惩治。《李必特·伊丝达法典》在结语中告诫人们："凡加害此石柱的人，破坏我之事业之人，进入宝库而移去石基石柱之人，擦去我所写的名字而写上自己的名字"的人，都要"剥夺彼之财富"，并"令彼成为墓丘之居民"①。《汉穆拉比法典》也在结语中明诫大众：凡不敬汉穆拉比的规定、判决等的人，要"终趋灭亡"，"死不旋踵"②。印度刑法把有损国王尊严和安全的行为都作为危害国家政权的行为而加以惩治。《那罗陀法论》规定："假若有人指责致力于自己义务的国王"，就会遭到重罚。③《大唐西域记·印度总述》载："凶悖群小时亏国宪，谋危君上，事迹彰明，则常幽囹圄，无所刑戮，任其生死，不齿人伦。"斯特拉波在他的《斯特拉波地理学·卷十五》中也说："那时国王被妇女围绕着，在他们的外围有手执长矛的卫士。道路用绳子划出线来，凡越过绳子线内接近妇女的人，均处以死刑。"即把接近国王都认为是对国王安全的威胁。

伊斯兰刑法把敌对"真主"及其使者并扰乱地方的行为作为危害国家政

---

① ② 《外国法制史资料选编》上册，第 15、49 页。
③ 《古印度帝国时代史料选辑》，第 130 页。

权的行为予以打击。《古兰经》规定:"敌对真主和使者,而且扰乱地方的人,他们的报酬,只是处以死刑,或钉死在十字架上,或把手脚交互着割去,或驱逐出境。"①《穆罕默德传》还载有这么一件事:穆罕默德在一次"返回麦地那的路上,亲手杀死了在麦加时曾多次讽刺和欺凌他的乌格拜·本·艾卜·木艾依提和奈孜尔·本·哈里斯",之后又命令宰德杀了曾欺骗他的艾卜·奥孜泽。这些事"给于人们的教育"是,"要巩固政权,不果断是不行的"。② 俄罗斯刑法不仅打击普通农民的反抗行为,规定"叛逆"者"应处以死刑";而且还惩罚那些违拗大公、沙皇的封建主,把这看成是维护国家政权的一种必要手段。伊凡三世时,那些"不服从大公的领主被处以死刑或流放"。伊凡四世时,领主们曾策划过一个反对他的阴谋,但被破获,而且"参加者都被处死"。③

中国刑法同样严厉打击这种犯罪。在唐律及之后各律中,都把这种犯罪称为"谋反"、"谋叛"等。"谋反"是指"谋危社稷";"谋叛"是指"谋背国从伪"④。对皇帝、皇权的危害也归入这些犯罪中。惩罚这类犯罪的刑罚是最为严厉的,除本人要被处死外,还要株连亲属,没收财产,连家中的"部曲"也要"没官"。⑤

危害国家政权的犯罪以推翻国家政权为最终目的,因此这种犯罪对统治阶级危害最大,直接关系到他们的存亡。也因为如此,古代东方的统治者无不用刑法明令禁止,并用最严厉的刑罚惩治,犯者一般都会被处死。从中也可见统治阶级对这类犯罪的态度和刑法的阶级本质。由于古代东方国家实行专制统治,国君的命运与国家政权的前途戚戚相关,因此古代东方刑法把对国君的不敬行为,哪怕只是指责,都认为是对国家政权的威胁或动摇,也要施以重刑。这不仅是为了打击犯罪者,也是为了起威慑作用,警诫人们不可犯有此罪,把它作为一种对付被统治者反抗的法制手段。

2. 侵害宗教的犯罪

这也是古代东方刑法的重点打击对象之一。宗教是统治者借以维持统

---

① 《古兰经》,第 82 页。
② 〔埃及〕穆罕默德·胡泽里:《穆罕默德传》,秦德茂等译,宁夏人民出版社 1983 年版,第 117、143 页。
③ 《苏联通史》第 1 卷,第 258、279 页。
④ 《唐律疏议·名例》"十恶"条。
⑤ 《唐律疏议·贼盗》"谋反大逆"、"谋叛"条。

第十一章　刑法（下）

治的精神支柱和手段，尤其是在希伯来、阿拉伯伊斯兰和印度这些盛行宗教的国家，侵害了国家宗教就会对统治者带来不利后果，因此古代东方法在承认和保护国家认可的宗教的同时，还用刑法严惩侵害宗教的犯罪行为。

　　在希伯来、印度和伊斯兰等宗教法国家中，刑法对侵害宗教行为的惩治非常严厉。希伯来刑法不允许有崇拜其他宗教和亵渎神灵的行为。摩西在"十诫"中规定："不可有别的神。"如果有人胆敢崇拜其他神，"那人必要灭绝"。另外，"亵渎主名者，必当治死，必当由会众用石头砍杀之。外邦客旅亦同"。①　印度刑法亦是如此。它从维护僧侣婆罗门的高地位等方面来体现对宗教的保护。《摩奴法论》规定：杀害婆罗门的人"叫做大罪人"，"应该将他们处死"。还有，"对于故意触犯婆罗门的低种姓，国王应该处以种种酷刑"。②　之后《那罗陀法论》进一步规定：如果有人"对婆罗门傲慢十足地教训他们的义务时，国王应指令用热油注入他的口和耳中"，"低种姓的人不管用哪部分肢体冒犯婆罗门时，则他的那部分肢体应被砍掉；这就是对他罪行的赔偿"等。③　伊斯兰刑法对伊斯兰教的维护不亚于以上两刑法。它把背叛伊斯兰教者作为严重侵害宗教的行为，并处以极刑。穆罕默德把叛教者，即"身在麦加背离正道者"，作为"真主最怒恨三种人"之一。④《古兰经》相应地规定："你们中谁背叛正教，至死不信道，谁的善功在今世和后世完全无效。这等人，是火狱的居民，他们将永居其中。"⑤此法还不容忍多神教徒。《穆罕默德传》载，在一次战争前，穆罕默德对大家说："谁杀死一个多神教徒，那个人的衣服和武器就归谁"，结果在"这次战役，杀死了多神教徒七十个人"。⑥

　　两河流域国家、俄国和中国虽非宗教法国家，但它们的统治者也懂得宗教的作用，也制订刑法保护宗教，打击侵害宗教的行为。楔形文字刑法要求神职人员严格履行宗教义务，不许他们亵渎神灵，否则要处以重罚。《汉穆拉比法典》规定，神妻或神姊不住于修道院并开设酒馆或进入酒馆饮西克拉酒的，就要被处死。⑦　楔形文字刑法还保护神物不受侵犯。《汉穆拉比法

---

① 《新旧约全书》，第92—93页。
② 《摩奴法论》，第195页。
③ 《古印度帝国时代史料选辑》，第129—130页。
④ 《布哈里圣训实录精华》，第191页。
⑤ 《古兰经》，第24页。
⑥ 《穆罕默德传》，第116页。
⑦ 《外国法制史资料选编》上册，第22页。

典》规定:窃取神之"财产者应处死,而收受其赃物者亦处死刑"。① 俄国的基辅大公弗拉基米尔为了"把北征服者的军事统治国拜占庭皇帝后裔的神权专制制度合为一体,从而同时成为他的臣民在地上的主人和天上的庇护者"②,基督教成了国教。从此,基督教便在俄国迅速发展起来。同时,俄罗斯刑法也开始保护这一国教。《一四九七年会典》规定:凡"到教堂偷窃或亵渎神圣"的,"应处以死刑"。③ 17世纪时还规定有反宗教罪,"犯有反宗教罪的得被活活烧死"④。此罪一直被沿用至19世纪。中国虽没有宗教法,但许多朝代都注意保护宗教在合法领域内的传播,并制定了一些保护这些宗教的刑法。从唐律保护佛、道两教的一些规定来看,涉及的范围包括:禁止诬告神职人士、保护神像等。而且,违犯这些规定者,受到的处罚也较严酷。《唐律疏议·贼盗》"盗天尊佛像"条规定:凡人"盗毁天尊像、佛像者,徒三年";"道士、女官盗毁天尊像,僧、尼盗毁佛像者,加役流"。

古代东方各刑法在对宗教的保护和对侵害宗教行为的打击方面有些共同之处,包括维护宗教的尊严、保护神庙的财产,还有对违犯者的用刑都较严酷等。但也有不同之处,其中是保护多神还是一神就有明显的区别。希伯来、伊斯兰刑法特别强调一神,对叛教、异教的都要严厉打击,直至要在肉体上消灭他们,它们的宗教法实是一教法,并非所有宗教的法。相反,楔形文字、中国刑法则是保护多教,只要这些宗教在合法的范围内存在,它们便不禁止,并一视同仁,因此不是保护一教而打击其他教。这与国家的体制和宗教地位都关系密切。希伯来和阿拉伯伊斯兰国家都实行政教合一的体制。这一体制决定了国教与国家政权粘合在一起,并可利用刑法打击叛教与异教者。两河流域国家与中国都非政教合一,宗教领袖不掌握国家政权,各宗教地位的落差不会太大,刑法中也不可能有像宗教法那样的规定,这样各种宗教就都可生存与发展。

3. 触犯伦理规范的犯罪

伦理规范也是人们的一种行为规范。它不仅涉及的范围比法律规范广泛,而且更注意从思想上培养人的识别丑恶的能力,提高遵守社会公德的自

---

① 《外国法制史资料选编》上册,第31页。
② 马克思:《十八世纪外交内幕》,载《马克思恩格斯全集》第44卷,第307页。
③ 《外国法制史汇刊》第1集,第208页。
④ 《苏联通史》第1卷,第363页。

第十一章 刑法(下)

觉性,促成良好的社会风气。因此,它更侧重于在思想上抵制犯罪的诱惑,增强预防犯罪的有效性。从这种意义上说,伦理规范具有法律所没有的优越性。治理国家需要把伦理规范与法律结合起来,如中国的统治者所言:"礼者,法之大分(本),类之纲纪也。""法者,治之端也。""治之经,礼与刑。"①伦理规范的重要作用决定了古代东方的统治者会用刑法保护它,并打击那些严重触犯它的行为。

两河流域国家就已重视家庭中的伦理关系,打击各种乱伦行为。早在公元前 2350 年左右,苏美尔城邦拉格什的统治者乌鲁卡基那(Urukagina)就规定:"昔日的女儿曾惯于嫁两个丈夫,(但)今天的女人(如果她们企图这样作)就被(上面刻着他们罪恶)用心的石头砸死。"②之后的《苏美尔法典》不允许养子女有对养父母不敬的行为,规定:如果他们对养父母无礼,说"尔非吾父,尔非吾母",那么他们"应放弃房屋、田、园、所有奴隶及其他财产,而此养子本身应按其全价出卖"。③《汉穆拉比法典》禁止不正当的性行为,规定:"倘自由民淫其女,则应将此自由民逐出公社。""倘自由民将一新娘许配其子,其子已与之发生关系,此后他自己淫之,而被破获,则应将此自由民捆缚而投之于水。"④希伯来刑法也惩治这类犯罪,规定:"凡咒骂父母的,总要治死他。他咒骂了父母,他的罪要归到他身上。""与其继母行淫的,就是羞辱了他父亲,总要把他们二人治死,罪要归到他们身上。与儿妇同房的,总要把他们二人治死,他们行了逆伦的事,罪要归到他们身上。"⑤

古代印度具有类似我国的伦理规范。印度统治者也重视用法律来促进伦理规范的遵守。一些严重违犯这种规范的行为,也要被作为犯罪而受到刑罚的制裁。我国唐代高僧玄奘在印度就看到,那些"犯伤礼义,悖逆忠孝"者要受到处罚,刑罚包括"劓鼻、截耳、断手、刖足、或驱出国、或放荒裔"。⑥伊斯兰刑法中也有伦理因素,并打击违反伦理规范的行为,特别是那些乱伦的荡妇。《古兰经》规定:妇女"应当是贞节的,不可是淫荡的,也不可是有情人的。她们既成婚后,如果作了丑事,那末,她们应受自由女所应受的刑

---

① 张国华主编:《中国法律思想史》,法律出版社 1982 年版,第 115 页。
② 《世界古代史研究》第 1 辑,第 8 页。
③ 《外国法制史资料选编》上册,第 1 页。
④ 同上书,第 35 页。
⑤ 《新旧约全书》,第 143—144 页。
⑥ 《大唐西域记·卷二·印度总述》。

罚的一半"①。俄罗斯刑法中的伦理因素虽然不多,但对触犯伦理规范的犯罪,如放荡罪、伤害风化罪,也要严惩。《一六四九年法典》第二十二章规定:男性或女性公民"同女人或男人私通,业经查实,对犯有如此违法、放荡罪的人应以严厉的惩罚,应鞭笞之"。在18世纪还设立了伤害风化罪,违者要被处以死刑。②

中国是一个很重视保护伦理规范的东方国家,它的刑法是礼与法结合的刑法。大量的伦理规范刑法化,刑法内容伦理化,是中国刑法的一大特点,代表性法典是唐律。它融进礼的精神,以礼为指导,因而人们评说它是一准于礼。在它规定的犯罪中,很多都是违礼行为,此处只举三例。唐律把颠倒君臣关系的行为作严重的违礼行为科究,规定:"对捍制使,而无人臣之礼者,绞。"唐律也惩治有损父子关系的行为,规定:"诸詈祖父母、父母者,绞;殴者斩。"唐律还不允许紊乱夫妻地位的行为,规定:"诸妻殴夫,徒一年;若殴伤重者,加凡斗伤三等。"③唐后各律也都亦步亦趋,只是在用刑上有些差异。

4. 侵犯人身和财产的犯罪

侵犯人身和财产的犯罪包括的范围很广,有杀人、伤害、强奸和抢劫、抢夺、盗窃、诈骗等。由于这类犯罪直接干扰了正常的社会秩序,破坏社会的安定生活,因此古代东方刑法也严科这类犯罪。

希伯来刑法严禁侵犯人身和财产的行为。摩西在"十诫"中明确规定:"不可杀人。不可奸淫。不可偷盗。"同时,还追究犯有此类行为人的刑事责任,规定:"要把那故杀人的杀了",而且"不可以收赎价代替他的命,他必被治死"。甚至触死人的牛也要被治死,即"牛若触死男人或者女人,总要用石头打死那牛,牛也必治死"。对于强奸犯罪,要"将那男子治死"。④ 在希伯来刑法以前的楔形文字刑法中,已有用刑罚惩处这类犯罪的规定。乌鲁卡基时已确定:"贼被用石头砸死",此石头上还要刻上他的罪恶"用心"。⑤ 之

---

① 《古兰经》,第60页。
② 参见《苏联国家与法的历史》上册,第139页。
③ 《唐律疏议·职制》"指斥乘舆及对捍制使"条,《唐律疏议·斗讼》"殴詈祖父母父母"、"妻殴詈夫"条。
④ 《新旧约全书》,第208、239页。
⑤ 《世界古代史研究》第1辑,第8页。

后《汉穆拉比法典》的规定更具体。"自由民窃取牛,或羊,或驴……则应处死。"①造成伤害的,要按同态复仇原则给予处罚。

印度刑法也以打击此类犯罪为己任。《摩奴法论》说:"国王应该尽最大的力量镇压窃贼。"此外,还规定了具体量刑。"偷盗粮食十罐以上者,应处以肉刑。"偷金银及上等衣物"达100以上者也应该处以死刑。达50以上者,规定要断其双手"。对于伤害犯罪,此法论规定:"打伤皮肤和打出血者应罚一百;打伤肌肉者应罚六尼施迦,而打伤骨头应驱逐出境。"②综合伊斯兰刑法对这类犯罪的规定,大致内容是:杀人同时抢劫的,处以斩首或钉死在十字架上;仅杀人的,处以斩首;只抢劫而未杀人的,交互砍手脚;对于既有抢劫又有杀人的故意,但尚未实施这种犯罪者,则处以酌定刑。③ 俄罗斯刑法对杀人、伤害罪的规定与以上各法基本相同。《一四九七年会典》规定:"杀害主人"、"偷窃中行凶"和"纵火以陷害仇人的",都"应处以死刑"。但对盗窃罪的处罚严于以上各法。此法典规定:即使是第一次偷窃,犯罪者也"应处以在市场上公开鞭笞刑,按法官的裁定缴付罚金,并追偿原告所遭受的损失";如是"第二次行窃的小偷应处以死刑,其财产偿还原告所遭受的损失,多余部分归法官"。④

中国刑法历来都把侵犯人身和财产的犯罪作为重点打击对象。战国时的《法经》已认为:"王者之政,莫急于盗贼。"同时,对这两种犯罪的用刑都很重。"杀人者诛,籍其家,及其妻氏。杀二人,及其母氏。大盗戍为守卒,重则诛。窥宫者膑,拾遗者刖,曰为盗心焉。"⑤到了唐代,唐律对这类犯罪作了比以往更为完整的规定,把侵犯人身的犯罪分为杀人、伤害、诬告和强奸、拐卖人口等,把侵犯财产的行为分为强盗、窃盗、诈骗、毁损公私财物和敲诈勒索等。在每一种犯罪中又分若干罪名,如杀人中就分为预谋杀人、故意杀人和过失杀人三个罪名。⑥ 同时还根据具体罪行对每一种犯罪规定了不同的量刑。如对伤害罪的量刑为:"伤及拔发方寸以上,杖八十。若血从耳目出及内损吐血者,各加二等。""折齿,毁缺耳鼻,眇一目及折手足指,若

---

① 《外国法制史资料选编》上册,第22页。
② 《摩奴法论》,第162—165页。
③ 参见《伊斯兰刑法》,第97页。
④ 《外国法制史汇刊》第1集,第208页。
⑤ 《七国考·魏刑法》。
⑥ 参见乔伟:《唐律研究》第7、8章,山东人民出版社1985年版。

破骨及汤火伤人者,徒一年。"①

古代东方刑法对这类犯罪的规定和打击,对于稳定社会治安和秩序有一定的积极意义,但那时占有大量生产和生活资料的主要是统治阶级成员,生命和财产是其进行剥削和延续剥削的基本条件,打击这两类犯罪对他们至关重要。被统治者充其量也只有少量生产资料和生活资料,并处在被剥削、压迫的地位,他们的生命和财产被统治者认为是无关紧要的。因此,古代东方刑法打击有关侵犯人身和财产的犯罪,主要是为了保护统治阶级成员的人身和财产,正如列宁所言:这些法律只是为富人的利益制定的。

5. 违反职务要求的犯罪

违反职务要求的犯罪,即职务犯罪。这种犯罪的主体是特殊主体,即官吏。职务犯罪搅乱了正常的国家管理秩序,影响国家机器的正常运转,并使吏治腐败,易引起公愤,威胁国家政权。尤其是在中央集权统治时期,它还直接有损皇权,削弱这种统治。因此,古代东方刑法专门规定职务犯罪,以肃正吏治,保证国家职能的实现。

在楔形文字刑法中已能看到对这类犯罪的规定。《汉穆拉比法典》规定:作为军事长官的"德若"或"卢布图",如果利用其职权"强制征募兵士"或派遣"代人服役的雇佣兵",那么"此德若或卢布图应处死"。还有,如果这些长官占取士兵"里都之所有物,伤害里都,以里都为雇佣,在法庭审判中将里都交付更有力之人,或占有国王赐予里都之物者",也"应处死"。② 此外,有关医生、建筑师等的职务犯罪也有相应的规定。希伯来刑法把职务犯罪分为收受贿赂和违法审判两大类,并规定:在各城中设立的官吏士师不可收受贿赂;听讼时,官吏不可偏袒贫弱,也不可徇庇豪强,应当按公平判断,违者要受到惩罚。③ 印度刑法强调国王与官吏都要恪守自己的职责,违者都要被追究刑事责任。《摩奴法论》规定:国王应认真履行公事,"安排好一切事务",并"始终专心地谨慎地保护百姓"。如果"哪个国王因愚蠢而鲁莽地削弱国家",那么"哪个国王不久就丧失国家、生命和族亲"。此外,"不讲

---

① 《唐律疏议·斗讼》"斗殴以手足他物伤"、"斗殴折齿毁耳鼻"条。
② 《外国法制史资料选编》上册,第24—25页。
③ 参见刘陆民:《希伯来法系初期立法之基本精神》,载《法学丛刊》第2卷,第7、8期合刊,1934年5月15日,第56页。

第十一章 刑法(下)

道德、皈依异端、强取豪夺、不保护百姓和鱼肉百姓的国王应该被认为是注定要下地狱的"。官吏更要秉公守法,否则也会招来大祸。《摩奴法论》还规定:"官吏如果贪赃枉法,国王就应该没收其全部财产。"① 伊斯兰刑法特别强调宗教领袖所派使者的职责,如果他们违背了神的意志就在受罚之列。《古兰经》说:"每个民族各有一个使者。当他们族中的使者来临的时候,他们要被秉公判决,不受冤枉。"如果他们违职,不仅穆罕默德"必审问曾被派去的使者",而且刑罚会"在他们过夜的时候,或在他们午睡的时候,降临他们"。② 《圣训》也说:使者"应听从穆斯林首领之话和服从他们的命令"③。俄罗斯刑法对职务犯罪同样作了规定。《一四九七年会典》中规定有"渎职罪"④;《一六四九年会典》第十章特别对司法人员作出了规定:如果他们由于"接受贿赂、友好或复仇,而吩咐书吏不按审理情况、不按经原告和被告签过字的原始记录写案件",一经查实,就要"处笞刑,鞭笞之"。18 世纪以后,俄罗斯刑法还把职务犯罪归为贿赂和不执行职务两大类。⑤

中国古代的统治者大多重视治吏,有关职务犯罪的规定特别详尽。相传,在夏朝已打击贪得无厌、败坏官纪的行为"墨"。《左传·昭公十四年》载,叔向曾说:"夏书曰,昏、墨、贼、杀,皋陶之刑也,请从之。"以后,惩治职务犯罪的规定常见史册。《尚书·吕刑》载,西周规定犯有滥用职权、私报恩怨、听从内人袒护之言、收受贿赂和接受他们请求等"五过"的,都要受处罚,即"五过之庇,惟官、惟反、惟内、惟货、惟来,其罪惟均"。到了唐代,有关这类犯罪的规定更为完备。唐律除设《职制律》专门打击犯罪官吏外,还在其他律中规定有这类犯罪,总归起来这类犯罪主要包括贪污、擅权、失职和违纪四大类,每类中又分若干罪名,如擅权中又可分为署置过限、非法兴造、擅自兴造、非法赋敛、擅奏改律令式、出使辄干他事和代署代判等。⑥ 唐律对于职务犯罪的处罚重于同类非职务犯罪。如公民侵占私田的,数额在一亩以下,只"笞五十"。而官吏利用职权侵占私田

---

① 《摩奴法论》,第 125、128、164、193 页。
② 《古兰经》,第 112、158 页。
③ 《布哈里圣训实录精华》,第 86 页。
④ 参见《苏联国家与法的历史》上册,第 85 页。
⑤ 同上书,第 139 页。
⑥ 参见《唐律研究》第十一章。

的,一亩以下要"杖六十"。① 唐后各代都在不同程度上沿用了唐律的规定。

　　除以上犯罪外,古代东方刑法中还规定了其他一些犯罪,如危害公共安全及军事等方面的犯罪等,在此不一一详述。另外,各国刑法中还有些特别规定。楔形文字刑法把男人向别人妻子做手势、接吻及女人向别人做手势都认为是犯罪。《亚述法典》规定:"(如果)某人向别人的妻子做手势,并且像对小孩子一样来对待她,有人以誓言揭发他并证明他有罪,那么应该割去他(一个)手指。(如果)某人吻了别人的妻子,那么就应该用斧刃(拉)开他的下嘴唇,并且把它割去。""如果某女人向人做某种手势,有人以誓言揭发她,那么她应交出三十明那黑铅,并应受二十杖责。"② 希伯来刑法把吃血作为重罪。"凡以色列家中的人,或是寄居在他们中间的外人,若吃甚么血,我必向那吃血的人变色,把他从民中剪除。"③ 印度刑法把不依法行刑也归为窃贼罪。《摩奴法论》规定:"应该打身体二背部而绝不打头部;不如此打的人犯窃贼罪。"④ 伊斯兰刑法禁止吃自死物、猪肉等及在禁内月作战等,违者要被罚。《古兰经》说:"禁戒你们吃自死物、血液、猪肉,以及诵非真主之名而宰的动物",违者"将受痛苦的刑罚"。"禁月内作战是大罪。"⑤ 中国刑法特别注重打击思想犯罪。在秦朝已是"诽谤者族,偶语者弃市"。汉代更有"腹非(诽)论死"。⑥ 明、清则大兴文字狱,许多所谓思想犯冤死黄泉,株连者不计其数。⑦ 这些特别规定反映出各国刑法中的某些特殊侧面,有助于人们更全面地了解古代东方刑法。

　　由于各刑法的差异,古代东方刑法中规定的罪名的量刑大多不同,有的甚至还相差较远,以其中的四种罪名为例,请见下表。

---

① 详见王立民:《略论唐律在发展唐前期经济中的作用》,载《法学》1988年第10期。
② 《外国法制史资料选编》上册,第58—59页。
③ 《新旧约全书》,第93页。
④ 《摩奴法论》,第163页。
⑤ 《古兰经》,第19、24页。
⑥ 《史记·高祖本纪》、《汉书·食货志》。
⑦ 参见郭成康等:《清朝文字狱》,群众出版社1990年版,第24—33页。

	子殴父	偷窃	伤害	通奸	资料来源
楔形文字刑法	断指	处死	自由民伤害自由民同态复仇	投河	《汉穆拉比法典》第7、132、195、196、197、200条。
印度刑法		偷窃金银衣物50以上断双手，100以上处死	打伤皮肤或出血罚100，打伤骨头驱逐出境	除婆罗门外，处肉刑或死刑	《摩奴法论》第162、165、168、193页。
希伯来刑法	治死		同态复仇	处死或用乱石砸死	《新旧约全书》"出埃及记"、"利未记"。
伊斯兰刑法		断手	同态复仇	打100鞭	《古兰经》第21、82、265页。
俄国刑法	鞭笞	第一次割左耳并监禁2年，第二次割右耳并监禁4年，第三次处死	砍1只手或1条腿割去鼻子或耳朵，或挖去1只眼睛	鞭笞	《一六四九年会典》第2、21、22章。
中国刑法	斩	不得财笞五十，一尺杖六十，五十匹加役流	瞎一眼徒三年，断舌流三千里等	奸者徒一年，有夫者徒二年	《唐律疏议》的《斗讼律》、《贼盗律》和《杂律》。

古代东方刑法中有关犯罪的规定，随着社会情况和统治者需要的变化也不断变化。这种变化包括设立新罪名、废除旧罪名和修正原罪名。古代东方各国刑法都有这种变化，这里仅以中国刑法为例。唐律虽对各种犯罪都作了较为完整的规定，但唐后情况发生了变化，有些罪名已不能适应形势的发展，因而唐后的《宋刑统》、《明律》和《大清律例》都对唐律作了不同程度的变动。首先，它们设定了一些唐律没有的罪名。《宋刑统·户婚律》新增了"户绝资产"、"死商钱物"和"典卖指当论竞物业"门等，新定了一些唐律中没有的罪名。《明律》与《大清律例》都在《户律》中新增了"盐法"、"私茶"、"匿税"等条，打击唐律没有规定的私营盐、茶和匿税不报等犯罪行为。其次，它们还废除了唐律规定的一些罪名。《宋刑统·诈伪律》弃去了唐律规定的"诈为官私文书及增减"条中的罪名。《明律》与《大清律例》废除的罪名比《宋刑统》多，仅在《户律》中就删去了"卖口分田"、"妄认盗卖公私田"、"盗耕人墓田"、"里正授田课农桑违法"等许多条及相应的罪名。最后，它们还改变了唐律原有的罪名。这主要分两种情况：一是原罪名的内容

没变,但称谓有变;二是原罪名的称谓没变,但内容有变。《宋刑统》把唐律的"大不敬"罪改称为"大不恭",但内容没变。还有,它虽沿用唐律的"恶逆"罪,可内容有变,"把杀师主入恶逆"。《明律》与《大清律例》也有同样情况。它们袭用唐律的"诈为制书"罪,但内容上增加了"口诈传"一层意思。还有,它们规定的"不应为"罪与唐律的"不应得为"罪有一字之差,但内容相同。①

古代东方各刑法中有关犯罪的规定都有个不断完善的发展过程,这里仅以俄国《罗斯法典》中的刑法为例。《罗斯法典》中最早的是《雅罗斯拉夫法典》,此法典中的犯罪仅有杀人、伤害和盗窃3个,内容十分简单。1072年施行的《雅罗斯拉维奇法典》除了增加抢劫罪外,还使以上各罪的内容更为具体,特别是增加了杀害、伤害和盗窃与王公贵族有关的内容。比如故意杀害王公总管者要被罚"命金",盗窃王公的马匹要被"罚金"等都是过去没有规定的。②12世纪中叶,出现了详编《罗斯法典》,其中包括《摩诺马赫法规》,其规定的犯罪比以往的更完善。第一,增加了新罪名。破坏他人财产罪是其中之一。"如果破坏野蜜蜂场地的栅栏,或者耕犁他人地界,或者损坏院落的藩篱。那么,处以十二格里夫纳之罚金。"③第二,使原罪名中的内容更具体。杀人罪是其中之一。它把原来的杀人分为杀王公的人、男女工匠、保育员等数种。第三,新规定了对无罪的认定。正当防卫是其中之一。"若在无可忍受的情况下,用剑打击对方,那么,他无罪。"④《罗斯法典》中有关犯罪的规定就这样一步步趋向完善。

四、刑　　罚

刑罚是刑法中不可缺少的组成部分,也是区别刑法与其他部门法的重要标志之一。古代东方刑法中的刑罚主要有死刑、肉刑、自由刑、羞辱刑和财产刑等数种。

1. 死刑

死刑是古代东方的常用刑,一般适用于最为重大的犯罪。在古代东方刑法中,有笼统称"处死"的。楔形文字刑法常使用"处死"。《乌尔纳姆法

---

① 详见王立民:《论唐后对唐律的变革》,载《华东师大学报》1991年第6期。
②③④ 《〈罗斯法典〉译注》,第21、28、103、65页。

第十一章 刑法(下)

典》规定:对通奸妇女,"他们应处死该女"①。《汉穆拉比法典》在许多处都规定有"处死"②。希伯来刑法把处死称"治死",规定打父母、拐卖人口等犯罪都适用"治死"。③ 俄罗斯刑法中也出现过"处死"。《一四九七年会典》规定:"如歹徒没有财产抵偿原告所遭受的损失,应立即将他处死。"④中国在先秦时期,"大辟"即为处死。《汉书·刑法志》载,周穆王时"大辟之罚其属二百"。

古代东方各刑法中更多的是一些具体的处死规定,种类繁多,本处只能列举一些常见者。楔形文字刑法中的常见死刑是投水和焚烧。《汉穆拉比法典》规定有"投入于河"、"投之于水"、"投于该处火中"和"应焚死"的死刑。⑤ 希伯来刑法中的常见死刑是用石砍杀和用火烧死罪犯。⑥ 伊斯兰刑法也常用这两种死刑。《古兰经》说:火刑是"以人和石为燃料"的刑罚。《穆士林圣训集》载有"安拉的使者用过乱石刑罚"的内容。⑦ 印度刑法中有剥皮和饿死的死刑。⑧ 中国刑法中的死刑特别多,仅沈家本在《历代刑法考·刑法分考》中经考证的就有磔、斩、绞、弃市、枭首、笞杀、剖心、凌迟、炮烙等二十余种,可谓五花八门了。俄罗斯刑法曾把死刑分为普通死刑和特种死刑两种。普通死刑有刀剑砍头、绞和枪毙;特种死刑有肢解、活埋、车裂、用金属溶液注入咽喉等。⑨

与死刑相联系的,还有株连。一些重大犯罪的罪犯不仅本人要处死,还要株连家属。希伯来刑法中有株连的规定。摩西在"十诫"中说,有"为自己雕刻偶像"等行为的,不仅要"追讨他的罪",还要株连"自父及子,直到三、四代"⑩。俄罗斯刑法也有这种规定。详编《罗斯法典》规定:无故杀人

---

① 朱承恩等:《〈乌尔纳姆法典〉和乌尔第三王朝早期社会》,载《历史研究》1984 年第 5 期,第 182 页。
② 《外国法制史资料选编》上册,第 21—22 页。
③ 《新旧约全书》,第 92 页。
④ 《外国法制史汇刊》第 1 集,第 212 页。
⑤ 参见《外国法制史资料选编》上册,第 21、23、31、33 页。
⑥ 参见刘陆民:《希伯来法系初期立法之基本精神》,载《法学丛刊》第 2 卷,第 7、8 期合刊,1934 年 5 月 15 日。
⑦ 《古兰经》,第 440 页。参见胡祖利:《回教法学史》,庞士谦译,月华文化服务社 1950 年版,第 79 页。
⑧ 参见《印度社会》,第 343 页。
⑨ 参见《苏联国家与法的历史》上册,第 138 页。
⑩ 《新旧约全书》,第 90 页。

的,要将其"妻子及孩子交付审判"①。《一六四九年会典》进一步规定:"叛逆者之妻、子女知悉叛逆的,也应处以死刑。"中国在先秦时已广泛使用株连。《尚书·甘誓》有"予则孥戮汝"之句,此"孥"即为子,说明当时已有株连至子的规定。战国的商鞅完备了连坐制度,株连涉及家属、邻里、同事、军队等许多方面。② 在唐代,株连受到限制,仅适用于一些最为重大的犯罪,如"谋反大逆"、"谋叛"等。③ 以后各代的律也贯彻了唐律的这一精神。

2. 肉刑

肉刑也是古代东方广泛使用的刑罚。由于肉刑有轻重之别,因而适用犯罪的范围较大。在古代东方刑法中能偶然见到称"肉刑"的。《摩奴法论》规定:喝酒者、窃贼等"如果不修罪苦行,他就应该依正法对他们处以肉刑的罚款"④。但大量使用的是各种明定的具体肉刑,总归起来有烙印刺字、割损人体器官或肢体和捶击人身三大类。

烙印刺字。这是一种在人体表皮上烙刺并留下印记的刑罚。烙刺的部位多为额部,也有面、手、背脊等处。希伯来刑法中有烙印的肉刑,当时规定可"以烙还烙"⑤。印度刑法对适用烙印的犯罪及图像、部位都有详尽规定。《摩奴法论》说:"对于玷污师父床第者,应该烙上一个女根;对于喝酒的人,应该烙上一个酒店的标记;对于窃贼烙上一个狗足;对于杀害婆罗门的人,应该烙上一个无头人",而且是在"额头上打烙印"。⑥ 伊斯兰刑法虽没有像印度刑法规定得那么详尽,但也有关于烙印的条款。《古兰经》规定:对于那些"借诈术而侵吞别人的财产"并"窖藏金银,而不用于主道者","要把那些金银放在火狱的火里烧红,然后用来烙他们的前额、肋下和背脊"。⑦ 中国有很长使用刺字刑的历史。早在先秦时就已有刺字刑,当时称"墨"或"黥"。在金时,用刺字代墨、黥。金太宗天会七年(1129年)诏:凡窃盗得物十贯以上者,"徒五年,刺字充军"⑧。明、清两代也都对窃盗犯使用刺字。《明律》和《大清律例》都在"窃盗"条中规定:"初犯并于右小臂膊上刺窃盗

---

① 《〈罗斯法典〉译注》,第51页。
② 参见栗劲:《秦律通论》,山东人民出版社1985年版,第243页。
③ 《唐律疏议·贼盗》"谋反大逆"、"谋叛"条。
④ 《摩奴法论》,第193页。
⑤ 《新旧约全书》,第92页。
⑥ 《摩奴法论》,第194页。
⑦ 《古兰经》,第142页。
⑧ 《金史·刑志》。

两字,再犯刺左小臂膊。"

割损人体器官或肢体。被割损的有耳、鼻、眼、牙、乳房、四肢和生殖器等,几乎遍及人体的所有外部器官和肢体。楔形文字刑法中就已有多种这样的肉刑。《汉穆拉比法典》规定有"割舌"、"割下乳房"、"断其指"、"割去一眼"、"击落其齿"、"割其一耳"等刑罚。① 在印度刑法中,断指是常见肉刑,还有"劓鼻"、"截耳"、"刖足"等。② 俄国《一六四九年会典》的第二十二章中规定的肉刑有"砍断其一只手或一条腿"、"割去其鼻子或耳朵"、"撕破其嘴唇"、"剜去其一只眼睛"。伊斯兰刑法中的肉刑不少,断手是主要肉刑种类之一。"阿依莎传,圣人说:'偷窃价值四分之一第纳尔之物的窃贼,其手当被砍断。'"③中国刑法中先后使用的这类肉刑也不少,周密在《中国刑法史》的"刑罚制度史一览表"④中所列的就有劓、刵、椓(宫)、膑、刖、断手、断舌、去眼等许多种。

捶击人身。这是一种用鞭、竹条或木棒捶打人体的刑罚,捶打部位有腿、背和臀,数目不等。古代东方刑法中的这种刑罚主要可分为鞭、笞、杖等。楔形文字刑法中就出现过鞭刑。《汉穆拉比法典》规定:如果自由民打了比他地位高的人的面颊,他就要"于集会中以牛皮鞭之六十下"⑤。希伯来刑法中有鞭责,而且对鞭责数目有明确规定。"按着他的罪照数责打,只可打他40下,不可过数。"⑥伊斯兰刑法中也有鞭笞的刑罚。"艾乃斯·本·马力克传,圣人曾令用蜜枣树枝和皮鞭抽打饮酒者。阿布·伯克尔司德克曾令鞭笞饮酒者40鞭。"⑦印度刑法要求国王"应该用鞭子、笞杖和绳子等等"惩罚有罪人。⑧ 笞刑和棍打是俄罗斯刑法中的常用刑。《一五五〇年律书》规定,收受贿赂的书吏、诬告者等都"应处以笞刑"。⑨《一六四九年会典》的第十章规定:申诉者进行诬告的,就"应处棍打"。中国是广泛使用鞭、笞、杖刑的国家。早在《尚书·尧典》中就已有"鞭作官刑"的记载,以后

---

① 《外国法制史资料选编》上册,第40—41页。
② 《大唐西域记·卷二·印度总述》。
③ 《布哈里圣训实录精华》,第190页。
④ 周密:《中国刑法史》,群众出版社1985年版,第440—480页。
⑤ 《外国法制史资料选编》上册,第40页。
⑥ 《新旧约全书》,第242页。
⑦ 《布哈里圣训实录精华》,第190页。
⑧ 《摩奴法论》,第193页。
⑨ 《外国法制史汇刊》第1集,第217、219页。

鞭虽不入"五刑",但仍不时被用,元时还有"去衣鞭背"[①]的情况。另外,笞、杖两刑在隋唐时被列入"五刑"以后,便被作为法定刑而适用于许多犯罪,直到清末法制改革后才被废除。中国对笞、杖刑的规定十分规范。自隋、唐始,各律都对这两刑的适用犯罪、笞杖数目和刑等、刑具、免刑范围等作了严格规定,违反者还要被追究刑事责任。[②] 其规范程度在古代东方名列前茅。

3. 自由刑

古代东方的这一刑罚主要是徒、流两种。在古代东方刑法中,这类刑罚不及以上两类刑罚普遍。印度刑法称流刑为"放荒裔",《大唐西域记·印度总述》中有把罪犯"放荒裔"的记载。俄国在12世纪时规定有流刑。详编《罗斯法典》规定:"如若某人无任何争执而袭击杀害对方"就要被"判处流刑"。[③] 18世纪以后,徒和流成了常用刑罚。流者被流放至其他郡,其中又分并处有期徒刑与不并处徒刑两种。徒者的期限从8个月至2年不等。[④]

在古代东方刑法中,中国刑法对徒、流两种刑罚的规定最为规范,其历史也最为悠久。早在《周礼·秋官·司圜》中已有徒刑的记载,说:"司圜掌收教罢民。凡害人者……任之以事而教之,能改者,上罪三年而舍,中罪二年而舍,下罪一年而舍。"春秋战国后,使用徒刑的记载逐渐增多。秦汉时的徒刑有了较为明确的期限,城旦舂、鬼薪白粲、隶臣妾、司寇等都是不同刑期徒刑的名称。[⑤] 北魏时始用"徒"的称谓,隋、唐把徒作为"五刑"之一。清末虽废除了"五刑",但徒刑却被保留下来,直至近现代。中国在《尚书·舜典》中已有流刑的记载,说:"流宥五刑。"秦汉时分别改称为"迁"和"徙边",南北朝的梁又复称"流"。隋唐时把流亦作为"五刑"之一,用至清末。[⑥] 唐律始对徒、流两刑作了非常规范的规定。徒分五等,每等半年,从一年至三年。流刑分三等,每等五百里,从二千里至三千里,均服役一年。还有加役流,流至三千里,服役三年。[⑦] 宋、元、明、清都在不同程度上沿袭唐律的规定。

---

① 《元史·刑法志》。
② 参见陈光中等:《中国古代司法制度》,群众出版社1984年版,第177—183页。
③ 《〈罗斯法典〉译注》,第51页。
④ 参见《苏联国家与法的历史》上册,第181页。
⑤ 参见〔日〕堀毅:《秦汉刑名考》,载《秦汉法制史论文》,法律出版社1988年版,第156—161页。
⑥ 参见刘海年等:《中国古代法制史知识》,黑龙江人民出版社1984年版,第98—101页。
⑦ 《唐律疏议·名例》"徒刑五"、"流刑三"条。

此外,在中国刑法中还有与流有关的刑罚,如充军。充军是一种把重犯人押到边远地区服苦役的刑罚,是仅次于死刑的重刑。宋代始有此刑。《宋史·刑法志》载有"决刺充军"之句。明代把此刑作为死刑的减等刑,所服之役很苦。《明史·刑法志》载:"明制充军之律最严,犯者亦最苦。"充军虽不入"五刑",但仍被广泛使用,直至清末。它与流刑有些区别。《清史稿·刑法志》说:"明之充军,义主实边,不尽与流刑相比附。"

4. 羞辱刑

此刑虽无皮肉之苦,但羞辱人格,给人带来精神创伤。古代东方的羞辱刑主要是剃去罪犯的鬓、发和须,适用于一些较轻的犯罪。古代东方有些国家的人们有留鬓、发和须的习惯,中国人还把保留鬓、发与孝联系在一起,认为"身体发肤,受之父母,不敢毁伤,孝之始也"①。强制性剃去鬓、发和须,使受刑人有别于普通人,并给受刑人以羞辱,这是羞辱刑的目的。

楔形文字刑法中有羞辱刑。《苏美尔亲属法》规定:子如果对其父、母说"尔非吾父"或"尔非吾母",那么此子首先要被"髡彼之发"或"髯彼之鬓"。②《汉穆拉比法典》规定:如果自由民诽谤神姊或自由民之妻,他就应被"髡其鬓"。③ 中国的羞辱刑主要是髡和完两种,主要适用时间是在秦汉前后。沈家本在《历代刑法考·刑法分考十一》进行论证后认为,髡是一种剃发的刑罚;完亦称耐,是一种剃去鬓、须,保留发的刑罚。他说:"髡者剃发,完者仅去须发,实不同也。""耐之罪轻于髡,髡者剃发也,不剃其发,仅去须发,是曰耐,亦曰完。"中国早在《周礼·秋官·掌戮》中已有髡的记载,说:"髡者使守积。"秦时常使用耐。《军爵律》规定:"从军当以劳论及赐,未拜而死,有罪法耐迁其后。"④秦汉时,髡、耐常与钳城旦舂合刑并用。《汉书·刑法志》载:"当黥者,髡钳为城旦舂。""罪人狱已决,定为城旦舂。"隋、唐以后,此两刑废止不用。

此外,古代东方还有一些其他的羞辱刑,如中国的"象刑"。它是通过"画衣冠、异章服"来羞辱受刑者。象刑的起源很早。《尚书·益稷》载:"皋陶方只厥叙,方施象刑。"《尚书·吕刑》又说:"象以典刑。"此刑的表现形式

---

① 《孝经·开宗明义》。
② 《外国法制史资料选编》上册,第 3 页。
③ 同上书,第 33 页。
④ 《睡虎地秦墓竹简》,第 92 页。

有多种,且与墨、劓、刖、宫、大辟五种刑罚有联系。战国时的慎到曾在《慎子》(佚文)中说:"以幪帕当墨,以草缨当劓,以菲屦当刖,以艾韠当宫,布衣无领以当大辟。"这一刑罚在秦汉后就不再使用了。①

5. 财产刑

这一刑罚在古代东方刑法中十分普遍,主要表现为罚金和没收财产两种。财产刑可单独适用,也可与其他刑罚同用,以增加处罚的严厉性。它的适用范围较为广泛,但主要是针对危害人身和财产的犯罪。对于重大的刑事犯罪,也以附加刑的面目出现。

希伯来刑法中有罚金的规定。长老拿住诬说女子者,就要"惩治他,并要罚一百舍客银子"②。印度刑法中有罚金和没收财产的刑罚。《法显传》中有"有罪者,但罚其钱"的史文。《那罗陀法论》规定,对最高等的暴行,要附加适用"没收全部财产";还规定,辱骂婆罗门的刹帝利,"必须缴纳一百(帕那)作为罚金"。③ 伊斯兰刑法中也有罚金和没收财产刑,基本情况是:"两种财产刑(罚金和没收财产)都为伊斯兰刑法所承认。在某些案件中,罚金的数额是由先知决定的,如在盗窃案中,被盗财产没有达到适用固定刑的最低数额,不交纳天课,等等。其他案件则留给法官去斟酌决定对犯罪人所处罚金的数额。"④俄罗斯刑法也规定有这两种刑罚。《罗斯法典》规定:"如果某人恶意杀害他人的马匹或其他家畜,罚金十二格里夫纳。"⑤《一六四九年会典》的第二章规定:叛逆者的"财产应予以没收"。

中国刑法对罚金和没收财产刑都有明确规定。不过中国把没收财产归为"没官",是"没官"中的一项内容。早在《周礼》中已有罚金的记载。《周礼·秋官·职金》载:职金"掌受士之金罚、货罚,入于司兵"。以后,罚金便不断被使用。出现钞后,罚金有改称为罚钞的。《元史·刑法志》载:"诸犯界酒,十瓶以下,罚中统钞一十两,笞二十;七十瓶以上,罚钞四十两,笞四十七。"唐律中有没官的规定,这似一种收归国有的刑罚。没官对象除财产外,还有田宅、奴婢等,因此这是一种外延比没收财产广的刑罚。唐律规定,凡谋反大逆者本人处斩,"十五以下及母女、妻妾、祖孙、兄弟、姊妹若部曲、资

---

① 详见张国华等:《中国法律史》,法律出版社1986年版,第21—23页。
② 《新旧约全书》,第93、239页。
③ 《古印度帝国时代史料选辑》,第129页。
④ 《伊斯兰刑法》,第116页。
⑤ 《〈罗斯法典〉译注》,第110页。

财、田宅并没官"①。《宋刑统》的规定与唐律同。《明律》与《大清律例》改"没官"为"入官",内容稍有调整,规定:"十五以上及母女、妻妾、姊妹,若子之妻妾,给付功臣之家为奴,财产入官。"②

与财产刑有关的还有赎刑。这是一种以金钱来代替其他刑罚执行的刑罚。多数古代东方刑法中有赎的规定。希伯来刑法规定:如果牛把人撞死了,牛的主人"必照所罚的,赎他的命"③。伊斯兰刑法也允许赎,"收缴赎金释放成俘"④。俄罗斯刑法以赎来代替血亲复仇的执行。详编《罗斯法典》规定:"废除血亲复仇,可以代之以金钱赎罪。"⑤中国对赎刑的规定不仅历史久远,而且十分详尽。早在《尚书·尧典》中就说:"金作赎刑。"唐律始对此刑作了详尽的规定。其中包括赎与"五刑"的金额折算,可赎的范围及限制等。唐后各律基本搬用唐律的规定。

古代东方的有些刑罚中,一种刑罚本身就由两种或两种以上刑罪构成,因而用一刑就等于用两刑或多刑。中国刑法中就有这样的刑罚。例如,髡钳城旦舂是把徒刑与羞辱刑合为一体的刑罚;"刺配"和"具五刑"都是含有两种以上刑罚的刑罚;"刺配"中含有墨、杖、流三刑。明人邱濬在《大学衍义补》中说:"宋人承五代之刺配法,既杖其脊,又配其人,而且刺其面,是一人之身一事之犯而兼受三刑也。""具五刑"包括了黥、劓、斩左右趾、笞和枭首五种刑罚,并依次——施行。《汉书·刑法志》载:"先黥、劓、斩左右止(趾),笞杀之,枭其首,菹其骨肉于市。其诽谤詈诅者,又先断舌。故谓之具五刑。"印度刑法中也有此类规定。《摩奴法论》规定:对于重犯人"应该首先用申斥惩罚,然后用责骂惩罚,第三用钱惩罚,然后用肉体惩罚"。如果这样还"不能够制止那些人,那么,他就应该把这四种惩罚全部对他们用上"。⑥ 即成了一刑四罚。

在古代东方刑法中,有的犯罪还适用于两种或两种以上单个刑罚。由于这些刑罚往往不属于一个刑种,因此实际上是一罪两罚或多罚。印度刑法中多次出现过这种情况。《摩奴法论》规定:如果一个低种姓的人试图与一个出身高贵的人同坐一个位子,他就要在"臀部被打上烙印,然后被驱逐

---

① 《唐律疏议·贼盗》"谋反大逆"条。
② 《明律·刑律》、《大清律例·刑律》"谋反大逆"条。
③ 《新旧约全书》,第92页。
④ 《穆罕默德传》,第120页。
⑤ 《〈罗斯法典〉译注》,第45页。
⑥ 《摩奴法论》,第149页。

出境"。还有,"与再生种姓通奸的首陀罗,如果女方无保护人,应处断肢和没收全部财产"。① 即都是两刑罚一罪。俄罗斯刑法中的规定也大致如此。详编《罗斯法典》规定,无故杀人的要被"判处流刑,财产没收"②。《一四九七年会典》规定:没有前科的小偷被抓获以后,"应处以市场上公开鞭笞刑,按法官的裁定缴付罚金"③。中国刑法中的这类规定也不少。《唐律疏议·贼盗》"谋反大逆"条中把死、流、没官三刑同适用在谋反大逆罪上。《明律》与《大清律例》都在《刑律》的"白昼抢夺"条中规定,凡在白昼时抢夺他人财物的,要并施"杖一百,徒三年"。无论是一刑多罚,还是一罪多罚,都是用刑严厉的体现,只是表现形式不同罢了。这又说明,古代东方的统治者为了自身利益,已到了不择手段的地步。

在有些古代东方刑法中,还规定有选择用刑,即对某些犯罪可在两种或数种刑罚中选择其中一项施用。印度、伊斯兰和俄罗斯刑法都有这样的规定。《那罗陀法论》规定:如果有人指责国王,那"国王应砍掉其舌,或没收其全部财产"④。《古兰经》规定:敌视"真主"使者等罪犯,要被"处以死刑,或钉死在十字架上,或把手脚交互着割去,或驱逐出境"⑤。《罗斯法典》规定:如果半自由民打自由民,那么要"为凌辱行为收取一格里夫纳;或者捆绑拷打";"仗势强奸少女者,应该立即处以断指,或者罚款六百"。⑥ 在楔形文字、希伯来和中国刑法中此类规定较罕见。选择用刑给司法官以量刑的余地,他们可根据同一犯罪的不同情节判定不同的刑罚,有一定合理性。但是,其弊端也是十分明显的。不法司法官易从中谋私,故意轻罪重判或重罪轻判,造成滥刑,破坏法制。

除以上一些刑罚外,古代东方各刑法中还有些特殊规定。如楔形文字刑法中有用盐擦嘴和驱逐出公社的刑罚。《乌尔纳姆法典》规定:如果女奴对主人出言不逊,要被"以1夸脱盐擦洗其嘴"⑦。《汉穆拉比法典》规定:如果自由民淫其女,就要被"逐出公社"⑧。此外,在印度刑法中还有用尿洗头

---

① 《摩奴法论》,第162、169页。
② 《〈罗斯法典〉译注》,第51页。
③ 《外国法制史汇刊》第1集,第208页。
④ 《古印度帝国时代史料选辑》,第130页。
⑤ 《古兰经》,第82页。
⑥ 《〈罗斯法典〉译注》,第169页。
⑦ 朱承恩等:《〈乌尔纳姆法典〉和乌尔第三王朝早期社会》,载《历史研究》1984年第5期,第183页。
⑧ 《外国法制史资料选编》上册,第35页。

剃发和驱逐出国的刑罚。《摩奴法论》规定:与再生种姓女子通奸的刹帝利,"应用尿洗头剃发"①。《大唐西域记·印度总述》中提到过"驱出国"等。

此外,在古代东方的史籍中还能见到一些法外之刑,即这些刑罚没有在法律中明确规定,而属司法者擅自施用。在俄国,死刑一度被作为法外之刑使用。苏联学者格·米·瓦里赫米托夫在考察了俄国 11 世纪的法制后说:"在'罗斯真理'(即《罗斯法典》)中没有谈到死刑,但在编年史却有很多材料来说明死刑适用。"接着他还举例作了说明。伊西斯拉夫王公把 1068 年进行反对其统治的组织者和参加者处死了;②还有,在 1570 年 7 月曾对司书尼·富尼科夫实施的"用水把他烫死"③的刑罚在法律中也未加规定。中国古代的法外之刑也不少,仅经沈家本用心考查过的就有:战国时的凿颠、抽肋;汉时的焚烧;魏晋南北朝时的以刀环撞杀、车裂、剥人之面、凿人之眼、凿顶;隋时的镮裂枭首、磔而射之;五代时的刷剔皮肤、醢、刳剔;辽、金时的腰斩、剖心、锯灼去皮截手足;明时的瓜蔓抄、剥皮、断脊、刺心、堕指等等。④ 这些法外之刑都十分残酷。它又一次证明,古代东方的统治者惯用酷刑来维护他们摇摇欲坠的政权。

古代东方各国刑法中规定的同名刑罚在执行方法上,有的基本相同,有的则不同。印度刑法和中国刑法中都有鞭刑,执行方法也相同。印度刑法规定:"应该打身体的背部而绝不打头部。"⑤中国刑法规定:"古之鞭于背。"⑥两者基本相同。俄罗斯刑法和中国刑法中虽都有死刑,但执行方式不尽相同。这两个刑法中的死刑只有绞和斩的刑名相同。俄罗斯刑法的法定死刑中的枪毙、肢解、活埋、用金属溶液注入咽喉和车裂,中国均不列入法定范围之内;中国的法定死刑凌迟,俄罗斯刑法中又没有。就是双方刑法都共有的绞,在执行中也不同。俄国的绞刑是吊死,即把绳索套在罪犯颈部,然后把人悬空而死;中国的则是勒死,即用绳的中央套在颈部,在绳的两头各由一个行刑手用棒穿到绳的顶端,两人同时旋转棒,收紧绳索,勒死罪犯。

古代东方的刑罚,大多单独使用,也有与民事、行政等制裁方式一起使用的。俄罗斯刑法中有把刑罚与民事制裁方式同用的规定。《雅罗斯拉维

---

① 《摩奴法论》,第 169 页。
② 参见《苏联国家与法的历史》上册,第 47 页。
③ 孙成木等:《俄国通史简编》上册,人民出版社 1986 年版,第 94 页。
④ 详见《历代刑法考·刑法分考四》。
⑤ 《摩奴法论》,第 163 页。
⑥ 《历代刑法考·刑法分考十四》。

奇法典》规定:偷船者除"应赔偿船主三十列查那"外,还要"向王公交纳六十列查那罚金"。① 即将民事赔偿与刑事罚金一并使用。在中国刑法中有把刑罚与民事、行政制裁方式同用的规定。唐律规定:放养畜产而"损食官私物者,笞三十",还要"偿所损"。还有,官吏"奸监临内杂户、官户、部曲妻及婢者",不仅要受刑事处罚,还要"免所居官"。② 前者把刑事笞与民事赔偿并用,后者把刑罚与行政制裁免所居官共用。

综观古代东方刑罚,残酷和严厉是基本特征。死刑中除少数外,大多给受刑人以极大的痛苦,其中中国的凌迟刑最具有代表性。这是一种用刀脔割人体,使受刑人慢慢痛苦地死去的酷刑。刑罚的残酷与否,以受刑人所受的痛苦程度及其时间为主要依据。刑罚给人造成的痛苦越大,时间越长,刑罚也就越残酷。凌迟刑是要受刑人"欲其死之徐而不速也"③,因而十分残酷。这还可从具体行刑方法看出。《读律佩觿》说:"陵(凌)迟者,其法乃寸而磔之,必至体无余脔,然后为之割其势。女则幽其闭,出其赃腑,以毕具命,支分节解,菹骨而后已。"最后,受刑人"肌肉已尽,而气息未绝,肝心联络,而视听犹存"④。其残酷程度令人咋舌。因此,有识之士叹言:此刑"感伤至和,亏损仁政,实非圣世所宜遵也"⑤。还有肉刑,不仅在受刑时要忍受极大的痛苦,还要终身残废,造成精神创伤,其残酷程度不言而喻。那些一刑多罚和一罪多罚的规定,大大加强了原有刑罚的严厉性,使仅犯一罪的罪犯要受到数刑的处罚,轻罪重罚在古代东方不在少数。古代东方的统治者也不隐讳这种残酷性和严厉性。阿拉伯伊斯兰国家的"真主"的使者公开告诫人民,刑罚是十分严厉的。《古兰经》多次强调:"真主的刑罚是严厉的。"⑥ 印度法也以严刑威胁百姓。《摩奴法论》说:"应该对敌人严惩不贷",还要使"整个世界为刑杖所制服"。⑦ 在这以前两河流域的统治者也明告天下,要用严刑消灭"国中不法与奸宄之徒",并使他们"绝子灭孙"。⑧ 俄国的沙皇也是如此。1564 年 7 月伊凡四世在一封信中明言要用严厉的惩罚

---

① 《〈罗斯法典〉译注》,第 34 页。
② 《唐律疏议·厩库》"官私畜损食物"条、《唐律疏议·名例》"免所居官"条。
③ 《历代刑法考·刑法分考二》。
④⑤ 陆游:《渭南文集·条对状》。
⑥ 《古兰经》,第 22、23 页。
⑦ 《摩奴法论》,第 117 页。
⑧ 《外国法制史资料选编》上册,第 48、50 页。

对付违抗皇命者。① 中国古代统治者及其代表人物的这类思想和语言就更多了,战国时就有不少。商鞅主张:"行刑,重其轻者。""以刑去刑,虽重刑可也。"管仲认为:治国要"令重而下恐"。韩非也认为:"欲治者奚疑于重。"②

古代东方刑罚的残酷性和严厉性与专制制度有必然联系。那时,以专制制度为主要的政治制度。在这种制度下,君主集权,人民无权。君主颁布法律,任命官吏,搜刮和挥霍人民的钱财,人民对立法和监督管理一概不得过问。这种"搜刮"往往肆无忌惮,惨无人道。人民忍受不了这种搜刮,不得不进行各种反抗。人民越是反抗,君主的用刑就越加重,残酷和严厉随之而生,最后导致人民起义。古代东方各国的情况基本如此。

从法定刑来看刑罚的发展过程可发现,奴隶社会与封建社会后期的刑罚尤为残酷。以刑法较为发展的中国为例。在奴隶制时期出现了墨、劓、膑、宫和大辟等酷刑,且以肉刑为多,十分残酷。进入封建社会以后,特别是汉以后,地主阶级多次改变刑制,逐渐废除了一些残损人的肢体和器官的肉刑,死刑也作变改,至隋、唐时正式确立了笞、杖、徒、流和死五刑。此五刑与奴隶社会的刑罚相比,显然是文明多了。可到了封建社会后期,又出现了以中国历史上最为残酷的刑罚凌迟为代表的一些酷刑。凌迟刑在辽后作为法定刑使用,特别在《明律》与《大清律例》中适用于多种犯罪。找其原因固然有多种,但需特别注意的是它与社会的文明和社会基本矛盾运动的联系。在奴隶制时期,人类刚踏进有文明的门槛不久,文明程度不高,刑罚中亦留有原始社会带来的痕迹,比较残酷。进入封建社会后,各种关系得到调整,社会基本矛盾不那么尖锐,社会也比较发展,同时地主阶级也总结了前人用刑的经验和教训,改革原刑制,以致出现了唐代的轻刑局面。可宋以后,封建社会逐渐走向没落,社会基本矛盾又趋激化,阶级斗争也渐渐激烈,地主阶级感到不用重刑不足以维持自己的统治地位,于是又推出重刑政策,开国就用重典,并用已取得的文明方法运用在不文明的行为上,制造或重用酷刑,把凌迟等酷刑纳入刑典,作为法定刑被合法使用。这样,中国刑罚在发展过程中也就出现了两头残酷中间稍缓的现象。

---

① 参见《俄国通史简编》上册,第89—90页。
② 参见张国华编著:《中国法律思想史新编》,北京大学出版社1991年版,第125、159、170页。

五、东方刑法在近现代的变化

进入近、现代以后,东方国家先后不同程度地接受了资本主义,东方刑法发生了很大的变化,包括制订刑法典、引进西方先进的刑法原则和制度、改革罪名和刑罚等诸方面。制订刑法典是当时东方各国刑事立法的一个重大步骤和趋势。根据国际法律科学协会编辑的《国际比较百科全书》第1卷《各国情况报告》的记载,一些原属适用印度法和伊斯兰法的东方国家都在近、现代颁行了刑法典,其中较早的有印度(1860年)、缅甸(1860年)、黎巴嫩(1858年)等。① 俄国在1864年进行司法改革后,颁布了治安法官使用的刑罚条例,1885年又颁布了《刑罚与感化法典》。这两个法律已具备一些刑法典的性质,尽管在内容上还不及刑法典完整,但它已不再是混合性法律。1903年,俄国的新刑法典被批准实施。中国在古代虽已有刑法典,但在进入近代以后,又重新安排其结构和内容,使其也跟上世界刑法发展的步伐。1910年5月,清政府颁行《大清现行刑律》,把它作为向近代刑典过渡的刑律。1911年1月,清政府再颁行《大清新刑律》,这是中国历史上第一部近代意义上的专门刑法典。此后,北洋政府和国民政府也相继颁布过刑法典。此时制定的刑法典无论是体系还是内容,都接近西方先进国家。如中国的《大清新刑律》即采用了分为总则与分则两大块的新体系。总则规定一般原则,内容包括犯罪构成、刑法效力和刑罚等;分则规定各种具体犯罪,法条均由罪名与法定刑两部分组成。其他东方国家的刑法典也大致如此。刑法典的出现,把东方的刑事立法推上了一个新台阶。它可较为完整、系统地容纳刑法内容,使刑法成为一个完全独立于其他法的部门法,改变了古代东方国家(除中国外)把刑法与其他行为规范或其他部门法混编的格局,在东方刑法史上是一个新的里程碑。

东方各国在制订刑法典的过程中,引进了不少西方近、现代刑法中的基本原则和制度。印度1860年的刑法典大量援用英国刑法的原则和制度,所以有人说:"由英国法学家制订的这部1860年印度刑法典在它完成时看来还是以普遍法为基础的",而且"以英国法学家的概念和思想方法为依据,因此人们把它看成是适用英国的真正的样板法典"。② 在阿拉伯的伊斯兰国

---

① 《各国宪政制度和民商法要览》(亚洲分册),第318、157、101页。
② *The Common Law in India*(1906),pp. 127—128.

第十一章 刑法(下)

家,早在奥斯曼统治时期就开始引入一些西方的刑法原则。1840年5月颁布的以"塞扎·卡依纳梅锡"命名的刑法,根据法国刑法起草,其中已"包含了西欧资产阶级刑法的若干原则"①。1858年再次颁布的新刑法,内容比以前的更详尽,而且主要部分均直接抄袭法国刑法。西方的刑法原则与制度不断移植至阿拉伯伊斯兰国家。到了20世纪,这种移植的速度加快了,土耳其于1926年根据意大利刑法制定了自己的刑法典,伊朗于1927年依据法国刑法制定了刑法典等等。②一时,这些国家的刑法面目大改,传统刑法遭到猛烈冲击,纷纷败阵,先进的西方刑法原则和制度则蜂拥进入东方刑法。这在中国的《大清新刑律》中同样能看到。此刑法典把西方刑法中的罪刑法定、正当防卫、紧急避险等一些原则和制度都作了规定。它的第10、15、16条分别明确规定:"法律无正条者不问何种行为不为罪";"对现在不正之侵害而出于防卫自己或他人权利之行为不为罪";"避不能抗拒之危难强制而出于不得已行为不为罪。"③这些在以前的刑法典中均不可见。在吸收西方刑法原则和制度的同时,一些与之相冲突的传统原则和制度则被弃去。《大清新刑律》不再使用"八议"、"十恶"和亲属相隐等原则和制度。

东方刑法在那时的另一个重大变化是改革罪名和刑罚。由于近、现代的印度刑法是根据英国刑法所制定的,因而原刑法中的一些罪名和刑罚也作了相应的变改。一些与种姓等级有关的罪名及肉刑等均被取消了。阿拉伯伊斯兰国家也有同样的经历。在它们的刑法中出现了一些原来没有的罪名,如毒品罪等,同时还改变了原来大量使用的肉刑。俄国的这一进程并不逊色。1885年的《刑罚和感化法典》突出保护工厂主的利益,规定凡是鼓动罢工的都要受到严厉的惩罚。1905年12月颁布的法令进一步加强了对罢工者的镇压,规定"罢工参加者组织者都要受监禁处分"④。这也是以前所没有的。另外,刑罚也以罚金、拘役、监禁等取代以前的各种酷刑。中国的这类改革虽晚于以上一些国家,但在《大清新刑典》中也迈出了一大步。它规定了一些以前刑律中所没有的外患罪、妨害国交罪、妨害交通罪等新罪名,并且废止了通行中国千余年的"五刑",把刑罚分为主刑和从刑。主刑分为:死刑、无期徒刑、有期徒刑、拘役和罚金;从刑分为:褫夺公权和没收。罪名与刑罚是刑法中的两大重要组成部分,也是刑法内容的具体体现,它们的

---

①② 陈恒森:《伊斯兰的历史发展》,载《苏州大学学报》1987年第3期。
③ 《中国法制史资料选编》(下),群众出版社1988年版,第1037页。
④ 《苏联国家与法的历史》上册,第212页。

改革告示着刑法内容的改革。

因为近、现代一些东方国家的版图与古代不同,大多是一国变成了数国,所以原同一地域中现在各国的刑法内容也不相同,甚至同一罪名的内涵和用刑都有差异。以阿拉伯伊斯兰一些国家对战时通敌罪的规定为例,摩洛哥刑法规定,此罪包括在战时拿起武器反对自己的国家、直接与敌国联系、为外国入侵者提供各种便利或为他们招募军队等行为,刑罚是枪毙;阿联酋刑法把对国王动武和威胁国王的健康、自由、生活都归入此罪,并根据情节量刑,重者处死,轻者坐牢14年和罚金并罚;也门刑法规定,站在外国立场上发动政变、出逃或拒绝回国均属此罪范围,科罚幅度为15年以上徒刑至死刑,并均附罚没收财产;叙利亚刑法规定,拿起武器与敌人站在一起,战争开始时还留在敌营的都构成此罪,刑罚从有期徒刑至死刑不等;约旦刑法规定此罪的范围主要是拿起武装站在敌人阵营反对本国、策反本国军人为外国入侵者服务,在战时破坏国家的仓库和交通,加入敌军等,处刑从有期徒刑至死刑。① 从以上各国的规定中,便可窥知近、现代东方各国刑法内容之不同了。

东方国家虽更新了刑法,但这并不意味着在它们的刑法中就没有传统刑法的残留了,相反,即使在20世纪,这种残留仍十分明显。在阿拉伯伊斯兰各国的刑法中,原伊斯兰刑法的影响仍然存在。在伊拉克,它的"立法体制体现着伊斯兰精神。伊斯兰法一直被适用",其中包括刑法。在卡塔尔,1970年颁布的《临时宪法》还称:"伊斯兰沙里亚是它立法的主要渊源",刑事立法"遵循神圣的《古兰经》戒律、圣行(先知穆罕默德的言行),通常还有伊斯兰法为原则作出判决"。② 在沙特阿拉伯,1977年7月国王的公主米沙因通奸而被枪决,她的情夫也因此而被杀头。还有,饮酒仍被认为是犯罪,违犯者要被鞭打。③ 这些都是原伊斯兰刑法中的规定。另有一些国家还实施那些较为残酷的刑罚。如当一个贼在刑罚执行期间说很饿时,他就会被释放,但是如果他再偷而被抓获时,就会被关在一只高于河面40英尺的铁笼子里,不给任何食物吃,直至饿死。一个出卖坏肉的卖者会受到把他的耳朵钉在肉摊上的刑罚。④ 甚至到20世纪80年代某些古老的罪名仍不时被

---

① 详见〔伊拉克〕萨阿德·易卜拉欣·阿兹米:《战时通敌罪比较研究》,巴格达文学出版社1985年阿拉伯文版,第56—60页。
② 《各国宪政制度和民商法要览》(亚洲分册),第258、69、73页。
③ 参见《伊斯兰教法及其在当代世界的影响》。
④ See *A Panorama of the World's Legal Systems*, Vol. II, pp.621—622.

第十一章 刑法(下)

使用。1985年中国某市向中东地区出口了一批塑料底布鞋。该地区人说,此布鞋的鞋底防滑纹酷似阿拉伯文的"真主"两字,意喻把伊斯兰教信奉的神踩在脚下。于是,这些国家不仅禁穿这种鞋子,还规定凡穿此鞋都要按亵渎"真主"罪论。后来,经过周旋,事态虽渐渐平息,但中国驻黎巴嫩大使馆仍遭到了枪榴弹的袭击,幸好无人伤亡。① 其他东方刑法中也有类似情况。在俄国的《刑罚与感化法典》中还保留着封建特权,规定"贵族、僧侣、名誉公民和两个基尔特的商人都免受体刑",但对那些"低级官等、服苦役犯和流放的犯人仍然保留体刑"。② 附在中国《大清新刑律》后的《暂行章程》继续规定一些封建性很强的内容,其中有关于干名犯义、存留养亲等。因此,近、现代东方刑法实是西方先进刑法与各国传统刑法的结合体。当然,其中前者所占分量较多,而且随着时代的发展,后者所占比例越来越少。

引起近、现代东方各国刑法变化的原因是多方面的,但最基本的是以下两点,即内、外部原因。先从外部原因来看。西方殖民主义者的入侵,不仅带来了商品和资本,还带来了法制,用以维护他们在东方国家的权益。又由于刑法的特殊作用,他们无不注重用有利于自己的西方刑法来替代、更新受侵国刑法,打击那些有损自己"合法"权益的犯罪行为。在那些东方的殖民地国家,西方的殖民主义者直接搬进本国刑法,并根据受侵国的特殊情况,改头换面加以使用,印度就是如此。印度刑法典是以英国为主的欧洲刑法典为依据制定的。"印度刑法典就是以欧洲刑法典为依据制定的,制定人是当时任立法委员的詹姆斯·斯蒂芬。"③在半殖民地国家,西方殖民主义者通过各种途径对东方国家的封建统治者施加影响,迫使他们改变原有刑法,制订有利于他们的新刑法。自18世纪始,奥斯曼统治的阿拉伯国家被西方入侵者瓜分,很快成了半殖民地国家,逐渐失去其独立性。刑法也是如此。那时的刑法实是法国刑法的翻版,正如法国学者查菲克·切哈塔所言:"严格地说就是所谓1840年《奥斯曼帝国刑法典》,它是在1810年《法国刑法典》的特定影响下制定的。"④在中国,1840年的鸦片战争后,西方列强争先恐后地涌入中国,这个古老的封建国家很快沦为半殖民地半封建国家,到了20世纪初,清政府只剩一个躯壳,内核却是列强的。为了迎合列强的侵略

---

① 参见《发生在黎巴嫩的"鞋底事件"》,载《报刊文摘》1992年3月10日。
② 《苏联国家与法的历史》上册,第194页。
③ *A Panorama of the World's Legal Systems*, Vol. II, pp.621—622.
④ 《法律结构与分类》,第240页。

需要,苟延自己的表面政权,清政府不得不提出"新政",其中包括制定新刑法,即所谓"交涉刑律"①。于是清政府成立了修律馆,不久《大清新刑律》也出笼了。正因为新刑法是在这种特殊条件下制定的,所以在内容上明显地反映出为殖民主义服务的内容。中国的《大清新刑律》专门设定"国交罪",规定凡犯有危害、不敬、侮辱外国首脑代表等妨害国交行为的,都要受到严惩。就是借用"外国勋章"这样的情事,都要"处四等以下有期徒刑、拘役或三百圆以下罚金"②。俄国虽不像以上这些东方国家那样处于奴役或半奴役状态,但也受到西方法制的影响。为了加快本国资本主义进程,加强资本主义法制,俄国也仿照西方国家制订新刑法。一位苏联专家认为:俄国刑法典也"贯彻了资产阶级刑罚体系的原则"③。西方刑法的引进,虽有利于殖民主义者,但也不能不看到,这种引进在客观上也加速了东方刑法的发展步伐,甚至使它脱胎换骨,进入更高层次,同样有利于刑法这一部门法本身的进化。

再从内部原因来看。东方国家进入近代以后,社会情况发生了很大变化,原刑法已无法满足社会的需求。这促使东方国家不得不考虑改革原刑法,制订新刑法,特别是刑法典。于是,中国刑法中有了外患罪、妨害交通罪,阿拉伯伊斯兰刑法中有了毒品罪等。由于新刑法与传统刑法有较大区别,因而在制订时就免不了会出现不同意见,甚至争议。在阿拉伯伊斯兰国家确定毒品罪的过程中,就有过不同意见。一种意见认为,先知(穆罕默德)并未禁止过吸毒行为,因此不应以此为罪;另一种意见认为,伊斯兰刑法连饮酒都要处罚,何况吸毒,因此主张引进、制定毒品罪。但是,日益严重的吸毒问题使这些国家不得不决定在刑法中增加毒品罪,打击制毒、贩毒、吸毒行为,同时认为制造毒品的植物在13世纪才被发现,在这以前的先知当然不可能对这一问题作出规定。于是,伊拉克在1933年发布了第一个打击毒品罪的第12号法令。1968年"7·17"革命后,伊拉克对毒品罪的惩治更为严厉了。④ 这类罪名的出现,使人们对有些学者提出的回教原理即"可以满足现代的以及将来的种种需要"、"有回教法律,便无需采用外国法律"⑤的

---

① 《张文襄公全集·卷五十四》。
② 《中国法制史资料选编》(下),第1041页。
③ 《苏联国家与法的历史》上册,第194页。
④ 参见〔伊拉克〕萨巴赫·卡尔姆·夏阿邦:《毒品罪比较研究》,巴格达文学出版社1984年阿拉伯文版,〔第53、57、60、86页。
⑤ 《回教真相》,第84—85页。

第十一章　刑法（下）

正确性表示怀疑。此外，另有一些半殖民地半封建国家把刑法的更新作为法制改革的一项重要内容，并把它作为一种改变国家落后现状的途径，中国即是如此。那时的一些有识之士把中国与日本作比较，强调变法的重要性，说："日本旧时制度，唐法为多，明治以后采用欧法，不数十年遂为强国。"①在日益高涨要求变法的呼声中，更新刑法也开始了，清政府除了派员到国外考察外，还引进世界先进刑法典，其中包括法国、德国、俄国、荷兰、意大利、瑞士、芬兰和日本等国的刑法典。另外，还邀请外国刑法专家来华讲学、帮助制订刑法典。日本法学博士冈田朝太郎就受聘从事过此类事务。"法律学堂开课延聘日本法学博士冈田朝太郎主讲刑法"，还参与《大清新刑律》的制定，"易稿数四，前后编定总则十七章，分则三十六章，共三百八十七条"。②这部刑法典也确实反映了一些日本刑法的特点，大量减少死刑就是一例。日本刑法的死刑"止二十余条。中国死刑条目较繁"，于是就"酌减死罪"。③当然，镇压国内人民各种形式，特别是新形式的反抗，是东方各国刑法内容得以改变的一个重要原因。在俄国更是如此。"在俄国，资本帝国主义较薄弱，而军事封建帝国主义是比较强大的。"④为了对付19世纪末20世纪初俄国工人发起的不断高涨的罢工运动，俄国资产阶级新定了罢工等罪，企图用专制、严刑等高压手段来平息日趋尖锐的阶级矛盾，但结果却与他们愿违，十月革命的胜利，把他们及其法制都一起彻底埋葬了。

---

① 《寄簃文存·新译法规大全序》。
② 《清末筹备立宪档案史料》下册，中华书局1979年版，第845页。
③ 同上书，第847页。
④ 列宁：《第二国际的破产》，载《列宁全集》第2卷，第635页。

第十二章 民　　法

在古代东方法中，民法亦是一个很重要的法律部门。它调整民事法律关系主体间的财产关系和人身关系，对于维护社会的经济秩序、保证商品的正常交换和流通，都起着极为重要的作用。本章主要阐述所有权、债权和继承权中的一些问题。

一、所　有　权

所有权是所有人依法对自己的财产享有占有、使用、收益和处分的权利，是物权中的主要组成部分。它是一定历史阶段的所有制形式在法律中的具体表现，并以保护有利于统治阶级的所有制为首要任务。古代东方的所有权主要包括土地所有权、奴隶所有权和其他财产所有权等部分。

1．土地所有权

农业是古代东方的主要生产部门。土地是当时的主要生产资料，也是统治阶级剥削被统治阶级的重要工具。因此，古代东方民法特别重视对土地所有权的规定。由于国情不同，各国对土地所有权的规定也各有不同。

楔形文字民法把大多数土地归为国家所有，土地的使用者没有所有权，也不可买卖、遗赠、抵偿债务和作为赎金，《汉穆拉比法典》对此有明确规定。它规定国有土地不可买卖，说："里都、巴衣鲁或纳贡人之田园房屋不得出卖。"如果自由民买了他们的土地，也要"毁其泥板契约，而失其价银。田园房屋应归还原主"。还规定这种国有土地不可遗赠和抵偿债务，说："里都、巴衣鲁或纳贡人不得以其与所负义务有关的田园房屋遗赠其妻女，亦不得以之抵偿债务。"也不得将它们作为赎金，说："里都或巴衣鲁于王命远征时被捕为俘"而需赎回的，"其田园及房屋不得作为赎金"。[①] 以上这些土地的使用人须按时交纳大量的实物收获品作为获得土地使用权的条件，古巴比伦国家就是凭借手中的土地对他们进行剥削的。当时，除有大量的国有土

---

① 《外国法制史资料选编》上册，第25页。

地外,还有少量的私有土地,它们可被买卖、遗赠或抵偿债务。《汉穆拉比法典》对此也作了规定,说:"如田园房屋系由其自行买得,则彼得以之遗赠其妻女,亦得以之抵偿债务。"同时,"买者应担负其所买田园房屋有关义务"①。从现有的土地买卖契约中也能看到,在当时的两河流域确有土地私有权存在。公元前1790年的里木新统治时期,一个叫阿皮里·阿穆鲁的曾用三舍客勒银子向辛·乌布拉木购买了一伊库处女地,并订立了契约。此契约说:"阿皮里·阿穆鲁向辛·乌布拉木购买了在阿皮里·阿穆鲁的(田地)旁、在纳税地旁,在比吐木拉比和他的兄弟塞普·辛的(田地)旁的一伊库处女地,辛·乌布拉木的处女地。他称出了全价三舍客勒的银子,他向南纳尔、(沙马什和)里木新王发誓,在将来他不毁坏契约。"②买卖意味着所有权的转移,契约是这种转移的法律凭据。这一土地买卖契约以当时工地交换的客观事实证明了那时土地私有权的存在。不过,这也不能否认那时土地国有权占主导地位的事实,因为当时的私有土地很少,面积也不大,十分之九不超过八九公顷。③

从现有史料来看,希伯来民法规定的土地所有权皆为国有权,没有私有权,至少在前期如此。最高统治者摩西曾向他的臣民们宣称:"土地不可永卖,因为地是我的,你们在我面前是客旅,是寄居的。"④这里的"不可永卖"正好说明土地的使用人没有所有权,只有使用权。这种使用权暂时的转移,转移的时间为49年。希伯来人把每7年定为一个安息年,过7个安息年,即49年后,第50年即为"圣年",又称"禧年"。在"禧年",人们要归还土地使用权。摩西曾规定:"第50年你们要当圣年","这禧年,你们各人要归自己的地业"。⑤

根据印度民法的规定,印度在奴隶制时期,全国的大部分土地也为国家所有。《政事论》对此作了较为具体的规定。它把国有土地分为国王分给人们耕作、没收的和森林等自然资源三大类,规定国王"给予各部门主管人(Adhyabsa)、理财官(Samkhyaka)等人和高帕(Copa)、斯塔尼迦(Sthanika)、训象人、医生、驯马人和信使(土地),不得买卖和抵押",这些土地仅为他们"使用一生"。国王"应没收不耕作者(的土地)给他人"。还有,"国王应保护已有的和新开辟的资源林和象林、水利设施以及矿藏",并且对水利设施

---

① 《外国法制史资料选编》上册,第25页。
② 周一良等主编:《世界通史资料选辑》(上古部分),商务印书馆1974年版,第94页。
③ 参见周一良等主编:《世界通史》(上占部分),人民出版社1973年版,第87页。
④⑤ 《新旧约全书》,第150页。

中的鱼、鸭、蔬菜也"拥有所有权"。①人们只有以上土地的使用权,没有所有权。到了封建时期,这种土地国有权仍依法存在,所以国王可以自己的名义赠地,受地者也因此而得到地税。现还能见到国王在当时的赠地敕令,下举两例为证。一是公元631年国王曷利沙曾颁令:"把这个村庄(苏马昆达卡村)按原来的边界,作为对婆罗僧侣的施舍,并附有获得村民的土地税,以及诸侯能要求的一切收入的权利",还说:"尔等即应承认这一赠赐,而愿服从我的命令的(村中)居民就应把收获物分额、货币税和可能实行的其他(税)"向他们交纳。二是在公元9世纪,帕拉瓦朝君主南迪瓦尔玛·帕拉瓦摩拉也颁行过赠地敕令。他在敕令中说:"为了纪念指挥官乌达耶钱德拉完成的胜利",国王决定"赠赐包括在指出的边界内的土地以及一切水源,使之免纳一切捐税"。②印度的这种土地所有权在社会生活中也得到了真实的反映,我国著名佛僧玄奘返国后追忆说:"五田之内,大分为四:一充国用、祭祀粢盛;二以封建辅佐、宰臣;三赏聪睿、硕学、高才;四树福田,给诸异道。""宰、牧、辅臣、庶官、僚佐,各有分地,自食村邑。"③这一切的基础是土地为国家所有。同时,印度还存在土地私有权,奴隶制时期已是这样,《政事论》就有这种规定。它把私有土地分为国王赠给贵族的和新开垦的两部分。在这两部分土地中,前者可被继承,后者的所有权不能被剥夺。国王"应给予祭官、国师、王室祭司、博通吠陀的婆罗门以婆罗马推耶(Brahmadeya)土地,不收罚金和税收,由其继承人世袭","不得剥夺耕作者正在开垦的荒地"。④之后的《那罗陀法论》又规定:"三代相继据有的土地","人们不能靠强占使之脱离(其合法的主人)"。⑤这种私有土地可以买卖。《政事论》规定:其他人可"购买(出卖的)地产"。在买卖中首先"应宣布(出卖的)土地"的边界。⑥除以上两种土地所有权外,印度还有土地集体所有权,即村社占有的土地。《政事论》认为,村社土地的所有权归村社成员所有,当这种所有权发生争议时,"邻居和长老应解决土地纠纷。当他们有分歧时,应按照多数的、高尚的、有威信的人(的意见)决定,或折衷处理"⑦。

在阿拉伯伊斯兰国家,土地所有权也为国家所有。《古兰经》多次申明:

---

① 《古印度帝国时代史料选辑》,第34—35页。
② 《世界通史资料选辑》(中古部分),第103、105页。
③ 同上书,第145页。
④⑤ 《古印度帝国时代史料选辑》,第47页。
⑥ 同上书,第125页。
⑦ 《古印度帝国时代资料选辑》,第47页。

第十二章　民法

"天地万物,只是真主的。"①其中自然包括土地,"天地的国土是他(真主)的"②。可是,"真主"无形无踪,只能由他的使者,即国君代行,因而实为国家所有。在以后的奥斯曼帝国时期,这种土地所有权形式依然存在,那时的统治者用国有土地赐给那些作战有功的官兵。"奥斯曼的统治者受用塞尔柱、阿拉伯和拜占廷的封建制度,赐给加齐和战士赖以为生的土地,土地的实际分配由战地司令执行。越是勇敢,得到的采地就越多。赐与地的最小单位是提马尔,功劳增多,采地也随之增加。"③

俄罗斯民法把土地所有权主要分为国有和私有两大类。领地和部分世袭领地属于国有。这些领地如果改变田界、交换土地,均需得到皇上恩准。《一六四九年会典》在第十六章中规定:这些领地主要"变更自己的田界,应呈请皇上恩准";"有人以自己的领地或世袭领地同农民换得农民居住的领地、或世袭领地、或空荒的世袭领地,则应呈请皇上恩准"。这类国有土地也不可抵押或出卖,否则就要被没收。此法典继续规定:"确实抵押了自己的领地或出卖了自己的世袭领地,那么这些领地、世袭领地应予以没收。"还有部分世袭领地(主要是祖传或职务世袭领地)和少量的农民土地为私有。这部分土地可以被继承、买卖和抵押。《一六四九年会典》在第十七章中规定:"世袭领地主去世,其世袭领地可按其遗嘱的规定给予侄子、孙子"等人;"有人将祖传或职务世袭领地出售或抵押,则其儿子与孙子不得过问、干涉此世袭领地,今后也不得买回"。农民也有少量私有土地,俄罗斯法也保护这种土地所有权,惩罚侵害这种土地的行为。《摩诺马赫法规》规定:"如果主人残酷虐待债农,克扣他的酬金,抢夺其土地和财产。那么,应全部归还他,并因为这种不法行为支付六十库纳。"④

中国在夏、商和西周三代,土地所有权只有国有一种形式,以国王为代表的国家拥有全国的所有土地。"溥天之下,莫非王土,率土之滨,莫非王臣"⑤,正是这种所有权形式的真实描绘。春秋、战国时期,封建制生产关系迅速发展,各国在继续维护土地国有权的同时,开始承认土地私有权。鲁国于公元前594年实行"初税亩",最早确认土地私有为合法。之后,商鞅在变

---

① 《古兰经》,第71、72、76页。
② 同上书,第272页。
③ 〔美〕西·内·费希尔:《中东史》(上册),姚梓良译,商务印书馆1979年版,第228页。
④ 《〈罗斯法典〉译注》,第96页。
⑤ 《诗经·小雅·北山》。

法中也肯定了土地私有权,他"改帝王之制,除井田,民得买卖"①。秦始皇统一中国后,曾使"黔首自实田",把土地私有的范围推向全国。随着封建制度的不断发展,土地私有权的适用地域也逐渐扩大,私有土地日渐增多,唐代的私田,已有口分田、户内永业田、官人永业田、园宅地、赐田、墓田等多种。② 明、清时封建土地国有权衰落,土地私有权急剧发展起来。这加剧了土地兼并和贫富的严重分化,以致在明末出现了"有田者十一,为人佃作者十九"③的情况。中国的封建法律通过保护公、私田,来维护国有和私有土地所有权。唐律禁止人们非法占有、盗耕、盗卖公私田等行为,而且处罚比较严厉。如占田过限的"一亩笞十,十亩加一等";盗耕公私田的"一亩以下笞三十,五亩加一等";盗卖公私田的"一亩以下笞五十,五亩加一等"。④ 唐后各封建朝代也都有相似的规定。

综观古代东方的土地所有权,在很长时间内以国有为主。国有土地所有权为以国君为代表的国家所有,即为楔形文字法、希伯来法和印度法中的国王,伊斯兰法中"真主"的使者,俄罗斯法中的"皇上",中国法中的王和皇帝等所有。这种土地所有权的形成与当时的政治统治形式有直接关系。那时实行的是专制统治,土地国有形式又是确立这种统治的物质基础,古代东方的统治者正是依靠它才实行了专制统治。当时,他们利用了手中占有的土地,剥削广大被统治者,取得税赋,征得徭役,开动整个专制机器。如果没有这一基础,专制统治便会顷刻瓦解。土地私有权只是在商品经济有了较大发展的情况下才萌芽、成长起来的,根据古代东方各国的不同情况,有的出现在奴隶社会的中、后期,有的则更晚,要到封建社会。而且,它的发展还有一段漫长的行程,要取代国有制就更晚了,大多在封建社会的末期。

古代东方的土地所有权并非一锤定终身,相反,也有变化。那时的法律不仅规定了土地所有权形式,还规定了它们有条件的转移,归纳起来主要是以下三种。第一种是当土地所有人不存在时,国家有权出面把这种无主土地分配给他人所有,印度和中国法中有这类规定。《政事论》规定:"国王应把没有界标或无任何人享有的财产,施恩分配给其他人。"⑤中国也有类似情况,如经过隋末的动荡,唐初有大片土地荒芜,有些私有土地也成了无主

---

① 《汉书·食货志》。
② 参见潘维和:《中国民事法史》,台湾汉林出版社1982年版,第358页。
③ 《日知录·卷十》。
④ 《唐律疏议·户婚》"占田过限"、"盗耕种公私田"、"妄认盗卖公私田"条。
⑤ 《世界通史资料选辑》(上古部分),第215页。

土地,国家于是重新分配,实行均田,改变了这部分土地的原所有权。新的土地所有人在得到土地的同时,也要承担与之适应的义务,要交赋税等。第二种是私有土地除买卖外,还有其他一些改变其所有权的形式,如国家没收严重犯罪者所有的土地。以俄国和中国的规定为例。俄国的《一六四九年会典》在第二章中规定:"叛逆者的领地、世袭领地、财产应予以没收。"其中有部分是私有土地。中国的唐律及唐后的一些律都明文规定要重惩谋反大逆等罪犯,其中包括要没收其私有的土地。第三种是在土地的归属争执不下的情况下,国家可收归为国有。印度有这样的规定。《政事论》说:发生土地纠纷,而且"两者相持不下,国王则占有这份生产资料"[①]。即原不属国家所有的土地成为国有了。

古代东方土地所有权的发展趋向是国有权的成分渐渐减少,私有权的成分随之增多。以较为典型的中国为例。中国在夏、商和西周时期没有私有土地,也没有土地私有权。进入春秋、战国后,随着封建生产关系的迅速崛起,私有土地出现了,也有了土地私有权。这是对土地国有权的一种挑战,完全的土地国有权因此而遭到破坏。但是,到唐前期,仍未改变土地国有权占主导地位的状况,尽管那时的土地私有权成分已有一定增长。唐中期的均田制遭破坏后,情况骤变,国家对土地买卖的限制减少,土地买卖盛行,土地私有权成分随之大增,最终在明、清时土地国有权衰败,取而代之的是土地私有权。促使土地私有权发展的主要因素是商品经济的发展,其结果是把土地也作为一种商品进入流通、交换领域。于是,私有土地产生了,而且随着商品经济的不断发展,私有土地也越来越多,土地私有权不可避免地登上了历史舞台,并随着私有土地的不断增多,这种所有权所占的比例也不断增大,最后战胜国有权。当然,促进商品经济发展的原因还要追溯到社会生产力的发展,它是推动这种经济发展的根本动力。

2. 奴隶所有权

奴隶虽是人,但在古代东方,他们却没有、也不可能享有与其他人一样的权利。在法律关系中,他们不具有主体资格,而处在客体地位,是权利、义务指向的对象,与物、畜等没有什么两样。在奴隶制时期,奴隶没有独立的人格,完全依附于主人,被当作会说话的私有财产,甚至可以被任意屠杀和

[①] 《古印度帝国时代史料选辑》,第47页。

买卖。封建制取代奴隶制以后,社会中仍"包含着古代奴隶制的许多成分"①,其中就包括奴隶所有权。此时的奴隶虽已不再是奴隶制时期的奴隶,但他们的处境没有根本改变,法律地位也没有多大区别。俄罗斯法规定奴隶"像财物一样"②。中国法规定:"奴婢同于资财。"③古代东方的奴隶虽有官有、私有等多种,所有权也不一样,但奴隶私有权乃是主要的所有权形式,此处重点叙述这一所有权。

奴隶私有权表现在许多方面,奴隶们没有自由,受主人支配是其中之一。因为奴隶是其主人的私有物,所以他们的行为要受主人的制约,且有法律规定。楔形文字法认为,奴隶的许多行为均须得到主人的同意。《俾拉拉马法典》规定:奴隶如果"未经其主人许可,不得走出埃什嫩那的大门"④。伊斯兰法也给奴隶的主人以自由支配奴隶的权利。"奴隶主对于奴隶的人身及其劳动都有权自由支配。"⑤印度法规定:"奴隶是不能自主的。"⑥中国法中也有类似规定。唐律和《宋刑统》都说:"奴婢既同资财,即合由主处分。"⑦对此,一位中国学者作了客观的评说:中国的家奴"一旦属于主人以后,便完全丧失其自由及人格,成为一种商品,具有经济及劳动价值,或留供劳役,或当作商品转让出卖,全由主人任意处分"⑧。

奴隶可被其主人买卖,甚至还能继承、赠与、抵押、抵债等。楔形文字民法把奴婢与牛等畜物列在一起,作为可以交换的对象。《俾拉拉马法典》规定:自由民可以"购买奴、婢、牛或任何其他物品"⑨。希伯来民法也允许这种买卖。《新旧约全书·利末记》说:"奴仆、婢女可以从你四周的国中买。"印度民法不仅规定奴隶可以买卖,还可继承等。《政事论》说:奴隶可以"出卖和抵押",也可以是"继承的、赠与的、买来的"。⑩ 俄国到 12 世纪还明确规定可以用钱买奴隶。《摩诺马赫法规》说:可以用"半格里夫纳的身价购

---

① 恩格斯:《马尔克》,载《马克思恩格斯全集》第 19 卷,第 364 页。
② 《〈罗斯法典〉译注》,第 74 页。
③ 《唐律疏议·名例》"彼此俱罪之赃"条"疏议"。
④ 《外国法制史资料选辑》上册,第 10 页。
⑤ 〔德〕卡尔·布罗克尔曼等:《伊斯兰教各民族与国家史》,孙硕人等译,商务印书馆 1985 年版,第 53 页。
⑥ 《古印度帝国时代史料选辑》,第 111 页。
⑦ 《唐律疏议·户婚》"杂户官户与良人为婚"条"疏议"、《宋刑统·户婚》"主与奴娶良人"条"疏议"。
⑧ 《中国法律与中国社会》,第 225 页。
⑨ 《外国法制史资料选编》上册,第 9 页。
⑩ 《古印度帝国时代史料选编》,第 49—50 页。

第十二章 民法

买霍洛普"①。伊斯兰民法对奴隶处分范围的规定也十分广泛,不只是买卖。"在任何情况下,一个奴隶不拘是战时俘虏的,或是化钱买来的,或是自己家里出生的,在法律上都可以作为遗产传给后人,或者转赠他人。"② 中国到了封建社会还盛行把奴婢作为买卖、抵债的对象,唐代法律对此专门作了规定。当时不仅允许买卖奴婢,还对这种买卖提出了具体要求。"买奴婢、马牛驼骡驴等,依令并立市券。"同时,奴婢还可抵债,"若不告官司而强牵掣财物,若奴婢、畜产,过本契者",要被追究法律责任。③ 买卖奴婢在清代仍为合法。顺治十五年(1658年)规定:"此后置买奴仆者,请将文契即赴该州县用印存照"④,以得到官方的承认。如今还能见到一些买卖奴隶的契约。现存有一块在公元前1806年两河流域里木新统治时期,一个名叫巴鲁木·纳木海的向尼切尼购买奴隶,并支付十三舍客勒银子的泥板契约。此契约说:"巴鲁木·纳木海向尼切尼购买了(属于)尼切尼的一个奴隶,名为舒·阿木里,他给他称出了十三客勒银子作为他的(卖主)的全部价钱。"⑤ 中国的这类文书就更多了,较早的有西周时一只曶鼎上记载的用一匹马与一束丝交换五个奴隶的铭文。之后,又有吐鲁番等出土的一些买卖奴隶的文书,如唐永徽元年(650年)西州高昌县范欢进买奴契约等。⑥ 现存清代的这种文书的内容最为完整。如乾隆四十六年(1782年)九月汪顺魁卖子为仆的契约,把卖子姓名、年龄、原因、价格、保证等都写得一清二楚。⑦

古代东方法禁止非法占有他人奴隶的行为,非法占有者要因此而受到法律的追究。楔形文字法根据非法占有的不同情况作出了不同的处理方式。《俾拉马法典》规定:一般的偷窃奴婢者,应把所偷的奴婢归还原主,即"以奴还奴,以婢还婢";非法占有逃亡奴婢者,要"按司法程序索取脏物"。情节严重的,还要重罚。《汉穆拉比法典》规定:如果藏匿奴隶,"而不依传令之命令将其交出者,此家主应处死"。⑧ 俄罗斯法对这类行为的制裁也很严厉。《雅罗斯拉夫法典》规定:如果有人窝藏逃跑的奴隶,不仅奴隶的主人"有权领回自己的切良津",而且窝藏者还要为此"支付三格里夫纳"。

---

① 《〈罗斯法典〉译注》,第124页。
② 《伊斯兰教各民族与国家史》,第57页。
③ 《唐律疏议·户婚》"买奴婢牛马不立券"、"负债强牵财物"条"疏议"。
④ 《光山县志·卷十九》。
⑤ 《世界通史资料选辑》(上古部分),第95页。
⑥ 详见《吐鲁番出土文书》第5册,文物出版社1983年版,第108页。
⑦ 详见韦庆远:《清代奴婢制度》,中国人民大学出版社1982年版,第42页。
⑧ 《外国法制史资料选编》上册,第9、23页。

《雅罗斯垃夫法典》规定,诱拐奴隶是一种犯罪行为,要受到罚金处罚。"如果某人诱拐他人的霍洛普或女奴隶,必须支付十二格里夫纳的罚金。"①中国法的规定更甚于以上各法,把奴婢私自将自己的女儿嫁给良人为妻妾的行为都认定为偷盗行为,唐、宋时都是这样认定的。奴婢"辄将其女私嫁与人,须计婢赃,准盗论罪,五匹徒一年,五匹加一等。知情娶者,与奴婢罪同"②。

古代东方民法把奴隶的后代作为孳息物,也为父母的主人所有。楔形文字民法认为,奴婢的子女如同他们的父母一样,为其主人所有,因此占有了"女婢之儿童者(除归还儿童外)应以儿童之价赔偿"③。希伯来民法中也有相似规定。摩西曾晓谕大众说:"你们要将他们遗留给你们的子孙为产生,要永远从他们中间拣出奴仆。"④中国民法虽在语句的表达上与以上两法有异,但内容无别。"婢女招配所生子息者,世世子孙永远服役。"⑤

奴隶受到伤害或奴隶造成他人损害后,具有赔偿权利或义务的是其主人,而不是其本人。由于古代东方民法只把奴隶作为主人的物,因此当其伤亡后,得到赔偿的也是其主人,楔形文字民法与俄罗斯民法均如此规定。《俾拉拉马法典》规定:"倘自由民强迫他人之婢同居",不仅此"婢仍属于其主人所有",而且还要"付银三分二明那"作为赔偿;"倘牛触奴而致于死",牛的主人就要赔偿奴的主人"银十五舍客勒"。⑥《摩诺马赫法规》规定:如果霍洛普和女奴"无罪被杀害,那么,应就霍洛普或女奴被杀害,向主人赔偿身价"⑦。由于古代东方法不把奴隶作为法律关系的主体,他们没有权利能力和行为能力,因此当他们造成他人损害后,应由其主人担负赔偿责任。俄罗斯民法对此作过明确规定。"如果霍洛普盗窃","王公对他们一律不科以罚金,因为霍洛普不是自由人。可是,对于霍洛普这种行为,主人应向原告人支付二倍赔偿。""如果完全霍洛普偷盗他人的马匹,主人为此支付二格里夫纳。""如果霍洛普殴打自由人","那么,主人应为他支付十二格里夫

---

① 《〈罗斯法典〉译注》,第11、30页。
② 《唐律疏议·户婚》"杂户官户与良人为婚"条"疏议"、《宋刑统·户婚》"主与奴娶良人"门"疏议"。
③ 《外国法制史资料选编》上册,第8页。
④ 《新旧约全书》,第151页。
⑤ 《大清律例·刑律》"奴婢殴家长"条附例。
⑥ 《外国法制史资料选编》上册,第8、10页。
⑦ 《〈罗斯法典〉译注》,第81、99、130页。

纳"。"如果主人派霍洛普经商,而霍洛普欠债。那么,他的主人应偿还。"①

以上种种规定都说明古代东方民法承认和保护着奴隶私有权,私人占有奴隶是合法的,并有法律依据。那么,私人取得奴隶私有权的途径有哪些呢?主要有掠夺、抵债、买得和赏赐等。下面以中国清代取得奴婢的途径为例,以观全貌。(1)掠夺。清军所到之处,往往掠夺百姓的子女为自己的奴婢,成为自己的私产。他们"多掠小民子女,或借名通贼,将良民庐舍焚毁,子女俘获"②。离开时,"玉帛载马后,子女罗马前"③,沦为奴婢。(2)抵债。一些贫苦农民因交不起租等原因,以子女抵债,债权人便因此而得到奴婢。如"豫省民生,贫富不齐",一些佃户"往往鸡豚布帛,无不搜索准折",甚至以子女"偿租"。④(3)买得。一些贫苦百姓为生活所迫,不得不出卖自己的孩子,而一些富人则乘人之危,买来作自己的奴婢。"吴中之民,多鬻男女于远方。男之美者为优,恶者为奴。女之美者为妾,恶者为婢,遍满海内矣。"⑤(4)赏赐。清帝惯于把奴婢赏赐给一些官吏、贵族,他们就因赏赐而得到了奴婢。在这些奴婢中,有的是罪犯,有的是罪犯的家属。"查向来发遣黑龙江为奴人犯","准将发遣为奴人犯二十分中,以一分赏给出力官员。"⑥还有,清的法律明文规定:凡犯谋反大逆罪的家属,"男十五以下及母女、妻妾、姊妹,若子之妻妾,给付功臣之家为奴"⑦。

古代东方的奴隶私有性决定了奴隶的生活如同牲畜一般,甚至更惨。一位原苏联学者在考察了两河流域的奴隶的状况后,在《古代的东方》一书中说:那里的奴隶被"用烧红的铁在他们额上打烙印",他们的饮食"被称为喂牲畜的'饲料'",甚至有的奴隶还要"被刺瞎眼睛,以免他们逃亡"。也有"很多奴隶受不了自己生活的重压而逃亡了。但是逃亡的奴隶是要判罪的,如果他被捉到并送回来的话,主人有权对他进行最残酷的惩罚"。⑧中国奴婢的生活同样凄惨,有人用诗作了描写。"南人养儿鬻旗下,朝刈薪刍夜喂马。羝羊可乳鸟可白,此生已分归不得。日月西出河倒流,此生辛苦无时休。一斗黄粱不济饥,失意动复遭鞭笞。败簀裹尸弃坑谷,耶娘在南知不

---

① 《〈罗斯法典〉译注》,第81、99、130页。
② 王先谦:《东华录·卷二十四》。
③ 陈瑚:《确庵先生诗钞·卷一》。
④ 雅尔图:《心政录·卷二》。
⑤ 唐甄:《潜书·存言》。
⑥ 《清高宗实录·卷八○四》。
⑦ 《大清律例·刑律》"谋反大逆"条。
⑧ 《世界历史资料选》,第39—40页。

知?君家有犬得人怜,朝朝食肉常安眠。为畜翻贵为人贱,物情颠倒容谁辩?自悲生死草菅轻,不如作君堂下犬。"①其他国家的奴隶情况也不会比此强。

奴隶私有权是古代东方剥削制度的产物。当时,生产资料为私人所有,且被剥削阶级占有,他们有了剥削他人的"资本"。奴隶却一无所有,在社会中地位最低,又是剥削阶级最理想的压榨者,因为他们所创造的财富被剥削阶级无偿、全部地霸占。剥削阶级在奴隶身上花费最少,得到的又最多,这一本万利之事对于唯利是图的剥削阶级来说怎会不具有极大的吸引力?于是,奴隶主设法占有大量的奴隶,为他们创造大量的剩余产品,以供挥霍。奴隶越多,他们的财富也越多,生活也越奢侈。到了封建社会,地主在剥削农民的同时,也不放过奴婢。他们要从奴婢身上榨取比农民更多的剩余劳动,得到更多从农民身上所得不到的东西。奴隶成了剥削阶级不可缺少的摇钱树和赖以生存的生财之源。奴隶的这一重要作用使掌握立法权的剥削阶级不顾一切地用法律维护自己对奴隶的占有,使这种占有合法化,其中民法就执行着确认和保护奴隶私有权的职能。所以,东方各国的民法无一例外地把这一私有权作为所有权中的一项重要内容。

古代东方法似乎也允许释奴,使奴隶主丧失对奴隶的所有权,但这种法律几乎如同具文,不能有效地解决奴隶私有权问题。在印度,奴隶即使被主人解放,仍无法改变自己的奴隶身份,奴隶还是奴隶,只是换主而已。《摩奴法论》说:"首陀罗即使已经被主人解放,也摆脱不了奴隶身份;因为,它生来属于他(婆罗门);谁能把它从他身上除掉?"②在阿拉伯伊斯兰国家,也允许"释放奴隶"③,但条件之一是用钱赎回,这种机会对于一无所有的奴隶来说几乎是零。在中国,东汉光武帝刘秀多次颁布释奴法令。建武六年(30年)令:"王莽时吏人没入为奴婢不应旧法者,皆免为庶人。"一年后又诏:"吏人遭饥乱及为青、徐贼所略为奴婢下妻,欲去留者,恣听之。敢拘制不还,以卖人法从事。"④但是,畜奴问题没有因为出现了几个法令而解决,直到清代,奴婢还大量存在。寻其症结所在,还源于社会制度。只要古代东方的剥削制度仍存,人剥削人不灭,畜奴就无法根除,释奴也无法实现,奴隶私有权便

---

① 唐叔华:《厮养儿·东江诗抄》。
② 《摩奴法论》,第173页。
③ 《布哈里圣训实录精华》,第173页。
④ 《后汉书·光武帝纪》。

依旧不止。

除以上两者以外,古代东方民法还确认和保护大牲畜和房屋等所有权。牛、马等大牲畜是生产劳动和交通运输的重要工具,对社会的发展和国防都影响很大,古代东方民法竭力保护这类牲畜的所有权,以发挥它们的作用。楔形文字民法特别注意对牛、驴等的保护,凡非法占有的均要为此承担责任。《俾拉拉马法典》规定:非法占有"亡牛或亡驴,不以之送至埃什嫩那,而留于自己之家,如过七日或一月,则王宫当按司法程序索取其赃物"①。希伯来民法也维护牲畜的所有权,看守人没尽应有职责而使牲畜被偷的要对此负责。"牲畜若从看守的那里被偷去,他就要赔还本主。"②俄罗斯法和中国法都严禁盗、杀牛马行为,违者要被重罚。《雅罗斯拉维奇法典》规定:"如果某人盗窃马匹、公牛,或者潜入仓房作案,盗贼若是独自一人,处以一格里夫纳三十列查那的罚金;盗贼是十人,每人处以三格里夫纳三十列查那罚金。"之后的《摩诺马赫法规》又规定:"如果某人恶意杀害他人的马匹或其他家畜,罚金十二格里夫纳,而且照价赔偿主人的损失。"③唐律规定:"马牛军国所用,故与余畜不同。若盗而杀者,徒二年半。若准赃重于徒二年半者,以凡盗论加一等。"④

房屋是人们主要的生活场所,也是重要的不动产。古代东方民法对它的所有权也作了一些必要的规定。楔形文字民法把有些房屋列为国有财产,常与国有土地联系在一起,不可买卖、遗赠、抵偿债务或作为赎金。《汉穆拉比法典》在规定土地国有权的同时,也对国有房屋所有权作了相同的规定。希伯来民法认为,房屋使用人在有偿使用一段时期以后,应把使用的房屋归还给所有人,以保护所有人的所有权。特别是一些利末人,"因为利末人城邑的房屋,是他们在以色列人中的产业"⑤。印度民法保障个人合法占有私有房屋。《那罗陀法论》规定:"从祖先那里继承来的房屋,不能靠强占使之脱离(其合法主人)。"⑥中国法禁止任何人侵害国有、私有房屋,侵害人要为自己的行为付出代价。⑦

---

① 《外国法制史资料选编》上册,第9页。
② 《新旧约全书》,第93页。
③ 《〈罗斯法典〉译注》,第37、110页。
④ 《唐律疏议·贼盗》"盗官私马牛而杀"条"疏议"。
⑤ 《新旧约全书》,第151页。
⑥ 《古印度帝国时代史料选辑》,第125页。
⑦ 详见《唐律疏议·杂律》"烧官府私家舍宅"条、《大清律例·刑律》"放火故烧人房屋"条。

民法中的所有权以所有制为基础,是所有制在法律上的表现,即是统治阶级意志化的所有制。古代东方民法中有关所有权的规定都是一定时期所有制的体现。所有权还随着私有制的发展而发展。古代东方存在奴隶私有制,把奴隶作为一种私有财产,反映在民法中就有了奴隶私有权。古代东方的土地私有制随着社会生产力的提高、商品交换的扩大和生产关系的变化,不断发展壮大,因之而产生的土地私有权也随着发展,渐趋完备。所有权的存在目的是为了确认和保护统治阶级认可、赞同的所有制。所有制是构成社会生产关系的基础和核心,代表着一个社会的基本经济制度,与统治阶级的根本利益联系在一起,因此统治者们无不设法保护自己所需要的所有制,其中就有法律手段,在民法中对其作出规定,使其成为所有权。所有权把所有制规范化、强制化,且具有广泛的适用性,这样所有制便有了法律保障,任何人都须遵守,违反了还要受到制裁。古代东方的统治者就是这样,把所有制用民法的所有权形式固定下来,不让任何人损害。以上的各项规定,都是为了这个目的。

二、债 权

古代东方民法中的债是指依照法律或契约的约定以及由损害原因而在当事人之间产生的一种权利和义务关系。债权则是债权人所享有的权利。它是古代东方民法中的又一个重要组成部分。根据当时规定的内容来看,债权中的内容以有关契约和损害赔偿等为多。

1. 契约

古代东方民法中的契约是当事人之间设立、变更、终止民事关系的协议。那时的契约有许多种类,较为常见的有买卖、租赁、承揽、借贷、互易和人身雇佣契约等。在早期民法中,口头承诺是广泛流行的缔约方式。汉穆拉比时期,定约一般不需要用一些复杂的形式,只要口头或作出某种举动即可成立。在早期的希伯来民法和伊斯兰民法中也是这样的要求。希伯来人订约"不必用文字为之",只需"由口头表示其合致的意思而成立"。[①] 穆斯林缔约的方式也只是由"当事人双方各自的宣布而成立",而且"只要它一

[①] 《希伯来法系初期立法之基本精神》,第 23 页。

经成立,就不可避免地产生法律效力"。① 在古罗斯,通常用口头或拍手、握手等象征性形式订立契约。② 中国自西周开始逐渐形成书面契约制度,在此以前口头契约亦是主要的一种契约形式。到了中、后期,东方民法越来越重视和强调书面契约的作用和地位,书面契约的适用范围也日渐广泛。在俄国《一六四九年会典》中,书面契约很受重视。1655 年法令又规定,法官不得受理关于没有书面文件的借贷、寄托和使用借贷契约的申诉。③ 中国在西周以后,特别是唐代以后,使用书面契约的范围也日益扩大。④

对于一些较为重要的财产转移,古代东方民法规定要用书面契约,即使在早期也是如此。楔形文字民法要求一些较为重要的交易应以书面契约为依据,否则当事人要自己承担由此而产生的不良后果。《汉穆拉比法典》规定:"倘彼托交保藏时并无证人及契约,而其交藏之处否认之,则此不能作为起诉之根据。"⑤俄罗斯法强调人身的买卖一定要有书面契约。《摩诺马赫法规》说:买卖女奴应"事先与女奴主人订立契约"⑥。之后的《一五五〇律书》又重申:人身买卖,一定要"签订卖身契约"⑦。中国法不仅重视书面契约的作用,还专门对它作了分类。《周礼·地官·质人》用大市、小市来划分质与剂的不同用途,说:"质人掌成市之货贿,人民、牛马、兵器、珍异,凡买儥者,质剂焉,大市以质,小市以剂。"郑玄为此作注说:"质剂者,为之券藏之也。大市人民牛马用长券;小市兵器、珍异之物用短券。"以后又出现了官契与私契、正契与副契、左契与右契、本契与上手契等类别的书面契约。⑧

古代东方民法对订立契约采取较为慎重的态度,特别是涉及不动产和人身买卖等较为重要的财产的转移,除要求双方当事人签名同意外,还要求有证人、官员、长老等人在场、签署,以提高书面契约的法律效力,防止或减少不必要的纠纷。楔形文字民法要求在签订不动产、奴隶及贵重物品的契约时需有官员、证人等在场,而且证人不可只是一人,并须具有一定的地位。《汉穆拉比法典》规定:"自由民如果将银、金或不论何物,托自由民保藏,则

---

① 《法律结构与分类》,第 237 页。
② 参见《外国法制史》,第 129 页。
③ 参见《苏联国家与法的历史》上册,第 116 页。
④ 详见李志敏:《中国古代民法》,法律出版社 1988 年版,第 119 页。
⑤ 《外国法制史资料选编》上册,第 32 页。
⑥ 《〈罗斯法典〉译注》,第 124 页。
⑦ 《外国法制史汇刊》第 1 集,第 229 页。
⑧ 详见《中国古代民法》,第 123—124 页。

应提出证人,证其所有交付之物,并订立契约,方可托交保藏。"① 另外,在现存的契约中也能反映这一要求。在上述阿波里·阿穆鲁向辛·乌布拉木购买处女地的契约后有地方官、书记员和证人的签章。此契约最后记载:"在报信者马都克·爱里什,地方官马基里的面前,在瓦拉德·齐吐鲁的面前,在医生哈布鲁的面前,在尼基特、伊普库巴拔、西尼木古拉尼的面前,在书记皮鲁扈木的面前。证人印章。"在上面提到的巴鲁木·纳木海向尼切尼购买奴隶的契约里,也有小酒馆老板、首饰商、麦酒酿造者等18人在场并签章。② 印度民法要求在订立的书面契约内须有一定数目和品行正派的证人联署,否则此契约无效。《那罗陀法论》规定:"证人应不少于3人,应是无可指责的、诚实的和心地纯洁的",他们可以是"婆罗门、吠舍、或刹帝利,或无可指责的首陀罗","没有署名证人(是无效的)"。③ 俄罗斯民法明确规定,一些涉及较大范围的契约都要有证人。《一六四九年会典》第十章说:"世袭领地主的、贵族的不动产买卖契约、租赁契约、赠送文书,任何较大范围的契约应在莫斯科、城市书写,并由专门书写文书的刀笔吏作证人。"中国法也把官吏、证人作为定约的条件。唐代规定,田地买卖皆须到官府办手续。《册府元龟·邦计制·田制》载,开元二十五年(738年)下令:凡买卖田地"皆须经所部官司申牒"。另外,在现存买卖地契的原文中也有官吏署名。④ 奴婢的买卖契约中须有证人联名,清代的这种证人往往由介绍人即"凭媒"充任,上述汪顺魁卖子为仆的契约最后就有汪云章和时六嫂两人的签名。

　　签约还受到国家法律的限制,限制的内容包括主体、标的等许多方面,而且各国有些不同。违反限制的契约无法律效力。楔形文字民法曾对租赁费用、买卖物的性质等作过限定。《俾拉拉马法典》规定:"有牛及御者之车,其租用之费为大麦一马西克图四苏图","船之租用之费,以每一库鲁容积计,为二卡"。《汉穆拉比法典》规定,自由民不可购买"本为邻人所有而与赋役有关之房屋",否则就会"丧失其一切付出之物,房屋应还原主"。⑤ 印度民法的限制更为广泛。《摩奴法论》对签约的条件作了不少规定:"无力偿还债务者若要订契约,就应该在支付所生利息之后再更换债契";"违反法或者传统习俗的协议即使有字据或者担保人也一律无效";"强迫写成的

---

① 《外国法制史资料选编》上册,第32页。
② 参见《世界通史资料选辑》(上古部分),第95、96页。
③ 《古印度帝国时代史料选辑》,第114页。
④ 详见《中国古代民法》,第122页。
⑤ 《外国法制史资料选编》上册,第5、28页。

东西和一切强迫做的事情,摩奴宣布一律无效";"应该取缔欺诈性的典押、出卖、馈赠和收受,以及他所发现的一切欺诈行为"等。① 《那罗陀法论》又对定约的主体作了补充规定:未经丈夫等人同意,妇女签约"进行交易无效,特别是赠予、抵押、或出卖房屋和田地等项交易",同样,"假如儿子无父之授权而做交易,也被宣布为无效的交易"。② 伊斯兰民法坚持依法立约的原则,否则就是无效契约。"任何合同只要不是属于法律所承认的那些种类,就是无效的。"③俄罗斯民法也多次对订约作出过限定。17 世纪时规定,禁止收取借贷利息。18 世纪时规定,因未成年、犯精神病、挥霍浪费等而受监护的人,无权签订契约。19 世纪上半叶又规定,人身雇佣契约的签订期限不得超过 5 年等等。④ 中国在封建社会时期曾实行专卖制度,盐、铁、酒、茶等均列入专卖范围,因而私人不得立约擅自买卖。其中,汉代对盐铁、明代对茶盐的控制都十分严格,犯者要受严罚。⑤

　　契约签订后,各方当事人皆要依约履行,违约的要承担相应的责任。由于古代东方各法的规定不同,所以违约责任也不尽相同。楔形文字民法根据不同的违约情况来确定不同的违约责任。《汉穆拉比法典》规定,如果租田者不耕耘任田荒芜的,也"应依邻人之例交付田主以谷物"。如果受托运送银、金、宝石等珍贵物品人不按约定送物并自己占有的,那么"应按全部交彼之物之五倍以为偿"。⑥ 印度民法也以赔偿作为追究违约责任的主要手段。《那罗陀法论》规定:"由于商品搬运人的过错而受损失,他应该赔偿各种损失。""假若他在获取工钱后仍未履行其工作,他必须偿还其工钱数额的两倍。"⑦俄罗斯民法要违约人承担退货责任。《摩诺马赫法规》规定:如果买的马不合契约要求,"患有寄生虫或伤残,买主提出退还,允许取回自己付出的贷款"⑧。伊斯兰民法把违约算作是一种叛逆行为。穆罕默德曾说:在"说假话、违背誓言、毁约、吵架时破口骂人"四种行为中,"谁具有其中的一

---

① 《摩奴法论》,第 151—152 页。
② 《古印度帝国时代史料选辑》,第 111 页。
③ 《法律结构与分类》,第 238 页。
④ 参见《苏联国家与法的历史》上册,第 117、137、178 页。
⑤ 详见陈汉生主编:《中国古代经济法制史纲》,电子工业出版社 1990 年版,第 129—133、416—419 页。
⑥ 《外国法制史资料选编》上册,第 25、31 页。
⑦ 《古印度帝国时代史料选辑》,第 120—121 页。
⑧ 《〈罗斯法典〉译注》,第 112 页。

种,直至将它抛弃前,他就具备了叛逆者的一种品行"①。他也就须承担这种行为的法律责任。中国法的违约责任的一个重要特点是把刑事与民事制裁一起用上,一个违约者往往要受到两种处罚。唐、宋时都对违约者科以笞、杖等刑事制裁方式和赔偿这一民事制裁方式。② 不过,因不可抗拒的原因致使当事人无法履约的,就不承担违约责任。《汉穆拉比法典》规定:如果"洪水毁其收获物,或因旱灾,田不长谷,则彼在此年得不付谷与债主,而洗去其文约;此年利息亦得不付"③。

有的东方国家还规定契约的担保人要承担违约的连带责任,目的是为了增强履约的保险系数,印度和中国都作出过这样的规定。《摩奴法论》说:"在这个世界上,谁为某人露面作了保,若不交出那个人来,谁就得用自己的钱来替这个人还债。""如果支付担保人死后,他(国王)应该勒令其继承人支付。"④《宋刑统》也规定:"如负债者逃,保人代偿。"⑤

综观古代东方民法中有关契约的规定,其中表现出较为浓厚的家族性和等级特权性。一些古代东方国家明确规定在买卖立契中优先考虑的对象是本家族成员,尤其是如田宅等一些较为重要的财产。楔形文字民法认为,兄弟间是首先考虑买卖亡产的对象。《俾拉拉马法典》规定:"倘诸兄弟之一欲出售其所分的亡产,而其兄弟欲购之,则彼(卖者)应先满足其兄弟之意。"⑥印度民法要求在出卖土地时,应优先照顾卖主的亲属。《政事论》说:"亲属、邻居和债主,应按此顺序优先购买(出卖的)地产。"⑦中国民法也有近似的规定,在购买田宅的出价相同的情况下,亲邻有先买权。⑧ 这些规定虽有一些便于财产的转让、使用的积极因素,但其维护家族利益、巩固宗法关系的销蚀作用更大,是家族主义在民法中的一个突出表现。此外,有些古代东方国家还规定高身份者可在立约、履约中享有一些特权。印度民法曾规定:"商人应把一种商品比市价便宜卖给(国王)。"⑨而不同身份者所付的利息也不同,高者低,低者高。"按种姓的顺序分别收取百分之二整、百分之

---

① 《布哈里圣训实录精华》,第72页。
② 详见《唐律疏议·杂律》"负债违契不偿"条、《宋刑统·杂律》"受寄财物辄费用"门。
③ 《外国法制史资料选编》上册,第26页。
④ 《摩奴法伦》,第151—152页。
⑤ 《宋刑统·杂律》"受寄财物辄费用"门。
⑥ 《外国法制史资料选编》上册,第8页。
⑦ 《古印度帝国时代史料选辑》,第47页。
⑧ 参见《中国古代民法》,第126页。
⑨ 《世界通史资料选辑》(上古部分),第202页。

三整、百分之四整和百分之五整的月息。"①中国民法则规定在职官吏可免去以劳役抵偿债务的做法。秦时曾规定:"官啬夫免,复为啬夫,而坐其故官以赀赏(偿)及有他责(债),贫窭毋(无)以赏(偿)者,稍减其秩,月给以赏(偿)之,弗得居;其免殴也,令以律居之。"②契约以双方当事人地位平等为原则,但是在充满不平等的古代东方社会里,不平等因素同样不可避免地侵蚀到契约领域,特权即是一种典型的表现。契约中的平等原则在古代东方大打折扣。可见,不平等和特权对古代东方法影响之大。

2. 损害赔偿

在古代东方,当行为人因为各种原因侵害了他人的财产权、人身权并造成损失后,受害人有要求赔偿的权利,侵害人有进行赔偿的义务。损害赔偿是产生债的法律关系的原因之一,其中受害人是债权人,侵害人是债务人。

根据古代东方民法的规定,造成损害并须赔偿的,主要和大量的是财产和人身,但有些国家把精神赔偿也作为赔偿内容,侵害者要付出一定数量的金钱给受害人,以赔偿他的精神创伤,俄罗斯民法有这种规定。《摩诺马赫法规》说:如果非依法,"一个斯麦尔德拘禁刑讯另一个斯麦尔德"或"拘禁刑讯总管"的,都要"为对方的痛苦赔偿一格里夫纳"。③

赔偿的幅度与造成损害的程度和对象都有直接关系。在通常情况下,损害的程度越严重,赔偿的数额也越大,反之则小。早在两河流域的《乌尔纳姆法典》中已能体现这一点,此法典规定:打碎他人肢骨,"应赔偿银一明那";割掉他人鼻子,"须赔偿银三分之二明那";打落他人一颗牙齿,"应赔偿2舍克勒"。④ 赔偿幅度与损害程度成正比。俄罗斯民法中也有这种正比关系。《雅罗斯拉夫法典》指出:杀死人的,应赔偿"四十格里夫纳";用棍棒、剑背等凶器殴打、砍砸他人的,应赔偿"十二格里夫纳";殴打他人致使流血或出现青紫伤的,应赔偿"三格里夫纳"。⑤ 中国民法也不例外。唐代曾规定:凡是"放官私畜产,损食官私物者",都要"各偿所损",⑥即根据所损的

---

① 《摩奴法论》,第150页。
② 《睡虎地秦墓竹简》,第62页。
③ 《〈罗斯法典〉译注》,第107页。
④ 朱承恩等:《〈乌尔纳姆法典〉和乌尔第三王朝早期社会》,载《历史研究》1984年第5期,第183页。
⑤ 详见《〈罗斯法典〉译注》,第1—5页。
⑥ 详见《唐律疏议·厩库》"官私畜损食物"条。

程度相应作出赔偿。另外,损害的对象也与赔偿的幅度有关系。一般来说,损害对象的价值越高,赔偿的数额也就越大。楔形文字民法已是如此规定。《汉穆拉比法典》说:"如牛牴自由民之子而致死,则彼应赔偿二分之一明那。""倘(死者)为自由民之奴隶,则彼应赔偿银三分之一明那。"①原因是自由民的儿子与奴隶本身的价值不同。俄罗斯民法在确定赔偿数额时也贯彻此精神。《雅罗斯拉夫法典》规定:"偷窃鸽子和鸡,赔偿九库纳;偷窃鸭子、鹅、鹤和天鹅,赔偿三十库纳。"②中国民法中的赔偿也是如此,只是在语词表达上较为笼统一些。唐代曾规定:"诸弃毁、亡失及误毁官私器物者,各备偿。"③也就是说,不论价值高低,均按原价赔偿,高则高赔,低则低赔。

赔偿物可以是财产,也可以是金钱,具体根据法律的要求而定。以上规定中的赔偿物基本上是金钱,实际上还有实物,而且往往是被损害物。楔形文字民法中有用谷物、船等许多实物进行赔偿的规定。《汉穆拉比法典》中有关于"赔偿谷物"、"以船赔偿船主"和"以牛还牛,以羊还羊,偿还其主人"④的内容。希伯来民法中有要求偷牛、羊者,以牛、羊进行赔偿的规定。⑤不过,金钱仍是主要的赔偿物,特别是在古代东方后期民法的规定中更是如此,因为金钱作为一种一般等价物,便于计算和支付,也易被人们接受。

赔偿的价值大多与被损害的价值一致,以上规定的大多如此。但是,也有一些不一致,其中包括多于或少于被损害价值两种情况。楔形文字民法、希伯来民法等有关于多于被损害价值的规定。《汉穆拉比法典》规定:如果沙马鲁从塔木卡那里取到银子后赖账,那么"沙马鲁应按其所取之银三倍交还塔木卡";而如果塔木卡赖账,那么他"应按彼所收回之全数,六倍偿还沙马鲁"。⑥希伯来民法则规定:人若偷了牛或羊,就要"以五牛赔一牛,四羊赔一羊"⑦。楔形文字民法和中国民法等有关于少于被损害价值的规定。《汉穆拉比法典》规定:如果为他人牛或羊施行"严重的手术"而致死的,"则应赔偿牛或羊之主人以买价之四分之一"。⑧中国在唐时曾规定,家犬杀伤他人牲畜后,可依情况减价赔偿。"诸犬自杀伤他人畜产者,犬主偿其减价;

---

① 《外国法制史资料选编》上册,第44页。
② 《〈罗斯法典〉译注》,第35页。
③ 《唐律疏议·杂律》"弃毁亡失官私器物"条。
④ 《外国法制史资料选编》上册,第28、43、45页。
⑤ 详见《新旧约全书》,第92页。
⑥ 《外国法制史资料选编》上册,第30、42页。
⑦ 《新旧约全书》,第92页。
⑧ 《外国法制史资料选编》上册,第30、42页。

余畜自相杀伤者,偿减价之半。"①

损害人的主观因素与赔偿责任有一定联系。故意损害的都应进行赔偿。在此仅以希伯来民法中的一条规定为例。《新旧约全书·出埃及记》载:"人若在田间或葡萄园里放牲畜,任凭牲畜上别人的田里去吃,就必拿自己田间上好的,和葡萄园上好的赔还。"这里的"任凭"就有故意的意思。但是,有些过失损害的却可少赔或不赔,中国民法中有这种规定。《文苑英华·卷五四三》载:"盗非故犯之名,称负乃小人之事,勒陪半价,将谓合宜。"还有,"诸水火有所损败,故犯者,征偿;误失者,不偿"②。而更多的是并不言及故意或过失,只要行为人有过错并造成损害事实的,都要承担赔偿义务。早在楔形文字民法中已有这样的规定。《汉穆拉比法典》规定:"倘自由民息于巩固其田之堤堰,而因此堤堰破裂,水淹(公社之)耕地",那么此自由民"应赔偿其所毁损之谷物"。"倘自由民不通知园主而砍伐自由民园中之树木,则应赔偿二分之一明那。"③印度和俄罗斯等民法中也同样有此类内容。《摩奴法论》规定:"牧人必须赔偿因不尽力而丢失的、被虫子害死的、被狗杀掉的和死于险地的牲畜。"④《摩诺马赫法规》指出:"如果家畜未驱赶回庭院,或是主人指定的地方,且又没有圈牢致使在田野里损失了,或者债农去干自己的私活,而家畜受到损失。那么,他必须赔偿。"⑤

有些东方国家规定,如果是由于不可抗拒的原因而造成损失的,可不赔偿。楔形文字民法把雷击作为一种不可抗拒的自然原因,由它造成的损失,当事人可不予赔偿。《汉穆拉比法典》规定:"倘自由民租牛,而牛为神所击而死",则租牛之人可"免其责任"。⑥印度民法则把盗贼作为一种不可抗拒的原因,规定当事人只要及时报告他们造成的损失,也可不负赔偿之责。《摩奴法论》说:"牧人不应该赔偿被盗贼公开抢走的牲畜,只要他适时适地向自己的主人报告。"⑦在中国民法里,以上两者均有。唐代规定:"卒遇暴风巨浪,而损失财物及杀伤人者"和官私器"若被强盗者,各不坐、不偿"。⑧俄罗斯民法虽没言明具体的原因,但从所造成结果来看,也认为由这种原因

① 《唐律疏议·厩库》"犬伤杀畜产"条。
② 《唐律疏议·杂律》"水火损败征偿"条。
③ 《外国法制史资料选编》上册,第27页。
④ 《摩奴法论》,第158页。
⑤ 《〈罗斯法典〉译注》,第95页。
⑥ 《外国法制史资料选编》上册,第44页。
⑦ 《摩奴法论》,第158页。
⑧ 《唐律疏议·杂律》"行船茹船不如法"、"弃毁亡失官私器物"条。

所造成的损失不在赔偿之列。《摩诺马赫法规》说:"如果家畜从厩圈内丢失,那么债农对此不予赔偿。"①伊斯兰民法则明确规定由以下两种不可抗拒的原因造成的损失可不赔偿:"牲畜造成的损失勿需赔偿,矿井带来的损失勿需赔偿。"②

有些古代东方国家大兴宗教,并把向神起誓作为免去赔偿责任的一个条件,楔形文字民法和希伯来民法中都有这样的明确规定。《汉穆拉比法典》规定:"倘所运之一切于中途被敌人劫去,则沙马鲁应指神为誓,并免偿还责任。"③希伯来民法也规定:"人若将驴或牛,或羊,或别的牲畜,交付邻舍看守。牲畜或死,或受伤,或被赶走,无人看见。那看守的人,要凭着耶和华起誓,手里未曾拿邻舍的物,本主就要罢休,看守的人不必赔还。"④适用起誓的条件是无须有其他旁证,可见它在免去赔偿责任中的重要作用。

古代东方的民事赔偿往往与其他制裁方式合用。在俄罗斯法和中国法中都有赔偿与刑罚同施的记载。《雅罗斯拉维奇法典》曾把赔偿与罚金共施,规定:"如果某人偷窃船只,应赔偿船主三十列查那。另外,再向王公交纳六十列查那的罚金。"⑤中国在唐时规定:"诸杀缌麻以上亲马牛者,与主自杀同;杀余畜者,坐赃论,罪止杖一百。各偿其减价。"⑥即赔偿只是一种辅助制裁手段,主要的是刑罚。合用制裁的目的是为了增强制裁的严厉程度,促使法律的执行。

在古代东方民法的债权中,还有关于借贷利息的规定,有的国家还明令禁止高利贷。楔形文字民法对利息作出过规定,即如果债权人违反规定而收取高利贷,要被制裁。《汉穆拉比法典》说:"倘塔木卡不遵守规定,在谷一库鲁取利一百卡,银一舍客勒取利六分之一舍客勒又六塞之外,又提高利息而取之,则彼应丧失其所贷付之物。"⑦希伯来民法则规定,在希伯来人之间借钱的,不可收取利息。"我民中有贫穷人与你同住,你若借钱给他,不可如放债的向他们取利。"⑧印度民法也有此类规定。《摩奴法论》认为,债权只能在法定范围内取息,否则会有罪过。"放债人应该按瓦西斯塔大仙的规

---

① 《〈罗斯法典〉译注》,第95页。
② 《布哈里圣训实录精华》,第192页。
③ 《外国法制史资料选编》上册,第30页。
④ 《新旧约全书》,第93页。
⑤ 《〈罗斯法典〉译注》,第34页。
⑥ 《唐律疏议·厩库》"杀缌麻亲马牛"条。
⑦ 《外国法制史资料选编》上册,第29页。
⑧ 《新旧约全书》,第93页。

定订出利息以增加本金;他应该每月收取一百当中的八十分之一","也可以收取百分之二;因为取百分之二不会犯财利方面的罪过"。① 伊斯兰民法禁止重利。《古兰经》明确说:"吃重利的人,要像中了魔的人一样,疯疯癫癫地站起来","真主准许买卖,而禁止重利"。"信道的人们啊!你们不要吃重复加倍的利息,你们当敬畏真主,以便你们成功。"② 俄罗斯民法不仅对利息作出规定,而且还有长、短期的区别。"如果日期短的借贷,那么,按月息取利;借贷超过一年,那么,利率为三分之一,而月息废除。"③ 中国民法也曾规定过利息,仅以私利为例。唐代规定私债四分取利;宋代改为以六分为限;元、明、清再定为取利三分,最多还一本一利。④ 同时,还禁止债权人违法索取高利贷,否则要被罚。如明、清两代都曾规定:"凡私放钱债及典当财物,每月取利并不得超过三分,年月虽多,不过一本一利,违者笞四十,以余利计赃,重者坐赃论。"⑤ 其处罚还十分严厉。

　　古代东方民法中有关债权的规定,在形式上似乎是为了便于处理债权关系,解决债权人与债务人的纠纷,呈现一种平等关系。其实,这种平等遮盖了不平等。在古代东方,以私人占有生产资料为基础,剥削是一种普遍现象,占有生产资料者有剥削的条件是剥削者,反之则是被剥削者。这就决定了在当时的债的关系中,债权人往往是剥削者,债务人则是被剥削者。有关债权的规定又以保护债权人的权利,要求债务人履行义务为宗旨。因此,这一规定实际上就是为维护剥削者的权益服务,而不是被剥削者。这与当时的民法本质一致,即是"为私有者的权力"⑥。事实也是如此,以上有许多规定都把拥有财产者作为债权人,出卖劳动力者作为债务人,甚至明说是"搬运人"、"债农"等等。从这个侧面也能看出古代东方法的阶级性。

三、继　承　权

　　古代东方的继承有身份继承、财产继承等,此处只述及财产继承。因此,这里的继承权是指继承人接受被继承人财产所有权的一种权利。继承

---

① 《摩奴法论》,第 150 页。
② 《古兰经》第 33、48 页。
③ 《〈罗斯法典〉译注》,第 84 页。
④ 参见《中国古代民法》,第 179 页。
⑤ 《明律》和《大清律例》的"户律""违禁取利"条。
⑥ 马克思、恩格斯:《德意志意识形态》,载《马克思恩格斯全集》第 3 卷,第 368 页。

权的实现,也就是财产所有权的转移。

古代东方有法定继承,总的原则是:男性继承人优于女性继承人;嫡长子优于其他男性继承人;妻、女等女性的继承权受到很大限制等等。此外,还允许遗嘱继承。楔形文字民法已承认遗嘱继承的合法性,并作了规定。《汉穆拉比法典》规定:"倘自由民以田园房屋赠与其所喜爱之继承人,且给他以盖章之文书,则父死之后,兄弟分产之时,此子应取其父之赠物。"① 伊斯兰民法把遗嘱继承作为一种重要的继承方式,要求人们严格按规定履行自己的义务。《古兰经》说:"你们当中,若有人在临死的时候,还有遗产,那末,应当为双亲和至亲而秉公遗嘱。这已成你们的定制,这是畏敬者应尽的义务。"② 俄罗斯民法认为,有遗嘱的按遗嘱继承,无遗嘱的按法定继承,两种方式均有效。《摩诺马赫法规》说:"如果某人临终前,把财产分给了自己的孩子,那是有效的。如若临终前未留下遗嘱,那么,财产分给死者所有的孩子。"③ 中国也有这种继承,称为"遗言"、"遗表"、"遗训"、"遗嘱"等。④ 在法律中也能看到有关规定。《宋刑统》允许人们可以"在日自有遗嘱处分"⑤。而且还有此类实案。《宋史·张咏传》载:张咏曾处理过一起遗产案,死者在生时提出自己的遗产"以分之三与子,余七与婿"。以后发生纠纷,但张咏仍按遗嘱审定,"以七与其子,余三给婿,人们'服其明断'"。为了提高遗嘱的法律效力,有些国家还要求在制定遗嘱时应有证人在场或遗嘱须经官府认证。伊斯兰法要求在制定遗嘱时应有证人在场。《古兰经》说:"当你们中有人临终作遗嘱的时候,你们之间的作证,是你们(教胞)中两个公证的人作证,或别的两个外(教)人的作证。"为了保证证人的公正性,《古兰经》还强调证人的质量和起誓,说:如果发现原证人有犯罪的证据,就应由"别的两个人代替他们俩",而且还要向"真主"起誓,内容是:"我们俩的作证,是比他们俩的作证更真实的。我们俩没有超越法度;否则,我们俩必是不义的人。"⑥ 中国法曾要求所立遗嘱须经官府认证。《明公书判清明集·户婚门》载:"果有遗嘱,便合经官印押,出执为照。"这种认证,几近于今日的公证。俄国在19世纪上半叶也规定有遗嘱公证,按公证手续订立

---

① 《外国法制史资料选编》上册,第36页。
② 《古兰经》,第20页。
③ 《〈罗斯法典〉译注》,第115页。
④ 参见《中国古代民法》,第62页。
⑤ 《宋刑统·户婚》"户绝资产"门。
⑥ 《古兰经》,第90—91页。

遗嘱的须有三个证人在场,而且要登记在特别的簿册内。①

男性继承人是遗产的主要继承人,死者的儿子又是主要的男性继承人,他们可继承绝大部分遗产。其中,有的规定为诸子均分。楔形文字民法规定,所有妻子的儿子都可获得相等的继承份额。《李必特·伊丝达法典》规定:"父之财产应由第一妻之子及第二妻之子平均分配之。"之后的《汉穆拉比法典》又重申:诸子"均分父之家产"。② 伊斯兰民法也规定诸子可得相同的遗产份额,而且"一个男子,得两个女子的分子"③。中国虽在奴隶制时期实行过"兄终弟及"的继承制度,但进入封建社会以后逐渐改为诸子均分。唐代规定,诸应分田宅及财物者,兄弟均分。④ 宋、明、清的规定与唐同。有的法则规定长子具有遗产的优先继承权,可占有比其他继承人更多的份额。希伯来民法认为,不论妻子好恶,只要是他们所生的长子,就可以多分得一份。"人若有二妻,一为所爱,一为所恶,所爱的所恶的都给他生了儿子,但长子是所恶之妻生的,到了把产生分给儿子承受的时候",也要"认所恶之妻生的儿子为长子,将产业多加一分给他",因为"长子名分本当归他"。⑤ 印度民法也规定长子的继承权优于他的弟弟们,而且不同种姓者所生的儿子的继承份额也不同,具有比以上各法更多的等级因素。《政事论》说:在父亲的遗产中,"车辇和首饰是长子的份额;床和坐毡、盛饭的铜盘是中间儿子的份额;黑色的谷物和铁器、屋内家具和牛车是幼儿的份额"⑥。《摩奴法论》说:在遗产中,"婆罗门应得四份,女刹帝利的儿子应得三份,女吠舍的儿子应得两份,女首陀罗的儿子应得一份"⑦。之后的《那罗陀法论》再次确认:"对长子应分给较大的部分,较小的份额给最年幼的",而且不同种姓儿子的"份额按(其种姓的)等级缩减"⑧。俄国的1714年法令规定了长子继承制,即不动产由长子继承,动产由其余诸子均分。⑨ 长子的继承权也优于其弟弟们。

女儿在特定条件下可成为合法继承人,得到部分遗产。不过,古代东方

---

① 参见《苏联国家与法的历史》上册,第138页。
② 《外国法制史资料选编》上册,第14、37页。
③ 《古兰经》,第61页。
④ 参见《唐令拾遗》,第155页。
⑤ 《新旧约全书》,第238页。
⑥ 《古印度帝国国时代史料选辑》,第43页。
⑦ 《摩奴法论》,第187页。
⑧ 《古印度帝国时代史料选辑》,第128页。
⑨ 参见《苏联国家与法的历史》上册,第138页。

各法对此规定不一,有的较严,有的稍宽。楔形文字民法特别优待女僧侣,规定他们可成为一个合法的继承人。《李必特·伊丝达法典》说:女性僧侣"亦如一继承人"①。之后的《汉穆拉比法典》又进一步规定:"女为修道院中之神姊或为神妓,倘父未给她以嫁妆,则父死之后,她得从父之家产中取得等于一继承人之份额,并享用之,终其一生。"②印度民法则规定,当无儿子、近亲等继承人情况下,也可以"让女儿(继承)"。这在阿帕斯檀跋中已是如此确定。③ 之后的《政事论》重申了这一规定:"(在无儿子的情况下),按法律规定结婚所生的女儿也可以"继承遗产。不过,这里的遗产主要是指母亲的遗产。"当母死时,诸女(也应分割)其母的(财产)。"④而且是诸女平分,无长幼之别。"母亲去世以后,她的所有亲生儿女应该平分母产。"⑤俄罗斯民法告诉人们,未出嫁的女儿可继承父母的遗产。《摩诺马赫法规》说:"如果死者家中尚有未出嫁的女儿,那么,给她一部分。"⑥中国在唐以后都对女儿的继承权作了规定,基本内容是:在户绝又无立继、断绝子孙时,未出嫁女儿可得全部遗产;在户绝的情况下,尽孝的出嫁女可得部分遗产。⑦ 伊斯兰民法没有完全排除女儿的继承权,只是要求他们依法继承父母及至亲的遗产。《古兰经》说:"女子也得享受父母和至亲所遗财产的一部分,无论他们所遗财产多寡,各人应得法定的部分。"⑧

妻子在一定条件下可得到丈夫的部分遗产。楔形文字民法指出,未从丈夫那里得到赡养费的妻子,不仅可以收归嫁妆,还可作为一个合法继承人。《汉穆拉比法典》规定:"倘其夫未给她以孀妇之赡养费,则应归还其嫁妆,并应就其夫之家产中给以等于一继承人之一份。"⑨印度民法认同妻子可继承非不动产的一份丈夫遗产。《那罗陀法论》说:"母亲在她的丈夫死后,(当诸子分割财产时),她可以得同子一样的份额","但不动产除外"。⑩伊斯兰民法还规定了妻子在不同情况下可取得丈夫遗产的比例。《古兰经》

---

① 《外国法制史资料选编》上册,第14页。
② 同上书,第39页。
③ 《世界通史资料选辑》(上古部分),第203页。
④ 《古印度帝国时代史料选辑》,第41、127页。
⑤ 《摩奴法论》,第190页。
⑥ 《〈罗斯法典〉译注》,第114页。
⑦ 详见《中国古代民法》,第64页。
⑧ 《古兰经》,第56页。
⑨ 《外国法制史资料选编》上册,第37页。
⑩ 《古印度帝国时代史料选编》,第111、128页。

说:"如果你们没有子女,那末,你们的妻室得你们遗产的四分之一。如果你们有子女,那末,她们得你们遗产的八分之一。"①俄国自17世纪始,寡妇也可取得丈夫的一些遗产。1624年法令说,在战争中阵亡的奖功地主的寡妇可获得1/5的奖功分地,另外,寡妇可分到动产的1/4。②中国民法认为,在无子和守寡的情况下,妻子可继承丈夫的部分遗产。《宋刑统·户婚律》"卑幼私用财"门说:"寡妻妾无男者,承夫分。若夫兄弟皆亡,同一子之分。"但商人的妻子不受此限。"死商钱物"门引后周显德五年(958年)七月七日的敕条说:"死商财物如有父母、祖父母、妻,不问有子无子,及亲子孙男女,并同居大功以上亲幼小者,亦同成人,不问随行与不随行,并可给付。"

有的古代东方国家民法还规定父母可不同程度地取得子女遗产的继承权。伊斯兰民法就是如此。《古兰经》说:"如果亡人有子女,那末亡人的父母各得遗产的六分之一。如果他没有子女,只有父母承受遗产,那末,母亲得三分之一。如果他有几个兄弟姐妹,那末,他母亲得六分之一。"③19世纪上半叶,俄国法也规定,在子女没有后代的情况下,其父母可取得并终身使用已故子女财产的权利。④中国民法也曾认可在个别情况下,父母能取得子女遗产的权利,以上《宋刑统·户婚律》"死商钱物"门中规定的父母可得到死亡的从商儿子的钱财就是一个例子。

异父同母或异母同父之子原则上都可取得生父或生母的遗产。印度民法规定,异父同母兄弟只能继承各自生父的遗产。《政事论》说:"异父的同胞兄弟应分享各自生父的遗产。"⑤俄罗斯法对以上两者都作了规定。《摩诺马赫法规》说:"若有前妻生子,那么,他继承自己母亲的遗产";"如果是异父同母的孩子,那么,他们各自继承自己父亲的遗产"。⑥

有些古代东方国家允许代位继承。印度民法规定儿子可代死去的父母继承他们应有的那份遗产。《摩奴法论》说:"无子者的全部财产只有外孙子可以拿走",理由是"孙子与外孙子之间不存在差别,因为孙子的父亲和外孙子的母亲两人都是他亲生的"。⑦《政事论》补充说:"没有父亲的兄弟之

---

① 《古兰经》,第57页。
② 参见《苏联国家与法的历史》上册,第118页。
③ 《古兰经》,第57页。
④ 参见《苏联国家与法的历史》上册,第180页。
⑤ 《古印度帝国时代史料选辑》,第41页。
⑥ 《〈罗斯法典〉译注》,第116、120页。
⑦ 《摩奴法论》,第185页。

子,即使为数很多,也只能与兄弟们一起继承其父的一份遗产。"① 中国在唐代也规定,儿子可代死去的父亲继承他的那份遗产。"诸应分田宅及财物者,兄弟均分","兄弟亡者,子承父分;兄弟俱亡,则诸子均分"。② 宋代的规定与此同。

另外,一些古代东方国家的民法还对继承人问题作了特殊规定。楔形文字民法同意养子可继承养父的部分不动产。《汉穆拉比法典》说:自由人有了养子后,"抚养彼子之父应就其财产中给他以继承份额的三分之一,而后他可以离去;但养父可不以田园房屋予之"③。伊斯兰民法规定,兄弟姐妹间可以互相继承遗产。《古兰经》说:"如果被继承者有(同母异父的)更多的兄弟和姐妹,那末,他们和她们,均分遗产的三分之一。"④ 俄罗斯民法规定,房产仅为最小的儿子一人继承。《摩诺马赫法规》指出:"父亲死后,房产不分,完整地留给最小的儿子。"⑤ 中国民法曾规定非婚子也能获得一些遗产。清代规定过非婚子能得到相当于婚生子一半的遗产。⑥

未成年人分得遗产后,须有成年人代为保管,直至其成年。印度民法规定,未成年人得的遗产可由其母亲的亲属或村里的长老保管,直到成年。《政事论》说:"只在成年中分配遗产,未成年者的份额,偿还债务后所余寄存于母亲亲属或村中长老那里,直到其成年为止。"⑦ 伊斯兰民法主张由监护人收藏未成年人的遗产。《古兰经》说:未成年人的监护人应为未成年人保管遗产,"直到他们达到适婚年龄;当你们看见他们能处理财产的时候,应当把他们的财产交还他们;不要在他们还没有长大的时候,赶快浪费地消耗他们的财产"⑧。俄罗斯民法的规定同伊斯兰法。《摩诺马赫法规》说:"如果死者的孩子还小,尚不能自己照顾自由,而母亲改嫁离开了他们,那么,由他们最近的亲属担任监护人,把财产和房屋托付于他,直至孩子自立。"⑨

有些古代东方民法对不享有或被剥夺继承权的人作了明确规定。楔形文字民法剥夺对自己父亲犯有两次重大罪过的儿子的继承权。《汉穆拉比

---

① 《古印度帝国时代史料选辑》,第 41 页。
② 《唐令拾遗》,第 155 页。
③ 《外国法制史资料选编》上册,第 40 页。
④ 《古兰经》,第 58 页。
⑤ 《〈罗斯法典〉译注》,第 119 页。
⑥ 参见《中国古代民法》,第 60 页。
⑦ 《古印度帝国时代史料选辑》,第 42 页。
⑧ 《古兰经》,第 56 页。
⑨ 《〈罗斯法典〉译注》,第 118—119 页。

法典》规定:"倘子对父犯有足以剥夺其继承权之重大罪过,则法官应宽恕子之初犯;倘子再犯重大罪过,则父得剥夺其继承权。"①印度民法的这类规定不仅范围广泛,而且十分具体。《摩奴法论》说:"婆罗门、刹帝利和吠舍与首陀罗生的儿子不是财产继承人",还有"'姑娘生子'、'随妻来子'、'买来子'、'再醮妇生子'、'自送子'和'首陀罗生子'为六种无财产继承权亲属"。② 以后的《政事论》作了补充,规定以下一些人也无继承权:"丧失种姓者、由丧失种姓者所生的和阉人没有份额,以及痴呆、疯人、盲人和麻风病人。"③中国民法也曾规定过被剥夺继承权的人员。《宋刑统·户婚律》"户绝资产"门指出以下一些人员被剥夺继承权,他们是"有心怀觊望,孝道不全,与夫合谋有所侵夺者"。

当遗产无人继承时,收归国家所有。印度民法确认国家可占有无人继承的遗产,但婆罗门的例外。《摩奴法论》说:"婆罗门的财产永远不得由国王没收,以上是常情;其他种姓的无继承人的财产国王应该没收。"④之后《政事论》又一次重申:"国王应占有没有继承人的财产。"⑤俄罗斯民法也有这类规定。《摩诺马赫法规》说:如果斯麦尔德死亡,又无子女,"那么,遗产归王公所有"⑥。中国法同样作出过类似规定。《宋刑统·户婚律》"户绝资产"和"死商钱物"门明示:户绝者的遗产,除 1/3 给出嫁女外,"其余并入官";死商客及外界人身死,如无亲属继承的,"所有钱物等并合官收"。

为了防止纠纷,有些东方国家要求证人参与遗产的分配,印度和俄国都是如此。《政事论》说:遗产分配时,"应该当差证人分配,并宣布说:'这些是共同的财产,这些是各自的份额'"⑦。《摩诺马赫法规》也说:"若继父在耗尽继子由其生父那里继承来的财产之后死去,那么,应通过证人。"⑧如果发现遗产未能依法分配的,就应重分。"分错了的、互相抢劫的、私藏的、隐瞒后被发现的,均应重新分配。"⑨

遗产继承人既有接受遗产的权利,也要承担相应的一些义务,其中包括

---

① 《外国法制史资料选编》上册,第 37 页。
② 《摩奴法论》,第 187、188 页。
③ 《古印度帝国时代史料选辑》,第 42 页。
④ 《摩奴法论》,第 190 页。
⑤ 《古印度帝国时代史料选辑》,第 42 页。
⑥ 《〈罗斯法典〉译注》,第 114 页。
⑦ 《古印度帝国时代史料选辑》,第 42 页。
⑧ 《〈罗斯法典〉译注》,第 121 页。
⑨ 《古印度帝国时代史料选辑》,第 42 页。

清偿被继承人的债务、供养亲属等。印度民法对继承人要清偿债务和供养亲属均作出过明确规定。《政事论》说:独生子"应得到全部财产,并应供养亲属"①。之后的《那罗陀法论》又说:"父死后,他的债务应由其诸子偿还,假若他们已分割遗产,则根据其各自(继承的)份额来偿还;反之,假若他们没有分割遗产,则债务应由已成为家产管理人的那个儿子偿还。"②还有,"在印度人中,继承一个死亡者财产的权利,是和履行其葬仪的责任相辅而行的。如果葬仪没有依礼履行或者不是由适当的人来履行",那么继承法"就不能适用"。③ 伊斯兰民法要求继承人在清偿了被继承人的债务后才能接受遗产。《古兰经》说:接受遗产须在"清偿亡人所欠的债务之后"④。俄罗斯民法还从遗产被继承人生前所受到的供养情况来确定遗产的分配,认为赡养被继承人的继承人应是遗产的获得者。《摩诺马赫法规》指出:"母亲死前若无遗言,那么,与她住在一起,并供养她的孩子,取得那部分财产。""如果所有的儿子对她都不孝敬,也可以把财产给赡养她的女儿。"⑤

古代东方民法规定的财产继承与身份继承不同。财产主要由诸子继承,在有限的条件下,女儿等也能得到少量,继承面较广。但是,身份只能由儿孙继承,而且要嫡长,继承者只限一人。以中国的规定为例。在先秦时虽出现过兄终弟续和嫡长继承的财产继承制度,但之后即逐渐转向以诸子平分为主,直至清末。身份继承自西周确立嫡长继承制以后,一直未变,延续至清末,嫡长子孙成为唯一合法的身份继承人。与这一继承制度相适应,中国还建立了立嫡制度,原则是以长不以贤。违反这一原则的就是"立嫡违法",违法者要被追究法律责任。唐代规定:"嫡妻之长子为嫡子","无嫡子及有罪疾,立嫡孙;无嫡孙,以次立嫡子同母弟;无母弟,立庶子"等,违反者要被"徒一年"。⑥ 唐后各代均有此类规定。形成这两种不同继承的原因主要在于作为继承对象的财产和身份不同。财产可以分割,身份不能分割,在有多子的情况下,为了避免矛盾和内讧,法定的嫡长继承身份的形式被运用了,并企盼以此来达到平安地实现宗祧继承的目的,即"立嫡者,本拟承

---

① 《古印度帝国时代史料选辑》,第44页。
② 同上书,第110页。
③ 《古代法》,第110页。
④ 《古兰经》,第57页。
⑤ 《〈罗斯法典〉译注》,第122页。
⑥ 《唐律疏议·户婚》"立嫡违法"条"疏议"。

袭"①。不过,实际执行情况不尽如法意,不以嫡长继承的情况没能消绝,就连皇位的继承也是这样。它往往受到权势的干扰,有权势的非嫡长子孙夺取皇位的在中国历史上不是个别现象,其中有的还有所作为,唐太宗就是其中之一。

古代东方民法中有关财产继承权的规定具有明显的宗法性。男性继承人是遗产的主要继承人,有的国家还规定嫡长子的继承权优于他的众弟们;同时,女性继承人的这种权利受到很大限制,他们不能享有与男性继承人一样的继承权,一般在无男性继承人时才能得到遗产或获得的遗产明显少于男性继承人。这种对男性继承权的偏袒正是宗法制在继承领域里的表现。这种宗法性在本质上也就是等级性。它突出并维护男性继承人的继承权,人为地造成男女间的不平等。这与古代东方存在男尊女卑的社会地位迭合。

古代东方民法中有关继承权的规定是为剥削者谋利的法律。在古代东方社会里,被剥削者只有少量生活资料,许多人根本没有生产资料,他们没有什么财产可以继承,继承权对他们来说没什么意义。相反,对剥削者的意义就十分重大。他们不仅有丰富的生活资料,还有大量进行剥削的生产资料,这些财产是他们腐化生活和继续剥削的物质基础。特别是生产资料,如果没有它,剥削将失去可能,剥削者也会化为乌有。所以,古代东方国家便用继承权来继承剥削者的财产,使它们代代相传,也使剥削制度世世不断。从中可知,古代东方继承权的实质在于:"它给继承人以死者生前所有的权利,即借助自己的财产以攫取他人劳动成果的权利"②。

四、与古代西方民法比较及在近现代的变化

古代东、西方民法是世界古代民法的两大组成部分,但它们各有自己的辉煌时期,内容也有不同之处。

从时间的先后来看,东方民法率先发展,独领风骚;西方民法则后来居上,赶超东方,界线在公元6世纪前后。6世纪前,东方民法已非常发展,西方民法相对比较落后,以《汉穆拉比法典》与《十二表法》为例,尽管两者已有13个世纪左右的时间差距。《汉穆拉比法典》中有关民法的内容有近170条,约占法条总数的3/5,而《十二表法》仅有25条,只占1/4有余,前者

---

① 《唐律疏议·户婚》"立嫡违法"条"疏议"。
② 马克思:《总委员会关于继承权的报告》,载《马克思恩格斯全集》第16卷,第414页。

在法条数和所占比例方面都优于后者。不仅如此,前者在所有权、债权和继承权等具体内容的规定上也领先数步,以债权为证。前者规定的契约种类有买卖、借贷、租赁、保管、合伙、人身雇佣等许多种,而且每种涉及的范围也很广泛,如租赁契约的对象包括房屋、土地、交通工具、牲畜等;损害赔偿的规定同样很全面,仅行为人的主观因素就包含有故意、过失及无故意过失等数种,损害物的种类也很多,有建筑物、农作物、交通工具、牲畜、人体器官等大类,十分周全。后者对债权的规定却十分单薄,契约仅有借贷和买卖两种,损害赔偿物也只有房屋、木料、农作物和牲畜。有些外国的古代东方史专家把这两者作了比较后,也认为前者胜于后者。苏联的贾可诺夫、马加辛涅尔在他们译注的《巴比伦皇帝哈谟拉比法典与古巴比伦法解说》一书中说:"《哈谟拉比法典》在许多方面,特别是在调整私法关系方面所反映的奴隶制社会关系发展水平,比许多较晚的古东方立法所反映的要高一些,而且从一系列范畴拟制的精密程度来看,大大超过奴隶制西方如《十二铜表法》这类文献。"①此话很中肯。此外,《汉穆拉比法典》还对西方立法产生过影响。它通过赫梯、亚述传到西方,进而影响到希腊的立法。②

在公元6世纪以前,古代东方并非仅楔形文字民法一枝独秀,中国和印度民法也有相当发展。中国西周时的民法不比《汉穆拉比法典》逊色。以契约为例。西周已提出债的概念,强调它由债权与债务两个方面组成,有纠纷可拿契约到官府解决。"凡有责(债)者,有判书以治,则听。"③契约种类也有交换、买卖、租赁、借贷、委托保管等,与《汉穆拉比法典》相比,虽少了雇佣和合伙两种,但在已有的契约中,却有比它先进的地方。比如借贷契约,西周时已设有泉府一职专管官贷,起了类似以后银行的作用,但在《汉穆拉比法典》中只有一种模糊起端,十分原始。因此,在将《汉穆拉比法典》与西周民事法律规范比较后,有学者认为:"在有关所有权和债权的规范方面,在所有权的取得和保护方面,在契约法的发达方面,它都没有高出西周的民事法律规范。"④而且中国民法在西周后还有进一步的发展。印度民法在当时也非落伍者。从《摩奴法论》和《政事论》的规定来看,二者在许多方面也比《汉穆拉比法典》强。比如,在所有权方面,《政事论》把国有土地划分为三类,

---

① 《巴比伦皇帝哈谟拉比法典与古巴比伦法解说》,第96页。
② 参见《外国法制史》,第4页。
③ 《周礼·秋官·朝士》。
④ 胡留元等:《西周法制史》,陕西人民出版社1988年版,第368页。

第十二章 民法

并对这些土地归属作了明确的规定,比《汉穆拉比法典》精细;在债权方面,《摩奴法论》对签约的条件作了不少规定,特别列举了一些违法立约的行为,对契约的订立及履行都极为有利,这也为《汉穆拉比法典》所不及;在继承权方面,《摩奴法论》和《政事论》承认代位继承,使继承制度更为完善,也高于《汉穆拉比法典》一层。可见,在6世纪前,东方民法的整体水平均先进于西方。

究及其中原因,最直接的莫过于当时东方商品经济的发展。两河流域、中国和印度等一些东方国家很早就进入文明时代,社会生产发展较快,商品经济比当时的西方发达。公元前18世纪,古巴比伦已成为两河流域的一个大国,并维持了几个世纪的统一。它的经济十分繁荣,首都巴比伦城在西亚乃至地中海地区都称得上是一个著名的世界性商业城市,各国商人云集,集市往往一、二个月不散。中国在夏商时,商品交换已有一定规模。夏时已有商品交换的固定场所——"市"。《易经·系辞下》说:"日中为市。"商时商品交换有发展,"市"也有所增加。"殷君善治宫室,大者百里,中有九市。"① 到了西周,商品交换的规模更大,以致每个城市都设有"市"。"左祖右社,面朝后市。"② 而且,交易量很大,每天要集中进行三次。"大市,日昃而市,百族为主;朝市,朝时而市,商贾为主;夕市,夕时而市,贩夫贩妇为主。"③春秋、战国以后,随着私有制的发展,商品交换更有长足的进步,出现了"富商大贾,周流天下"的景象。④ 再来看看印度。早在公元前25到17世纪,它就与两河流域有频繁的大规模的贸易往来,交换商品包括金属、农产品、珠宝首饰、棉织品等许多大类。到了孔雀王朝时期,这种贸易更有扩大,形成了西至海湾地区、西亚、埃及,东至缅甸、锡兰、中国的贸易网络。⑤ 有这种较为发展的商品经济为基础,古代东方的民法自然也相应发展起来了。与东方国家相比,西方国家踏进文明的门槛少则晚了几个世纪,多则十几个世纪,社会经济和商品交换也不及东方的发展,民法自然落后于东方了。

到了公元6世纪,原东、西方民法的格局被打破了,以罗马法为代表的西方民法异军突起,赶到东方民法前面。与当时的东方民法相比,罗马法具有两大优势。一是民法结构更合理,内容更系统。从《法学总论》(亦称《法

---

① 《太平御览》卷八二七。
② 《周礼·考工记·匠人》。
③ 《周礼·地官·司市》。
④ 参见薛军:《中华商法简史》,中国商业出版社1989年版,第12—13页。
⑤ 参见《印度通史》,第27—28、91—92页。

学阶梯》)①来看,罗马法由人法、物法和诉讼法三大部分组成。其中,人法是关于人的权利能力和行为能力、法律地位、各种权利的取得和丧失以及婚姻家庭等的法律;物法是关于权利客体的物、所有权的取得和变更、继承和债权等方面的法律;诉讼法是关于诉讼种类、担保、程序和审判员职权等方面的法律。除诉讼法外,这一结构在许多方面与近、现代民法典的结构相近,比较合理。另外,这些有关财产和人身方面法律内容全都依序排列在一起,十分系统。它不愧为"纯粹私有制占统治的社会的生活条件和冲突的十分经典性的法律表现,以致一切后来的法律都不能对它做任何实质性的修改"②。相比之下,东方民法的内容还是散布在宗教经典、综合性法典、单行法规等之中,其结构无从谈起,内容也缺乏系统性,明显不如西方。二是民法规定的私有程度高,调整的范围广。与东方民法相比,罗马法还具有私有程度高和调整范围广的特点。如在土地所有权方面,根据罗马法的规定,人们可以有无限私有权。但是,在东方,由于大量的土地为国有,人们在使用土地的同时还要承担一定的义务,所有权受到限制。只有私有土地才具有无限的私有权,这在东方不多。又如,罗马法对订立契约的限制很少,所涉范围十分广泛。但是,东方有些国家实行专卖制度,许多商品不可自由买卖,中国的茶、盐、铁等都在禁卖之内,这样属于民法调整的范围也就相对狭窄了。民法被称为私法,调整对象是人们的财产和人身关系,它的私有程度和调整范围与民法的发达程度关系甚大,私有程度越高,调整范围越广,民法就越发达,反之则较为落后。罗马法又显胜一筹。

有多种原因促使东、西方民法原有格局发生了变化,但最为重要的还是以下两点。第一,罗马的经济和商品交换都有过极盛时期。公元3世纪前,罗马对世界的不断征服,使它成为世界上第一个地跨欧亚非三大洲的帝国。与此同时,它的经济也大大发展,贸易遍及三洲,连中国也卷入这一贸易圈,有人还用上了罗马的商品。《汉乐府·羽林郎》说:有的妇女"耳后大秦珠",此处"大秦"即为罗马。与这样的贸易规模相比,东方国家只能甘拜下风。以罗马的经济为依托,罗马法迅速崛起。公元3世纪末草拟了《格里哥法典》和《格尔摩格尼安法典》,公元5世纪颁布了《狄奥多西法典》。到了公元6世纪的查士丁尼统治时期,总汇了以往罗马的法律和著作,编纂成

---

① 〔罗马〕查士丁尼:《法学总论》,张企泰译,商务印书馆1989年版。
② 恩格斯:《论封建制度的瓦解和民族国家的产生》,载《马克思恩格斯全集》第21卷,第454页。

《查士丁尼安法典》、《法学阶梯》和《学说汇纂》，以后又将新敕令集成为《查士丁尼安新律》。12世纪时，把以上四个部分统称为《民法大全》（亦称《国法大全》、《罗马法大全》）。它的产生不仅标志着罗马法已达到完备的阶段，还把世界民法水平推到了一个新的顶点。正如恩格斯所说的，它是"简单商品生产即资本主义前的商品生产的完善的法"①。第二，罗马的法学家对民法进行了深入的研究，作出了杰出的贡献。罗马涌现过一批享有盛名的法学家，其中最著名的有五位，他们是盖尤斯（Gaius）、伯比尼安（Papinianus）、保罗（Paulus）、乌尔比安（Ulpianus）和莫迪斯蒂努斯（Modestinus）。他们对法律特别是民法进行了较深的研究，撰写了许多著作和论文，盖尤斯的《法学阶梯》就是其中之一。由于受到罗马统治者的尊崇，他们的论述具有权威性，像法律一样有效。民法与法学紧密结合在一起，互为相长，民法乘势大发展。他们的成果还为后人所接受，盖尤斯的《法学阶梯》成了查士丁尼《法学阶梯》的蓝本。与此同时，东方国家为了加强中央集权统治的需要，对刑法学尤其感兴趣。法学家的主要研究对象也是刑法，不是民法，以致唐代的法学家们在总结前人刑法学的基础上，又更上一层楼，撰编了《永徽律疏》（后称《唐律疏议》）那样闻名遐迩的刑法典。

　　古代西方民法的发展极不平衡，罗马法是其中的优秀者，一些晚于它产生的民法却在相当长的一段时间里不如它，法兰克王国民法是其中之一。法兰克王国建立于公元5世纪末、6世纪初，此时的法律还只是习惯法，以后虽有发展，但总的来说，债权法不发达，远不如罗马法。②

　　经过以上比较，可以得出以下结论：古代东、西方民法各有自己的全盛时期，从时间上看，东方在前，西方在后，平分世界古代民法的秋色。因此，切不可贸然地抬高一方，压低另一方，而应具体分析，客观评说。

　　东方民法在步入近、现代社会后，发生了很大的变化，制订民法典是其中之一。在古代，东方各国皆无民法典，民法内容不集中。到了近、现代后，随着法制改革的进行，各部门法陆续分离出综合性法典，绝大多数东方国家制定了民法典。19世纪下半期，奥斯曼帝国颁布了民法典，并适用于除埃及以外的阿拉伯地区，至今还在约旦和科威特施行。几乎是同时，埃及也拥有了一部民法典。③ 阿拉伯伊斯兰国家独立后，又制订了新民法典，如伊拉

---

① 恩格斯：《致卡尔·考茨基》，载《马克思恩格斯全集》第36卷，第169页。
② 参见《日耳曼法简介》，第59页。
③ 参见《法律结构与分类》，第241页。

克于 1951 年颁布并于 1953 年实施了《伊拉克民法典》,伊朗于 1929 年至 1935 年间分卷颁布了《民法典》。① 中国的清政府于 1907 年起草民法典,1911 年 8 月完成《大清民律草案》,但由于清政府覆亡,此草案未能颁行。之后,国民政府于 1929 年至 1930 年间分编公布、施行了《中华民国民法》,它是中国历史上第一部民法典。

俄国和印度的情况与绝大多数东方国家有所不同。俄国在"十月革命"前没有专门的民法典,只是在"法律全书"中设有民法卷。此"法律全书"即《俄罗斯帝国法律全书》,于 1835 年 1 月 1 日在全国生效,全书共 15 卷,其中第 10 卷为民法卷,它一直适用至"十月革命"。② 印度也没有制定完整的民法典,而是把主要的民法内容规定在单行法规之中,这些法规主要有:有关民事法律关系主体的《成年法》(1875 年)、《精神失常法》(1912 年);有关债权的《合同法》(1872 年)、《商品买卖法》(1930 年)、《合伙法》(1932 年)、《特殊救济法》(1963 年);有关继承权的《继承法》(1925 年)、《印度教继承法》(1956 年)等等。③

东方国家制订的民法典包含了较为完整、系统的民法内容,大多由总则、物权、债权、亲属(婚姻)和继承等部分组成。如《中华民国民法》就由总则、债、物权、亲属和继承五编构成,其中,总则是关于各种民事权利及民事法律关系的基本规定;债是关于债权与债务的规定;物权是关于所有权、典权、地役权等的规定;亲属是关于婚姻家庭等的规定;继承是关于继承和遗嘱的规定。可是,在有些阿拉伯伊斯兰国家的民法典中,则没有婚姻和继承两部分内容,它们被划入身份法或家庭法,因此这些国家的民法典就只有总则、物权和债等内容。除民法典外,东方国家还因时颁行了一些单行法规,以修改或补充民法典。如伊朗于 1935 年公布民法典后,又于 1959 年至 1967 年间发布了《劳工法典》、《业主和租户法》、《民事责任法》和《家庭保护法》,其中《劳工法典》是取代、修改民法典中有关劳工的条款,其他均为补充民法典。④ 其他国家也有类似情况。

在颁行的民法中,大量挪进了近、现代民法原则和制度,其中包括私有财产神圣不可侵犯、契约自由和男女均有同等的继承权等。如伊朗在它的

---

① 参见《各国宪政制度和民商法要览》(亚洲分册),第 259、270 页。
② 参见徐轶民编:《简明外国法制史》,中央广播电视大学出版社 1987 年版,第 281 页。
③ 参见《各国宪政制度和民商法要览》(亚洲分册),第 321、324—325 页。
④ 同上书,第 270—271 页。

第十二章 民法

民法典中确立了私有财产神圣不可侵犯和契约自由原则。此法典规定,财产是一项绝对权利,所有人有权按照他认为的适当方式,处分和享用他的所有物,同时还承认"自由同意和契约自由的原则"①。中国的《中华民国民法》也贯彻这两个原则,在债编中规定:"所有人于法令限制之范围内,得自由使用、收益、处分其所有权,并排除他人之干涉。""当事人互相表示意思一致者,无论其为明示或默示,契约即为成立。"②印度民法提高了妇女的继承地位,使妻子与儿子具有同等继承丈夫遗产的权利。1937 年实行的《中央印度教妇女财产权条例》把寡妇的身份提高到同儿子一样,成为丈夫遗产的继承人。独立后又规定,包括寡妻和孤女(甚至是结了婚的)、母亲和寡媳以及先其父亲而死亡之子的女儿等在内的近亲属,如遇死者未立遗嘱的场合,也有权与儿子及其他男性后嗣,诸如先其父亲而死的儿子的儿子等共享遗产。③ 这些原则和制度大多来自西方国家。在阿拉伯伊斯兰国家的民法中,除约旦、科威特等国外,所有的阿拉伯国家都先后采用了受西方影响的民法典。④ 就连一些具体概念也从这些法典中来,如《伊拉克民法典》就借鉴了《法国民法典》中关于过失的概念。⑤ 另外,黎巴嫩民法中有关继承非穆斯林财产的内容,也是以西方法律制度,特别是以法国法律制度为模式的;在财产法领域里也显示出同西方法律制度的联系,其解决财产纠纷的办法尤其与法国的相同。⑥ 这种影响往往是来自几个西方国家,并以一国为主。如印度民法吸取了英、美、法等国民法的许多原则和制度,但以英国的为主。又如,清政府在制订民法草案时,曾参照了日、德、瑞士等民法典,其中主要是日本的,并由日本人志田钾太郎参与起草。

在适用新原则和制度的同时,一些相应的旧原则和制度随之被废除。在阿拉伯伊斯兰国家,"一般民法在多数穆斯林国家已被抛弃,而代之以根据欧洲模式的一些新法典和运用这些法典的新兴世俗法庭"⑦。从一些具体规定中也能得到反映。《伊拉克民法典》借鉴了《法国民法典》的过失概念后,规定"必须犯有过失,才应承担责任",这与原来的"未犯有任何过失,

---

① 参见《各国宪政制度和民商法要览》(亚洲分册),第 273—274 页。
② 《最新六法全书》,第 25、71 页。
③ 参见《各国法律概况》,第 261、266 页。
④ 参见《法律结构与分类》,第 242 页。
⑤ 参见《各国宪政制度和民商法要览》(亚洲分册),第 260 页。
⑥ 同上书,第 102—104 页。
⑦ 《各国法律概况》,第 127 页。

也应承担责任"相逆,①后者被废除。印度民法在实行新的继承制度并提高了妇女的继承地位的同时,原来卑视、剥夺妇女继承权的规定相应废而不用。但是,这并不意味着各国传统的民法内容就没有一点残存,相反,仍有一些被带进了近、现代社会。一个法国学者研究了印度民法后发现,在20世纪以前,印度民法中还有不少古老的规定遗留,如"比纳米交易"。这是一个人以他人(称 benamidar)名义购买或转移财产的交易,"是一个为印度人和穆斯林(但通常不包括基督徒)所熟知的古老习俗"。又如在继承方面,女性的继承权仍受到限制,"女性继承人根据其已婚、未婚、或妓女适用不同的规定";长子具有优越的继承权,"在大多数情况下,根据长子继承权的原则,这种无遗嘱财产传于长子男系继承人"等。② 20世纪以后,这些内容仍未全部刷新。在有关未立遗嘱的继承规定中,就是在"1956 年制定的体制中,父系亲属之优先权仍显然可见"③。在阿拉伯伊斯兰国家中也有类似情况,原伊斯兰民法在继承等领域还有一定市场。到 20 世纪,原伊斯兰民法还存在"于家庭法的范围之内,包括死后的继承法和特别的奉献捐款制度"④。如在黎巴嫩,"托管财产和继承仍同婚姻、亲权以及婚生和非婚生子女一样,受传统的伊斯兰法支配"。又如在伊朗,"妇女继承死者财产的权利,在原则上为男子的一半(根据伊斯兰法的一项规则)"⑤。在中国,妻子的继承地位仅相当于一个子女。《中华民国民法》在继承编中规定,在多子女情况下,妻子"应继分与他继承人平均"⑥。其中的"他继承人"即指子女。妻子的继承地位仍未提高到应有的位置。

从近、现代东方民法的内容来看,十分突出的一个方面是进一步扩大并大力维护资本主义私有权,尤其是土地私有权。在古代,东方土地的主要所有权形式是国有权,大量的土地由以最高统治者为代表的国家所有。进入近、现代以后,资本主义的商品经济迅速发展,土地国有权随之瓦解,而土地私有权则风靡东方。在印度,"英国殖民者入侵以后,创造了一个土地所有者阶级,他们被赋予完全占有土地的权利,可以允许通过卖、送等形式转移

---

① 《各国宪政制度和民商法要览》(亚洲分册),第 260 页。
② 《法律结构与分类》,第 260、262 页。
③ 《各国法律概况》,第 269 页。
④ 同上书,第 127 页。
⑤ 《各国宪政制度和民商法要览》(亚洲分册),第 103、272 页。
⑥ 《最新六法全书》,第 101 页。

自己的土地"①。在俄国,沙皇亚历山大于1861年2月19日发布了废除农奴制度法令,在给农奴以自由外,还进一步扩大了私有土地的占有范围,解放了的农奴也可得到私有土地,拥有土地私有权。这个法令规定:"农民获得地主同意后,除所居住的房屋外,尚可根据一般法律获得分给他们长期耕种的土地及其他附属地为私产。""已脱离农奴身份,并在各法令所规定的基础上购置土地为私产的农民称'有产农民'。"②这样,不仅地主拥有土地私有权,大量的原农奴也得到这种权利,享有土地私有权的范围扩大了。在中国,甲午战争以后,全国的耕地已基本私有化,地主和富农占有绝大部分耕地。据统计,占农村人口仅10%的地主和富农共占有70%—80%的土地,但占90%人口的贫雇农却仅有20%—80%的土地。③ 有权有势者使用各种手段掠得更多的土地所有权。如"张作霖的委员们,利用省长的权位和威势,按特别低廉的价格把有前途的地点买进,再慢慢并四邻,他们一直在玩弄着这种惯技"④。阿拉伯伊斯兰国家也加快了确立和发展土地私有权的步伐。如在穆罕默德·阿里统治埃及时期,私有土地已有一百多万费丹,约占全国耕地面积的一半。⑤ 这些土地可以买卖、转让,从而也出现了土地兼并现象。⑥

东方民法内容的进一步私有化,既是资本主义生产关系的存在和发展的结果,也保障和促进了这种生产关系的不断发展。如在俄国,扩大土地私有权,使一些解放了的农奴获得部分土地,正是由于当时那种封建式束缚于某一土地的强迫性农奴劳动已不适合社会经济向前运行,因此农奴与地主的矛盾也日益尖锐,以致在1858年至1860年间先后发生了180余起各种形式的暴动。在这种情况下,沙皇不得不考虑改革农奴制,并给予农奴一定的私有土地。这一改革后,尽管还有农奴制残留,但资本主义的生产关系得到了快速发展,原来的封建式的劳役租制逐渐瓦解,农业中的雇佣劳动逐渐增多,资本主义私有制的根扎得更深了。

---

① *Bondage and Freedom*, p.332.
② 《世界历史资料选》,第328—329页。
③ 参见《简明中国经济通史》,第524页。
④ 章有义编:《中国近代农业史资料》第2辑,三联书店1957年版,第23页。
⑤ 参见杨灏城:《穆罕默德·阿里经济改革的几个问题》,载《世界历史》1980年第5期。
⑥ 参见郭应德:《阿拉伯史纲》,中国社会科学出版社1991年版,第332页。

第十三章 婚 姻 法

婚姻是组成家庭的开始,家庭又是构成社会的最小单位,与社会的稳定与发展休戚相关。为了确保家庭的安稳和社会的安宁,古代东方国家都制定了婚姻法,并把它作为部门法这一大机器中一个不可缺少的部件,由它专门来调整婚姻关系及与之有关的一些家庭关系。

一、结 婚

结婚即是成立婚姻。它不仅是婚姻道路上的第一步,而且还是关键一步,因为它与由此而产生的婚姻和家庭关系重大,尤其是在古代东方,婚姻被看作是一种"家世的利益,而决不是个人的意愿"①,所以那时的婚姻法特别重视对结婚的规定。

1. 结婚的条件

在古代东方,需符合一定条件才能结婚,婚姻法为此作了规定。家长同意是子女婚姻得以成立的主要条件之一。楔形文字婚姻法把未经父母同意的婚姻认作为非法婚姻。《俾拉拉马法典》规定:如果自由民未向女方父母提出请求,征得同意,"而径取自由民之女为妻,则此女住自由民之家达一年之久,仍非其妻"②。希伯来婚姻法认为,没有父亲的同意,即使男女双方有了性行为,仍不能成婚。那时如果有人与处女"行淫"后,"若女子的父亲决不肯将女子给他",那他们就不能结婚。③ 有的古代东方国家认为,家长对子女的婚姻负有责任,所以他们必须安排好子女的婚姻,否则将会受到谴责。《摩奴法论》规定:"不及时嫁出女儿的父亲应该受谴责。"④在阿拉伯伊斯兰国家中,父亲也有这种责任,所以"妇女到了12—23岁时,父亲就必须

---

① 恩格斯:《家庭、私有制和国家的起源》,载《马克思恩格斯选集》第4卷,人民出版社1995年版,第76—77页。
② 《外国法制史资料选编》上册,第7页。
③ 《新旧约全书》,第93页。
④ 《摩奴法论》,第174页。

把她嫁出去"①。中国早在《诗经》中就已提及子女在结婚前必须告诉父母，以征得同意。"取妻如何？必告父母。"②以后，许多朝代都在立法中加以明确规定。唐代就有这类规定。③ 而明代的规定更为具体。"嫁娶皆由祖父母、父母主婚，祖父母、父母俱无者，从余亲主婚，其夫亡携女适人者，其女从母主婚。"④由于子女的婚姻要由家长同意，家长控制着子女的婚姻，因此古代东方的婚姻实是包办婚姻。

形成包办婚姻的一个重要原因是，那时不把婚姻看作是爱情的结晶，而把它作为一种延续后代、光耀祖宗，甚至还是加强政治联盟的手段。希伯来人认为，婚姻可使不同家族间的关系变得密切。"我们把女儿嫁给你们，并娶回你们的女儿，这样我们就和你们生活在一起，你们和我们就成一个人了。"⑤大卫执政时，利用婚姻加强了与其他国家的联盟，使国家得益。他虽然"没有给以色列增添新的疆土，可是却通过不一般的外交途径确保了以色列在当时毗邻的大国中享有平等地位。他用联姻建立起来的友好同盟在这方面发挥了重要作用，有时还给自己的国家带来一些物质利益，例如通过他本人与法老女儿联姻，以色列占据了通往地中海的重要城市基色"⑥。中国的情况也差不多。《礼记·昏义》说："昏（婚）礼者，将合二姓之好，上以事宗庙，而下以继后世也，故君子重之。"同时，还通过异姓间的婚姻，促成不同家族、政治集团间的联盟。"娶于异姓，所以附远厚别也。"⑦正如恩格斯所言：结婚成了"一种政治行为，是一种借新的联姻来扩大自己势力的机会"，所以"按照通例，年轻王公的未婚妻都是由父母选择的，要是后者还活着的话"⑧。它以牺牲子女们的爱情和利益为前提，最终酿成的只能是悲剧，古代东方各国无一例外。

交付聘礼是古代东方结婚的另一个重要条件。没有聘礼，婚姻不能成立或被视为不合法。由于各国情况不同，所以婚姻法对聘礼的规定也不尽相同。楔形文字婚姻法把送聘礼与结婚联系在一起，前者先于后者。《汉穆

---

① 《震撼世界的伊斯兰教》，第163页。
② 《诗经·齐风·南山》。
③ 详见《唐律疏议·户婚》"卑幼自娶"条。
④ 《婚姻立法资料选编》，法律出版社1983年版，第103页。
⑤ *Ancient Jewish Law*, p. 3.
⑥ 《犹太史》，第32页。
⑦ 《礼记·郊特牲》。
⑧ 恩格斯：《家庭、私有制和国家的起源》，载《马克思恩格斯选集》第4卷，第76页。

拉比法典》规定：自由民在娶妻前要"将聘礼送至其岳家"①。在希伯来婚姻法中，聘礼是嫁娶的一个重要标志，其他行为都不可取代它。"人若引诱没有受聘的处女与他行淫，他总要交出聘礼娶他（她）为妻。"②印度婚姻法看重人们的地位差别，规定同等地位的人结婚应在婚前交纳聘礼。《摩奴法论》说："向同等地位的少女求婚者应该给聘礼，如果她父亲愿意。"③伊斯兰婚姻法明指聘礼就是财产，要男方用财产取得合法婚姻。《古兰经》说："你们可以借自己的财产而谋与妇女结合"，"既与你们成婚的妇女，你们应当把已决定的聘仪交给她们"。④穆罕默德本人也认为，女方取得聘财是理所当然之事。"婚约聘礼的条件为被娶女人的正当权益，彻底践约最为需要。"⑤中国很早就强调聘礼在结婚中的作用。《礼记·内则下》说："聘则为妻。"以后，运用立法形式作了规定，凡收受了聘财，婚姻即告成立，女方悔婚的为法所不容。唐代确定："虽无许婚之书，但受聘财，亦是。""婚礼先以聘财为信"，在受财后再"更许他人者"要受到处罚。⑥唐后的规定相差无几。

如果收受聘礼后，发生婚变，那聘礼也要得到相应的处理。楔形文字婚姻法规定，接受聘礼后，一方死亡或拒婚的，都要退回聘礼。《俾拉拉马法典》明定："倘自由民之子将聘礼送至岳父之家，遇双方（即未婚夫及未婚妻）之一死亡时"，要将"银退回其主人"。⑦之后的《汉穆拉比法典》又对拒婚情况作了规定。此法典说：如果男方在交付聘礼后拒婚的，那么"女子之父得占有其送来的一切财物"；如果是女方拒婚的，则要"加倍归还"给男方。中国也有类似规定。在唐代，如果交出聘财后，男方悔婚，"聘财不追"；女方悔婚，"还聘财"。⑧

把聘礼作为结婚的一个条件的实质是把婚姻商品化，妇女成了一种"活商品"，是买卖的对象，婚后"妻子被看作是丈夫的私有财产"。这不仅是妇女地位低下的一个表现，也是造成不幸婚姻的一个根源。在这样的婚姻中，丈夫支配着妻子，而且"受到惩罚的只是妻子，并且只在行使其所有权的丈

---

① 《外国法制史资料选编》上册，第36页。
② 《新旧约全书》，第93页。
③ 《摩奴法论》，第169页。
④ 《古兰经》，第56、60页。
⑤ 《布哈里圣训实录精华》，第145页。
⑥ 《唐律疏议·户婚》"许嫁女辄悔"条及"疏议"。
⑦ 《外国法制史资料选编》上册，第6页。
⑧ 《唐律疏议·户婚》"许嫁女辄悔"条及"疏议"。

夫的要求下才加以惩罚的"。① 这种情况下,妻子只能委身求全,否则就会有祸降临,遭到不测。

在古代东方,结婚还与法定的程序、仪式联系在一起,合法婚姻都要依其进行,它们也是结婚的一个条件。因为当时各国的规定不同,所以对它们的要求也不同。楔形文字婚姻法重视契约在结婚中的作用,并把它作为一种重要程序。没有契约,结婚不合法。《汉穆拉比法典》规定:"倘自由民娶妻而未订契约,则此妇非其妻。"②俄罗斯婚姻法曾规定,结婚要按教会规定的仪式进行,也只承认在教会中举行婚礼的第一次结婚为真正的婚姻。③ 在印度,人们进行嫁娶时要举行祈福仪式,以祝新婚夫妇消灾求福。阿育王在他的铭文中说:每逢儿子娶亲,女儿出嫁,"人们总要举行许多祈福仪式","以禳灾求福"。后来《那罗陀法论》把这种仪式具体化,分为八种,即梵婚、生主婚、仙尊婚、天婚、乾达婆婚、阿修罗婚、罗刹婚和毕舍遮婚。每种仪式均有自己的特点。如梵婚仪式是"少女的父亲在邀请并尊敬地接待新郎后,把装有装饰品的少女交给(新郎)";仙尊婚仪式是"(父亲从新郎那里)接受一件衣服和一头公牛与一头母牛"。不过在这八种仪式中,前四种"被宣布为合法的",第五种是所有种姓都"共同的",而最后三种则是"非法的"。④ 中国把"六礼"作为结婚的法定程序,分别是纳采、问名、纳吉、纳征、请期和亲迎。它们以结婚的过程排列,从派媒人前往女家提亲(纳采)开始,至到男家迎回新娘(亲迎)结束。如果其中某个环节中断,结婚即行告吹。由于各代情况有异,因而对每一具体环节的要求也不尽相同。如纳采时所送的物品,周时用鸿雁;汉时除有鸿雁外,还有绢帛、羊、酒等;唐代又定为"九事",指合欢、嘉禾、阿胶、九子蒲、朱苇、双石、绵絮、长命缕、干漆,而且各有含义,"胶漆取其固,绵絮取其调柔,蒲苇取其心可屈可伸,嘉禾分福也,双石义在双固也"⑤。南宋时改"六礼"为纳采、纳征和亲迎"三礼"。

结婚的程序、仪式虽是一种形式,但其中却包藏着婚姻的本质或与之有关的社会制度。楔形文字婚姻法把签订契约作为结婚不可缺少的程序,实是把婚姻看成是一种契约关系。俄罗斯婚姻法把教会规定的结婚仪式作为法定仪式,就是把婚姻拖入宗教泥坑,受宗教的支配。印度的结婚仪式与种

---

① 马克思、恩格斯:《德意志意识形态》,载《马克思恩格斯全集》第3卷,第392页。
② 《外国法制史资料选编》上册,第33页。
③ 参见《苏联国家与法的历史》上册,第85、117页。
④ 《古印度帝国时代史料选辑》,第64、126页。
⑤ 张亮采:《中国风俗史》,商务印书馆1917年版,第135页。

姓制度相关,因为"前四种适合于婆罗门"①,其他种姓者也各自有自己的仪式,具有明显的等级性。在中国的"六礼"中,起关键作用的是家长意志和聘财。没有家长意志,第一程序纳采就不会产生;没有聘财,纳征也无法进行,因此,中国婚姻法规定的结婚程序中的包办性和买卖性十分明显。可见,古代东方的结婚与爱情无关紧要,却要受契约、宗教、种姓制度及家长意志、聘财的牵制,真正的婚姻的本质在古代东方的婚姻法中被扭曲、变形了。

婚龄虽是结婚条件之一,但古代东方婚姻法对其的规定大多不甚明确,或多变不固定。印度婚姻法提及过男女婚配的年龄之别,但并未明确它的上下限。《摩奴法论》说:"三十岁的男子应该娶十二岁的迷人姑娘,或者二十四岁的应该娶八岁的。"②俄国对婚龄的规定有过多次,而且多不同。拜占庭婚姻法有不同规定,有定男 15 岁、女 13 岁的,也有定男 14 岁、女 12 岁的。18 世纪时,婚龄仍无统一,先定男 20、女 17,又改为男 15、女 13 等。③中国几乎每代都有关于婚龄的直接或间接规定,但相同的很少。总归起来,最低的婚龄,男在 15、16 岁之间,女在 13、14 岁之间;最高的婚龄,男在 30 岁,女在 20 岁。④ 另外,楔形文字与希伯来婚姻法未对婚龄作过明确规定;伊斯兰婚姻法虽说有"适婚年龄"⑤,但在《古兰经》和《圣训》中都未见有明文规定。

除上述的以外,有些古代东方国家还对结婚作了特殊规定。楔形文字婚姻法中有暂时结婚的条件规定。《汉穆拉比法典》说:自由民妻在丈夫被捕而无法生活的条件下,可"入他人之家,且生有子女",成为他人的暂时配偶,以后"其夫回来,觅得其妻,则此妇应返其前夫处;子女则属其父"。⑥ 印度的有些地区十分看重妇女的跳舞和织布本领,并把这作为嫁娶的一个重要条件。"通常认为,一个姑娘如果不会跳舞、织布,那就等于什么都不会。姑娘许配人家时,男方首先也要看这两点。一个姑娘越会跳舞,求亲的人就越多。"⑦俄罗斯婚姻法曾要求在正式结婚前需有订婚步骤,并把它定为结婚的前奏。⑧ 中国婚姻法则十分强调媒妁的周旋作用,把他们作为促成婚姻

---

① 《摩奴法论》,第 42 页。
② 同上书,第 182 页。
③ 参见《外国法制史》,第 130—131 页。
④ 详见陈鹏生主编:《中国古代法律三百题》,上海古籍出版社 1991 年版,第 344—345 页。
⑤ 《古兰经》,第 56 页。
⑥ 《外国法制史资料选编》上册,第 33 页。
⑦ 《印度各邦历史文化》,第 14 页。
⑧ 参见《外国法制史》,第 130 页。

的纽带。《诗经》说:"取(娶)妻如之何?匪(非)谋不得。"还说:"匪我愆期,子无良媒。"①以后,法律对此加以肯定。唐代规定:"为婚之法,必有行媒。"②事实也是如此。"六礼"中的纳采、问名等均须有媒妁参加,否则无法进行。实际执行情况也是如此。媒人的作用已被中国古代社会所接受,人们普遍认为"婚娶之礼先凭媒氏"③。

2. 结婚的限制

古代东方婚姻法不仅规定了结婚的条件,还规定了结婚的各种限制。身份限制是其中之一。古代东方国家把人分为不同等级,其婚姻法还对不同身份者的结婚作了限定。一般来讲,高低不同身份的男女不可成婚。印度婚姻法主张在同一种姓中选择配偶。《那罗陀法论》规定:"如果婆罗门、刹帝利、吠舍和首陀罗娶妻,对他来说,最好是从他自己种姓中娶妻;对(任何种姓)妇女来说,(最合适的)丈夫也是自己种姓的成员。"④《摩奴法论》还规定:"低贱的男子向高贵的少女求婚,应该受肉刑。"⑤伊斯兰婚姻法也有类似规定。《圣训》说:"娶妻时要注重女人的钱财、名声、美貌和教门"⑥,以求地位相当。中国婚姻法则严禁高低身份者结婚,其中包括良贱不可婚、官吏不可娶娼妓等,违犯者不仅要被强制离婚,而且还要受罚。唐代规定:"奴娶良人女为妻者,徒一年半;女家,减一等。离之。"⑦但也有有条件的例外。希伯来婚姻法允许娶自家婢女为妻。《新旧约全书·出埃及记》说:如果买来的婢女"为亲子选定,即当待若女儿"。印度婚姻法认为,如果是娶2个以上妻子的话,可以在不同种姓中挑选。"婆罗门可以从不同种姓中按种姓的正顺序娶3个妻子",刹帝利"允许有两个不同于(自己)种姓的妻子"。⑧伊斯兰婚姻法不禁止娶穆斯林女奴。《古兰经》说:可以"以你们的女奴为满足",条件是"在能力方面谁不能娶信道的自由女,谁可以娶教女所辖的信道的奴婢"。⑨这些只是对过分限制不同身份婚姻的补充,使高身份

---

① 《诗经·齐风·南山》、《诗经·卫风·氓》。
② 《唐律疏议·户婚》"为婚妄冒"条。
③ 《历代小说笔记选》(宋·第三册),广东人民出版社1984年版,第699页。
④ 《古印度帝国时代史料选辑》,第126页。
⑤ 《摩奴法论》,第169页。
⑥ 《布哈里圣训实录精华》,第144页。
⑦ 《唐律疏议·户婚》"奴娶良人为妻"条。
⑧ 《古印度帝国时代史料选辑》,第126页。
⑨ 《古兰经》,第56、60页。

者择偶有一定的回旋余地,以满足他们的选偶欲望。

古代东方婚姻法的这种限制,是那时等级制度在婚姻领域中的表现,它再次告诉人们不平等无所不在,而且有法律依据。它的根本目的在于把既存的等级制度合法化,并在婚姻范围中加以巩固,进而使不平等的社会制度得以延续。

古代东方婚姻法也限制血缘婚姻,有血缘关系的亲属不可通婚,至于限定的亲等,各国规定不一。印度婚姻法告诫人们,不得娶姑表姐妹、姨表姐妹、舅表姐妹。"这些有亲戚关系的女子是娶不得的;娶者必定下地狱。"[1] 伊斯兰婚姻法限制的范围还要广。《古兰经》说:"严禁你们娶你们的母亲、女儿、姐妹、姑母、姨母、侄女、外甥女"[2]等。中国婚姻法则主要通过规定"同姓不婚"来阻止血缘婚姻。早在西周时已有同姓不婚的规定。唐代还把它列入律内,违者要受处罚。"诸同姓为婚者,各徒二年。缌麻以上,以奸论。"[3]唐后皆沿用此规定。

对血缘婚姻的限制主要是从生理上考虑,因为那时人们已经发现有血缘关系的亲属结婚后所生的子女不健康,如中国人所言:"男女同姓,其生不蕃。"[4]可见,这一限制有一定的科学性,基本是合理的。正因为如此,人们在以后的立法中都作了仿效。不过,其中也有不尽科学的地方,如中国的同姓不婚就忽视了表兄妹等既非同姓又是近血缘的婚姻。

从维护古代的伦理角度出发,古代东方婚姻法还限制有悖于伦理的婚姻。伊斯兰婚姻法不让人们与有过亲属关系的配偶结婚。《古兰经》说:"不要娶你们的父亲娶过的妇女","还严禁你们娶你们亲生儿子的媳妇"[5]。《圣训》说:"你们对你们的弟兄原拟讨娶配偶,在解除婚约之前切勿向她求婚","女人想使其姐妹丧失福分,为取而代之而要求休弃其姐妹是不恰当的"。[6] 中国婚姻法的规定更为规范,凡属尊卑亲属、在尊亲丧期内等的都在不婚之列,违反者要承担相应的法律责任。宋代沿袭唐代,也规定:"若外姻有服属,而尊卑共为婚姻,及娶同母异父姊妹,若妻前夫之女者,亦各以奸

---

[1] 《摩奴法论》,第230页。
[2] 《古兰经》,第59页。
[3] 《唐律疏议·户婚》"同姓为婚"条。
[4] 《左传·僖公二十三年》。
[5] 《古兰经》,第59页。
[6] 《布哈里圣训实录精华》,第145页。

论。""诸居父母及夫丧而嫁娶者,徒三年",还要"离之"。①

古代东方结婚中的伦理限制虽有可取之处,如不可娶妻子与前夫所生之女等都无可厚议,但这种限制的缺陷很大。有些规定太不讲人情,如中国婚姻法要子女、妇女单方面在三年的守丧期内不得结婚,岂非太过分了。

此外,娶妻的数目也是当时的一种限制。由于各国婚姻法的规定不统一,因而所限制的妻子数目也不同。楔形文字婚姻法允许一夫可得两妻。《李必特·伊丝达的法典》规定:自由民可娶第二个妻子,"即他所取之爱妻,则为第二妻",同时他还须"赡养第一妻"。② 希伯来人也可娶两个妻子。《新旧约全书·出埃及记》载:有人买了婢女并为儿子之妻后,"子若另娶一妻,其待遇婢女,仍须保持常态"。这样,此子便有了两妻。伊斯兰婚姻法规定男子至多可娶四个妻子。《古兰经》说:"你们可以择娶你们爱悦的女人,各娶两妻、三妻、四妻。"③但也有少数人不受此限制,如穆罕默德本人就娶了九个妻子。④ 印度婚姻法露骨地把地位与妻子数联系在一起,地位高的妻子多,反之则相对少。《那罗陀法论》规定,婆罗门可有三个妻子,刹帝利可有两个妻子,而吠舍则只可有一个。⑤ 中国婚姻法虽只允许有一妻,可配偶数也不少,而且也与地位联系在一起,地位越高,配偶也越多。天子可有六宫、三夫人、九嫔、二十七妃、八十一御妻;诸侯可有九女;大夫可有一妻二妾;士为一妻一妾;庶人则只能有一妻。实际上,突破此限的大有人在,尤其是那些皇帝。汉王莽有"宫女数千",汉桓帝"博采宫女至五六千人",唐宪宗也有"宫女二百车"。⑥

限制妻子数目的前提是多妻,而多妻者主要是统治阶级成员,因此,这种限制实是使他们的腐化生活合法化,成了他们的一种特权,如同恩格斯所说:"多妻制是富人和显贵人物的特权","人民大众都是过着专偶制的生活"⑦。不仅如此,这种限制还与统治阶级内部的等级制度相关联,地位与妻子数成正比,这不是正好说明在婚姻中也有等级的踪迹吗?

有些东方国家还根据本国的特点,对结婚作了特殊限制。希伯来婚姻

---

① 《宋刑统·户婚》"同姓及外姻有服共为婚姻"、"居丧嫁娶"条。
② 《外国法制史资料选编》上册,第14页。
③ 《古兰经》,第56页。
④ 参见《伊斯兰教与穆斯林世界》,第128页。
⑤ 参见《古印度帝国时代史料选辑》,第126页。
⑥ 详见易白沙:《帝王春秋》,岳麓书社1984年版,第123、125页。
⑦ 恩格斯:《家庭、私有制和国家的起源》,载《马克思恩格斯选集》第4卷,第58页。

法不准希伯来人与外族人结婚,即"不得与外族通族",目的是为了保持犹太血统不混杂,不丧失希伯来的"民族精神"。因此,当尼西米亚从波斯帝国返回耶路撒冷重建希伯来法制时,就把它作为第一条法律。① 印度一度"保留了一条规矩:禁止吠舍厘的姑娘嫁给外城的男子"②。还有,不可娶有以下情况的妇女:"不娶头发红棕式的姑娘,不娶有多余肢体的,不娶有病的,不娶没有毛的,不娶毛过多的,不娶贫嘴嚼舌的,不娶红眼睛的"③等妇女。伊斯兰婚姻法特别强调把嫁娶限制在穆斯林范围内。《古兰经》说:"你们不要娶以物配主的妇女,直到她们信道。"④穆罕默德也告诫他的臣民:"你当娶有教门的女人。"⑤此法还严格限制奸夫与淫妇的嫁娶对象。"奸夫只得娶淫妇,或娶多神教徒;淫妇只得嫁奸夫,或嫁多神教徒,信道者不得娶她。"⑥中国婚姻法曾规定妇女有以下五种情况的,不可被娶:"逆家子不取(娶),乱家子不取,世有刑人不取,世有恶疾不取,丧妇长子不取。"⑦这些限制都不合理,因而无可取之处。

在古代东方的结婚规定中,纳妾和一妻多夫问题也引人注目。妾是一种地位低于妻的配偶。古代东方国家允许娶妻后再纳妾。《新旧约全书·创世纪》载,雅各在娶妻后,又纳其妻利亚的婢女悉帕和拉结的婢女辟拉为妾。中国曾行纳妾之风,在汉代已是如此。⑧娶妾一般不具有娶妻的条件,在中国"奔则为妾"⑨,即没有娶妻必有的聘等一些关键性程序。他们可以通过买卖取得。在中国,"买妾不知其姓,则卜之"⑩。在两河流域,如果妾"未曾生子,则其女主人得将她出卖"⑪。娶妾有弥补妻不会生育的一面。"倘自由民娶不育之妇,她未使彼有子,而彼欲纳妾,则此自由民得纳妾。"⑫但纳妾主要是为了满足有地位男性的性欲,即腐化生活,因为大多数国家规定娶妾并无妻不能生子之限。一般而言,妾的法律地位低于妻。楔形文字

---

① 参见何勤华:《论希伯来法》,载《外国法制史论文集》,中山大学出版社1990年版,第63页。
② 参见《古代世界城邦问题译文集》,时事出版社1985年版,第163页。
③ 《摩奴法论》,第40页。
④ 《古兰经》,第25页。
⑤ 《布哈里圣训实录精华》,第144页。
⑥ 《古兰经》,第267页。
⑦ 《大戴礼记·本命》。
⑧ 详见杨树达:《汉代婚丧礼俗考》第一章第七节,商务印书馆1933年版。
⑨ 《礼记·内则下》。
⑩ 《礼记·曲礼》。
⑪⑫ 《外国法制史资料选编》上册,第34页。

婚姻法规定:"妾不应与不育之妇(妻)平等。"①中国婚姻法则把妻与妾作了比较,说:"妻者,齐也,秦晋为匹。妾通卖买,等数相悬。"②有些东方国家还出现过一妻多夫情况。两河流域的苏美尔城邦曾许可一个女子嫁两个丈夫。"昔日的女人曾惯于嫁两个丈夫。"③此外,有些古代东方国家,如印度、伊斯兰国家和中国等,都有童婚存在,作为对成人婚姻的补充。这些都是古代东方婚姻法中的腐朽一面。

二、离　婚

离婚即是解除婚姻。它将导致原有家庭的破裂。为了保持家庭这个社会细胞的稳定,不至于因此而引起社会动荡,古代东方的统治者没有忽略离婚问题,而是在婚姻法中严加规定。就其内容而言,除了控制离婚的条件外,还专门对它作了限制。

1. 离婚的条件

古代东方婚姻法允许离婚,同时也规定了相应的条件。这些条件皆针对妇女,即只要他们出现了法定的离婚条件后,丈夫便可合法离婚。由于丈夫不受这些条件的制约,所以他们不会受到离婚的指控。这样,离婚的主动权就由丈夫掌握,他们有休妻的权利。又由于离婚的条件大多比较模糊,易随意解释,因而实际上为丈夫离婚开辟了一条自由通道。相反,妻子却只能被动地接受被休弃的事实。

楔形文字婚姻法把无生育能力等作为丈夫休妻的合法理由。《汉穆拉比法典》规定:自由民可"离弃其未为之生子之(元)配",还有"倘自由民之妻居于自由民之家而存心他去,处事浪费,使其家破产,其夫蒙羞,则他应受检举,倘其夫决定离异之,则可离异之"。④ 希伯来婚姻法给丈夫休妻的权利的自由性更大。丈夫只要稍不满意,就可离婚。"人若娶妻以后,见他(她)有什么不合理的事,不喜悦他"⑤,他就可休弃她。印度婚姻法对离婚条件的规定似乎比以上两法更具体。《摩奴法论》说:"任何人即使已经依

---

① 《外国法制史资料选编》上册,第35页。
② 《唐律疏议·户婚》"以妻为妾"条"疏议"。
③ 《世界古代史研究》第1辑,第8页。
④ 《外国法制史资料选编》上册,第34页。
⑤ 《新旧约全书》,第241页。

规则接受了名声坏的、有病的、已失童贞的或者通过骗局许出的姑娘,也可以把她抛弃","饮酒的、为人不善的、叛逆的、有病的、凶残的或者浪费钱财的妻子在任何时候都应该被更换",还有"如果有人未经声明就把有缺陷的姑娘嫁人,任何人都可以同那个姑娘的恶人退婚"。① 伊斯兰婚姻法对这种条件的规定十分笼统。《古兰经》说:只要一个妻子作了"丑事",丈夫便可以"休一个妻室"。② 其休妻的容易程度更胜于以上各法。

在中国,通常的离婚条件是"七出",或称"七去"。这早在《仪礼》和《礼记》中已有记载,而且后者还专述了作出"七出"规定的理由。"不顺父母去,为其逆德也;无子,为其绝世也;淫,为其乱族也;妒,为其乱家也;有恶疾,为其不可与共粢盛也;口多言,为其离亲也;窃盗,为其反义也。"③后来这些内容都为法律所认可,其中唐代始规定得十分具体。唐令规定:诸弃妻须有七出之状,一无子,二淫泆,三不事舅姑,四口舌,五盗窃,六妒忌,七恶疾,皆夫手书弃之。男及父母伯舅,并女之父母伯姨舅,东邻西邻,及见人皆署。若不解书,画指为记。④ 唐后的封建朝代均有类似规定。这"七出"的规定不仅刻薄,而且在适用中的伸缩性很大,一些妇女往往因一句话、一个动作不如丈夫之意,便立即被休。汉代已有这样的实例。《汉书·陈平传》载,陈平之兄陈伯的妻子因不满陈平"不亲家生产",说了句"亦食糠核耳!有叔如此,不如无有",陈伯遂"逐其归弃之",理由是"口舌"。《后汉书·鲍永传》载,鲍永对其后母十分孝顺,后因其妻曾"于母前叱狗"这一举动,他便"去之",即休了妻子,原因是"不事舅姑"。这种事例在中国历史上难以计数。

在中国,还有以下四个法定的离婚条件:一是先奸后婚的必须离婚。唐代就有这样的规定。唐令说:"先不由主婚,和合奸通,后由祖父母等立主婚已讫后,先奸通事发,纵生子孙犹离之耳。"⑤二是"义绝"者也必须离婚。"义绝"是指夫殴、杀妻的尊亲属或妻骂、殴、杀伤夫的尊亲属及欲害夫等行为。唐代规定,凡有"义绝"行为的必须离婚。"诸犯义绝者离之。"⑥三是"和离"者允许离婚。以上两者是强制离婚,即出现法定情况后,夫妻必须离

---

① 《摩奴法论》,第180页。
② 《古兰经》,第58页。
③ 《大戴礼记·本命》。
④ 详见《唐令拾遗》,第161页。
⑤ 同上书,第162页。
⑥ 《唐律疏议·户婚》"义绝离之"条。

第十三章　婚姻法

婚,不可不离。"和离"则是夫妻双方因不相和谐而自愿离婚。唐代允许这类离婚。"若夫妻不相安谐而和离者,不坐。"①以上三个条件均在不同程度上被唐后各代所袭用。四是夫妻分居三年以上的可以离婚。宋及以后的一些朝代有明文规定。宋代曾规定:"夫出外三年不归,亦听改嫁。"而且,还有这样的实例。"林莘仲因事编管,而六年并不通问,揆之于法,自合离婚。"②以后明、清也作了类似的规定。"夫逃亡三年不还者并听经官告给执照,别行改嫁。"③这四个条件是对"七出"的补充,其中主要是那些有明显违犯封建伦理纲常行为的夫妻必须强行离婚,目的是不让夫妻关系脱离伦理纲常。

作为附加条件,有些东方国家还规定在某些条件下离婚的妇女可得到离婚费、聘财等。楔形文字婚姻法规定离婚妻子可从丈夫那里得到一笔离婚费。《乌尔纳姆法典》不仅规定丈夫要付离婚费,而且妻子的情况不同,所付的这种费用的数目也不同。"倘有人离弃其发妻,则他须赔偿(她)银一明那。""倘他离弃的(原是)寡妇,则他须赔偿(她)银 1/2 明那。"④之后《汉穆拉比法典》对这一规定作了修改并提出了不给离婚费的条件。自由民如果要与妻子离婚,就"应给她以相当于其聘金数额之银,并将其从父家带来之嫁妆归还,而后得离弃之","如无聘金,则彼应给她以银一明那,作为离婚费",但是如果妻子有过错,那"其夫得不给她任何离婚费"。⑤ 伊斯兰婚姻法把给离婚妻子的"离仪"作为丈夫的一种义务。《古兰经》说:"凡被休的妇女,都应得一份照例的离仪,这是敬畏人应尽的义务。"另外,原先给妻子的东西也不得收回。"如果你们休一个妻室,而另娶一个妻室,即使你们已给过前妻一千两黄金,你们也不要取回一丝毫。"⑥中国婚姻法的这种规定比以上各国更苛刻,妇女只有在因丈夫逃亡三年以上造成分居而离婚时,才可得到自己的聘财,即"不追聘礼"⑦。古代东方婚姻法中的这一规定似乎是出于离婚妇女要"抚养子女"⑧的需要,或是一种做丈夫的"义务",但这点费用是远远不及这些名义的。因为,那时的妇女没有职业,也没有其他生活

---

① 《唐律疏议·户婚》"义绝离之"条。
② 《名公书判清明集·户婚门·离婚》。
③ 《婚姻立法资料选编》,第106、118页。
④ 朱承恩等:《〈乌尔纳姆法典〉和乌尔第三王朝早期社会》,载《历史研究》1984年第5期,第182页。
⑤ 《外国法制史资料选编》上册,第34页。
⑥ 《古兰经》,第28、59页。
⑦ 《婚姻立法资料选编》,第106页。
⑧ 《外国法制史资料选编》上册,第34页。

来源,这点费用怎么能维持她以后的生计?何况还有更多的妇女得不到这种费用,因此这不能不使人们怀疑这些名义的真实性。其实,它的本意在于从经济上扼杀妇女独立生活的能力,使他们在结婚后便委身于丈夫,终身成为附庸。

2. 离婚的限制

古代东方国家从社会的稳定出发,在把离婚的主动权交给丈夫之外,还对这一权利作了些限制。因为"离婚,在社会上来说,对于丈夫绝对不会带来任何损害,他可以完全保持自己的地位",但是妻子就不同了,她"会失去自己的一切地位,必须一切再从头开始,而且是处在比较困难的条件下"[①]。如果有大量的妇女都是这样,那对统治来说将是一种不利因素,因此古代东方的统治者不得不考虑到这一点,并对离婚作了些限制。即便如此,也仅仅是一种限制,约束一下滥用离婚权的丈夫,并没有从根本上对丈夫控制的离婚权构成威胁。

古代东方各婚姻法对离婚限制的规定不尽相同。

楔形文字婚姻法把妻子生过孩子和患病作为限制离婚的理由。妻子在生有孩子以后或患病癞的,丈夫不可休弃她。《俾拉拉马法典》规定:"倘自由民于生有小孩后遗弃其而另娶,则彼应被驱逐出家,并丧失一切。"[②]之后《汉穆拉比法典》又规定:"倘自由民娶妻,妻病癞(?),而彼欲另娶,则彼可另娶,惟不应离弃其病癞之妻;此妻得居彼所建之屋中,彼应赡养其妻,以终其生。"[③]

希伯来婚姻法中有关于丈夫永远不可与妻子离婚的规定。如果丈夫在婚后污蔑妻子在婚前就失去贞洁的,那他除了要受罚外,还永远不可与此妻离婚。"夫若娶妻,与他(她)同房之后恨恶他(她),信口说他(她),将丑名加在他(她)身上,说我娶了这女子与他(她)同房,见他(她)没有贞洁的凭据。"在被证实这是污蔑后,除了"要罚他(丈夫)一百舍客勒银子"外,那"女子仍作他的妻,终身不可休他(她)"。还有,如果一个男子与一个处女行淫并被人看见而后再结婚的,那么这个男子也永远不可与此女子离婚。"若有男子遇见没有许配人的处女,抓住他(她)与他(她)行淫,被人看见,这男子

[①] 恩格斯:《致卡尔·考茨基》,载《马克思恩格斯全集》第37卷,第107页。
[②] 《外国法制史资料选编》上册,第10页。
[③] 同上书,第35页。

第十三章 婚姻法

就要拿五十舍客勒银子给女子的父亲,因他玷污了这女子,就要娶他(她)为妻,终身不可休他(她)。"①

印度婚姻法非常注意在时间上的限制,许多要离婚的丈夫必须到了法定的时间才能离异他的妻子。《摩奴法论》说:"夫主对嫌恶他的妻子应该等待一年",还有"不孕的应该在第八年被更换;其后代已死的,在第十年;只生女儿的,在第十一年"。②以上这些离婚均无须得到妻子的同意,只要到了法定时间,丈夫便可休妻,但也有个别的情况例外,这就是对生病的贤德妻子。只有在得到她的同意后,丈夫才能离弃她。《摩奴法论》说:"如果贤德的妻子生了病,那么她就应该在自己同意之后被更换。"③

伊斯兰婚姻法对离婚的限制主要是两个方面,即待婚期和休妻的次数。待婚期是指结婚后三次来月经的时间或三个月。在待婚期内,丈夫不可提出离婚。《古兰经》说:"如果他们决心休妻","被休的妇女,当期待三次月经"。"你们的妇女中对月经已经绝望的,如果你们怀疑,就以三个月为她们的待婚期;还没有月经的,也是这样。"④还有,与同一个妻子离婚,要两次提出离婚,然后才可正式离婚。《古兰经》说:"休妻是两次,此后应当善意挽留(她们),或以优礼解放(她们)。"⑤

俄国婚姻法也对离婚的限制作过规定。在18世纪时,妻子如果没有患有不治之症、没有与人通奸、有性生活能力等情况的,丈夫不可随便离婚。⑥

"七出"是中国法规定的主要离婚条件,因此对离婚的限制也主要针对"七出"。妇女在结婚后具有"三不去"之一情况的,即使犯有"七出",丈夫也不可离婚。"三不去"早在《大戴礼记·本命》中已有记载,内容是"妇有三不去:有所取无所归,不去;与更三年丧,不去;前贫贱后富贵,不去"。这些内容均为后代所接受,只是在语句的表达或顺序的排列上稍有出入。如唐代改为"虽有弃状,有三不去,一经持舅姑之丧,二娶时贱后贵,三有所受无所归"⑦。唐后的法律对此改动很少。之所以规定"三不去",主要从伦理角度考虑。"尝更三年丧不去,不忘恩也;贱收贵不去,不背德也;有所受无

---

① 《新旧约全书》,第239、240页。
② 《摩奴法论》,第180页。
③ 同上书,第181页。
④⑤ 《古兰经》,第25、26、438页。
⑥ 参见《苏联国家与法的历史》上册,第137页。
⑦ 《唐令拾遗》,第163页。

所归不去,不穷穷也。"①丈夫要休弃有"三不去"妻子的,不仅休弃无效,而且还要受到制裁。唐代规定:妻子"虽犯七出,有三不去,而出之者,杖一百。追还合"②。唐后搬用此规定,只是用刑有所减轻。明代规定:"凡妻无应出及义绝之状而出之者,杖八十。虽犯七出有三不去而出之者减二等,追还完聚。"③清的规定与明同。

古代东方婚姻法所作的离婚限制,在客观上对制约丈夫的离婚权有些作用,但极其有限,这是因为:首先,受限制的只是部分情况,尚有一些离婚没有受到限制。如中国法明文规定有些离婚可不适用"三不去"的规定,"若犯恶疾及奸者,不用此律"④,即不用"三不去"。还有些国家的法律的限制范围更小。如希伯来婚姻法允许离婚的范围很广,而限制离婚的条件主要局限在污蔑妻子的贞操方面。其次,有些限制的有效时间很短,根本无法制止丈夫要求离婚的欲望。如印度婚姻法中关于等待一年和伊斯兰婚姻法中关于待婚期的规定都是如此。再次,有些限制在形式上似乎是永久性的,但实际上允许造成的事实却与离婚没多大区别。如楔形文字婚姻法中关于把有病妻子弃于"所建之屋中""以终其生"就是这样。最后,限制的是离婚,并没有限制丈夫娶其他配偶,因而丈夫对这种限制也不会在乎,因为他们可以通过娶纳其他配偶来满足自己的欲望。相反,被遗弃妻子的日子将会更难过。他们本来在家里的地位就很低,丈夫欲休而不成,定会恼羞成怒,更加穷凶极恶,使妻子的生活雪上加霜。可见,这种离婚限制对改善古代东方妇女的处境的作用是微乎其微的。

离婚后,丈夫当然可以再娶,但妻子可否再嫁,或者复婚,这在各古代东方婚姻法中规定不一。希伯来和中国婚姻法都曾允许离婚后的妇女再嫁,并有明文规定。希伯来婚姻法规定:妇女被休,"离开夫家以后,可以去嫁别人"⑤。中国在很早就有人在离婚后再出嫁。《汉书·元后传》载:"元后母,适妻魏郡李氏女也。后以妒去,更嫁为河内苟宾妻。"后来,宋、明、清的法律都规定,妻子在分居后离婚的,可"改嫁"。也有人认为,妇女"不讳再嫁"⑥。伊斯兰婚姻法允许孀妇再婚,只是要在丈夫的丧期过后才可进行。《古兰

---

① 《九朝律考·汉律考》。
② 《唐律疏议·户婚》"妻无七出而出之"条。
③ 《明律·户律》"出妻"条。
④ 《唐律疏议·户婚》"义绝离之"条。
⑤ 《新旧约全书》,第 241 页。
⑥ 《历代小说笔记选》(清·第四册),广东人民出版社 1984 年版,第 910 页。

经》说:媳妇"不要缔结婚约,直到守制满期"①。但是,印度婚姻法却不主张妇女再婚,而要求一个妇女只能结一次婚。《摩奴法论》说:"无论在哪里,贤妇都不许有第二个夫主。"在丈夫死后,她也要"守节居贞、渴望着一夫之妻的无上功德直到死","甚至不可提到别的男子的名字"。② 至于复婚问题,古代东方婚姻法虽没有严格的规定,但从具体实践来看,有些国家是许可的。中国就是如此。《旧唐书·李德武妻裴氏传》载有裴氏因其丈夫李德武犯罪被迫离婚后,苦守十余年,直至丈夫遇赦归来、复婚的史实。

古代东方婚姻法也有一个不断发展的过程。随着发展,原始婚姻的痕迹越来越少,内容也越来越完善。例如,希伯来在早期婚姻法中不禁止亲属间的婚姻,所以就出现近亲间互为婚姻的情况,如亚伯拉罕娶同父异母之妹撒莱为妻,拿鹤娶其弟哈兰之女密迦为妻,连摩西的父母也是侄姑关系。之后摩西规定,禁止近亲结婚。"摩西将这种婚姻悬为禁例。"③ 又如,早期的伊斯兰婚姻法中允许"临时婚姻",称为"穆塔尔"。这一婚姻制度允许男女之间可居可散,皆不承担夫妻的义务,实是一种变相的对偶婚。它一直延续至第二任哈里发。"到圣先逝世前一直在实行临时婚姻","直到被第二任哈里发取缔为止"。之后,再实行这种婚姻的,要按通奸论处,"以投石击毙"。④

最后,还要叙及古代东方的家庭关系。那时,家庭成员之间的关系建立在不平等的身份关系之上,法律维护以父权和夫权为核心的家庭制度,这是基本的一面。同时,古代东方的统治者还从保持家庭的团结和安定出发,要求家庭成员和睦相处,父子、夫妻和其他亲属间无一例外。父子之间,虽辈分不同,但毕竟"父子有亲"⑤,还在一个家庭中生活,所以和睦相处也被认为是必要的。如在中国,以"仁"为核心的儒家思想要求人们都爱人,以使"能合天下之至亲"⑥,父子之间当然也不例外。人们也认为,父子间固有的血缘,决定了他们的关系必定十分紧密。"父子天合。"⑦在夫妻之间,也有要以恩爱共处的一面。在印度,认为"夫主与妻子相传为同一个人",并把

---

① 《古兰经》,第27页。
② 《摩奴法论》,第104页。
③ 《希伯来的民族英雄摩西》,第29页。
④ 中国社科院世界宗教所伊斯兰教研究室译编:《十叶派》,中国社科院出版社1983年版,第117—118页。
⑤ 《礼记·昏义》。
⑥ 《大戴礼记·言主》。
⑦ 《历史小说笔记选》(宋·第三册),第632页。

"相敬相爱,白头到老"作为"夫妇之间的最高的法"。还认为,如果夫妻都对对方感到满意,这个家庭就能永远幸福。"哪家的夫主为妻子所满意而妻子也同样为夫主所满意,哪家必定永远有福。"①甚至认为,"不亲近妻子的夫主应该受谴责"②。在阿拉伯伊斯兰国家,也要求"夫妻和睦"③,并把他们的关系比喻成像衣服一样紧密。"她们是你们的衣服,你们是她们的衣服。"④在中国,"夫妇有义"⑤,其中包括要亲爱到终。"伉俪之道,义期同穴,一与之齐,终身不改。"⑥在其他亲属之间,同样提倡要相亲相爱。印度婚姻法把这概括为"礼遇亲族"⑦,还以兄弟为例作了说明。"长兄应该像父亲养儿子那样地养弟弟;而依据法,弟弟应该像儿子那样地待长兄","依长兄之道为人的长兄应该像父亲或者母亲那样地受尊敬"。⑧伊斯兰婚姻法明确指出,人们都要"和睦亲戚",并且"当尊重血亲"。⑨中国法中也有类似的内容,要求亲属间"讲信修睦",并认为"民用和睦"。⑩

家庭成员之间要和睦相处,就要各尽自己的义务。如在夫妻之间,各古代东方法都要求丈夫主外和妻子主内,如同伊斯兰婚姻法所要求的,丈夫"要关心家人饮食、衣著等开销并同他们和睦相处",而妻子要"爱好家务,在丈夫的财产、子女、和自己的贞洁方面要忠于丈夫"。⑪但这种义务的分工明显不合理,并带有对妇女的歧视。不仅如此,还有更不可思议的"义务"。印度曾把殉葬也作为一种妻子的义务。那时,妻子要同"她们死去的丈夫一起火葬,那些不愿殉葬的妻子被认为是可耻的"⑫。其他东方国家也有殉葬的情况。如在中国,明代仍有女性配偶陪葬的事例。朱元璋死后,有46名妃嫔、宫女同时下葬孝陵。之后,明成祖、仁宗、宣宗等皇帝死后也都有妃陪葬。⑬ 在父子和其他亲属之间也有不合理的义务存在。总概而论,这

---

① 《摩奴法论》,第 45、178、182 页。
② 同上书,第 174 页。
③ 《古兰经》,第 61 页。
④ 同上书,第 20 页。
⑤ 《礼记·昏义》。
⑥ 《唐律疏议·户婚》"妻无七出而出之"条"疏议"。
⑦ 《古印度帝国时代史料选辑》,第 61 页。
⑧ 《摩奴法论》,第 183 页。
⑨ 《古兰经》,第 8 页。
⑩ 《唐律疏议·名例》"十恶"条"疏议"。
⑪ 《布哈里圣训实录精华》,第 46 页。
⑫ 《古印度帝国时代史料选辑》,第 21 页。
⑬ 参见林剑鸣:《法与中国社会》,吉林文史出版社 1988 年版,第 282—283 页。

种不合理的义务关系是家庭成员之间权利和义务不一致的表现。父、夫和长者可享用子、妻和幼者不享有的权利,并少承担或不承担不合理的义务。子、妻和幼者则与他们相反,不得不承担大量不合理的义务。这样,每个家庭成员在家庭中所处的优、劣势也就随之出现。和睦关系就是通过每个成员都恪守自己的权利和义务来实现的,特别是子、妻和幼者要甘愿忍受自己所处的劣势。可见,那时的和睦关系是建立在不合理的权利和义务关系之上的。

古代东方法通过保护父权、夫权和惩治有损这两权的行为来实现家庭和睦。古代东方家庭是受父权和夫权支配的家庭,家庭成员都要服从其统治,违犯了还要承担由此而产生的法律责任。印度法规定:"一个人要服从他的母亲、父亲和年长者。"[①]伊斯兰法指出:父母是"最应尊待之人","训责自己的父母,是大罪"。[②] 中国法把不孝父母和不敬丈夫的行为都列入禁止范围,严重的还要作为"十恶"大罪加以惩罚。其他东方国家也都有相似的规定。这清楚地表明,古代东方法不仅用强制手段来维持家庭的和睦,而且还以树立父、夫的绝对地位和牺牲子、妻等大多数成员的利益作为代价。可以想象,在这样的家庭和睦背后隐藏着多少辛酸的泪水和屈辱。

三、古代东方婚姻法的特点及其在近现代的变化

古代东方婚姻法具有自己的特点,并通过与古代西方婚姻法相比较而得到反映。与古代西方婚姻法特别是古罗马婚姻法相比较后可发现,它们虽有一些相似之处,但古代东方婚姻法的特点仍十分明显,主要表现在以下几方面。

第一,多妻是合法的婚姻形式。这里的多妻是指多配偶,包括妻及妾等各种配偶。各古代东方婚姻法都认定一夫可有多妻。其中,有的允许一夫可有多妻,如伊斯兰婚姻法的规定;有的除多妻外,还许可有妾,如楔形文字、希伯来和印度婚姻法的规定;有的虽规定一夫只能有一妻,但却可有数目不等的妾等其他配偶,如中国婚姻法的规定。尽管多妻主要适用于统治阶级成员,但由于合法,因而在古代东方一夫多妻不是个稀罕物。古代西方的婚姻法则不同,曾将一夫一妻作为婚姻形式,罗马法还对此作过严格的规

---

① 《古印度帝国时代史料选辑》,第 58 页。
② 《布哈里圣训实录精华》,第 166、167 页。

定。① 那时,一个人不能同时或先后与两个异性订立婚约,否则要受到惩处。这不仅对一般平民,而且对一些高级官员同样有效。西塞罗在任要职时也曾遵守此规定,当他与原妻特兰提亚不合时,是在与她离婚后再和少女普伯里里亚成婚的。虽然通奸在那时的统治阶级内部通行,把它作为对一夫一妻的补充,但这毕竟不是一种合法婚姻,法定的形式仍为一夫一妻。古代东方婚姻法不仅允许多妻,还不能有效地制止通奸,统治阶级成员的通奸行为常在史籍中可见。

第二,婚姻双方的男女当事人对自己的婚姻没有决定权。在古代东方,父母同意是婚姻成立的一个重要条件,父母决定并包办了自己子女的婚姻。子女们虽是婚姻的当事人,但在婚姻中却处于一种被动地位,对自己的婚姻没有决定权。各古代东方婚姻法都对此作了肯定的规定,把它们作为合法婚姻中的一项内容。但是,在古代罗马却出现过以婚姻双方当事人合意为必要条件的婚姻,万民法的婚姻即是如此。万民法规定,婚姻的成立不以家父的同意为必要条件,而以婚姻双方当事人的合意为必要条件。这种婚姻仅依据当事人的意志及同居的事实,无须举行特定的仪式,更无须家长同意。② 这样,男女双方就可决定自己的婚姻,不再由家长包办。③ 当时这种婚姻被称为自由婚、无父权婚姻。这与古代东方婚姻法规定的包办婚姻形成了强烈的反差。

第三,妻无离婚的主动权。根据各古代东方婚姻法的规定,丈夫可依法提出离婚、休妻,具有离婚的主动权。由于法定的离婚条件不仅对妻子不利,而且还留有随意解释的余地,所以丈夫的离婚权就有了较大的随意性。相反,妻子则处于离婚的被动地位。他们一旦结婚,便要有终身从夫的准备,不可有主动离婚之举,只能听任摆布,接受被丈夫休弃的事实。在古代罗马时代则有所不同。根据万民法的规定,妇女不但可自己决定与某个男子结婚,而且在婚后,如果丈夫犯有法定离婚条件的,如通奸、殴打和虐待妻子等,妻子也可自己决定并提出与丈夫离婚。④ 这样,妻子就与丈夫一样把握有离婚的主动权。

第四,妻子受丈夫的支配。在古代东方国家,妇女一旦结婚,便从属丈夫,成为他们的私有财产,受到丈夫的支配,除了要被随意打骂以外,还可能

---

① 参见《罗马法》,第101页。
②③ 同上书,第106页。
④ 同上书,第110页。

被出卖。在楔形文字和中国婚姻法中就有关于买卖妻、妾的规定。罗马万民法的规定却不是这样。它认为,夫妻双方的地位是平等的,因此丈夫没有支配妻子权,更不能买卖妻子。就是在万民法以前市民法的有夫权婚姻中,丈夫虽有片面离婚权,但也不得出卖妻子。①

从古代东方婚姻法的特点来看,古代东方妇女的地位极低。他们实际上是丈夫的奴隶,不仅要挨打受骂,还可能被出卖。婚姻对他们来说如同一根锁链。相比之下,古代罗马万民法规定下的妇女的处境则稍有改善。他们毕竟有结婚与离婚的自由,不受丈夫支配,更不能被买卖。古代东方的妇女确是多灾多难的妇女,也是世界上地位最低的妇女。

形成古代东方婚姻法特点的原因是多方面的,但很重要的一个方面是对婚姻的态度。古代东方国家把婚姻看作是为男性延续后代、继续祭祀的手段,目的是为了家族的繁荣。妻子在婚姻中只是个工具的角色,免不了被随意摆布。又由于古代东方的农村公社长期被保存下来,血缘意识和家族观念长久不衰,顽固地占领着婚姻阵地,夫权始终冲破不了,对婚姻的态度也就改变不了,所以妻子的地位就一直很低,并长期得不到改善。古代东方婚姻法的特点就在此基础上表现出来了。古代罗马却是另一番情况。它也有过以继血统、承祭祀为目的的婚姻,当时称有夫权婚姻。但古代西方的农村公社很早就解体了,血缘意识和家族观念均不及古代东方的强韧,加之后来宗教信仰的一度淡薄,对祖先的祭祀不受重视,血缘和家族意识更为减弱,于是无夫权婚姻出现了,进而又把婚姻的目的逐渐转向为夫妻本身利益,而非为其他。这样,不仅有夫权婚姻渐渐被无夫权婚姻所代替,而且妻子的地位也得到改善,具有了自己的人格,不再像过去那样只是夫权的附从。当然,这并不是说罗马时期妇女的地位与男子一样,妻子与丈夫在法律地位上没有一点低高之分,这里仅是相对古代东方的情况而言。

东方婚姻法在近、现代也发生了变化,主要表现在以下一些方面。首先,婚姻法的内容系统化。在古代东方,婚姻法与其他部门法一样,是综合性法典中的一个组成部分,内容不系统。进入近代以后,东方国家把部门法的内容系统化作为法制改革的一项重要任务,其中就包含婚姻法。由于东方各国建立的法律体系不同,因而婚姻法的存在方式也不尽相同,总括起来有三种。第一种是把婚姻法作为民法的一个内容。俄国和中国属于这种情况。俄国在"十月革命"前把婚姻法归入《法律全书》中的民法卷。中国在

---

① 参见《罗马法》,第113页。

清末制订的民法草案中,已有婚姻法,列在第四编亲属部分。之后,国民政府于1929至1930年间分编施行了《中华民国民法》,婚姻法也在分则的亲属编,内容包括亲制、结婚、离婚、家长及与子女等诸方面。不过,以后有过变化。俄国在"十月革命"以后和中国的红色根据地都把婚姻法作为一个单独的部门法,还专门制订了婚姻法典。俄国于1918年颁布了第一部婚姻法典,肯定了婚姻自由、男女平等、一夫一妻等为婚姻法的基本原则,同时废除了过去的宗教婚姻等,实现了婚姻史上的一次革命。① 中国在第二次国内革命战争时期建立的苏维埃政权于1934年4月也发布了《中华苏维埃共和国婚姻法》,在废除了封建婚姻制度的同时,也确立了男女婚姻自由、一夫一妻、保护妇女子女利益等一系列原则,它标志着中国婚姻制度发展到一个崭新的阶段。第二种是把婚姻法作为家庭法、身份法的一部分。阿拉伯伊斯兰国家大多如此。奥斯曼帝国率先于1917年在《古兰经》外另颁行了家庭权利法。到了20世纪,伊斯兰国家独立后又进一步完善并发布了这类法典,因而有些学者认为中东地区的"家庭法已用近代法典的形式来表现"②。实际情况也是这样。约旦的家庭权利法(1951年)、摩洛哥的私人身份法(1953年)、伊拉克的私人身份法(1959年)、伊朗的家庭保护法(1967年)等相继面世。在这些法典中,婚姻法占了重要地位。如伊拉克的《个人身份》主要由五个部分组成,婚姻法就占了两个部分。③ 而以上这些国家的民法仅涉及财产和债法,不含婚姻法。第三种是把婚姻法的内容分列在若干法规里,综合起来就构成了较为系统的婚姻法。印度就是这样。印度在独立后,颁布了一系列有关婚姻的法规,有1954年的特别婚姻条例、1955年的印度教徒婚姻法、1961年的全印度禁止嫁妆法则、1969年的印度离婚法和1978年的禁止童婚补充条例等。因此,有学者认为,印度"大部分家庭法已经体现在成文法规之内"④。这是事实。无论是以上那种形式,婚姻法都已具体化,系统成文,内容包含结婚、离婚、家庭成员间的关系等在内的各组成要素,成为能有效地调整婚姻和家庭关系的法律。

其次,婚姻法中有许多近、现代婚姻原则和制度被吸取、使用。在东方系统的婚姻法中,大量引入了近、现代的婚姻原则和制度,其中主要有提高

---

① 参见李志敏主编:《比较家庭法》,北京大学出版社1990年版,第27页。
② 《各国法律概况》,第27页。
③ 参见《各国宪政制度和民商法要览》(亚洲分册),第259页。
④ 《各国法律概况》,第127页。

妇女地位、提倡婚姻自由、实行一夫一妻和主张家庭成员地位平等等等。印度在19世纪后半期开始婚姻制度的改革,内容包括"废弃早婚、弃废一夫多妻制,寡妇再婚"[①]等。到了20世纪,加快了这种改革的进程。1955年实施的《印度教婚姻条例》大刀阔斧地使用现代的婚姻原则,其中有禁止一夫多妻,重婚者要受刑事处分;允许妇女离婚,离婚后可得一笔生活费;妇女在离婚一年后可另行结婚;凡在母系三亲等或父系五亲等内的,不得通婚;排除了不同种姓间通婚的障碍等等。[②]阿拉伯伊斯兰国家也在不同程度上吸收了近、现代婚姻法的内容,如限制丈夫单方面休妻的权利、禁止童婚制、允许不同宗教徒通婚和实行结婚、离婚的登记、判决制度等。[③]中国的《中华民国民法》同样在形式上对男女婚姻自由和一夫一妻作了规定,说:"婚约,应由男女当事人自行订定","不得请求强迫履行"。还说:"有配偶者,不得重婚。"[④]不过,由于各国的社会条件不一,因此有关这类规定的内容也不完全一致,就是同一地区的不同国家也是如此。如黎巴嫩和伊朗都对丈夫单方面的离婚权作了限制,以致被认为在离婚的权利方面,这两个国家的"男女都处于平等的地位"。但法院对离婚的具体认定各有侧重。黎巴嫩婚姻法强调法官对合法的离婚"起诉理由的审查",伊朗婚姻法则重视法官对有关双方是否已"不能继续共同生活的调查结果"[⑤]。这些被吸取的婚姻原则、内容主要来自西方国家。如约旦包括婚姻法在内的整个私法的立法结构,就明显带有英国法的面目,即"带有源有英国托管时期的英国的影响"[⑥]。印度也有相似情况。它在1860年以后制订的婚姻法中,"反映了英国法和盎格鲁——印度法的模式"[⑦]。西方婚姻法的引入在很大程度上与入侵国有关。西方殖民者侵入东方国家以后,强制实行自己的法律,以使它们扎下根来,成为被入侵国法律中的一个组成部分,印度就是如此。"英国人到来之后,三种法律文化在这块次大陆上并存"[⑧],其中就有一块是英国法。法律有它的继承性,即使被入侵国独立后,也不可能很快将原有法律消除。这样,一些东方国家虽然后来独立了,但它们的法律中仍留有原入侵国的痕迹,婚姻法也是如此。约旦就是一个例子。

---

① R. C. Majumdar 等:《印度通史》,第1361页。
② 参见《各国法律概况》,第262页。
③ 详见《比较家庭法》,第31页。
④ 《最新六法全书》,第87、88页。
⑤⑥ 《各国宪政制度和民商法要览》(亚洲分册),第104、272、371页。
⑦ 《各国法律概况》,第257页。
⑧ 《比较法律文化》,第40页。

最后，一些传统的婚姻制度被废止。在采用近、现代婚姻制度的同时，东方国家还相应废除了原有的婚姻制度，使它们得到更新。印度的印度教婚姻法对印度的婚姻制度作了"深刻改革"，废止了传统婚姻法中的主要部分，它们是：婚姻由父母包办、买卖，"新娘是契约标的，不必征得她本人同意"；允许一夫多妻；一旦结婚，妇女不可离异等，"所有这些规定全被新的印度法废弃了"。① 大多数阿拉伯伊斯兰国家也在不同程度上废除了古代的婚姻制度，内容包括丈夫自由休妻、妻子不可提出离婚、童婚等。叙利亚法律"使丈夫遗弃妻子的动机，受到法庭的盘究；如果他们有滥用自己权力的地方，就要受到一定的惩处"。马立克派的法律"承认妻子可以因为丈夫和虐待、不维持妻子的生活以及遗弃等理由而向法院申请解除婚姻关系的权利"。还有，哈乃斐派的法律"禁止十四岁以下女孩子和十六岁以下的男孩子结婚"等等。② 这些都曾是伊斯兰婚姻法的主要内容。中国由国民政府发布的民法典，在字面上也不再采用过去买卖婚姻和一夫多妻的规定。但是，从总体来论，东方国家的这种废止并不全面，也不彻底，一些传统的婚姻制度仍在某些领域、某些国家发挥着作用，影响着人们的婚姻家庭关系。印度的婚姻制度虽在20世纪50年代发生了很大变化，一些传统的婚姻原则被废除，新的婚姻制度纷纷出台，但对此评价不能过高，因为"新的法律（婚姻法）仍然仅适用于印度教徒，而不适用于全体印度公民，印度法的某些传统规定在法律中保留了下来"③。另外，立法者可以大笔一挥，取消种姓制度，准许不同种姓者通婚等，尽管这是需要的，但不可因此而在短时间里立即改变人们千百年来形成的、同宗教信仰相连的习惯和看法，婚姻问题也是这样。事实上，印度新婚姻法的实施效果不是很理想，种姓家庭制度名改实续，伊斯兰教的许多陈旧规定仍然有效。④ 尤其是在农村，"印度的传统文化仍然为他们日常生活的法律关系提供规范"⑤。在阿拉伯伊斯兰国家，一些古老的婚姻制度没有完全被清除。其中，有的国家还严守着过去的伊斯兰婚姻法，到了现代仍无根本变化，沙特阿拉伯、阿曼、北也门等国都是这样。有的传统婚姻制度只是受到限制，并没被完全废除。如一夫多妻的规定，绝大多数伊斯兰国家只是作了不同程度的限制，没有禁止。叙利亚在

---

① 《当代主要法律体系》，第464页。
② 《各国法律概况》，第131、129、130页。
③ 《当代主要法律体系》，第464页。
④ 参见《比较家庭法》，第33页。
⑤ 《比较法律文化》，第40页。

第十三章 婚姻法

1953年的私人身份法中规定,只有当法官确认一个男子无力供养两个妻子时,才可要求这个男子与第二个妻子离婚。伊朗在1967年的家庭保护法中规定,如果得到第一个妻子和法院的许可,丈夫可以再娶。1951年约旦的家庭权利法和1958年摩洛哥的私人身份法都规定,如果在婚约中已规定丈夫不可娶第二个妻子,而丈夫违约的,妻子可以要求离婚。① 而如果在这些条件以外,丈夫则可以多妻。一夫多妻制远没有在伊斯兰国家根绝。在中国的婚姻法中,父权、夫权仍若隐若现。如《中华民国民法典》中有关家庭财产、妻子姓名、居住地等方面的规定仍有利于丈夫。此法典在亲属编中规定:夫妻的"联合财产"和"共同财产"都"由夫管理";"夫对妻之原有财产,有使用、收益权";"妻以其本姓冠以夫姓";"妻以夫之住所为住所"。甚至还规定:"女子自婚姻关系消灭后,非逾六个月不得再行结婚",丈夫却不受这种限制。还有,"父母得于必要范围内惩戒其子女"。② 这些都有利于对妻和子女的控制,父权和夫权没有销声匿迹。这一切都说明,古代东方的婚姻制度根深蒂固,对它的改革还有很长的道路要走。尽管如此,仍不可抹杀近、现代东方婚姻法改革的积极意义,因为它毕竟已开始限制或部分否定古老的婚姻制度。随着社会的发展和文明程度的提高,这种改革将会更深刻。

东方婚姻法的变革是整个东方法制变革的一部分。踏进近、现代社会后,原东方法赖以生存的经济基础发生了变化,资本主义、半殖民地半封建的经济基础取代了原来的封建经济基础。同时,与近、现代社会较为适应的资本主义法律随着西方殖民者的足迹也乘势跟进东方社会,嫁接在原有法律上,并逐渐取代原来的传统法律,东方法开始进入世界近、现代法制的行列。婚姻法作为东方法的一个成员,也随机改变了过去的旧颜。但是,婚姻法属于私法,与公法不同,对社会宗教、习惯和风俗的依赖性更大,而它们的相对独立性又特别强,当决定它们的经济基础变更后,依然会顽固地存在相当长一段时间。因此,有些东方国家婚姻法近、现代化进程的阻力较大,在相当长时期内传统的婚姻制度不会干净利落地退出法制舞台,相反还要盘踞一些阵地。这些阵地只有随着社会的不断发展,生产力的大幅度提高和进行更深刻的社会革命后,才会丧失。那时,这些东方国家的婚姻法才会有实质变化,不过这种奇迹不会在短时期内出现。

---

① 详见《比较家庭法》,第31—32页。
② 《最新六法全书》,第89—94页。

第十四章 诉 讼 法

诉讼法同样是古代东方法中的一个重要组成部分。它通过对诉讼活动及其运行过程的规定,确定诉讼各方的权利和义务,确保各实体法在现实生活中得到实施。这一部门法既是"法律的生命形式",也是"法律的内部生命的表现"。① 缺少它,法律就不成体系,其他部门法也无法得到贯彻,因而古代东方的统治者在制订以上各法的同时,还制定了诉讼法。从其规定的内容看,侧重于司法机构和司法官、起诉、证据、审判、上诉及执行等方面。为了从更宽广的角度了解东方的这个部门法,本章在最后还述及了它在近现代的变化及与西方古代诉讼法比较等问题。

一、司法机构与司法官

司法机构与司法官是接受案件、主持诉讼、负责审判的承担者,对于诉讼法的实施及实体法的运用均具有决定意义。根据诉讼的多层次需要,古代东方的司法机构与司法官也有多层次的设置。

在古代东方的专制制度中,国君既是国家的最高立法者、行政官,也是最高的司法官,具有司法职能,须亲自审案。在俄国,沙皇要行使司法权。"俄罗斯沙皇行使剥削阶级类型国家所固有的一切职权。他们有立法、司法和管理权。"②在中国,皇帝亲自决狱的情况频见史册。《汉书·刑法志》简要记述了秦始皇亲自审案的史实,说:"秦始王昼断狱,夜理书。"到清代,皇帝仍是如此,《清史稿·刑法志》概要作了记载,说:"自顺治迄乾隆间,有御廷亲鞫者。"

在一些政教合一的国家中,由于国君与宗教领袖往往同为一人,因此宗教领袖也就成了最高司法官,他们也要亲自审判。在希伯来,摩西当政时,他常"坐着审判百姓,百姓从早到晚都站在摩西左右"。摩西也对人说:这些

---

① 马克思:《第六届莱茵省议会的辩论(第三篇论文)》,载《马克思恩格斯全集》第 1 卷,第 178 页。
② 《苏联国家与法的历史》上册,第 106 页。

"百姓到我这里来求问上帝,他们有事的时候就到我这里来,我便在两造之间施行审判"。① 以后的所罗门也亲自审案。他改建的圣殿称耶和华殿,一些重要审判均在那里由他亲审。② 在阿拉伯伊斯兰国家,"一切判决只归真主;他依理而判决,他是最公的判决者"③。但是,"真主"须由他的"使者"来表达自己的意志,因而实是这位"使者",即宗教领袖进行审判。事实也是这样。穆罕默德经常审案,并作出"判决"。④

国君的地位决定了他不可能亲审国家中的所有案件,只能审理一些疑难、重大案件。楔形文字诉讼法曾规定,有关人命的大案要由国王审定。《俾拉拉马法典》强调:"有关生命问题,则仅能由国王解决之。"⑤在希伯来,摩西和他的继承者们主要审断一些疑难案件。"有难断的案件,就呈到摩西那里。"⑥其后的所罗门也"以智慧著称,其博学为世所罕见,尤善于审判疑难案件"⑦。印度诉讼法对国王应主要审理的案件有过规定,也以疑难、重大为主。《那罗陀法论》规定:"国王应亲自"审理那些有"争议"的土地、房屋、蓄水池等案件。⑧ 中国诉讼法规定,凡有重大冤屈者可依法告到皇帝那里,由他亲审。《宋史·刑法志》载有一件宋太宗亲审的案例:开封府一个姓刘的寡妇控告其夫的前妻之子王元吉毒害她,可证据不足。不久,此刘氏归天。于是,司法官草率判王元吉有罪,以徒论。判决后,王妻张某告至宋太宗处。"帝召问张,尽得其状。"审后,案情大白,原来"刘有奸状,惭悸成疾,惧其子发觉而诬之"。最后,错判的司法官受到了处罚。

由于国君具有至高的权力,所以他的判决既是终审结果,也具有最高的法律效力,任何人都不可违抗。在楔形文字诉讼法中已有这样的明确规定。《汉穆拉比法典》的结语说:任何人"不得变更我所决定的司法判决,我所确立的司法裁定",如果有人要"废除我所决定之司法判决",就要使其"祸起萧墙"、"死不旋踵"⑨。在中国,任何有违皇帝判决的行为,都会受罚。宋徽宗时明确规定:"出令制法,重轻予夺在上","凡御笔断罪,不许诣尚书省陈

---

① 《新旧约全书》,第88页。
② 《希伯来法系之研究》,第8页。
③ 《古兰经》,第98页。
④ 参见《布哈里圣训实录精华》,第71页。
⑤ 《外国法制史资料选编》上册,第9页。
⑥ 《新旧约全书》,第89页。
⑦ 《希伯来法系之研究》,第8页。
⑧ 参见《古印度帝国时代史料选辑》,第124页。
⑨ 《外国法制史资料选编》上册,第48—49页。

诉,如违,并以违御笔论",受罚幅度为"一时杖一百,一日徒一年,二日加一等,……三日以大不恭论"。①

法律还赋予国君自由判案的权力,即可不依法律规定作出判决。楔形文字诉讼法已有这样的授权。《亚述法典》规定:对偷窃犯,"国王将加给他(认为要加的任何)惩罚"②。印度诉讼法中有类似规定。《摩奴法论》说:"如果有人暗中或者公开进行赌斗,那么国王愿意如何就应该如何惩罚他。"③俄罗斯诉讼法也承认国君的这种判案权。《一五五〇年律书》规定:司法官犯罪"应受的惩罚由皇上裁定"④。伊斯兰诉讼法给予国君的这种权力更为广泛,他"要赦宥谁,就赦宥谁;要惩罚谁,就惩罚谁"⑤。中国诉讼法从应变复杂情况出发,允许皇帝不依现存法律定案。"事有时宜,故人主权断制敕,量情处分。"⑥

除国君外,古代东方国家还在中央设立审判机构或专人审理由中央管辖的各种案件。在古巴比伦,宫廷总管(努班达)负责中央司法,包括审判。他的权力类似宰相,"总管行政、司法","参加审理高级官员的重大罪案"。⑦在希伯来,约沙法当政时(前874—前850年)已成立了高级法庭,审判全国的民、刑案件。⑧ 在俄国,15世纪时的中央司法人员有波雅尔杜马及各部和各宫廷管理部门的官吏组成。之后,波雅尔杜马作为最高司法机关的作用有所提高,下设了"惩治院",即专门的司法案件委员会。⑨ 在中国,早在夏、商时期已有中央司法官,称"司寇"、"士"等。西周时出现了中央司法机关"司寇",它"掌邦禁,诘奸慝,刑暴乱"。秦汉时设"廷尉"掌管中央司法,其权很重,列为"九卿"之一。唐、宋时把中央司法机关分为刑部、大理寺和御史台,称"三司"。刑部为中央司法行政机关,大理寺为中央司法审判机关,御史台为中央监察机关。此"三司"互相制约,大理寺审判,刑部复核,御史台监察。遇有重大、疑难案件,它们还一起会审,称"三司推事"。明、清时稍改唐宋之制,主要变化有二:一是改御史台为都察院;二是互换了刑部与大

---

① 《宋史·刑法志》。
② 《外国法制史资料选编》上册,第57页。
③ 《摩奴法论》,第193页。
④ 《外国法制史汇刊》第1集,第217页。
⑤ 《古兰经》,第80页。
⑥ 《唐律疏议·断狱》"辄引制敕断罪"条疏议。
⑦ 参见《外国国家和法律制度史》,第5、13页。
⑧ 详见《希伯来法系之研究》,第8页。
⑨ 参见《外国法制史》,第135页。

理寺的职能。①

古代东方的地方司法职能通常由地方行政机关兼行,地方行政长官亦是司法官。在古巴比伦,地方长官是由国王指派的官吏——沙卡那库和拉比阿努穆,他们行使行政和司法权力。② 在印度,地方行政长官也兼任司法职。《摩奴法论》规定:国王"应该在两个、三个、五个或者一百个村落中间设一名配备一队警察的国家行政长官",并且"任命村落长、十村落长、二十村落长、百村落长和千村落长"。③ 这些"长"都有司法职,并把不能处理的案件逐级上报。在希伯来,各地也有司法官。"各城里,按着各支派,设立审判官和官长。"④这在摩西时期已经如此,他根据所辖人数的多少设官。"摩西从以色列人中拣选了有才能的人,立他们为百姓的首领,作千夫长、百夫长、五十夫长、十夫长。他们随时审判百姓。"⑤法庭一般设在圣殿或圣所内。进入迦南后,希伯来人还在各城设立了审判官,司法开始趋于职业化。⑥ 在阿拉伯伊斯兰国家,地方司法权掌握在省督和使者手中。"正像把礼拜的领导权交给地方上的伊玛目一样,哈里发把自己的审判权交给了法官。领导礼拜和进行审判这两项职权时而集中在省督一人身上。"⑦另外,"每个民族各有一个使者。当他们族中的使者来临的时候,他们要秉公判决,不受冤枉"⑧。在俄国,督抚和乡长都是身兼数职的地方长官,他们"既是行政长官,又是法官","督抚还是地方的军事长官"。⑨ 中国早在先秦时已有地方司法官。据传,夏有九州的划分,地方行政兼司法的官员也随之诞生。到了西周,地方建制初具规模,地方司法机关也同时产生。秦汉时地方政权为郡、县两级制,司法便出现了两个审级,郡守(或太守)掌郡之司法权,县令(县长)掌县之司法职。魏晋南北朝时,地方机构改为州、郡、县三级制,司法机关因此而形成了相应的三个层次。唐、宋又恢复州、县两级制。元创立了省、路、府(州)和县四级,司法审级也出现了四个等级。明时再改为三级,取消了路。清复为省、道、府、县四级。每级的地方行政长官都兼负司法职能,

---

① 详见《中国古代法律三百题》,第 495—497 页。
② 参见《外国国家和法律制度史》,第 13 页。
③ 《摩奴法论》,第 125 页。
④ 《新旧约全书》,第 233 页。
⑤ 同上书,第 89 页。
⑥ 参见朱维之主编:《希伯来文化》,浙江人民出版社 1988 年版,第 143 页。
⑦ 《伊斯兰教简史》,第 67 页。
⑧ 《古兰经》,第 158 页。
⑨ 《苏联简史》第 1 卷上册,第 134 页。

是一地的司法长官。①

此外,有些非司法官和机构也从事司法事务。希伯来的长老要参与司法。当时,"若遇见被杀的人倒在田野,不知是谁杀的,长老和审判官,就要出去",处理这类案件。还有,"人若有顽梗悖逆的儿子,不听父母的话,他们虽惩他,他仍不听从",这时父母就可把他带到"本城的长老那里,对长老说,我们这儿子顽梗悖逆,不听从我们的话,是贪食、好酒的人",长老就可决定"用石头将他打死"。② 印度的长老和乡村组织有司法权。在早期,"长老会议""成了行政司法单位"。③ 之后,莫卧儿统治时期还"允许农村组织继续存在",那里的地方乡村行政委员会可根据地方习惯和印度传统从事司法事务。④ 另外,种姓会议也有司法权。《乔达摩法论》提到,地区、种姓和家庭惯例被承认为辅助法,并在种姓会议中得到实施。⑤ 中国县以下所设的乡、亭、里等乡村组织的头领乡老、亭长、里正等都要处理词讼之事。他们承担了大量的民事及轻微刑事案件的诉讼,并通过调解等方式进行处理,只有一些较为重要的民事和刑事案件才上报至县。⑥

古代东方曾盛行宗教,一些宗教主还干预国事,渗透至司法领域。希伯来的祭司可参与中央和地方的审判。史载,所罗门进行审判时,祭司也一起参加。一次有个叫耶利米的人预言首都耶路撒冷要变成荒丘。"希伯来首领闻悉此事,乃自王宫至耶和华之殿,坐于殿之新门口,施行审判。"祭司是宣判者,他"对民众云,此人应置于死地,以其诋毁此邑云云"。⑦《新旧约全书·申命记》还记载说,若有词讼,或因流血,或因竞争,或因殴伤,审判时如或难断,即当赴主所选择地方,去见祭司和士师,求其判断。在早期阿拉伯伊斯兰国家也有相似的情况。"如果两个部族成员之间发生争论,就要求教于男贤人或女贤人,这种人往往都是一位祭司或预言者。"⑧俄罗斯诉讼法明文规定神职人员可参加审判。《一四九七年会典》规定:"牧师、齐亚克、僧侣、修女、教堂领班、由教会赡养的寡妇由主教或其法官审理世俗人士同

---

① 详见《中国古代法制三百题》,第498—500页。
② 《新旧约全书》,第238页。
③ 〔印度〕R. C. Majumdar 等:《印度通史》,第41页。
④ Bondage and Freedom, p. 332.
⑤ 参见《印度社会》,第345页。
⑥ 参见熊先觉:《中国司法制度简史》,山西人民出版社1986年版,第29页。
⑦ 《希伯来法系之研究》,第8页。
⑧ 〔德〕卡尔·布罗克尔曼等:《伊斯兰教各民族与国家史》,孙硕人等译,商务印书馆1985年版,第5页。

宗教人士的纠纷时,法庭应由宗教和世俗代表组成。"①

为了保证司法官能依法执法,有的古代东方国家要求他们知法。伊斯兰法规定:"伊斯兰法官应该温和谦逊,是决不违反教法禁戒的硬汉子,熟知教义教法。"②"法官应是博学公正之士,精通他们所属学派的法典。"③中国古代的统治者特别强调司法官要知法,并要罢免、处罚不知法的官吏。早在先秦时就已如此。《商君书·定分》说:司法官"敢忘行主法令之所谓之名,各以其所忘之法令名罪之"。以后,还把是否知法作为区别"良吏"与"恶吏"的重要标准,规定:"凡良吏明法律令",而"恶吏不明法律令"。④那些"恶吏"不能继续任官,要被逐出官府。再后的统治者还用刑法处罚不知法的官吏,特别是明、清两代,均在律中作了明文规定。《明律·吏律》"讲读律令"条规定:"凡国家律令,参酌事情轻重,定立罪名,颁行天下,永为遵守。百司官吏,务要熟读,讲明律意,剖决事务。每遇年终,在内从察院,在外从分巡御史提刑按察司官,按治去处考校。若有不能讲解,不晓律意者,初犯罚俸钱一月,再犯笞四十。附过,三犯于本衙门迭降叙用。"《大清律例·吏律》稍作修改,规定:"若有不能讲解,不晓律意者,官罚俸一月,吏笞四十。"

同时,古代东方法还告诫司法官必须严格依法施法,违犯者将按情节被追究法律责任。楔形文字法严禁司法官擅自改变判决。《汉穆拉比法典》规定:司法官作出判决后又擅改的,"应揭发其擅改判决的罪行",科其罚金,并"不得再置身于法官之列,出席审判"。⑤希伯来法特别强调司法官不可受财枉法,要求他们"不可屈枉正直、不可看人的外貌、也不可受贿赂,因为贿赂能叫智慧人的眼变瞎了,又能颠倒义人的话"⑥。印度法要求司法者严守职责,禀公审案。阿育王在他的铭文中要"司法官员们知道时时努力,以尽自己的职责","在司法过程中和实行惩罚上,都要保持公正","一视同仁,禀公处理"。⑦《摩奴法论》还用反坐方式处罚违法的司法官。"在众目之下,一旦'法'被'非法'杀,一旦'真'被'伪'杀,那么法官也就被杀。"⑧伊斯兰法再三要求司法人员依法司职,不可为奸人辩护。《古兰经》说:"我确已

---

① 《外国法制史汇刊》第1集,第214页。
② 《布哈里圣训实录精华》,第199页。
③ 《伊斯兰简史》,第67页。
④ 《睡虎地秦墓竹简》,第19页。
⑤ 《外国法制史资料选编》上册,第21页。
⑥ 《新旧约全书》,第233页。
⑦ 《古印度帝国时代史料选辑》,第71、76页。
⑧ 《摩奴法论》,第138页。

降示你包含真理的经典,以便你据真主所昭示你的(律例),而替众人判决。你不要替奸人做辩护人",也"不要替自欺者辩护。真主确不喜爱好诈的犯罪者",而要"秉公判决,不受冤枉"。① 俄罗斯法规定了各种法官应遵循的准则。《一四九七年会典》说:司法官在主持审讯和受理申诉时,严禁"接受贿赂"及"复仇或袒护一方";也不可越权受案,"无权处理重要案件的地方长官,未经上级长官确认,不得判处涉及送还好洛仆或女仆的案件,不得签发逃奴文书或自由文书";还有,"禁止放纵应逮捕的小偷"和"严禁乱捕其他无关人员等"。②

中国古代的统治者大多重视用法律规范司法官的行为,惩治违法的司法官。早在西周时就有"五过"的规定。之后,秦把错判行为根据故意和过失之分,确定为"不直"和"失刑",③还严惩违法官吏。《史记·秦始皇本纪》载,秦始皇三十四年(公元前213年),把"治狱吏不直,筑长城及南越池"。到了唐代,用"出入人罪"集中概括了司法官的责任,其中包括有罪判无罪、重罪轻判、无罪判有罪和轻罪重判等行为,并有故意与过失之别。具体内容为:故意把有罪判无罪或无罪判有罪的,按反坐原则处罚司法官,以判错的全罪量刑;故意把重罪轻判或轻罪重判的,亦反坐司法官,以少判或多判部分量刑;因过失而造成以上两类错判情况的,司法官将比照以上故意分别减五等、三等受处罚;虽错判而没执行,或已执行而后果不严重的,按错判的减一等处罚;在判决徒、流罪时,错用赎和官当的,均以错判的减一等处罚司法官等。④ 唐后各代均在不同程度上沿袭唐代的这一规定。

为了督促司法人员依法行职,有些古代东方国家还建立了监督检查制度。在印度,阿育王曾规定:"安排那些性情不奇不暴,举动温和文雅的摩诃马陀罗们出来做巡察旅行,五年一次,以便查明司法官员们是否已经理解我的意旨,并且正在按照我的教谕办事。""在这些摩诃马陀罗四出巡察的时候,他们将恪尽职守,查明地方司法官是否在遵行国王的教谕。"⑤在中国,早在先秦时就已有负责监察司法的官吏,周的"小宰"就是如此。至战国,各国都相继成立了监察机构,齐的"大谏"、韩赵魏的"御史"、秦的"内史"等都属此种机构。秦汉时,随着中央集权制度的确立,监察也相随创立,并初步

---

① 《古兰经》,第69、158页。
② 《外国法制史汇刊》第1集,第207、210、211页。
③ 详见《睡虎地秦墓竹简》,第165页。
④ 详见《唐律疏议·断狱》"官司出入人罪"条。
⑤ 《古印度帝国时代史料选辑》,第71—72页。

形成了中央有御史大夫,地方有御史、刺史的监察体系,制定了一些监察法规。唐把监察制度完备化。中央有御史台,下设台院、殿院和察院,负责从中央到地方的监察事务;地方派监察御史巡察,以"六条"纠劾违失官吏。宋承唐制。明除了加强监察御史的职能,分十三道监临地方外,另设"厂卫"特务机关,使用铁腕手段。清创设六科给事中和十五道监察御史合一的制度,同时还以巡抚和提刑按察使司负责地方监察事务,更强化了对司法官吏的控制。① 这些机构和官吏都有监察司法、弹劾违法官吏的职能,即"纠视刑狱,整肃朝仪","纠举百僚,推鞫狱讼"。②

但是,由于社会制度腐败,因而司法人员违法犯罪、违法司法的情况非为鲜闻。在俄国,"向审判官行贿,就像给看门人或清洁工酒钱一样,是司空见惯的事。在尼古拉一世的时代,司法部长潘宁本人在发生诉讼的时候也要行贿,甚至当他完全有理,而根据法律应该判他胜诉的时候,他也行贿"③。在中国,因各种私欲而不依法断狱的情况屡屡发生,就是在唐太宗贞观时期也不例外。《旧唐书·刑法志》载:"太宗既诛张蕴古之后,法官以出罪为诫,时有失人者,又加罪焉,由是刑纲颇密。"

二、起 诉

起诉是一种原告因自己的合法权益受到侵害或发生争议,而向司法机关提出诉讼请求并要求予以保护的行为。在整个诉讼过程中,它是第一环节。为了保证诉讼的顺利进行,古代东方的统治者大多重视这个环节,还在诉讼法中对其中的一些重要问题作了规定。

古代东方诉讼法中有关于审级的规定。原告一般先到所在地的基层组织的头领或司法官那里起诉,一些重大、疑难和这些头领或司法官无法解决的案件才可按法逐级起诉。有些国家还禁止越诉,越诉者将受到法律制裁。希伯来诉讼法规定,原告须到就近的司法官那里起诉。"人若将银钱、或家具,交付邻舍看守,这物从那人的家被偷去,若把贼找到了,贼要加倍偿还。若找不到贼,那家主必就近审判官"处去起诉。④ 印度诉讼法规定起诉应逐

---

① 详见彭勃等:《中国监察制度史》第一、二、四、六、七章,中国政法大学出版社1989年版。
② 《唐六典·御史台》。
③ 〔苏〕波克罗夫斯基:《俄国历史概要》上册,贝璋衡等译,三联书店1978年版,第179页。
④ 《新旧约全书》,第93页。

级进行,国王只"是最高的上诉法庭"①。俄罗斯诉讼法对审级也有规定。《一五五〇年律书》说:"莫斯科人就各地王公向乡长提起诉讼,则此案应由皇上或王公审理,倘乡长不照此办理,则皇上或王公应处罚他。一个居民控告另一个居民,则由乡长审理之。"②如果有人不按审级起诉,擅自越诉至沙皇那里,就要受到刑事处罚。《一六四九年会典》第十章规定:"未曾向官府提起诉讼,任何人不得就任何案件向皇上呈交禀告状",如果有人违而为之,"而向皇上禀告,呈交禀告状,则某人应受惩罚,应处以棍打之。倘某人系正直之人,则应处以监禁一周,以告诫任何人不得重犯"。在中国,一般案件也须由基层的司法机关审理,重大、疑难案件才允许逐级移送,违犯者将按犯罪被罚。在唐代,不论是越诉者,还是受理越诉案件的,都要受到相同的处罚。"诸越诉及受者,各笞四十。"③宋的规定与唐同。明、清两代更强调对越诉者的制裁,还加重了用刑。"凡军民词讼,皆须自下而上陈告。若越本管官司,辄赴上司称诉者,笞五十。"④不过也有例外的,例外者一般在法律中有明示。如唐律及其后各律都对"八议"者犯罪的审判有特别规定。《唐律疏议·名例》"八议者"条规定:对犯死罪的"八议者",地方审判机关不可擅断,而须"先奏请议,议定奏裁"。《宋刑统》的规定与《唐律疏议》的一致。《明律·名例》"应议者犯罪"条的规定更为具体,即"八议"者犯罪后,地方司法官"实封奏闻取旨,不许擅自勾问",而须由五军都督府、刑部、监察御史断事官等"集议,议定奏闻"。《大清律例》的内容与《明律》相仿。

有些古代东方国家虽禁止越诉,但却允许有条件地直诉,即径直向最高统治者起诉,中国即是如此,而且它的直诉制度十分完备。《周礼》中的"路鼓"和"肺石"是两种中国直诉的最早方式,至唐代逐渐演变成邀车驾、挝登闻鼓、上表和立肺石。邀车驾是在皇帝外巡经过的路旁迎车驾进行的申诉;挝登闻鼓是敲击置朝堂门外的大鼓进行的申诉;上表是呈书上奏进行的申诉;立肺石是站在朝廷门外赤色石上进行的申诉。此外,在武则天时还有"伸冤匦",这是一种投书入特制铜匦进行的申诉。有重大冤情者都可利用以上形式直诉,但必须依法进行,否则将要承担法律责任。主要是:第一,所诉内容要真实,不真实的要被"杖八十";第二,不可自己毁伤造成受害假象,

---

① 《印度社会》,第 345 页。
② 《外国法制史汇刊》第 1 集,第 233 页。
③ 《唐律疏议·斗讼》"越诉"条。
④ 《明律·刑律》、《大清律例·刑律》"越诉"条。

违者要被"杖一百";第三,进行邀车驾直诉的,不可冲入行进队伍,否则要被"杖六十"。① 《明律》和《大清律例》在沿用唐代规定的同时,还加重对违法申诉者的量刑,规定:凡直诉内容不实的"杖一百",冲入部伍直诉而内容不实的"绞"。②

司法官在接受诉讼后,应受理该由自己审理的案件,不可推卸。俄罗斯诉讼法规定:司法官必须受理在自己权限范围内的任何案件,不属自己管辖的要告诉原告应受理的司法官。《一四九七年会典》说:"法官必须接见向他提出申诉的任何原告,凡案件不超越其权限者,则必须受理。遇有不属本法官管辖的案件,应禀告王公或嘱咐原告向有权受理该案的法官申诉。"③ 在中国,则根据不受案的具体情况,用刑事手段制裁司法官。唐代规定,凡依法直诉,"而主司不即受者,加罪一等"。即"不受一条杖六十,四条杖七十,十条杖一百"。还有,"若囚至不受及受而不申者",要"杖一百"等。④ 明、清时也有类似规定。

但是,并非所有起诉的案件司法官都要受理,有的古代东方国家对司法官不应受理的案件作了明文规定。俄国曾把没订契约的债务等纠纷列入不受理范围。《一六四九年法典》第十章规定:"任何人对他人提起债务、寄存、借款诉讼,但没有就债务、寄存、借款同被起诉的人签订契约",那么法官可以不受理。中国关于不受理范围的规定广于俄国。唐代归入此范围的案件主要包括:囚犯对他人的控告;年龄在八十岁以上、十岁以下者和笃疾者对一般案件的告举;用匿名文书起诉;告状不符合要求及越诉等。明、清也有类似规定。⑤ 司法官受理了以上不应受理的案件,将受到处罚。如唐代规定:司法官受理了匿名文书起诉的案件,要被徒二年。⑥ 明、清减轻了用刑,只要"杖一百"。⑦

为了满足特殊需要,有些古代东方国家还建立了代理制度,允许代理人为被代理人进行诉讼。俄罗斯诉讼法允许一些在生理上有特殊情况和神职人员等聘用代理人进行诉讼。《一四九七年会典》规定:"原告是妇女、年幼

---

① 《唐律疏议·斗讼》"邀车驾挝鼓诉事不实"、"越诉"条。
② 《明律·刑律》、《大清律例·刑律》"冲突仪仗"、"越诉"条。
③ 《外国法制史汇刊》第1集,第207页。
④ 《唐律疏议·斗讼》"越诉"、"囚徒伴移送并论"条。
⑤ 参见《中国古代司法制度》,第73—74页。
⑥ 《唐律疏议·斗讼》"投匿名书告人罪"条。
⑦ 《明律·刑律》、《大清律例·刑律》"投匿名文书告人罪"条。

者、年老者、病人、残废者、牧师、僧侣、修女,或者证人的证言不利于上述人员,这些人可以雇请代理人。"①代理人甚至可代为决斗。《一五五〇年律书》规定:"应同证人进行当庭决斗的被告是年老者、年幼者、残废者、牧师、僧侣、修女、妇女,可以委托代理人,证人不得找代理人。"②中国在《周礼》中有关于诉讼代理人的记载,被代理人一般是有一定地位的统治阶级成员。《周礼·秋官·小司寇》载:"凡命夫、命妇不躬坐狱讼。"这种情况在明、清时还是如此。那时"凡官吏有争论婚姻钱债田土等事,听令家人告官理对,不许公文行移"③。另外,自元代开始,老、废、笃疾者涉讼的大部分案件也可请人代为诉讼。"诸老废笃疾,事须争讼,止令同居亲属深知本末者代之;若谋反、大逆,子孙不孝,为同居所侵侮,必须自陈者听。"④明、清沿袭元的这一精神。

起诉或控告必须以事实为根据,起诉或控告内容不真实、无法证实或属于诬告的,都被视为违法行为。楔形文字诉讼法要求起诉内容能被证实,否则要追究起诉者的法律责任。《汉穆拉比法典》规定:"倘自由民宣誓揭发自由民之罪,控其杀人,而不能证实"或"倘自由民控自由民犯巫蛊之罪而不能证实"的,都要被罚。⑤ 俄罗斯诉讼法认为诬告人应负赔偿责任。《一六四九年会典》第十章规定:"某人对他人提起毫无根据的诬陷诉讼,显然系诬陷他人,业经法院查实某人提起的诉讼系诬陷,则某人因这样的诬陷需付罚款给被告,自诉讼开始日及审理结束日止,每日应付一个格里夫纳。"在中国,则用严厉的刑事手段打击诬告者,他们要被"反坐",这在汉时已成定制。"敢以诽谤相告者,以所告者罪罪之。"⑥唐对诬告反坐作了全面规定,内容包括:诬告者都要反坐被罚;诬告本地长官加重用刑;控告数事,内容有诬有实的,仅反坐诬告部分等。唐代的这些规定皆在不同程度上为后代沿用。⑦

大多数古代东方国家没有刑事与民事诉讼的区别,只有少数国家作过区分,中国是其中之一。根据《周礼》的记载,刑事诉讼称"狱",民事诉讼称"讼",两者不同。"狱,谓相告以罪名者";"讼,谓以财货相告者。"⑧不仅如

---

① 《外国法制史汇刊》第 1 集,第 213 页。
② 同上书,第 220 页。
③ 《明律·刑律》、《大清律例·刑律》"官吏词讼家人诉"条。
④ 《元史·刑法志》。
⑤ 《外国法制史资料选编》上册,第 21 页。
⑥ 《三国志·魏志·高柔传》。
⑦ 参见《中国古代司法制度》,第 68—69 页。
⑧ 《周礼·秋官·大司寇》郑注。

此,这两种诉讼形式在诉状、诉讼费等方面也有些不同。① 以后,又十分注重民事诉讼的受理时间。在农忙时,即四至九月,一般不受理民事诉讼案件。唐、宋两代都规定:"诉田宅、婚姻、债负,起十月一日,至三月三十日检校,以外不合。"②尽管如此,两者的相同之处仍是主要的,而且刑事诉讼占主导地位,是主要的诉讼形式,这与中国古代重"刑"轻"民"息息相关。

有的古代东方国家还对诉讼费作出规定。俄罗斯诉讼法根据不同的审判形式和案件,确定诉讼费数额,并要求败诉方支付这种费用。《摩诺马赫法规》规定:"铁裁判支付四十库纳,给审判执行官五库纳,给助手半格里夫纳。这就是实行铁裁判的费用。""如果兄弟们为遗产纠纷诉讼到王公面前,那么,为他们分配遗产的书记员应收取一格里夫纳的款。"③之后,又明确诉讼费由败诉者交纳,败诉者死亡的,由他的继承人支付。"波雅尔和齐亚克可向被法庭判定为败诉的一方索波希纳(诉讼费)。"④如果败诉人去世了,那么应责令继承他"家院和财产的妻子、儿子、兄弟偿还诉讼金额"⑤。中国诉讼法也曾规定过诉讼费,而且刑事与民事诉讼的费用不等。《周礼·秋官·大司寇》把刑事诉讼费定为"钧金",即三十斤铜;把民事诉讼费定为"束矢",即一百支箭。"以两剂禁民狱,入钧金三日,然后于朝,然后听之。""以两造禁民讼,入束矢于朝,然后听之。"

此外,古代东方各诉讼法中还有一些关于起诉的特殊规定。印度诉讼法规定,在起诉中出现以下情况的,起诉人就会败诉。这些情况是:"如果提出非见证人,如果提出讼词又食言,如果不明其词讼前后矛盾,如果进行论证以后又改变命题,如果在问及如实陈述的事实时不坚持,如果在不允许交谈的地方与证人私下交谈,如果不愿意回答正在调查的问题,如果退缩,如果在要他说话的时候不说话,如果对自己说的话不加证明,如果前言不对后语,那么起诉人就败诉。"⑥伊斯兰诉讼法则主张在起诉时就要有证人相伴或要被告发誓。"起诉须有两名证人或被告的发誓。"⑦俄罗斯诉讼法十分强调有些案件的诉讼时效。《一四九七年会典》明文规定了土地诉讼案的时

---

① 详见《西周法制史》第九章第一、二节。
② 《唐令拾遗》,第788页。
③ 《〈罗斯法典〉译注》,第111、123页。
④ 《外国法制史汇刊》第1集,第207页。
⑤ 《一六四九年法典》第十章。
⑥ 《摩奴法论》,第141页。
⑦ 《布哈里圣训实录精华》,第192页。

效,而且起诉人的身份不同,时效也不同。"王公对波雅尔或寺院提起土地诉讼的诉讼时效为六年。"其余的不论身份,"诉讼时效为三年"。①《一五五〇年律书》还规定了异地人受欺凌后的起诉时效。"倘外地人受欺凌在一年内未向该城地方长官或乡长提起诉讼,则地方长官或乡长可不向外地人发到庭文书。"②即不再受理此案。在古代东方,中国法中有关起诉的内容最为系统和完整,特殊于其他国家的地方也不少,其中有关"亲亲相容隐"的较为突出。"亲亲相容隐",是指对一般犯罪,亲属之间应互相隐瞒,不可告发或作证。早在先秦时已有如此说法。"事亲,有隐而无犯。"③"父为子隐,子为父隐,直在其中矣。"④汉代始在法律中有明确规定。汉宣帝在本始四年(公元前70年)的诏令中说:"自今子首匿父母,妻匿夫,孙匿大父母,皆勿坐。"⑤唐代对其作了全面的规定,内容包括适用范围、不适用的对象、违反后的法律责任等。唐后各代都在不同程度上沿革唐的规定。⑥

三、证　　据

证据在诉讼活动中起着极其重要的作用,它可通过已知事实去判明未知事实,特别是判案必须具备的事实,为正确定案提供可靠依据。没有证据,诉讼无法进行;错误证据,会导致错判,甚至造成冤狱。因此,各古代东方诉讼法都把它作为一个最为重要的组成部分。总括其中的有关内容,以证人证言的为多,它们是证据的重头。

根据古代东方诉讼法的规定,证人证言是决定胜诉与败诉的关键,没有的或不利的,都会招致败诉。印度诉讼法把指不出证人的诉讼当事人定为败诉者。《摩奴法论》说:"谁说'我有证人'以后,在要他指出来的时候又指不出来,法官就应该根据上述理由宣判谁败诉。"⑦俄罗斯诉讼法把没有证人或有利于自己的证人都作为败诉的理由。《摩诺马赫法规》规定:"如果某人的胡须被他人拔掉,而且提出实物和不止一个证人,那么处以凶手十二

---

① 《外国法制史汇刊》第1集,第215页。
② 同上书,第221页。
③ 《礼记·檀弓》。
④ 《论语·子路》。
⑤ 《汉书·宣帝纪》。
⑥ 详见《中国古代司法制度》,第60—61页。
⑦ 《摩奴法论》,第141—142页。

格里夫纳的罚金,如果没有证人,又没有证据,那么,不能处以罚金。"①《一四九七年会典》进一步规定:"证人的证言不利于原告,则认定原告败诉。"②

考虑到证人证言的真实性,古代东方诉讼法要求有两个或两个以上证人为同一问题作证,一个证人的证言往往不能作为定案的依据。至于证人的具体数目,则因各国诉讼法及案件性质的不同而不同。希伯来诉讼法规定刑案的证人要有两至三人。"人无论犯什么罪,作什么恶,不可凭一个人的口作见证,总要凭两三个人的作证,才可定案。"③印度诉讼法很注意土地纠纷案的取证,规定:"不能由一个人单独确定,尽管他是可靠的人","因为这是重要的事件"。④ 伊斯兰诉讼法则要求有更多的证人。《古兰经》说:"凡告发贞节的妇女,而不能举出四个男子为见证者,你们应当把每个人打八十鞭",因为"他们没有举出四个见证,所以在真主看来他们是说谎的"。⑤俄罗斯诉讼法对证人数的要求是一个以上,多少不论。《摩诺马赫法规》说:"如果某人的牙齿被他人击落,满嘴是血,又提出不止一个证人",法官就会处罚行凶者。⑥ 中国在唐代肯定了"据众证定罪"的做法,前提是须有三个以上的证人证言。"三人以上,明证其事,始合定罪。"⑦

在古代东方,可作证人的范围较广,就是在十分注重等级关系、实行种姓制度的印度,对证人资格的限制也不多。在一般情况下,"只要诚实可靠、懂得一切法和不贪,一切种姓的人都可以做起诉的证人"。如果没有适合的证人,"连妇女、儿童、老人、门徒、亲属、奴隶和佣人也可以作证"。另外,在有些刑事案件中,甚至可不审查证人的资格。"在所有的强盗案、偷盗案、奸淫案、打人案和言语伤人案中,他不必审查证人的资格。"⑧但是,为了保证证言的质量,有些国家的诉讼法对某些特定案件的证人作了限定。印度法规定在有关土地界标纠纷的案件中,证人应是"那些居住在村庄以外靠耕田为生的人,以及牧人、捕鸟者、猎人和其他森林居民"⑨。俄罗斯诉讼法曾对收赃案的证人作过专门规定。"某人若在市场购得赃物:或者马匹,或者衣

---

① 《〈罗斯法典〉评注》,第101页。
② 《外国法制史汇刊》第1集,第213页。
③ 《新旧约全书》,第236页。
④ 《古印度帝国时代史料选辑》,第123页。
⑤ 《古兰经》,第266页。
⑥ 《〈罗斯法典〉评注》,第102页。
⑦ 《唐律疏议·断狱》"议请减老小疾不合拷讯"条"疏议"。
⑧ 《摩奴法论》,第143页。
⑨ 《古印度帝国时代史料选辑》,第123页。

服,或者家畜,那么,应提出两名自由人或税务员作证。"①中国曾把邻居作为民事诉讼案中的主要证人。"六乡之民有争讼之事,是非难辨,故以地之比邻知其是非者,共正断其讼。"②还有,以身份、生理等情况为由,有些国家的诉讼法不允许某些人作证,并在法律中加以明确规定。印度的《摩奴法论》规定,国王、净行婆罗门、演员、工匠和病人、疯子、感官不全等人"都不得当作证人"。③ 中国在唐代规定,亲属之间和八十岁以上老人、十岁以下儿童、重病者都不可为他人作证。④

为了提高判案的准确率,古代东方诉讼法要求证人提供真实的证据,不可作假证。希伯来诉讼法把"不可作假见证陷害人"作为"十诫"之一,特别强调:"不可在争讼的事上,随行偏见,作见证屈枉正直也。"⑤印度诉讼法明示:"任何人都应该供述真实的证词。"⑥伊斯兰诉讼法也要求证人不可提供假证,因为"真主是见证他们的行为的"⑦。中国诉讼法则告诫证人不可"不言实情"⑧。为此,有的国家的诉讼法甚至明言,证人的证言必须是亲自见闻。印度的《摩奴法论》说:"以亲眼见到和听到的事实为基础的证据是有效的",证人"应该根据所见所闻把件事情说出来"。⑨ 伊斯兰的《古兰经》说:证人不能"道听途说,无知而妄言"⑩。俄国的《雅罗斯拉法典》说:在债务纠纷中,诉讼人"必须向法庭提供十二名现场目击者"⑪。

伪证是违法犯罪行为,伪证者要受到法律的制裁。早在楔形文字法中已有这样的条款。《乌尔纳姆法典》规定:"倘有人(在诉讼中)出席作证而被表明是个伪证者,则他须赔偿银 15 舍克勒。"⑫希伯来法和印度法对伪证者的处罚严于楔形文字法的规定。希伯来法用同态复仇的方式惩治伪证人。"审判官要细细的查究,若见证人果然是作假见证的",就要"以命偿

---

① 《〈罗斯法典〉译注》,第 73 页。
② 《周礼·地官·小司徒》注。
③ 《摩奴法论》,第 143—144 页。
④ 《唐律疏议·名例》"同居相为隐"、《唐律疏议·断狱》"议请减老小疾不可拷讯"条。
⑤ 《新旧约全书》,第 94 页。
⑥ 《摩奴法论》,第 143—144 页。
⑦ 《古兰经》,第 158 页。
⑧ 《大清律例·刑律》"狱囚诬指平人"条。
⑨ 《摩奴法论》,第 143—144 页。
⑩ 《古兰经》,第 266 页。
⑪ 《〈罗斯法典〉译注》,第 15 页。
⑫ 朱承恩等:《〈乌尔纳姆法典〉和乌尔第三王朝早期社会》,载《历史研究》1984 年第 5 期,第 183 页。

命,以眼还眼,以牙还牙,以手还手,以脚还脚"。① 印度法则以死相威胁。"谁在案件的审理过程中受到查问时不如实回答问题,谁就是罪人,就得在绝对黑暗中脑袋冲下地栽入地狱。"②伊斯兰法把作伪证定为"滔天大罪",③并加以严惩。俄罗斯法的制裁方法是要伪证人赔偿损失。"发现证人的证言是虚假的,则应向证人索取致使被害人所遭受的全部损失和费用。"④中国法用的是反坐手段。明、清时都规定:证人"不言实情,故行诬证",就要按所致罪"减罪二等"受罚。⑤

物证和书证也是重要的证据,古代东方诉讼法没有忽视对这两类证据的规定。印度诉讼法明定在某些案件中必须持有物证或书证。《那罗陀法论》指出物界是确定边界的主要证据。"应根据(旧的)界标,(例如)谷壳、木炭、陶器碎片、井、圣殿和树来决定边界。"⑥《摩奴法论》主张用书证来确定所有权。"在只见使用而不见任何所有权证件的情况下,所有权证件应该是所有权证据,而不是使用。"⑦俄罗斯诉讼法规定,在伤害案中,只要有物证,就可不必有人证。"如果某人被殴打流血或者出现青紫伤痕,那么,他不再需要提供证人。"⑧中国在很早就注意收集、使用物证和书证。根据《周礼》的记载,当时已设专人"掌盗贼之任器货贿",还有土地纠纷要"以图正之"。⑨ 以后,仍一如既往。唐代规定:"若赃状露验,理不可疑,虽不承引,即据状断之。"⑩十分重视物证在诉讼中的作用。《折狱龟鉴》说:"争田之讼,税籍可以为证;分财之讼,丁籍可以为证"⑪,把书证作为民事诉讼中的主要证据加以使用。

为了保证物证的可信性,有些古代东方国家还专门在诉讼法中对取证作出规定。印度诉讼法要求在解决土地纠纷时,必须到现场检查持有物的痕迹,并以此为依据进行审判。"根据到现场(的检查)所作的判断和根据

---

① 《新旧约全书》,第236页。
② 《摩奴法论》,第145页。
③ 《古兰经》,第76页。
④ 《外国法制史汇刊》第1集,第215页。
⑤ 《明律·刑律》、《大清律例·刑律》"狱囚诬指平人"条。
⑥ 《古印度帝国时代史料选辑》,第123页。
⑦ 《摩奴法论》,第155页。
⑧ 《〈罗斯法典〉译注》,第30页。
⑨ 《周礼·秋官·小司寇》、《周礼·地官·小司徒》。
⑩ 《唐律疏议·断狱》"讯囚察辞理"条。
⑪ 《折狱龟鉴·核奸》注。

(前主人)所持占有物的痕迹来确定边界。"①中国在很早就注意把取证与审案联系起来,并把它作为审判前的必要工作。《礼记·月令》载:孟秋之月,"命理瞻伤、察创、视折、审断、决狱讼"。唐代对取证有了较全面的规定,还特别注重取证者的法律责任,不能如实取证的要受到应有的处罚。《唐律疏议·诈伪》"诈病死伤检验不实"条规定:"诸有诈病及死伤,受使检验不实者,各依所欺,减一等。若实病死及伤,不以实验者,以故入人罪论。"宋、元、明、清各代也都有关于这方面的类似规定和要求。

古代东方的宗教也被融入到证据领域,起誓、发誓等成了证明证据真实性的"试金石",甚至可代替证据而被采用。楔形文字诉讼法规定证人要在神前宣誓,不宣誓的要受到制裁。"交付买价时为之见证之证人及知此失物之证人,皆须就其所知,声明于神之前。"②"倘有人(在诉讼中)出席作证,但避不宣誓,则他须按他卷入该诉讼的程度作出相应的赔偿。"③希伯来诉讼法把起誓当作证据,起誓者可免究赔偿责任。"人若将驴,或牛,或羊,或别的牲畜,交付邻舍看守,牲畜或死,或受伤,或被赶去,无人看见。那看守的人,要凭着耶和华起誓,手里未曾拿邻舍的物,本主就要罢休,看守的人不必赔还。"④伊斯兰诉讼法也运用起誓,只是要向"真主"发誓。"凡告发自己的妻子,除本人外别无见证,他的证据是指真主发誓四次,证明他确是说实话。"⑤俄罗斯诉讼法把发誓作为举证的决定性程序,发誓者提供的证据被认为是真实的。"如果某人向他人讨还债务,而对方拒绝,那么,原告人提出证人,证人举行发誓后,他取回自己的钱。"⑥印度诉讼法虽不用起誓方式,但也把作证与神联系在一起,告诫人们作伪证是要遭到恶报的,同样具有浓厚的宗教色彩。"在作证时讲假话的证人将被婆楼那的套索紧紧缚住,不由自主一百世。"⑦古代东方的立法者利用那时人们广泛信教的特点,以图用发誓等形式来提高证据的真实性或代替证据使用,这在人们盲目崇拜宗教的古代社会里会收到一些实际效果,但它并不科学,也易被人们当作保护伞而干伪证的勾当,因此局限性很大。

---

① 《古印度帝国时代史料选辑》,第123页。
② 《外国法制史资料选编》上册,第22页。
③ 朱承恩等:《〈乌尔纳姆法典〉和乌尔第三王朝早期社会》,载《历史研究》1984年第5期,第183页。
④ 《新旧约全书》,第93页。
⑤ 《古兰经》,第266页。
⑥ 《〈罗斯法典〉译注》,第82页。
⑦ 《摩奴法论》,第144页。

司法特权在古代东方广泛存在,在有关证据的规定中也未能幸免,其主要表现为:同为证人,但地位高的提供的证据更具有法律效力;在同类案件中,身份高的受害者可不提供证据就定案等。印度诉讼法中有前者的内容。《摩奴法论》说,当证人意见发生冲突,而且人数相等时,"以资格高的为准"①。俄罗斯诉讼法中有后者的内容。《雅罗斯拉夫法典》说,在"撞击或推搡"案中,一般受害人"必须向法庭提供两名现场目击者"作证,但高身份的受害人,"不需要提供现场目击者,只需举行发誓仪式",就可为证。② 证据规定中的特权也从一个方面说明,古代东方的诉讼法是一个不平等的诉讼法,有利于富人的诉讼法。

四、审 判

审判包括对案件的审理和判决。它的主要任务是收集和审查证据,讯问证人和诉讼当事人,并在弄清案情的基础上,适用法律,作出判决。审判的这一任务决定了它是诉讼的中心阶段,是诉讼法中应重点规定的内容。

神判是古代东方出现过的与证据有密切关系的审定方式。尽管它不科学,也不公正,但却实行了几千年。它通常适用于没有证据或证据不足的情况。楔形文字诉讼法把神判作为一种终审判决,败诉者要承担赔偿责任,《乌尔纳姆法典》的规定就直接体现了这一精神。"倘有人控告他人的妻子不贞,而河神(裁决)证实她无罪,则控告她的人须赔偿银1/3明那。"③印度诉讼法采用神判的方式多于前者,分为"水、火、称、毒"四种,《大唐西域记·印度总述》对它们都作了概要的介绍:"水则罪人与石,盛以连囊,沈之深流,校其真伪,人沈石浮则有犯,人浮石沈则无隐。火乃烧铁,罪人蹈上,复使足蹈,既遣掌案,又令舌舐,虚无所损,实有所伤;懊弱之人不堪炎炽,捧未开花,散之向焰,虚则花发,实则花焦。称则人石平衡,轻重取验,虚则人低石举,实则石重人轻。毒则以一羖羊,剖其右髀,随被讼人所食之分,杂诸毒药置剖髀中,实则毒发而死,虚则毒歇而稣。"其目的是为"防百非之路",可见对这种审判方式的信任程度。俄国的神判主要是"铁裁判"。这是一种用

---

① 《摩奴法论》,第143页。
② 《〈罗斯法典〉译注》,第10页。
③ 朱承恩等:《〈乌尔纳姆法典〉和乌尔第三王朝早期社会》,载《历史研究》1984年第5期,第182—183页。

火验证诉讼当事人的审判方法,"未被烧伤的一方宣告无罪;被烧伤的一方为罪犯"。它通常适用于一些无证据的案件。"被告人若找寻不到证人,而原告人已诉讼,那么,对他们实行铁裁判。"还有,"如果没有物证"的也可"实行强制性铁裁判"。① 中国的神判方式与以上东方国家不同,不是以对诉讼当事人的某种残酷"考验"为主要特征,而是假借神的"旨意",进行人判,突出的仍是人的力量,只是在这种力量外套上了一个神的外壳。殷商时期,人们迷信鬼神,奴隶主阶级便利用这一点,以占卜问事,在审判中也是如此,用刑前先占卜问定。现存的卜辞中有关于这种神判的内容。"贞(卜问):王闻不惟辟?""贞:王闻惟辟?"②"兹人井(刑)不?"③都是祈示是否用刑的卜文。进入封建社会后,逐渐取消了占卜定刑的形式,但又出现了在城隍庙借助城隍神断案等的做法,尤其是在明、清两代,常把城隍庙作为审理疑难案件的场所。《学治臆说·敬城隍神》就载有用这一方法审判疑难的"刘开扬"案的实例。此案由刘开扬与成大鹏因伐木纠纷而起,后酿成族斗。刘开扬求讼胜心切,叫其子打死将要归天的族弟刘开禄,并谎称成大鹏之伙所为。司法官经审,"终不知殴者主名",最后只能带他们进城隍庙。在神像前,"(成)大鹏神气自若,而(刘)开扬四体战栗,色甚惧"。此案遂露端倪,很快水落石出。神判盛行于古代东方早期,是最早的审判方式,也是审判落后的一种表现。随着审判技能的提高,神判渐渐让位于人判,最终退出了法制舞台。

在古代东方,参与审判的除司法官外,还有行政官、贵族、神职人员、法学家等,有时他们的意见还能起决定作用。在印度,婆罗门有资格代替国王审判。《摩奴法论》规定:当国王不能亲审案件时,"他应该委任一名博学的婆罗门审理案件。那个婆罗门应该在三名陪审官的陪同下步入那高等的觐见大厅,然后坐着或者站着代表国王审理案件"④。在阿拉伯伊斯兰国家,法学家在审判中的作用十分重大。早在穆罕默德在世时,他就曾要"众博士依照寄托给他的天经行判断"⑤。由于当时需解决的司法问题不太多,所以那时"第一批法学家是那些研究《古兰经》的人"⑥。穆罕默德死后,随着统

---

① 《〈罗斯法典〉译注》,第 63 页。
② 《殷墟文字乙编》4604。
③ 《殷契佚存》850。
④ 《摩奴法论》,第 137 页。
⑤ 《布哈里圣训实录精华》,第 199 页。
⑥ *International Encyclopedia of Comparative Law*, Volume Ⅱ, p.131.

第十四章 诉讼法

治地域的扩大,社会情况变得复杂,新的司法问题越来越多,这就需要一个内容较为详尽的和能满足社会和司法需要的法律形式。解决这一问题的有效方法是由法学家更多地参与审判实践。在以后的阿巴斯时代,有一批熟谙经训和教法知识的法学家还被任命为法官,主持伊斯兰法院。① 在俄国,可主持审判的人更多。据《一五五〇年律书》规定,贵族、行政官和神职人员都可参与审判。② 中国在汉与魏晋南北时期有过"春秋决狱",一些儒学大师成了这种决狱中的主角,其中以汉的董仲舒最为著名。此外,在中国的"会审"中也有非司法人员参加。《明史·刑法志》载:"会九卿鞫之,谓之圆审",而"九卿"中的吏、户、礼、兵、工部尚书及通政使均为行政官。"朝审"是"三法司同公侯伯会审",公侯伯都是贵族。"大审"则是"司礼太监一员,会同三法司堂上官"的会审,有太监参加。非司法人员参与审判,既是古代东方司法不独立的一个表现,又是实行中央集权统治的需要,君主通过各种途径干预审判,控制司法,使其成为自己的附属物。

为了防止审判人员徇私枉法,有些古代东方国家还实行了回避制度,要求他们回避与自己有利害关系、亲属关系等的诉讼案件。俄国的《一六四九年会典》第十章规定:"倘法官系原告的仇人、被告的朋友,则原告可在审理前向皇上禀告他不能在此法官前诉讼;同样被告也可在审理前禀告法官系原告的朋友,他不能在此法官前受审;那么受到禀告的法官不得审理原告和被告,改由皇上任命的另外的法官进行审理。"中国规定要审判官回避的范围广于俄国的规定,而且强制性也强于俄国,违者要受到刑事处罚。"凡官吏于诉讼人内关有服亲及婚姻之家,若得受业师及旧有仇嫌之人,并听移文回避,违者笞四十。"③

审判机器的正常运转与审判期限关系密切,案件久拖不决,显示不出审判的力量;匆忙审断,又易造成错判,所以有些古代东方国家专门对审判期限作了规定,其中又以中国的较为详尽。中国早在先秦时就对审判期限作过零星规定。《尚书·康诰》载:"要囚服念五、六日,至于旬、时,丕蔽要囚。"即把这一期限定在五日至十三日之间。如果是疑狱,其期限更长。《春秋公羊传·宣公元年》载:"古者大夫已去,三年待放。"注说:"古者,疑狱三年而后断。"唐代始对审判期限问题作了规范、详尽的规定。据《通典·卷一

---

① 参见吴云贵:《伊斯兰教法及其改革》,载《宁夏社会科学》1988年第5期。
② 参见《外国法制史汇刊》第1集,第217页。
③ 《明律·刑律》、《大清律例·刑律》"听讼回避"条。

四四》载,唐宪宗元和四年(809年)曾作过以下限定:大理寺检断,不得过二十日;刑部复下,不得过十日;如刑部复有异同,寺司重加不得过十五日,省司呈复不得过七日。唐穆宗长庆元年(821年)又作了补充:大事,大理寺限三十五日,详断毕,申刑部,限三十日闻奏;中事,减五日;小事,减十日。案件分大、中、小的标准是:一状所犯,十人以上,所断罪,二十件以上,为大;所犯,六人以上,所断罪,十件以上,为中;所犯,五人以下,所断罪,十件以下,为小。唐后各代的规定虽与唐不尽相同,但仍以唐为框架,基本原则没变。为了保证审判期限的实施,有些朝代还用刑罚惩治违犯的审判官。宋时曾规定审判逾期的按"一日笞十,三日加一等,罪止杖八十"治罪。① 明、清时则专设"淹禁不决"之罪,规定审判误期的以"过三日,笞二十;每三日加一等,罪止杖六十"论处。② 其他东方国家也有类似规定,如俄罗斯诉讼法曾要求拖延审判者承担赔偿责任。"如果拖延日期,受拖延者可向涅杰尔希克索取按日计算的三捷热喀。"③审判期限的规定,固然有利于增强审判人员的责任心,促进审判职能的发挥,但不能对此估计过高,久拖不判的情况并未根绝,就是在中国也时有所见。据《画墁录》记载,宋仁宗末年,有一凤翔地方的妇女因涉嫌通奸被拘,由于拖而不决,在狱中度过了四个年头,直到宋英宗大赦时才获释,此时她在狱中所生的孩子已是"发被面,口满齿"了。这种情况在清末都无改观,以致出现了拖至三年之久的杨乃武与小白菜案。

从维护审判秩序出发,古代东方诉讼法还要求诉讼参加人尊重法官,遵守法庭纪律,否则要被追究法律责任。其中,俄国的规定内容最为详明。《一六四九年会典》第十章对这类问题作了规定,主要是:原告或被告在法官面前陈述或回答应有礼貌、心平气和、不得喧哗。在法官面前不得说不体面的话,不得互相谩骂。如果原告或被告有互相谩骂、以不体面语言侮辱他人等蔑视法庭的行为,应处以一周监禁。受侮辱者可按规定向他们索取罚款。如果有人在法官面前粗暴地动手打人,即使未伤,挨打人也可向其索取加倍的罚款。如果有人在法官面前挥舞武器、小刀等凶器,即使未造成伤害,此人也应受罚,处以棍打;因此而致人死亡的,凶手应处死,他的财产、领地都充作死者的赔偿费。其他国家只有一些零散的规定,如《新旧约全书·出埃及记》载,希伯来法要求当事人"不可诟骂审判官"等。

---

① 《宋史·刑法志》。
② 《大明律·刑律》、《大清律例·刑律》"淹禁"条。
③ 《外国法制史汇刊》第1集,第224页。

第十四章 诉讼法

在古代东方,口供被认为是重要的判案依据,为了取得口供,有些古代东方国家竟然允许在审判中使用刑讯。俄国的国君就使用过这样的审判方法。伊凡四世时曾"秘密搜查,拷打,大规模刑讯"①。刑讯方法非常残酷。"刑讯开始时是把不肯招供的犯人双臂反绑起来吊在拷问架上,这时身体的重量马上就会使两臂脱节。如果这种要命的疼痛还不能迫使犯人'招供',就开始用鞭子抽打。""如果在刑讯时连鞭子也不能达到目的,就采取进一步的手段,用特制的虎钳轧手指,用绳子勒紧头部,使受刑的人'惊慌失措',以及用烧热的扫帚烫他。"②之后,俄罗斯诉讼法对刑讯对象、处理等作了规定。《一六四九年会典》在第二章中规定:"应严刑拷问叛逆者,还有叛逆者的父亲或母亲或家族中的其他人,问他们是否知悉其叛逆。"如果在拷问后仍未招供的,以与此案无关处理。此法典第十章中规定:"经过拷问未招认,则此人同此案脱离干系。"与俄罗斯诉讼的规定相比,中国诉讼法对刑讯的规定是有过之而无不及。中国的刑讯起源很早,《礼记·月令》中已有仲春之月"去桎梏,毋肆掠,止狱讼"之句。不过,刑讯的制度化、完备化还是在唐代,其主要内容包括:享有议、请、减等特权者,七十岁以上、十五岁以下者,废疾者等可免用刑讯;用刑前应反复查验,确属拒不招认的,才可拷问;拷囚不可超过三次,总数不得超过二百;刑讯杖的规格为长三尺五寸,大头三分二厘,小头二分二厘;受刑部位是腿、臀和背;行刑官吏违犯以上规定的要按情节受到惩治等。唐后各代基本上承袭了唐代的这些规定。③ 从立法上看中国的刑讯制度,可以说是无懈可击,相当周全。可是,司法实践却与之距离甚远,酷吏们擅自使用法外刑具、滥拷囚犯的情况,在史书上络绎不绝。《旧唐书·刑法志》载:唐武则天时,酷吏来俊臣"每鞫囚,无问轻重,多以醋灌鼻。禁地牢中,或盛之于瓮,以火圜遶炙之。兼绝其粮饷,至有抽衣絮以噉之者"。《宋史·刑法志》载:宋代也曾是用刑"轻重无准,官吏得以任情"。《明史·刑法志》载:厂卫刑讯"五毒备具,呼暴声沸然,血肉溃烂,宛转求死不得"。到了清代,还大量使用《大清律例》中禁止使用的木架撑执、悬吊敲踝、针刺手指、互击其背等刑具,用刑之惨状不堪想象。④ 古代东方的审判官热衷于用刑讯,是因为他们能从其中得到自己想要得到的任何口供,

---

① 《苏联简史》第1卷上册,第151页。
② 《俄国历史概要》上册,第176—177页。
③ 参见倪正茂等:《中华法苑四千年》,群众出版社1987年版,第323页。
④ 同上书,第325页。

如中国古人所说:"捶楚之下,何求不得?"①但是,后果十分严重,冤狱也由此而产生了。可以这样说,刑讯是造成冤案的直接原因。中国历史上的冤狱大多有刑讯相伴。"赵高治(李)斯,榜掠千余,不胜痛,自诬服。"②于是,作为丞相的李斯被冤杀,家人受株连。像李斯这样屈死的事例在中国古代何止千万计。古代东方用刑讯进行审判的方法相继了很长时间。在俄国,"直到1905—1907年,可能更后些,还在实行刑讯"③。中国从立法上废止刑讯是在辛亥革命以后。孙中山在《大总统令内务司法两部通饬所属禁止刑讯文》中明令:"不论行政司法官署及何种案件,一概不准刑讯鞫狱。"④但实际上,至国民政府时期还在使用这一古老的审判手段。

在审判结束前后,有些国家的诉讼法还另规定了一些程序。印度诉讼法规定,被判处死刑者的亲属可在宣判后3天内提出免死的请求。阿育王曾在他的铭文中说:"对于判明有罪,需处极刑的在押犯人,我给他三天宽限。在这期间,他的亲属可以向有关官员祈请免死。"⑤俄罗斯诉讼法规定,当事人认为审判不公的,可提出请求重审的要求。《一四九七年会典》说:"法官未确切弄清案情真相,而作出的判决无效",同时当事人可以"要求重新审理"。⑥中国有向罪犯及其家属宣读判决书的制度。在《周礼》中已有关于这一制度的记载,汉代续用之。《周礼·秋官·小司寇》载:"读书则用法。"郑注:"读书则用法,如今时读鞠已乃论之。"唐代把这个制度规定得更完备,内容主要是:凡被判为徒刑以上的,要向罪犯及家属宣告其罪行,并听取囚犯是否服判的意见;如果不服的,审判官要复核;审判官不执行以上程序的,要以犯罪受处罚。《唐律疏议·断狱》"狱结竟取服辩"条规定:"诸狱结竟,徒以上,各呼囚及其家属,具告罪名,仍取囚服辩。若不服者,听其自理,更为审详。违者,笞五十;死罪,杖一百。"明、清时作了补充,规定凡家属在三百里以外的,就可不告诉他们判决结果,只须听取罪犯本人意见即可。⑦

古代东方国家中有外国人来往、居住,不可避免地会发生纠纷与诉讼。有些国家在审判有外国当事人的案件时,适用特别规定的法律。俄罗斯诉

---

① 《金史·刑》。
② 《史记·李斯列传》。
③ 《俄国历史概要》上册,第177页。
④ 《中国法律思想史资料选编》,第923页。
⑤ 《古印度帝国时代史料选辑》,第76页。
⑥ 《外国法制史汇刊》第1集,第209页。
⑦ 《明律·刑律》、《大清律例·刑律》"狱囚取服辩"条。

讼法规定,在民事赔偿案件中,当事人都为外国人的,以被告意见为准;有一方为本国人的,用神明裁判。"一个外国人对另一个外国人提起诉偿,则诉讼程序取决于被诉之人的意见","本国人向外国人诉偿,或者外国人向本国人诉偿则由神明裁判之"。① 中国则分别使用属人和属地原则。当事人都是同国外国人的,适用外国人法律;只有一方为外国人或是不同国外国人的,适用中国法律。"诸化外人,同类自相犯者,各依本俗法;异类相犯者,以法律论。"②

在审判中也能体现出司法特权的存在。印度诉讼法赋予婆罗门以其他种姓所不具有的权利。《鹧鸪氏本集》规定,如果婆罗门与非婆罗门发生纠纷,那么作出的判决必须有利于婆罗门。到了封建社会,封建主是免于刑罚的对象,通常用罚款或罚金取代;刑罚通常是用来惩处农民和其他劳动人民的。③ 伊斯兰诉讼法则从打击异教出发,给穆斯林一些免刑的权利。《古兰经》说:"信道而卫行善者,我必定勾销他们的罪恶。""信道的男女","真主已为他们预备了赦宥和重大的报酬"。④ 中国诉讼法对这种特权的规定就更多了,如官僚、贵族可派人出庭;可免去刑讯;可用议、请、减、赎、官当免受刑罚等。

此外,各古代东方国家还有些关于审判的特殊规定。伊斯兰诉讼法把发誓作为审判的一种重要辅助手段。经过发誓,可迅速弄清案情,及时结案。有这么一个实例:"两个女人在家做皮靴活,其中一人的手掌为锥子所刺。她的女伴为锥刺而告到伊本·阿巴斯那里。"伊本·阿巴斯要求被告发誓,因为"被告的女人惧怕假誓的恶果",很快此被告"承认了自己的不对",案子及时审结。⑤ 俄罗斯诉讼法规定,可用决斗代行审判,胜者胜诉,败者败诉,败诉者交纳诉讼费。《一四九七年会典》说:"通过当庭决斗,对债务契约纠纷或人身受侮纠纷作出判决,则波雅尔和齐亚克向败诉一方索取波希利纳,金额相当于诉讼金额。"当然,决斗还有些规则,如决斗前双方要"签署决斗契约",决斗中不可"携带盔甲、棍棒、木杆"等。⑥ 中国则重视法庭调解。通过调解,达成诉讼人之间的和解,不再判决,这在史书中有不少记载。

---

① 《外国法制史汇刊》第1集,第222页。
② 《唐律疏议·名例》"化外人相犯"条。
③ 参见《印度社会》,第342、345页。
④ 《古兰经》,第303、323页。
⑤ 《布哈里圣训实录精华》,第71页。
⑥ 《外国法制史汇刊》第1集,第207、215、219页。

《续通志·循吏韦景骏传》载,唐开元年间,贵乡县发生了一件母子相讼案件。县令韦景骏受案后,着重调解,以致"母子感悟",并主动"请自新,遂称慈孝"。《鹿州公案·偶纪上》载,清雍正年间,先任广东普宁县知县、后兼理潮阳县的蓝鼎元,曾受理过一起兄弟因田产而相讼的案件。在审案过程中,他尽力调解,结果这对兄弟互谦互让,"欢欣感激,当堂七八拜致谢而去"。调解息讼的方式既便于问题的解决,又简化了诉讼程序,因而在基层司法审判中被广为采纳,成为中国诉讼法中的一个特点。

五、申诉与执行

古代东方把现在的上诉称为申诉,是指诉讼当事人不服原司法机关的判决,向上级司法机关或国君申述,要求再审重判的程序。它为防止、纠正错判而设,并具有监督下级司法机关审判的作用。那时,受理申诉的可以是上级司法机关,也可以是最高司法官,即国君。申诉的结果根据原判而定。原判正确的,申诉就会被驳回;原判错误的,就会改判。

在现存古代东方的法制史料中,有关于申诉的内容。希伯来有申诉程序,申诉者主要用言词进行表达。所罗门曾受理过一起两妇争子的申诉案,申诉人还在他面前陈述申辩理由。[①] 印度明确规定,国王是申诉案的受理人。《摩奴法论》说:"凡是大臣或者法官审得不公的案子,国王应该亲自审理。"[②]俄国允许不服判决者进行申诉,并要求申诉者提出的申诉事实必须真实、申诉案的受理者必须依法接受此类案件。《一五五○年律书》规定:"申诉者不实事求是申诉,波雅尔应予以拒绝,而申诉者却继续申诉,致使皇上发怒,则此申诉者应处以监禁。"还规定:"申诉者到波雅尔、宫廷大臣、僧侣、齐亚克的府邸提起诉讼,上述人员不得打发申诉者离去,必须就申诉者提出的诉讼案件作出自己的判决。"如果他们"将申诉者赶走,不接见申诉者,不审理此诉讼或不作出判决","就将失宠被黜"。[③] 中国把提出申诉、要求再审,称为"乞鞫"。"乞鞫"的要求可以由本人提出,也可以由他人代为提出。早在秦时,就有"乞鞫"存在。《法律答问》载:"以乞鞫及为人乞鞫

---

① 参见《希伯来法系之研究》,第 66 页。
② 《摩奴法论》,第 193 页。
③ 《外国法制史汇刊》第 1 集,第 218 页。

者,狱已断乃听,且未断犹听殴(也)? 狱断乃听之。"①汉时补充规定了申诉的期限为三个月。"徒论决满三月,不得乞鞫。"②唐始不用"乞鞫"之词,但却把申诉规定得更为完备,申诉者可逐级直至向皇帝陈述。"凡有冤滞不申欲诉理者,先由本司本贯,或路远而踬碍者,随近官司断决之。即不伏,当请给不理状,至尚书省左右丞为申详之。又不伏,复给不理状,经三司陈述。又不伏者,上表。"③唐后各代也都有类似规定。

收受申诉案后,司法官如果拖着不办或不按诉状审案的,都要受到法律的追究。俄国的《一六四九年会典》对不迅速审理申诉案的司法人员明确了制裁方式及幅度。此法典在第十章中规定:齐亚克、书吏"不迅速办理案件,申诉者为此而花费许多时间,并对齐亚克、书吏提起诉讼",那么他们就"需按日期,从申诉者提起诉讼日起至申诉者就此事再次提起诉讼日止,付款给申诉者,每拖延一日为二个格里夫那。齐亚克、书吏还应受惩罚,齐亚克应处棍打之,书吏应处鞭笞之"。中国的唐律也要惩治不按诉状审案的司法官。它在"依告状鞫狱"条中说:司法官"皆须依所告状鞫之","若于本状之外,傍更推问"的,要"同故入人罪之类"论处。

执行是诉讼过程中的最后一个程序,任务是把判决付诸实施。这个程序在国家的法制和政治上都有重要意义。它可使违法犯罪者得到应有的制裁,人们依法享有的权利得到应有的保护,同时还用事实告诉广大民众什么是合法与非法、罪与非罪,提高他们的法律意识和守法的自觉性。因此,古代东方的统治者大多重视这个程序,并在诉讼法中作了必要的规定。

在一般情况下,审判生效后,就要及时执行。凡抗拒执行和违法执行的,都会被惩罚。印度诉讼法要求国王在审判后就对罪犯实施刑罚。"如实地宣布了他们各自所犯的罪行之后,国王应该依他们的能力和罪行给予应有的惩罚。"④希伯来诉讼法严惩抗拒执行判决的人。《新旧约全书·申命记》说,祭司和士师作出的判决必须遵行,如有抗拒不听的,合当治死。在中国,则着重打击那些违法执行的司法者。据唐律规定,司法者不按法律的规定实施刑罚的都要被罚,其中包括不依法施用笞、杖、徒、流、死五刑和收赎官当、缘坐等。对违犯者的用刑也很严厉,如没按法施行笞、杖刑的,要以

---

① 《睡虎地秦墓竹简》,第200页。
② 《周礼·秋官·朝士》注。
③ 《唐六典·刑部》。
④ 《摩奴法论》,第196页。

笞、杖论罪。"诸决罚不如法者,笞三十;以故致死者,徒一年。"①

但是,有特殊情况的可暂缓执行,其中较典型的是犯有死罪的怀孕妇女可在分娩后才被处死。俄国的《一六四九年会典》在第二十二章中规定:"已被判处死刑的妇女,倘正怀孕,在分娩前,不执行死刑,等她分娩后再处死。"中国规定的暂缓处刑时间长于俄国,同时还明文规定了不按此执行的刑事责任。"诸妇人犯死罪,怀孕,当决者,听产后一百日乃行刑。若未产而决者,徒二年;产讫,限未满而决者,徒一年。失者,各减二等。"②

赦免是古代东方常见的一种全部或部分免除刑罚执行的形式。赦免权在国君。他可决定赦免对象、时间、犯罪种类等。中国古代的赦免制度比较发达。早在《周礼·秋官·司刺》中已有"三赦"的记载,即把幼弱、老耄和蠢愚作为三种免于刑罚执行的对象。汉以后,赦免形成了制度。根据赦免的范围,赦免主要可分为四类:一是大赦,即不论罪行轻重,一概赦免;二是曲赦,即仅赦免灾区或帝王所到之处的罪犯;三是特赦,即只赦免部分在赦免书中规定的罪犯;四是别赦,即因各种特殊原因而进行的赦免。凡赦免的,均有赦书下达,以告天下。《旧唐书·刑法志》载:"其有赦之日,武库令设金鸡及鼓于宫城门外之右,勒集囚徒于阙前,挝鼓千声讫,宣诏而释之。其赦书颁诸州,用绢写行下。"赦免的政策性很强,通常的赦免对象只是一般的刑事犯,一些重大犯罪的罪犯都不入常赦之列。唐律规定:"'恶逆'者,常赦不免。"③中国历史上的统治者对赦有不同态度,也收到不同效果。"诸葛亮治蜀十年不赦,而蜀大化。梁武帝每年数赦,卒至倾败。"④明、清时的赦免次数少于以前。

刑罚的执行一般公开进行,以起教诫作用。俄罗斯法有过这样的明确规定。《一六四九年会典》第二十二章曾规定:折磨他人的肇事者和教唆者"应在市场上当众鞭笞之"。中国也以公开行刑为原则,特别是对死刑。《礼记·王制》就已记载说:"贵贱皆刑于市。"秦至南北朝时把弃市作为主要的死刑之一,受刑人要"伏尸都市"⑤。以后,弃市虽被废除,但作为"杀而暴其尸,以示戮"⑥的传统没变,甚至在清后的一段时间里还是如此。但也

---

① 《唐律疏议·断狱》"决罚不如法"条。
② 《唐律疏议·断狱》"妇人怀孕犯死罪"条。
③ 《唐律疏议·名例》"十恶"条"疏议"。
④ 《贞观政要·赦令第三十二》。
⑤ 《后汉书·刑法志》。
⑥ 《左传·桓公十五年》。

第十四章　诉讼法

有例外的,一些官僚贵族犯死罪须死的,可不公开行刑。唐代曾允许"五品以上犯非恶逆已上,听自尽于家,七品以上及皇族若妇人犯罪非斩者,皆绞于隐处"①。这是特权在司法领域中的又一个表现。

为了防止在施刑中行弊,有的东方国家还专门设员监刑。在阿拉伯伊斯兰国家,不仅规定淫妇与奸夫都要受罚,"各打一百鞭",而且在行刑时还"叫一伙信士,监视他俩的受刑"。② 中国的监刑之制很早就有。"古者刑人必有监决之人,即周礼大司寇之涖戮,后世所谓监斩者也。"③唐代特别重视对死刑的监刑,规定:"决不辟罪,官爵五品以上,在京者,大理正决之;在外者,上佐监决。余并判官监决。"④唐后各代都有相应的规定。

此外,有些古代东方国家还有些特殊的行刑规定。印度诉讼法就给婆罗门以自由行刑的权利。《摩奴法论》规定:"知法的婆罗门不必向国王起诉,他应该仅以自己的威力惩罚那些得罪他的人。"⑤婆罗门凭借此权便可到处行威,任意欺压其他种姓,以维护自己最高种姓的地位。从中也可见,印度诉讼法是为印度统治者效劳的法律。中国诉讼法中有秋冬行死刑的规定,即把对死刑犯的处死时间安排在秋冬两季进行。早在《礼记·月令》中已有这样的记载:孟秋之月,"戮有罪,严断刑"。汉代把它作为制度确定了下来。《后汉书·陈宠传》载:"汉旧事,断狱报重,常尽三冬之月。"唐代把这一制度进一步规范化,规定凡不在秋冬执行死刑的,要被追究刑事责任。"诸立春以后、秋分以前决死刑者,徒一年。"⑥这个制度也为唐后各代所沿用。不过也有个别朝代不实行这一制度,随判随刑,不待至秋冬,秦、隋两朝都是如此。秋冬行刑以天人合一的理论为基础,似乎是顺天行罚,受刑者理应该死。其实,这个制度十分虚伪,因为待秋冬才行刑的只是一些对统治阶级危害不大的死囚犯,一些对这个阶级危害较大的罪犯是即刻要被处死而不需等到秋冬的,即"决不待时"。⑦

古代东方的监狱与刑罚的执行有一定联系。那时的监狱是暂时关押罪犯的地方,罪犯在刑罚执行前会在那里度日。古代东方各国均有自己的监

---

① 《唐六典·刑部》。
② 《古兰经》,第 265 页。
③ 《历代刑法考·行刑之制考》。
④ 《唐六典·刑部》。
⑤ 《摩奴法论》,第 219 页。
⑥ 《唐律疏议·断狱》"立春后秋分前不决死刑"条。
⑦ 详见《唐律疏议·名例》"十恶"条"疏议"。

狱,但它们的产生时间和形式等不尽相同。以印度与中国的监狱作比较。印度在奴隶制时期没设监狱,因为那时"监狱不认为是一种惩罚形式,因而没有监狱"①。到了封建制时候有了监狱。此时的监狱建在路旁,为的是起儆百的作用。"国王应该把所有的监狱都设在大路旁,以便将罪犯受苦和变成残废的情形示众。"②相传,中国在夏时就已有监狱。《今本竹书纪年》说:"夏帝芬三十六年圜土。"此时的监狱结构十分简陋,只是用土围起垒高,因而称"圜土"。春秋后,另称监狱为"囹圄"、"狴犴"等,同时还对监狱管理制度作了些规定。唐代是中国古代监狱的定型期,那时不仅称它为"狱",还制订了一套完备的监狱制度,其中包括监狱管理机构的设置、狱吏的编制和职责、囚犯须遵守的纪律等。③唐后的封建朝代先后改称监狱为"监"等,并在唐的基础上修革了一些监管制度。古代东方的监狱非常黑暗,至少中国就是如此。那时,不仅监狱条件差,而且狱吏很凶残,虐待囚犯乃是常事,以致出现人未行刑"已毙于狱中"的情况。④《明史·刑法志》亦言狱中人"备诸痛楚,十不一生",此绝非夸张。

最后,还需提及的是诉讼文书。诉讼文书是反映诉讼活动和处理案件的记载工具,也是诉讼活动中不可缺少的依据和凭证。离开了它,诉讼便无法顺利进行,所以古代东方国家不仅使用它,还根据本国的诉讼特点对它作了一些必要的规定,其中以俄国和中国的最为规范。俄国把诉讼文书分为法庭文书、呈文、自由文书、开庭文书、传票、法庭判决书、强制执行文书等。每种文书均有各自的要求,如呈文的要求是:"呈文应盖有波雅尔印鉴,并由齐亚克付署之。"⑤文书的制作人和签署人等都可得到一定的酬金,如有关法庭文书的酬金分配是,"发付法庭文书可索取波希利纳,金额不得超过1卢布;经盖印可索取9捷热喀;经齐亚克签署可索取1阿尔蒂;经书吏抄写可索取3捷热喀"⑥。为了保证诉讼文书内容的真实性,俄国用法惩治那些不如实制作文书的司法人员。《一六四九年会典》在第十章中规定:如果齐亚克"吩咐书吏不按审理情况、不按经原告和被告签过字的原始记录书写案件,倘书吏遵照齐亚克的吩咐不如实书写案件,业经查实,则齐亚克应处笞刑,鞭笞之,不得再任齐亚克职务,而书吏应处以砍去一只手"。中国早在

---

① 《印度社会》,第343页。
② 《摩奴法论》,第198页。
③ 详见薛梅卿主编:《中国监狱史》第三章,群众出版社1986年版。
④ 详见《宋史·刑法志》。
⑤⑥ 《外国法制史汇刊》第1集,第210—215页。

商、周时已有诉讼文书,甲骨文和金文中有关处罚奴隶及王室对诸侯间争讼的裁决文都是较早的这类文书。以后,随着诉讼的发展,诉讼文书逐渐形成制度,并日趋健全。综合起来,中国的诉讼文书主要有爰书、详文、判词、奏章、批语、禀文、解票、牌文等,而且每种都有自己的作用。如详文是下级司法机关把案情呈报给上级司法机关并恭请批示的文书,其作用是听取上级对案件的处理意见。判词是地方司法机关审理民、刑案件后所作的判决文书,一般要公开张贴,其作用是告知诉讼当事人及民众关于案件的审理结果。每种文书均有自己的格式。从现存明代的判词看,皆以"审得"起句,点明当事人、案由等,最后以断语结尾。书写笔法为散文间入骈句。[①] 写错了诉讼文书,特别是上奏的文书,要承担相应的法律责任。唐代规定,写错了上报的文书,至少要被"笞三十"。[②]

六、与古代西方诉讼法比较及在近现代的变化

把古代东方诉讼法与古代西方诉讼法比较后可发现,其区别的焦点集中在对诉讼的态度上。古代东方诉讼法主张非讼,其中有不少不利于、不主张诉讼的因素;古代西方诉讼法则主张讼,鼓励通过诉讼解决纠纷。

古代东方诉讼法的非讼主张在法律中有反映,印度和中国等诉讼法都是如此。印度诉讼法要求国王和国家官吏都不要唆使他人诉讼。《摩奴法论》说:"国王本人及其臣仆都不应该教人起诉。"[③]其结果是人们尽量避免诉讼,就是可以通过诉讼解决纠纷的,也忍耐不讼。"除去谋杀和暴行外不诉诸法律诉讼,因为谁也无法躲避这些遭遇,契约的内容取决于每个订约者个人,因此假若有谁对他背信弃义,则要求他忍耐,还要他慎重考虑谁是可靠的,不要让诉讼案件在城里到处发生。"那里的人们也厌讼。"他们不喜欢打官司,因此他们无论抵押还是寄存都不发生诉讼。"[④]中国在先秦时就有人提出"无讼"思想。《论语·颜渊》说:"听讼,吾犹人也,必也使无讼乎!"这一思想以后成为非讼的理论基础。法律也设置重重障碍,尽可能地减少诉讼。除有各种名目的不可起诉外,还有不少利于诉讼的行为被禁止。如

---

① 参见陆有珣等注释:《折狱新语注释》各篇,吉林人民出版社 1987 年版。
② 《唐律疏议·职制》"上书奏事误"条。
③ 《摩奴法论》,第 140 页。
④ 《古印度帝国时代史料选辑》,第 16 页。

唐律规定,控告他人的,事实必须绝对确凿,不能有丝毫可疑之处,"指陈实事,不得称疑",否则就要被罚;帮助他人起诉的,只要与事实有误,即属犯罪;教唆他人控告有罪亲属的,就是事实无误,同样要以犯罪论处等等。这些规定不仅要求苛刻,而且对这些行为的处罚也十分严厉。如帮助他人诉讼即使事实无误的,也要以"坐赃论"。① 明、清两代还另设"教唆词讼"罪②,打击教唆他人进行诉讼的行为。在史籍中也能看到惩罚这类行为的实例。《折狱新语·诈伪》中载有一个名为章升的人纵容他人打官司的案例,结果他被"合杖治之,以为代人操之戒"。另外,还有些规定虽未直言不可诉讼,但其内容足以令不少人望讼却步。如唐律规定,在拷问被告"限满而不首"的情况下,要"反拷告人",即拷讯原告。甚至还可拷打证人,"即拷证人"。③这样的法律规定使每个诉讼当事人都有可能熬受皮肉之苦,人们怎会不对诉讼敬而远之呢?

为了少讼、不讼,一些古代东方国家还在诉讼制度上采取了一些措施,发挥调解作用即是其中之一。有些古代东方国家在基层设立调解人员或由基层组织的负责人兼行调解职能,把大量在日常生活中产生的民事纠纷和轻微的刑事案件,用调解的方式解决,避免诉讼。俄国曾在乡村设立了"乡村的调解法官"④,专职从事乡的调解事务。中国县以下的组织,如乡、亭、里等,虽非一个独立审级,但这些组织的负责人乡老、亭长、里正等均兼有司法职能,即"掌诉讼"⑤,而他们的司法职能主要是调解息事。明代曾专设"申明亭",以扬善抑恶,调解本地纠纷。凡本地有关户、婚、田宅、斗殴等事,都须先到此亭剖理词状。由于这些乡官扎根当地,熟悉情况,因而他们的调解更能有的放矢,正如有人所说:"乡党耳目之下,必得其情;州县案牍之间,未必尽得其情。是在民所处,较在官所断为更允矣。"⑥这有一定道理。伊斯兰诉讼法则要求穆斯林都发挥调解作用。《古兰经》说:"如果两伙信士相斗,你们应当居间调停",原则是"秉公调停,主持公道"。⑦ 此外,这些国家还承认、保护这种调解。俄国诉讼法承认调解的结果。《一六四九年会

---

① 《唐律疏议·斗讼》"告人罪须明注年月"、"为人作辞牒加状"、"教令人告事虚"条。
② 《明律·刑律》、《大清律例·刑律》"教唆词讼"条。
③ 《唐律疏议·断狱》"拷囚限满不首"、"诬告人流罪以下引虚"条。
④ 《俄国历史概要》上册,第187页。
⑤ 《汉书·百官公卿表》。
⑥ 《牧令书》卷十七。
⑦ 《古兰经》,第399页。

典》在第十章中承认"原告和被告在诉讼案件审理前已和解"的事实。中国则规定,凡涉户、婚、田宅、斗殴等事,必须先由乡、里调解处理,如果直接诉讼至州、县的,要按"越诉"被追究法律责任。"若户、婚、田宅、斗殴者,则会里胥决之,事涉重者,始自于官,若不由里老处分,而径诉州县者,即谓之越诉",要被"笞五十"。①同时,明代还保护"申明亭",凡毁损的都要受到惩治。"凡拆毁申明亭房屋,及毁板榜者,杖一百,流三千里。"②有了调解,大量的纠纷及案件就可在基层得到解决,无须再行诉讼。当然,由于古代东方各国情况不一,有关调解的规定和执行也不尽相同,其中中国的可算是佼佼者了。

古代西方诉讼法虽在诉讼程序等方面与古代东方诉讼法有些共同之处,但它们的区别仍是十分明显的,古代西方诉讼法没有非讼之意。古代西方的法学家把法律作为"善良公正之术",认为通过诉讼解决纠纷是一种公正的途径。另外,当时有一批十分活跃的法学家也为诉讼创造了有利条件。如在罗马法学家的四项职责中,有两项直接与诉讼有关,即答复诉讼人关于法律问题的咨询和指导诉讼当事人如何进行诉讼并提供法律依据。③还有,根据诉讼法建立起来的司法机关,不仅独立于其他机关,而且还有专业分工,便于诉讼。在希腊时就先后成立过负责审理故意杀人、毒害和放火等案件的阿留帕克法院,审判误杀和教唆杀人等案件的埃非特法院,解决财产纠纷案件的迪埃德特40人委员会等。④以后,罗马的法院也有民事法院和刑事法院之分。希腊、罗马时主张以诉讼解决纠纷的规定和精神对后世影响很大,成为一种传统而被继承下来。

形成古代东、西方诉讼法这种区别的原因众多,但当时政治制度对其的作用和影响是决不能低估的。在古代东方,专制是基本的政治制度。这一制度以不平等为前提,突出维护君主的权力,轻视广大人民的权利。在这一制度下,人民的基本权利没有保障,而诉讼作为一种维护人们合法权利的手段,当然不会被提倡,相反还会处处设障,作种种限制。还有,与中央的集权形式相适应,地方长官也集行政、司法于一身,司法只是其中一种职能。因此,这些长官不可能花很多时间去审理各种案件,这就需要借助乡官之力,由他们来处理大量的案件,只有那些较为重大的案件才可能由地方长官亲

---

① ② 《唐明律合编》卷二十四。
③ 参见《西方法律思想史》,第69—71页。
④ 参见《外国法制史》,第45—46页。

审。所以,古代东方国家不仅提倡非讼,在诉讼法中对诉讼作各种限制,还建立了一套为非讼服务的机制。然而,在古代西方,情况则有些不同。希腊、罗马都曾实行过民主制度,与这一制度相适应的必定不会要求非讼,因为诉讼是维护公民权利的一种必要手段,民主制度与非讼不相容。另外,为了区别于专制,实行民主政治,那时还出现过专职的司法审判机关和人员,即法院和法官。甚至还有专门的法院,以便更利于诉讼和审判。

进入近、现代社会以后,东方的诉讼法大变。各国先后制订了诉讼法典,移植了西方资本主义国家诉讼法中的原则及制度,废止了明显落后于时代的诉讼原则和制度,从此,东方诉讼法发展到了一个新的阶段。

司法独立,司法机关与立法、行政机关并立,司法官不再由行政官等兼任,这是近代东方司法中的一件大事,也是诉讼得以迅速发展的一个原因。19世纪以后,绝大多数东方国家都在根本法中对此作了明文规定。一些独立后的阿拉伯伊斯兰国家,如阿联酋、也门、卡塔尔、科威特、黎巴嫩、伊拉克、伊朗等国都在宪法或宪法性文件中申明,司法独立于立法和行政,法官独立行使职权,任何人不得干预司法。如伊朗在宪法补充规定的第71至89条中规定并保障"法院的权力和司法独立"。① 印度在英属时期已搬用三权分立的政体,司法开始独立。在摆脱了英国的统治并独立以后,仍坚持司法独立,1949年通过的宪法规定:在法律的范围内,最高法院"应有对任何事件之管辖及权力",而且"最高法院之法官,不得免职"。② 俄国在1864年的司法改革中开始走上司法独立的道路,"司法官的职业才与行政上的职业分开"③。中国在1912年颁布的《中华民国临时约法》中,第一次公开明确承认三权分立与司法独立,规定:"法院,依法律审判民事诉讼及刑事诉讼","法官独立审判","法官在任中不得减俸或转职"等。④ 在作出以上规定的同时,这些东方国家还建立了独立的审判系统。印度于"1861年在加尔各答、马德拉斯及孟买成立了高等法院",它是由原"最高法院与高等民、刑两法院合并而成的",到了1935年又设立了联邦法院,下属还有各地的初级法院。⑤ 俄国在1864年的司法改革后,形成了从乡、地方法院,到元老院即最高法院的法院系统。中国在南京临时政府时期始有从中央至地方的一套审

---

① 参见《各国宪政制度和民商法要览》(亚洲分册),第10、19、72、75、92、255、266页。
② 《印度宪法》,第43、47页。
③ 《当代主要法律体系》,第157页。
④ 《宪法资料选编》第2辑,第260页。
⑤ 参见〔印度〕R.C. Majumdar等:《印度通史》,第1440页。

判机构,中央设裁判所,地方有裁判厅。有的东方国家还设有专业性法院。一些阿拉伯伊斯兰国家除建立了伊斯兰教法院外,还另设了一些其他法院。如卡塔尔有民事、交通和劳工三种法院;黎巴嫩有行政法院;伊朗有刑事、家庭、租赁、儿童等法院。①

几乎与以上同期,东方国家还相继制定了系统的诉讼法典。阿拉伯伊斯兰国家在奥斯曼统治时期已制订过诉讼法典,独立后各国再次制订、颁行。如科威特于1960年颁布了《民事和商事诉讼法》和《刑事诉讼法》,黎巴嫩于1933年施行了《民事诉讼法》,伊拉克于1969年与1971年分别公布了《民事诉讼法》和《刑事诉讼法》,伊朗于1939年实施了《民事诉讼法》等。印度在近代也跨进了制订诉讼法典的行列,于1898年和1908年分别颁行了《刑事诉讼法》和《民事诉讼法》。② 俄国在19世纪前已制订过诉讼条例,1864年的司法改革时更新了它的内容,吸收了更多西方国家的诉讼原则和制度。中国在20世纪初时也加入了制定诉讼法典的队伍,于1906年拟成了《刑事民事诉讼法草案》,1911年又草成《刑事诉讼律草案》和《民事诉讼律草案》,可均因清廷土崩瓦解而没有施行,然而之后的北洋政府却把它们改头换面,占为己有,并付诸实施。

在东方国家制定的诉讼法典和确立的新诉讼制度中,大量引用了西方国家的诉讼原则和制度,并相应废弃了原有的一些旧原则和制度。随着英国殖民者的入侵,英国的诉讼法也在印度"登陆",一些英国的诉讼制度强行在印度实行,如"印度证据法完全被英国法所取代",同时"对相对方执行神判法的权利"也相应被"废除"。③ 阿拉伯伊斯兰国家于20世纪制订的诉讼法典中,运用了西方"诉讼程序和提供证据的准则",其内容包括采纳了书面和情状证据、证人除了要宣誓外还可能受到盘问等,同时淘汰了证据只需一方提出而另一方可用宣誓来否认对方的传统规定等。④ 俄国在1864年司法改革后实行的律师制度、司法侦查制度、诉讼程序和公开、辩论的诉讼原则等也都来自西方国家。⑤ 中国在近现代新采用的诉讼原则有"自由心证"、"直接审判"、"言词辩论"和审判公开等,新使用的诉讼制度有预审、辩护、担保、上诉等,它们大多模仿日本、德国等大陆法系国家的诉讼法。

---

① 参见《各国宪政制度和民商法要览》(亚洲分册),第73、94、267页。
② 同上书,第78、98、257、277、316页。
③ 参见《法律结构与分类》,第256页。
④ 参见《各国法律概况》,第128页。
⑤ 参见《苏联国家与法的历史》上册,第195页。

东方国家引进的诉讼法内容大多与入侵的西方国家的有关,通常入侵国的诉讼法是受侵略东方国家制订诉讼法的主要参照对象。如印度的《刑事诉讼法》大量抄袭了英国诉讼法的规定,被认为是"真正的盎格鲁——印度混合物"①。黎巴嫩的诉讼法"是以法国经验为模式的法典"②。中国的《刑事诉讼律草案》依照的是 1890 年日本制定的《刑事诉讼法》。有些东方国家在制订诉讼法典时还有西方的法律顾问或法学家参与。巴林在 1954 年进行诉讼制度改革时,有一位英国司法顾问参加,他的职责之一是在草拟诉讼法典时"向政府提供意见"③。中国在制订《刑事诉讼律草案》和《民事诉讼律草案》时,由日本法学家松冈义正等为顾问,并由冈田朝太郎等参与。

尽管东方诉讼法在近、现代发生了很大变化,但是传统痕迹并未一概抹去,还是隐约可见。印度古代的有些诉讼制度并未被英国法一扫而尽,而是依然存在。如"印度人的几种惯常代理仍具法律效力"④,同时有相当的印度人仍习惯并实施自己过去的诉讼制度。"百分之八十的印度教徒生活在乡下,继续过着他们祖先所过的那种生活,他们同官方机构无关,受着他们总是很熟悉的那些组织的管理和审判。"⑤在阿拉伯伊斯兰国家,虽经过司法改革,但仍保留着原有的沙里阿法庭,只是"把沙里阿法庭的审判权在一定的意义上加以限制"⑥。俄国在 1864 年司法改革后,"改革前司法体系中的封建等级因素仍未消除,司法工作领导人都是贵族等级"⑦。中国现代的诉讼法中还可见残剩的封建伦理原则。1935 年颁布的《中华民国刑事诉讼法》还声称,对直系尊亲属或配偶不得提起自诉,其维护封建族权和夫权的用心一目了然。

在诉讼法改革的同时,与之有关的一些制度也一起得到改进,监狱制度就是其中之一。印度于 1894 年建立了监狱行政管理制度。该制度规定,监狱分三个层次。中央监狱由监狱总管掌管,他必须出身于医务行政官员,下属有大量的狱政人员;省的狱政厅受监政总监的监督,通常他也出身于医务行政官,且有狱政经验;县的狱政由监狱长掌管,下设狱卒和管理员。⑧ 它的

---

① 《各国法律概况》,第 272 页。
② 《各国宪政制度和民商法要览》(亚洲分册),第 98 页。
③ 同上书,第 27 页。
④ 《法律结构与分类》,第 256 页。
⑤ 《当代主要法律体系》,第 467 页。
⑥ 《各国法律概况》,第 129 页。
⑦ 《苏联国家与法的历史》上册,第 195 页。
⑧ 参见〔印度〕R. C. Majumdar 等:《印度通史》,第 1142 页。

产生使印度的监狱管理制度上了一个新台阶。中国于 1904 年始在全国把监狱改为服刑场所,在狱中办了习艺所,令犯人在狱中从事纺织、铁工等劳作,并可得到少量报酬。另外,他们还有休假,可与外界通信,受教习官、教诲师和技师的训导等。① 这些都大大改善了狱管条件,有利于对囚犯的改造。

  古代东方法已成为历史,当然地被载入世界法制发展的史册。但是,法律也有其继承性,法律的发展长链不会断缺,古代东方法中的有些原则和内容还在现在的有些东方国家法制中隐现。要真正理解当今东方的法律,还得溯源追根到古代,在那里寻求较为满意的答案。历史与现实之间还往往有惊人的相似之处,历史可为今天的现实提供特有的借鉴。如果能正确地把握东方法的过去与现在,不就更有可能推测它的将来吗? 当前的世界正处在一个大变动时期,东方是个极有希望的地区,它的经济、文化等都将有更大的跳跃。然而,这一切都离不开法制。如果是这样,了解和掌握古代东方法不就显得十分重要了吗?

---

① 参见曾宪义主编:《新编中国法制史》,山东人民出版社 1987 年版,第 397—398 页。

附录一　古代东方死刑论

死刑是生命刑,也是最为严厉的刑罚。古代东方国家广泛使用死刑。它是那时刑法中的一个重要组成部分,也是一个引人注目的刑种。本文以古代东方较为重要的楔形文字刑法、希伯来刑法、伊斯兰刑法、印度刑法、俄罗斯刑法和中国刑法为例,对古代东方的死刑作初步的论述。

一

古代东方的死刑种类很多,用不同的分类标准可以划分出不同类型。这里以死刑的组成、死刑的运用和死刑与其他制裁方式的联系三种标准,把死刑分为简单型和复杂型、单罚型和连罚型、单一型和复合型三大类型。

(一) 简单型和复杂型

这是以死刑的组成为标准而划分的。简单型死刑是指由一种简单的处罚方式构成的死刑。这在古代东方的各刑法中都有,而且还往往与具体的死刑执行方式联系在一起,使人们一目了然。楔形文字刑法中常见的死刑是投水、焚烧等;希伯来刑法和伊斯兰刑法中常用的死刑都是用石砍杀和用火烧死等;印度刑法中的死刑有剥皮、饿死等;俄罗斯刑法中的死刑分为砍头、绞死、肢解、活埋等;中国刑法中的死刑特别多,仅沈家本在《历代刑法考·刑法分考》中经考证的就有磔、斩、绞、弃市、枭首、笞杀、剖心、炮烙、凌迟等,可谓五花八门。[1]

与以上的死刑不同,在简单型死刑中还有少数被统称为"处死"、"治死"等。这些死刑没有与具体的死刑执行方式联系在一起,是一种特殊的简单型死刑。楔形文字刑法中出现过"处死"。《汉穆拉比法典》第22条规定:"自由民犯强盗罪而被捕者,应处死。"[2]希伯来法规定过"治死"。"打人

---

[1] 参见王立民:《古代东方法研究》,学林出版社1996年版,第203—204页。
[2] 《外国法制史资料选编》上册,北京大学出版社1982年版,第23、49、22页。

以至打死的,必要把他治死。"①

复杂型死刑是指由两种或两种以上刑罚组合而成的死刑。中国刑法中出现过这样的死刑,"具五刑"和"锯灼去皮截手足"都是如此。"具五刑"由死刑"笞杀"、"枭其首"和肉刑"黥"、"劓"、"斩左右趾"等组成。在施行过程中,先施肉刑,再施死刑。《汉书·刑法志》载:"先黥、劓、斩左右止(趾),笞杀之,枭其首,菹其骨肉于市。其诽谤詈诅者,又先断舌,故谓之具五刑。""锯灼去皮截手足"则是由死刑"锯灼去皮"和肉刑"截手足"组成。金时使用过这一死刑。《金史·海陵纪》载:"正隆五年(公元 1160 年)二月,遣引进使高植、刑部郎中海狗分道监视所获盗贼,并凌迟处死,或锯灼去皮截手足。"由于这种死刑由多种刑罚构成,对受刑人实是一刑多罚,因而十分残酷。

(二) 单罚型和连罚型

这是按死刑的运用为标准而划分的。单罚型死刑是指仅对罪犯本人施行的死刑。这种死刑只适用于犯了死罪的罪犯本人,不及他人。古代东方各刑法都广泛使用这种死刑,这里以楔形文字和印度刑法的规定为例。《汉穆拉比法典》第 21 条规定:"自由民侵犯他人之居者,应在侵犯处处死并掩埋之。"②印度刑法规定:"杀害妇女、儿童和婆罗门的凶手","应该将他们处死"③。

连罚型死刑是指对被株连者施行的死刑。也就是说,被适用这种死刑者本人并没有构成死罪,甚至是个无辜者,而是因为各种原因被株连后才被判处死刑。古代东方的有些国家使用过这种死刑。俄罗斯刑法规定,凡犯叛逆罪的,"叛逆者之妻、子女和知悉叛逆的,也应处以死刑"④。中国是个长期使用这种死刑的国家。早在先秦时期,连罚型死刑就被大量使用,灭"三族"、灭"十族"和"灭族"都是如此。⑤ 以后,这种死刑逐渐规范化。唐律规定,凡犯有谋反及谋大逆罪者,本人"皆斩",而且"父子年十六以上皆绞"。⑥ 这里的"绞"就是连罚型死刑。《宋刑统》、《大明律》、《大清律例》等

---

① 详见《新旧约全书》,圣公会印发,1940 年版,第 91、93、143—144、208、89、124、150 页。
② 详见《外国法制史资料选编》上册,北京大学出版社 1982 年版,第 23、49、22 页。
③ 详见《摩奴法论》,蒋忠新译,中国社会科学出版社 1986 年版,第 193、195、165 页。
④ 参见《一六四九年会典》,莫斯科大学出版社 1961 年俄文版。
⑤ 详见《七国考·卷十三·秦刑法》。
⑥ 《唐律疏议·贼盗》"谋反大逆"条。

法典中都有类似规定。

(三) 单一型和复合型

这是按死刑与其他制裁方式的联系来划分的。单一型死刑是指不与其他制裁方式相联系而单独执行的死刑。其情况与上述的单罚型死刑相似，只是划分的角度不同。单罚型死刑是从死刑运用的角度出发，相对连罚型死刑而言，说明这种受刑人的主体只是罪犯本人，不及他人。单一型死刑则是从死刑与其他制裁方式联系的角度出发，相对复合型死刑而言，说明死刑的单一性。两者在形式上相似，但内容不尽相同。

复合型死刑是指与其他制裁方式相联系而共同执行的死刑。受此死刑者不仅要被剥夺生命，还要受到其他制裁方式的处罚。这也是一种一罪多罚，但这一多罚不包括在一个死刑内，而是与死刑以外的处罚方式联系在一起。这是与复杂型死刑的一个区别。俄罗斯刑法和中国刑法中曾规定过这种死刑。俄罗斯刑法曾把死刑与"偿还"等联系在一起使用。《一四九七年会典》规定："第二次行窃的小偷应处以死刑，其财产偿还原告所遭受的损失，多余部分归法官。"[1]中国刑法曾把死刑与"没官"、"流"等联系起来使用。《唐律疏议·贼盗》"谋反大逆"条规定：凡是谋反和谋大逆者，除本人要被处以斩刑外，其年龄在15岁以下的儿子"及母女、妻妾、祖孙、兄弟、姊妹若部曲、资财、田宅并没官"，"伯叔父、兄弟之子皆流三千里，不限籍之同异"。

以上对古代东方死刑的分类，可以帮助人们从不同角度对古代东方死刑的种类有个初步认识，这对于全面了解这一死刑是不可或缺的。

二

死刑是极刑，理应适用于那些罪大恶极者。古代东方的死刑适用于那些对国家、社会和公民危害最为严重的犯罪，主要包括：

(一) 严重侵害王权的犯罪

古代东方国家都是专制国家，国王、皇帝等君主享有国家的一切最高权力。严重侵害王权，就会被认为是对国家、社会的最大威胁，因而非置于死

---

[1] 外国法制史研究会编：《外国法制史汇刊》第1集，武汉大学出版社1982年版，第208页。

地不可,尤其在楔形文字法、俄罗斯法和中国法等一些世俗法国家的刑法中都对此作出过规定。楔形文字刑法特别注重对国王发布的规定和作出的裁决的保护,违犯者要被处以死刑。《汉穆拉比法典》说:"凡不敬汉穆拉比的规定和判决的人",都要"终趋灭亡","死不旋踵"。① 俄罗斯刑法对王权的保护体现在君主的安全问题上,如果有人伤害了君主,此人必死无疑。《一六四九年会典》规定:"在皇上陛下驾临时,有人向他挥舞武器"并使其受伤的,此人"应处以死刑"。中国刑法对王权的保护表现在对皇帝人身的安全、对皇帝使者的态度、对皇帝命令的服从程度等许多方面,严重侵害者都要处死。唐律规定,"合和御药"不如本方的,要被处以绞刑;打伤皇帝所派"制使"的,要被处以绞刑等等。②

(二) 严重触犯神权的犯罪

神权是古代东方国家维持其统治的一种精神支柱和手段。一些对世界产生过重大影响的宗教均发源于东方,佛教、希伯来教、伊斯兰教、基督教等无一不是如此。古代东方刑法千方百计维护神权,任何严重触犯神权的行为都要被处以死刑,尤其是在希伯来法、伊斯兰法和印度法等一些宗教法的刑法里。希伯来刑法不允许人们有亵渎神灵的行为,否则就会被处以死刑。"亵渎主名者,必当治死,必当由会众用石头砍杀之。外邦客旅亦同。"③ 伊斯兰刑法不能容忍信仰多神教的行为,认为这是对真主的叛逆,所以信仰者要被处死,而且杀手还可得到奖励。穆罕默德曾下令说:"谁杀死一个多神教徒,那个人的衣服和武器就归谁。"④ 印度刑法竭力保护僧侣婆罗门,伤害他们的人都要被认为是罪恶滔天而处以死刑。《摩奴法论》规定,伤害婆罗门的人"叫做大罪人","应该将他们处死"。⑤

(三) 严重危害国家安全的犯罪

为了巩固国家政权和统治阶级的根本利益,古代东方国家的刑法还用死刑狠狠打击那些严重危害国家安全的犯罪。这在世俗法和宗教法国家的刑法里都是如此。这里以伊斯兰、俄罗斯和中国刑法的规定为例。伊斯兰

---

① 《外国法制史资料选编》上册,北京大学出版社1982年版,第23、49、22页。
② 《唐律疏议·职制》"合和御药有误"条、《唐律疏议·斗讼》"殴制使府主刺吏县令"条。
③ 《新旧约全书》,圣公会印发,1940年版,第91、93、143—144、208、89、124、150页。
④⑤ 〔埃及〕穆罕默德·胡泽里:《穆罕默德传》,秦德茂等译,宁夏人民出版社1983年版,第116、117、143页。

刑法不允许危害国家安全的行为存在,危害者要被处死。穆罕默德曾下令处死木艾依提、哈里斯和奥孜泽等人,从中给人们的启示是"要巩固政权,不果断是不行的"①。俄罗斯刑法规定,叛逆者"应处以死刑"。事实也是如此。在伊凡四世执政时,有些领主策划过一个叛逆行动,结果"参加者都被处死"②。中国刑法严禁谋反、谋叛等严重危害国家安全的行为,违犯者都要被处以死刑。唐律规定:谋反是指"谋危社稷",谋叛是指"谋背国从伪";犯有谋反、谋逆者分别要被处以斩刑和绞刑,同时还要株连其家人。③

(四)严重损害家庭伦理的犯罪

家庭是社会的细胞,这种细胞的稳定对于社会的安定至关重要。因此,古代东方国家都重视家庭伦理,把它看成是维系社会的根基,任何严重损害家庭伦理的犯罪都会受到刑罚的严惩,直至死刑。这在各古代东方国家的刑法里都是如此,这里仅以希伯来、楔形文字和中国刑法为例。希伯来刑法把与继母、儿妇行淫看作是严重损害家庭伦理的行为,行为人要被处死。"与其继母行淫的,就是羞辱了他父亲,总要把他们二人治死,罪要归到他们身上。与儿妇同房的,总要把他们二人治死,他们行了逆伦的事,罪要归到他们身上。"④楔形文字刑法禁止一女嫁两夫的行为,否则此女要被处以死刑。早在公元前 2350 年左右,苏美尔城邦拉格什的统治者就规定:"昔日的女儿曾惯于嫁两个丈夫,(但)今天的女儿(如果她们企图这样作)就被(上面刻着她们罪恶)用心的石头砸死。"⑤中国刑法对违反家庭伦理的犯罪有全面、系统的规定,特别要严打那些严重侵害家长的犯罪,罪至处死。唐律规定:凡咒骂祖父母、父母的,要被处以绞刑;殴打了祖父母、父母的,要被处以斩刑;控告祖父母、父母有罪的,要被处以绞刑等等。⑥

(五)严重侵犯公民人身权和财产权的犯罪

古代东方社会是个等级社会,法律主要保护的是统治阶级成员的权益,

---

① 〔埃及〕穆罕默德·胡泽里:《穆罕默德传》,秦德茂等译,宁夏人民出版社 1983 年版,第 116、117、143 页。
② 参见〔苏〕安·米·潘克拉托娃主编:《苏联通史》第 1 卷,山东大学翻译组译,三联书店 1978 年版,第 258、279 页。
③ 《唐律疏议·贼盗》"谋反大逆"条。
④ 《新旧约全书》,圣公会印发,1940 年版,第 91、93、143—144、208、89、124、150 页。
⑤ 中国世界古代史研究会编:《世界古代史研究》第 1 辑,北京大学出版社 1982 年版,第 8 页。
⑥ 《唐律疏议·斗讼》"殴詈祖父母父母"、"告祖父母父母"条。

但是为了保持社会的存在和发展,法律也不得不对一般公民的人身权和财产权作一定的保护,严重侵犯公民这两种权利者还要被处以死刑。这在古代东方的各刑法中都是如此,这里仅以楔形文字、希伯来、印度、俄罗斯和中国刑法中一些较为典型的规定为例。楔形文字刑法规定:"自由民窃取牛,或羊,或驴……则应处死。"①希伯来刑法规定:"要那故杀人的杀了",而且"不可以收赎价代替他的命,他必被治死"。② 印度刑法规定:偷窃金银及上等衣物"达 100 以上者也应该处以死刑"③。俄罗斯刑法规定:"杀害主人"、"偷窃中行凶"和"纵火以陷害仇人的",都"应处以死刑"。④ 中国刑法规定:谋杀人而且已把人"杀者,斩";强盗的财物达"十匹及伤人者,绞;杀人者,斩"。⑤

此外,在其他的一些严重犯罪,如职务犯罪、危害公共安全的犯罪中,也都有使用死刑的,这里就不一一赘述了。

古代东方的统治就是用死刑来惩治那些严重的犯罪,并以此来稳定家庭,安定社会,维护对自己有利的社会秩序。

三

古代东方死刑的执行是个引人注目的问题。

为了防止滥行死刑,有的古代东方国家在死刑执行前采取了一些特殊的审核程序。以中国为例。早在隋唐时期,中国就建立起了死刑复奏制度。这是一种死刑案件经核准后,在执行前还须经皇帝勾决才能执行的制度,是慎刑思想在死刑执行中的直接表现。复奏中又有"三复奏"和"五复奏"之分。据《隋书·刑法志》记载,"三复奏"起源于隋朝。唐朝时主要适用于那些京师以外的死刑案件。"五复奏"则产生于唐朝。贞观五年(公元 632 年),唐太宗错杀了大理丞张蕴太后,后悔莫及,因为根据法律,此人"未至极刑"。为了避免新的滥杀,唐太宗下令:"凡有死刑,虽令即决,皆须五复奏。"⑥实际上,这"五复奏"主要适用于那些在京师里发生的死刑案件。司

---

① 《外国法制史资料选编》上册,北京大学出版社 1982 年版,第 23、49、22 页。
② 《新旧约全书》,圣公会印发,1940 年版,第 91、93、143—144、208、89、124、150 页。
③ 《摩奴法论》,蒋忠新译,中国社会科学出版社 1986 年版,第 193、195、165 页。
④ 外国法制史研究会编:《外国法制史汇刊》第 1 集,武汉大学出版社 1982 年版,第 208 页。
⑤ 《唐律疏议·贼盗》"谋杀人"、"强盗"条。
⑥ 《贞观政要·刑法第三十一》。

法官违反了复奏制度,还会受到处罚。唐律规定:"诸死罪囚,不待复奏报而下决者,流二千里。即奏报应决者,听三日乃行刑,若限未满而行刑者,徒一年;即过限,违一日杖一百,二日加一等。"①明清时期,中国的会审制度迅速发展。会审制度是会官审录制度的简称,是一种由中央司法机关或中央司法机关与行政等其他机关定期、不定期,共同审理以死刑案件为主的重大、疑难案件的制度。明朝的会审分为"三法司会审"、"圆审"、"热审"和"大审"等。清朝的会审则有"秋审"、"九卿会审"、"三法司会审"等。这些特殊的审核程序在一定程度上有利于防止滥行死刑。

古代东方的死刑一般公开执行,以起教诫作用。在希伯来和伊斯兰刑法中,"用乱石砍死"是一种常用死刑。这一死刑在大庭广众前执行,观刑者甚至也可扔石砍杀罪犯。《新旧约全书》的"利末记"和"申命记"多次记载了这一执行情况。"有以色列人于安息日在旷野割柴被拘,摩西谓应当治死,遂由会众用石砍杀之。""其治死也,汝须先下手,众民后下手,须用石头砍死。""本城人即当用石头将其砍死,使以色列人见而畏惧。"在希伯来国家是这样,在伊斯兰国家也是这样。一个名为欧默尔的人亲眼看到了许多穆斯林用乱石砍死奸夫和淫妇两名死刑犯。"真主的使者宣布了对他俩的判决。于是他们被人用石头砸死。……当时,我就在那些向奸夫和淫妇扔石头的人群之中。"②中国也以公开执行死刑为原则。《礼记·王制》就记载说:"贵贱皆刑于市。"秦至南北朝时期,都把弃市作为主要的死刑之一,受刑人要"伏尸都市"③。以后的封建朝代虽然使用了新的死刑,但"杀而暴其尸,以示戮"④的公开行死刑传统仍然没被放弃。

但是,也有例外。在中国,一些官僚贵族犯死罪须死的,可不公开行刑。这是法律赋予他们的一种特权。唐代曾允许"五品以上犯非恶逆已上,听自尽于家,七品以上及皇族若妇人犯罪非斩者,皆绞于隐处"⑤。其他朝代也有类似规定。

为了防止在死刑执行中行弊,有的古代东方国家还专门设员监刑,比如中国。中国的监刑规定很早就产生了。"古者刑人必有监决之人,即周礼大

---

① 《唐律疏议·断狱》"死囚复奏报决"条。
② 〔巴基斯坦〕穆罕默德·伊库乌尔·西第奇:《伊斯兰刑法》,全理其等译,西南政法学院法制史教研室 1984 年印行,第 47 页。
③ 《后汉书·刑法志》。
④ 《左传·桓公十五年》。
⑤ 《唐六典·刑部》。

司寇之涖戮,后世所谓监斩也。"①唐代特别重视对死刑的监刑,并对此作了较为具体的规定。"决大辟罪,官爵五品以上,在京者,大理正决之;在外者,上佐监决。余并判官监决。"②唐后各朝代也都有相应的规定。

关于死刑执行的时间,绝大多数古代东方国家都采用及时行刑的办法,即在判决生效后,就可执行死刑,仅有个别国家例外,采取了时令行刑的办法。中国的秋冬行刑就是如此。中国很早就把死刑的执行时间定在秋冬两季。《礼记·月令》说:孟秋之月,"戮有罪,严断刑"。汉朝把它作为制度确定下来。《后汉书·陈宠传》载:"汉旧事,断狱报重,常尽三冬之月。"唐朝把这一制度进一步规范化,规定凡不在秋冬执行死刑的,要被追究刑事责任。"诸立春以后、秋分以前决死刑者,徒一年。"③这个制度为唐后各代所沿用。不过,在中国历史上也有个别朝代例外,秦是其中之一。据《史记·秦始皇本纪》记载,秦始皇、秦二世都刑杀无期,四百余名儒生被杀时不在秋冬,因而后人说:"秦为虐政,四时行刑。"④这不无道理。

但是,有些古代东方国家所规定的有些制度决定了有些死刑可以不予执行,赎刑制度和赦免制度是其中的两个制度。

赎刑制度是一种用交纳钱物等来代替死刑等刑罚执行的一种制度。有些古代东方国家的刑法规定有赎刑制度,只是具体内容不尽相同。希伯来刑法明文规定了可赎和不可赎的范围,其内容是:牛撞死了他人,牛的主人可用赎来免死;故意杀人者不可用赎免死等。⑤ 中国早在西周时就有赎刑的规定。唐朝对赎刑作了全面、系统的规定,其中包括死刑。内容包括赎的金额、可赎和不可赎的范围等等。唐律规定,绞和斩两死刑的赎金均为120斤铜;赎刑的适用范围是过失杀人、死罪的疑罪等;不可适用赎刑的范围是犯有"十恶"和"五流"等罪者。⑥ 唐以后各朝代也都有相似的规定。

赦免制度是一种全部或部分免除包括死刑在内的刑罚执行的制度。有些古代东方国家刑法规定了赦免制度,只是具体内容不完全一致。希伯来刑法中有关于赦免的规定,适用于那些杀人于野外并找不到凶手等情况。

---

① 《历代刑法考·行刑之制考》。
② 《唐六典·刑部》。
③ 《唐律疏议·断狱》"立春后秋分前不决死刑"条。
④ 《后汉书·陈宠传》。
⑤ 详见《希伯来法系初期立法的基本精神》,载《法学丛刊》第2卷,第7、8期合刊,1934年5月15日。
⑥ 详见王立民:《唐律新探》,上海社会科学院出版社1993年版,第118—120页。

此时,离被杀地最近的长老就要依定式祷告上帝,恳求赦免杀人者的死罪,这样"流人血之罪,必得赦免"①。俄罗斯刑法中则有关于不适用赦免的规定。《一六四九年会典》规定,杀双亲者处死刑的,"不得宽赦"。中国刑法中的赦免规定比较详尽,内容涉及赦免的种类、不可赦免的范围、赦免的形式等等。赦免的种类分为大赦、曲赦、特赦和别赦等。不可赦免的范围是一些极其重大的犯罪。如唐律规定:"'恶逆'者常赦不免。"②赦免有其一定的形式。在唐朝,"其有赦之日,武库令设金鸡及鼓于宫城门外之右,勒集囚徒于阙前,挝鼓千声讫,宣治而释之。其赦书颁诸州,用绢写行下"③。

可见,古代东方死刑的执行问题也是个较为复杂的问题,内容涉及死刑的审核、执行形式和时间以及相关的赎刑和赦免制度等多个方面。

四

综观古代东方的死刑,有以下几个侧面比较突出,不可忽视,应引起重视。

(一) 残酷性

这是说,古代东方的死刑比较残酷。这种残酷表现在以下三个方面。首先,从死刑的施行方法来看,给受刑人造成了很大的痛苦。古代东方各刑法中所规定的死刑,基本上都给受刑人带来了痛苦,特别是肉体上的痛苦,剖心、烧死、用石头砍死、腰斩、剥皮、肢解、绞、斩、凌迟等等,都是这样。尤其是其中中国的凌迟刑,可以说是那时最为残酷的刑罚。它使受刑人长时间地忍受切肢之痛,最后"肌肉已尽,而气息未绝,肝心联络,而视听犹存"④。真是惨不忍睹。其次,从死刑的构成和死刑与其他制裁方式的联系来看,使受刑人一罪多罚,显得比较残酷。这体现在复杂型和复合型两类死刑中。这两类死刑,要么使受刑人在受了其他刑罚以后再处死,要么使受刑人在被判处死刑时,还要受到其他制裁方式的处罚。这种一罪多罚给受刑人带来了肉体、精神等方面的多种打击,同样十分残酷。最后,从受刑人来

---

① 详见《希伯来法系初期立法的基本精神》,载《法学丛刊》第 2 卷,第 7、8 期合刊,1934 年 5 月 15 日。
② 《唐律疏议·名例》"十恶"条。
③ 《旧唐书·刑法志》。
④ 《渭南文集·条对状》。

看,有些受刑人并未构成死罪,甚至是无辜者,但也要被株连处死,也显得很残酷。这主要是古代东方死刑中的连罚型。可见,残酷性是古代东方死刑中的一个重要侧面。

（二）复杂性

这是说,古代东方的死刑比较复杂。这种复杂性又表现在内部构成和外部构成两个方面。从死刑的内部构成来看,一方面,有的死刑的施行比较复杂,复杂型死刑就是如此;另一方面,有个别简单型死刑也较复杂,凌迟就是其中之一。据《读律佩觹》记载,凌迟刑的施行是:"陵(凌)迟者,其法乃寸而磔之,必至体无余脔,然后为之割其势,女则幽其闭,出其脏腑,以毕其命,支分节解,菹骨而后已。"从外部构成来看,连罚型和复合型死刑比较复杂。前者要适用于那些没有构成死罪者,甚至是无罪者;后者则要把死刑与其他制裁方式联系起来使用。

（三）法外性

这是说,古代东方的有些死刑是法外刑。这种法外死刑在法律内没有明文规定,但却在司法中被使用。俄罗斯和中国都出现过这样的死刑。苏联学者瓦里赫米托夫在考察了俄罗斯 11 世纪的法制后说:"在'罗斯真理'中没有谈到死刑,但在编年史却有很多材料来说明死刑适用。"① 接着,他又举例作了说明:伊西斯拉夫王公把 1068 年进行反对其统治的组织者和参加者都处死了。② 中国的法外死刑不少,仅经沈家本用心考证过的就有:战国时的凿颠、抽肋;汉时的焚烧;魏晋南北朝的以刀环撞杀、凿顶;隋时的镮裂枭首、磔而射之;五代时的醢;辽、金时的腰斩、剖心;明时的瓜蔓抄、剥皮、刺心等等。③ 这些法外死刑都曾被广泛使用,而且连续不断。

形成古代东方死刑中这些侧面的原因有多个方面,其中与当时古代东方国家所实行的专制统治关系特别密切。古代东方社会是个专制统治的社会,专制制度是其基本政治制度,这在世俗法和宗教法国家里都是如此。比如,楔形文字法国家早在公元前 21 世纪建立的乌尔王朝就已确立了专制制度。那时国王的权力高于一切。他有权任命各级官吏,操纵立法,控制法

---

① "罗斯真理"又称"罗斯法典"。
② 参见《苏联国家与法的历史》上册,中国人民大学出版社 1986 年版,第 47 页。
③ 《历代刑法考·刑法分考四》。

庭,掌握军队等等,集国家一切最高权力于一身。以后的伊新、拉尔萨、埃什嫩那、古巴比伦、赫梯和亚述等王国也都如出一辙。① 又如,在希伯来国,最高统治者集世俗和宗教两权于一身,也是个专制君主。摩西曾以上帝的名义多次教训百姓,要他们服从自己的专制统治。他对百姓们说:要"听从我的话,遵守我的约","你们要守我的律例","我的律例你们要遵守,我的典章你们要谨守",还说要万民都作"我子民,因为全地都是我的"。② 他以后的继承人大卫、所罗门等君主也都沿走了这条专制统治的道路。

专制制度与民主制度背道而驰,不得人心,易引起人民的反抗,而反抗的矛头往往直指专制君主。为了维护自己的专制制度和统治,古代东方各国的专制君主都会利用手中的各种权力,使用最为严厉的制裁手段刑法,甚至不惜滥用死刑,穷凶极恶地镇压人民的反抗。因此,古代东方的死刑也就出现了残酷性、复杂性和法外性等一些重要侧面。也可以说,这些侧面的显现正好迎合了古代东方专制制度和统治的需要。

原载《浙江社会科学》2000 年第 2 期

---

① 参见王立民:《古代东方法研究》,学林出版社 1996 年版,第 61 页。
② 《新旧约全书》,圣公会印发,1940 年版,第 91、93、143—144、208、89、124、150 页。

附录二　古代东方的流刑

流刑是古代东方的主要刑种之一。它曾被有些古代东方国家长期使用,是这些国家刑法中的一个重要组成部分。本文拟对流刑作些探研。

一、古代东方流刑适用的地域

古代东方的流刑,亦称"流放"、"流"等。古代东方的楔形文字、伊斯兰、希伯来等刑法里不见或罕见有流刑的规定。究其原因,与流刑的施行条件有关。流刑与其他刑种有较大的区别,即国家需有较为广阔的地域。被判流刑者要被流放到较远的地区去做劳役,如果国域很小根本就无法施行流刑,也就不可能产生流刑了。楔形文字、伊斯兰、希伯来刑法中没有流刑,主要就是这个原因。楔形文字刑法施行地域仅在西亚的幼发拉底河和底格里斯河的两河流域,而且还长期处在分裂状态;乌尔、伊新、拉尔萨、埃什嫩那等时期的国家都只控制两河流域中的一部分地区,地域很有限。伊斯兰刑法适用的地域开始时也很有限,只是在西亚的阿拉伯半岛,因此在伊斯兰法的圣典《古兰经》和《圣训》中都不可能有流刑的规定。希伯来刑法被使用的地方更有限了,只在西亚的迦南地区。以上这三大刑法被使用的国域都不大,所以也就很难使用需有广大国域的流刑了。

但是,印度、俄罗斯和中国刑法实施国域比较广阔。古代的印度包括现在印度、巴基斯坦、孟加拉等国的广大疆域,因此印度刑法曾在这一广大地区被适用。俄罗斯刑法则在横跨欧亚大陆的广大俄罗斯领地被适用。中国刑法也长期在广大的中国土地上被实施。这些刑法被施行的地域可为流刑所用,具备了可以使用流刑的一个主要条件。

事实也是如此。在古代印度、俄罗斯和中国刑法中,确有关于流刑的规定。印度刑法把流刑称为"放荒裔"。《大唐西域记·印度总述》里有把罪犯"放荒裔"的记载:"犯伤礼义,悖逆忠孝,刖劓鼻,截耳、断手、刖足,或驱出国,或放荒裔。"[①] 俄罗斯刑法中也有流刑的规定。《罗斯法典》规定:"如

[①] 《古印度帝国时代史料选辑》,商务印书馆1989年版,第152页。

若某人无任何拿执而袭击杀害对方",就要被"判处流刑"。① 18 世纪以后,流刑成了常用刑,流刑罪犯要被流放到其他郡,其中又分为并处徒刑与不并处徒刑两种。②

在古代东方刑法中,中国古代刑法对流刑的规定最为规范,其历史也最为悠久。在《尚书·尧典》中已有流刑的说法,即"流宥五刑"③。流的地方有远近之别。"大罪投之四裔,或流之于海外,次九州之外,次中国之外。"④

当时,也确有人被流放了。"流共工于幽州,放驩兜于崇山,窜三苗于三危,殛鲧于羽山。"⑤秦汉时分别把"流"改称为"迁"和"徙边"。南北朝时又恢复称"流",之后不断使用流刑。"梁律有流","后魏有流刑。北周流五。北齐刑名五,二曰流刑"。⑥ 隋朝的隋律把流刑分为三等。唐律仍把流刑分为三等,但比隋的各远一千里,分别为二千里、二千五百里、三千里,皆做劳役一年。《唐律疏议·名例》规定:"诸犯流应配者,三流俱役一年。"男性罪犯被流的,妻妾要随往,父、祖、子孙愿随往的也可同去。《唐律疏议·名例》规定:犯流者"妻妾从之","父祖子孙欲随者,听之"。至此,中国的流刑规范化了。之后,宋、元、明、清等一些封建朝代都沿革使用法律所规定的流刑。

唐律作为中华法系的代表作,其内容大量为当时的朝鲜、日本、越南等一些东亚国家的法律所袭用,包括流刑。在这些国家的法典内,可以看到流刑的规定。朝鲜大量抄袭唐律的内容。"高丽王建一代之律,盖摹仿《唐律》而稍加删削者也。"流刑的规定也大致如此。其内容为:"流刑三:二千里,折杖十七,配役一年,赎铜八十斤。二千五百里,拆杖十八,配役一年,赎铜九十斤。三千里,折杖二十,配役一年,赎铜一百斤。"⑦那时,日本的法律也"完全以中国法律为依据"。它的《大宝律》规定的流刑也是三等,实是唐律的翻版。其内容为:"近流,赎铜一百斤。中流,赎铜一百二十斤。远流,赎铜一百四十斤。"⑧在那时的越南"所行的法律,恐即以唐之律令为主也"。

---

① 王钺译注:《〈罗斯法典〉译注》,兰州大学出版社 1987 年版,第 51 页。
② 参见《苏联国家与法的历史》上册,中国人民大学出版社 1956 年版,第 181 页。
③ 那时用流放的办法来代替五刑的执行。
④ 《唐律疏议·名例》。
⑤ 沈家本:《历代刑法考》(一),中华书局 1985 年版,第 267 页。
⑥ 同上书,第 269 页。
⑦ 杨鸿烈:《中国法律对东亚诸国之影响》,中国政法大学出版社 1999 年版,第 34、42 页。
⑧ 同上书,第 173、200 页。

其中也包括流刑,其内容为:"流刑三:流近州、流外州、流远州。"①可见,流刑在古代东方的南亚、北亚和东亚的一些国家被规定和使用,而且作为一种主要的刑种,是这些国家的一种重要刑罚。

二、古代东方流刑适用的主要犯罪

古代东方的流刑是一种较为严厉的刑罚,一般仅次于死刑。因此,它广泛适用于一些较为严重的犯罪,其中主要是以下三大类。

1. 严重违犯伦理道德的犯罪

有些严重违犯伦理道德的行为要被处以流刑。印度刑法把"伤礼义,悖逆忠孝"的行为认定为严重违犯伦理道德的行为,并用流刑加以处罚,即犯罪者要"放荒裔"。俄罗斯刑法也有对这类犯罪处以流刑的规定。1716年的"军事条例"规定,通奸者要被处以监禁和苦役流放。② 中国古代是个重伦理道德的国家。在中国古代的刑法中,有许多严重违犯伦理道德的犯罪都要受到流刑的处罚,仅在唐律中就有部曲奴婢过失伤主人、妻殴伤夫、卑幼与尊亲属互相殴杀、妻妾殴伤父夫的祖父母或父母等犯罪行为都要被处以流刑的规定。《唐律疏议·斗讼》规定,部曲或奴婢过失伤害及咒骂了主人要被处以流刑,即部曲或奴婢"若过失伤主及詈者,流";妻子如果殴夫并折其一肢的也要以流刑量刑,即"假如妻折夫一支,加凡人三等,流三千里";卑幼殴伤了小功尊亲属和尊长,殴杀了从父弟妹等亲属的,都要受到流刑的追究,即"假有殴小功尊属折二支,加凡人三等,不云加入于死,罪止远流","殴杀从父弟妹及从父兄弟之孙者,流三千里";妻、妾殴伤了丈夫的祖父母、父母的,要受到流刑的制裁,即"妻妾殴打了祖父母、父母,而且折伤者,加役流"等等。唐律的这些规定,不同程度地被唐以后的封建朝代所吸收,也成为它们刑法的组成部分。

2. 侵犯财产的犯罪

流刑还被适用于那些侵犯财产的犯罪行为。在印度刑法中,勒索钱财者要被施以流刑。《摩奴法论》说:"对于那些向各行各业的人勒索钱财的

---

① 杨鸿烈:《中国法律对东亚诸国之影响》,中国政法大学出版社1999年版,第417、427页。
② 参见张寿民:《俄罗斯法律发达史》,法律出版社2000年版,第69页。

恶棍,国王应该没收其全部财产,然后把他们放逐。"① 俄罗斯刑法严惩盗窃犯罪。早在 11 世纪末,俄罗斯刑法就规定,强盗、盗马、纵火等犯罪者,不仅要被没收财产,还要将其家属沦为奴隶或流放。② 之后《一六四九年会典》规定,第一次行窃的小偷就要被判处流刑。小偷"因第一次偷窃应鞭笞该小偷并割去其左耳朵,监禁两年,其财产归原告,并将小偷从监狱押出戴上镣铐到皇上指定的地方做工。两年监禁期满后,应将他流放至皇上指定的乌克兰的城市"③。中国古代刑法也惩治侵犯财产的犯罪,其中包括使用流刑。这里以唐律为例。唐律规定,凡是强盗、窃盗、恐吓取人财物、拐骗奴婢等犯罪都在适用流刑之列。④《唐律疏议·贼盗》规定,凡是持杖强盗虽未得财的,也要被"流三千里",即"其持仗者,虽不得财,流三千里";窃盗的数额相当于四十四绢价值的,要判为"流三千里",即"四十四流三千里";恐吓取人财物,数额在三十五匹的,要以"流三千里"量刑;拐骗奴婢的最高刑也为流刑,即"诸略奴婢者,以强盗论;和诱者,以窃盗论。各罪止流三千里"等等。唐朝以后的《宋刑统》、《明律》和《大清律例》等一些重要法典也都有相似的规定。

3. 侵害了人身权的犯罪

在古代,有些国家的刑法还把流刑适用于那些侵害人身权的犯罪。俄罗斯刑法就是如此。《罗斯法典》规定:"如若某人无任何争执而袭击杀害对方,那么,其他人不准为凶手交纳命金,而是把凶手连同妻子和孩子交付审判,判处流刑,财产没收。"⑤在中国古代刑法中,也用流刑惩治这类犯罪。在唐律中就有这类规定,内容包括:谋杀人的从犯如妻妾谋杀前夫的祖父母或父母、谋杀官吏等的犯罪。《唐律疏议·贼盗》规定,一般谋杀人的同谋从犯并且没有直接杀人的,要被判处"流三千里",即"同谋,从而不加功力者,流三千里";妻妾谋杀前夫的祖父母或父母的,要被处以"流二千里",即"诸妻妾谋杀故夫之祖父母、父母者,流二千里";谋杀官吏的,要被"流二千

---

① 《摩奴法论》,蒋忠新译,中国社会科学出版社 1986 年版,第 126 页。
② 参见张寿民:《俄罗斯法律发达史》,法律出版社 2000 年版,第 22 页。
③ 何勤华主编:《法的移植与法的本土化》,法律出版社 2001 年版,第 601 页。
④ 在唐律中,拐骗奴婢亦称为"略奴婢"。那时,奴婢没有人格,其地位如同畜产等财物。《唐律疏议·名例》规定:"奴婢贱人,律比畜产。"因此,当时拐骗奴婢也被认作为是一种侵犯财产的犯罪。
⑤ 王钺译注:《〈罗斯法典〉译注》,兰州大学出版社 1987 年版,第 51 页。

里",即"诸谋杀制使,若本属府主、刺史、县令及吏卒谋杀本部五品以上官长者,流二千里"等等。① 《唐律疏议·斗讼》规定,殴打人至重伤的,要以"流三千里"量刑,即"因旧患令五笃疾,若断舌及毁败人阴阳者,流三千里";殴伤了官吏的,要被处以"流二千里"的处罚,即"诸殴制使、本属府主、刺史、县令及吏卒殴本部五品以上官长,徒三年;伤者,流二千里";部曲或奴婢骂及伤害了主人的要被流,即"诸部曲、奴婢过失杀主人者,绞;伤及詈者,流";弟妹殴伤了兄姐的,要被处以"流三千里",即"诸殴兄姐者,徒二年半;折伤者,流三千里"等等。中国唐朝以后的封建朝代也都有类似的规定。

此外,在中国古代刑法中,还有一些犯罪也适用流刑。唐律中有这类规定,其中包括:与外国人结婚、监临官接受了下属官员财物和自造钱、与亲属发生性行为、司法官不待复奏而执行死刑等犯罪行为。《唐律疏议·卫禁》规定,与外国人结婚的,要处"流三千里",即与化外人"共为婚姻者,流二千里"。《唐律疏议·职制》规定,监临之官,接受了下属官员价值五十匹绢财物的,要被"流二千里",即"诸监临之官,受所监临财物者","五十匹流二千里"。《唐律疏议·杂律》规定私自造钱的,要判"流三千里",即"诸私铸钱者,流三千里"。《唐律疏议·杂律》规定,与亲属发生性行为的,要被判以"流二千里",即"诸奸从祖母姑、从祖伯叔母姑、从父姊妹、从母及兄弟妻、兄弟子妻者,流二千里"。《唐律疏议·断狱》规定,司法官不待复奏就执行死刑的,要以"流二千里"量刑,即"诸死罪囚,不待复奏报下而决者,流二千里"。这些规定,不同程度地为唐朝以后的封建立法所接受。

三、中国古代流刑的一些问题

古代东方的流刑以中国的最为完备,有关资料也最为丰富。关于中国古代的流刑,还有一些问题值得探研。

流刑还被适用于一些株连对象。即他们本人并没有犯罪,不是罪犯,但也要受到流刑的制裁。这种情况在中国不为鲜见。在唐律里,谋反和大逆、谋叛、杀一家非死罪三人等一些犯罪的家属都是如此。《唐律疏议·贼盗》规定,谋反和大逆者本人要处死刑,伯叔父和兄弟之子要株连"流三千里",即"伯叔父、兄弟之子皆流三千里,不限籍之异同";谋叛者本人处死,其妻、

---

① 此处所指的"谋杀"是指图谋杀害,并非已杀,已杀的用刑重于谋杀。比如,一般谋杀人,杀伤人的要处以绞刑,杀死人的要处以斩刑,即"已伤者,绞;已杀者,斩"。

子均在株连流刑之内,即"妻、子流三千里"。在有的株连被流人员中,即使会赦,也不能赦免,仍须执行流刑。造畜者的株连被流人员就是如此。《唐律疏议·贼盗》规定:"造畜者虽会赦,并同居家口及教令人,亦流三千里。"

中国古代的流刑还有一些延伸形式。这些形式实是流,但又不同于常流,唐朝的加役流就是其中之一。唐太宗执政时,考虑到有些死罪可以减等处罚,减少死刑犯,因此就设置了加役流。它实是死刑的代用刑。《唐律疏议·名例》载:"加役流者,旧是死刑","贞观六年(公元633年)奉制改为加役流"。加役流与常流不同。唐朝的常流分三等,即二千里、二千五百里、三千里,而且都服役一年;加役流则是流三千里、服役三年。《唐律疏议·名例》规定:"加役流者,流三千里,役三年。"还有,加役流犯者不可赎,即不可享有赎的权利。"加役流者,本是死刑,元无赎例,故不许赎。"①

在唐律里流刑可以赎,赎金则因流刑的刑等不同而不同,具体为:二千里的赎金为铜八十斤,二千五百里为铜九十斤,三千里则为铜一百斤。②但是,并不是任何人犯了流罪都可用铜来赎,赎被限制在一定范围内。可赎人员主要是官吏、官吏的亲属、老小废疾者、妇女、过失犯罪者等。③比如,《唐律疏议·名例》规定:年七十以上、十五以下及废疾,"犯流罪以下,收赎";"妇人流法,与男子不同:虽是老小,犯加役流,亦合收赎,征铜一百斤"。

在唐代,有些流刑罪犯因其特殊情况,可以换刑,即用其他刑罚来代替。这些流刑罪犯包括工、乐、杂户、太常音声人和妇女。《唐律疏议·名例》规定,工、乐、杂户及妇人犯流的,可用杖和劳役来代替流刑的执行,具体为:"诸工、乐、杂户及太常音声人,犯流者,二千里决杖一百,一等加三十,留住,俱役三年","其妇人犯流者,亦留住,流二千里决杖六十,一等加二十,俱役三年"。到了宋朝,由于推行折杖制,笞、杖、徒、流刑都可以折杖执行,所以流刑自然也在换刑之列,可以折杖执行。根据《宋刑统·名例》的规定,流刑的折杖是:"加役流决脊杖二十,配役三年。流三千里决脊杖二十,配役一年。流二千五百里决脊杖十八,配役一年。流二千里决脊杖十七,配役一年。"

在中国古代,还有由流刑与其他刑罚组成的新刑罚。在这些刑罚里,流刑仍是主要刑种,宋朝的刺配就是如此。它是一种由流刑与杖、刺字结合在

---

①② 《唐律疏议·名例》。
③ 参见王立民:《唐律新探》,上海社科院出版社2001年版,第112—113页。

一起的刑罚。① 罪犯在被流以前,先要被刺字与杖。据《宋史·刑法志》记载,刺配集"决杖、黥面、配役"于一体。宋太祖开宝二年(公元969年)五月曾颁诏规定此刺配刑。"岭南民犯窃盗,赃满五贯至十贯者,决杖、黥面、配役,十贯以上乃死。"②

但是,中国不见有像印度和俄罗斯刑法里流刑与其他刑种合并使用的规定。在这种合并使用中,流刑作为一个刑种,另外还有一个其他刑种,是两个刑种一起使用。这种情况不同于以上几个刑种合并成一个刑种被使用的情况。在上述的印度刑法里,有把流刑与没收全部财产合用的规定,即"国王应该没收其全部财产,然后把他们放逐";在俄罗斯刑法中,有把监禁与苦役流放一起使用的规定,即"通奸者要被处以监禁和苦役流放"。

中国的流刑在近代的刑法改革中被废止了。《大清新刑律》所规定的刑罚分为主刑和从刑,主刑为罚金、拘役、有期徒刑、无期徒刑和死刑,从刑是褫夺公权和没收。在这一刑罚体系中已无流刑。这样,中国古代使用了几千年的流刑便在法律上退出了历史舞台。

原载韩念龙主编:《法律史论》第5卷,法律出版社2004年版

---

① 在宋朝,刺配刑中的杖称"决杖",刺字称为"黥面",流称为"配役"。
② 《宋史·刑法志》。

附录三　古代东方肉刑论

肉刑是古代东方刑法中的主要刑罚之一,被适用于许多犯罪。关于这一刑罚,有许多值得探研的问题,本文撷取其中的几个作些初探。文中以古代东方较为突出的楔形文字刑法、希伯来刑法、印度刑法、伊斯兰刑法、俄罗斯刑法和中国刑法为例,探研其中的肉刑问题。

一

古代东方有些国家的刑法有泛称肉刑的,印度刑法就是如此。《摩奴法论》规定:"出卖坏种子的人、出卖挑剩下的种子的人和破坏界限的人应受致残的肉刑。"[①] 但从整体上看,古代东方刑法中的肉刑一般都有明确的施刑部位。根据不同的施刑部位,古代东方的肉刑可以分为以下四大类。

1. 捶击罪犯身体的肉刑

此刑的捶击部位包括腿、臀、背等处。捶击的方法有鞭、笞、杖等。这一刑罚仍保留罪犯的身体,只是给他们造成肉体痛苦,与割损人的肢体和残损人的器官的肉刑有所不同。楔形文字刑法、希伯来刑法、印度刑法、俄罗斯刑法和中国刑法中都有此类肉刑。

楔形文字刑法中有鞭、杖的肉刑,而且有明确的鞭杖数。《汉穆拉比法典》的第202条中就有"以牛皮鞭之六十下"的规定。[②]《中亚述法典》中也有多处使用杖刑的规定,而且把杖刑称为"杖责"。此法典第3表(A)的第7条规定有"二十杖责";第18条规定有"四十杖责";第21条规定有"五十杖责"等。[③]

希伯来刑法中有责打的肉刑。《旧约全书》的"申命记"和"利末记"中,就分别有"责打四十"和"应当责打"的记载。

---

① 《摩奴法论》,蒋忠新译,中国社会科学出版社1986年版,第198页。
② 《外国法制史》编写组:《外国法制史资料选编》上册,北京大学出版社1982年版,第17—70页。
③ 同上书,第51—70页。

附录三　古代东方肉刑论

印度刑法和伊斯兰刑法中都有鞭打的肉刑。《摩奴法论》把鞭打称为"鞭笞"。"用绳子或者竹条予以鞭笞",鞭打的部位是身体的背部,"绝不打头部"。① 《古兰经》中亦有"打一百鞭"的内容。②

俄罗斯刑法中有鞭打、棍打的肉刑。《一四九七年会典》把鞭打称为"鞭笞",明文规定有"鞭笞刑"。③《一六四九年会典》中则有鞭打和棍打的规定。它的第三章第9条、第六章第4条、第十章第198条等规定有"鞭笞"刑;第十章第14条还规定有"棍打"刑。④

中国刑法中有笞、杖等肉刑。笞刑是一种用小竹板或荆条捶击罪犯臀、腿部的肉刑。它在隋唐以前已被广泛使用,并在隋唐时被正式确定为"五刑"之一。根据《唐律疏议·名例》的记载,笞刑分5等,每等为10,从10至50。杖刑是一种用大竹板捶击罪犯臀、腿、背的肉刑。它在隋唐以前也已被广泛使用,隋唐时则被正式列入"五刑"。《唐律疏议·名例》规定,杖刑分5等,每等为10,从60至100。作为"五刑"的笞、杖刑都被用至清末。

2. 烙刺罪犯人体表部的肉刑

这是一种通过烙印、刺字等方法在罪犯表皮留下印记、字词等的肉刑。烙、刺的部位多为额部,也有面、手背等部。

希伯来刑法、印度刑法和伊斯兰刑法中都有烙印的肉刑。希伯来刑法把烙印作为一种同态复仇的刑罚。《旧约全书·出埃及记》中规定,可以使用"以烙还烙"的刑罚。印度刑法对烙印的图像和部位都有规定。《摩奴法论》说,烙印的图像有"一个女根"、"一个酒店的标记"、"一个狗足"、"一个无头人"等,而且烙印的部位都是在"额头上打烙印"。⑤ 伊斯兰刑法对烙印的方法和部位都有明确规定。《古兰经》规定:"要把那些金银放在火狱的火里烧红,然后用来烙他们的前额、肋下和背脊。"⑥

中国刑法中有长期使用刺字刑的历史。先秦时就已有刺字刑,称为"墨"或"黥"。它的施行方法是先用刀刻罪犯的面,然后涂以墨。《周礼·秋官·司刑》的"墨罪五百"注说:"墨,黥也。先刻其面,以墨窒之。"汉文、景帝改革刑制时,曾用笞代替墨,但之后被复用。金朝时,用刺字代替墨、黥

---

① 《摩奴法论》,蒋忠新译,中国社会科学出版社1986年版,第163页。
② 《古兰经》,马坚译,中国社会科学出版社1981年版,第265页。
③ 外国法制史研究会编:《外国法制史汇刊》第1集,武汉大学出版社1982年版,第208页。
④ 《一六四九年会典》,莫斯科大学出版社1961年俄文版。
⑤ 《摩奴法论》,蒋忠新译,中国社会科学出版社1986年版,第194页。
⑥ 《古兰经》,马坚译,中国社会科学出版社1981年版,第142页。

刑。金太宗天会七年(1129年)的诏书中曾规定过"判刺字充军"的刑罚。到了明、清,刺字仍被使用。《明律》和《大清律例》的"窃盗"条中都有"于右小臂膊上刺窃盗两字"、"刺左小臂膊"的规定。

3. 残损罪犯人体器官的肉刑

这一肉刑要割去、毁坏罪犯的人体器官,包括舌头、嘴唇、眼睛、耳朵、鼻子、牙齿、乳房、生殖器和肛门等等。除了人的肢体外,人体的外露器官几乎都在此刑的残损范围之中。

在楔形文字刑法中,这类肉刑较多。残损的器官包括舌头、眼睛、乳房、牙齿、耳朵、嘴唇等等。《汉穆拉比法典》中规定所残损的器官就达6种以上。此法典的第192条规定中有"割舌";第193条规定中有"割去一眼";第194条规定中有"割下乳房";第196年规定中有"毁其眼";第200条规定中有"击落其齿";第205条规定中有"割其一耳"等等。《中亚述法典》中也有这类肉刑的规定。希伯来刑法从同态复仇的角度出发,把这类肉刑也作为同态复仇的手段,残损的器官有眼睛、牙齿等。《旧约全书·出埃及记》中有"以眼还眼,以牙还牙"的记载。印度刑法中此类肉刑很多,残损器官有近十种。《摩奴法论》有"割掉其双唇";"割掉其阴茎";"割掉其肛门";"断其舌"等规定。①《法显传》中又有"劓鼻、截耳、断手、刖足"等规定。② 俄罗斯刑法中也有此类肉刑。《一六四九年会典》第二十二章第10条就规定有"割去其鼻子或耳朵";"撕破其嘴唇";"剐去其一只眼睛"等刑罚。

中国刑法中有劓、刵和宫的肉刑。劓是一种割去罪犯鼻子的肉刑。《尚书·康诰》"疏"说:"劓在五刑,为截鼻。"刵是一种割去罪犯耳朵的肉刑。《尚书·康诰》"传"说:"刵,截耳,刑之轻者。"《说文·刀部》也说:"刵,断耳也。"宫是一种毁坏罪犯生殖器的肉刑,不过男、女有所区别。《周礼·秋官·司刑》"注"说:"宫者,丈夫则割其势,女子闭于宫中。"这是一种仅轻于死刑的重刑。《尚书·吕刑》"传"说:"宫,淫刑也,男子割势,妇人幽闭,次死之刑。"这些肉刑在先秦时期被广泛使用,劓和宫还入"五刑",只是在汉文、景帝改革刑制后,才有明显的改变。

4. 割损罪犯肢体的肉刑

这是一种割去罪犯外部肢体的肉刑。被割的肢体包括手指、手、足、腕等等。古代东方刑法中皆有此类肉刑。楔形文字刑法中有割指的规定。

---

① 《摩奴法论》,蒋忠新译,中国社会科学出版社1986年版,第161、162、169、197页。
② 《古印度帝国时代史料选辑》,商务印书馆1989年版,第152页。

《汉穆拉比法典》第195条中有"应断其指"的规定。《中亚述法典》第3表(A)第8条中有"割去她一个手指"的规定。希伯来刑法中出现过割去手、脚的规定。《旧约全书·出埃及记》贯彻了同态复仇的原则,把割手、脚也作为同态复仇的手段,作出了"以手还手,以脚还脚"的规定。《旧约全书·申命记》里也有"砍断彼妇人之手"的记载。印度刑法中的这类肉刑包括割指、手和足。《摩奴法论》多处规定了"断指"、"断二指"、"断手"、"断双手"、"刖足"等刑罚。①伊斯兰刑法和俄罗斯刑法集中规定在割掉手、脚和腿。《古兰经》中规定有"割去他们俩的手"和"把手脚交互着割去"。②《一六四九年会典》第二十二章第10条则规定有"砍去其一只手"和"应砍断其一只手或一条腿"。

中国刑法中的这类肉刑较多,具体有膑、刖或剕、斩趾、断腕、去指和断手等。膑是一种剔去罪犯膝盖骨的肉刑。《白虎通·五刑篇》说:"膑者,脱去膑也。"此处的膑即是膝盖骨。刖或剕都是断足,即砍腿的肉刑。《周礼·秋官·司刑》"注"说:"刖,断足也。"《释文》又说:"刖足曰剕"。受刖或剕刑后,罪犯行走如跪行状。《韩非子·内储说下》说:"门者刖跪。"斩趾即是砍足,如同刖刑。沈家本在考证此刑后说:"汉法斩止(趾)即古者之刖。"③断腕即是割去手臂的肉刑。《宋史·太宗纪》和《元史·世祖纪》中都记载过这一肉刑,出现过"断腕"、"断其腕"的规定。去指和断手是指割去手指和手掌的肉刑。明《大诰》中有这样的肉刑。"明《大诰》有挑筋、去指、剁指、断手之刑。"④

综上所述可见,古代东方的肉刑种类多,几乎遍及人体外部的每个部分;涉及面广,所有古代东方刑法都有使用肉刑的规定;使用时间长,在整个古代都不断被使用,没有间断。

二

古代东方的肉刑适用于许多犯罪,但归纳起来,主要是以下几大方面。

1. 危害伦理规范方面的犯罪

伦理规范是古代东方社会的一种行为规范,并具有法律规范所没有的

---

① 《摩奴法论》,蒋忠新译,中国社会科学出版社1986年版,第161、162、169、197页。
② 《古兰经》,马坚译,中国社会科学出版社1981年版,第82页。
③④ 《历代刑法考·刑法分考六》。

优越性。古代东方国家的统治者大多重视这一规范,把它作为修身、齐家、治国的重要手段。为了保证这一规范的施行,古代东方法严惩严重危害这一规范的行为,包括使用肉刑。那时的伦理规范主要划分为社会和家庭伦理两大部分,肉刑对这两个部分的危害行为都适用。

印度刑法把危害伦理规范的行为作为适用肉刑的对象。《法显传》说:"犯伤礼义,悖逆忠孝,则劓鼻、截耳、断手、刖足。"①这是一种较为笼统的规定,危害两种伦理的行为都包括在内了。古代东方刑法中更多的是对这两种危害行为分别作出规定。

楔形文字刑法中规定了一些养子不孝养父母的行为,并用肉刑惩治这些行为。《汉穆拉比法典》第 192 条规定,如果阉人的养子或神妓的养子对其养父母说"你非吾父"或"你非吾母",那么这些养子就"应割舌"。第 193 条进一步规定,如果这些养子"憎恶抚养彼之父母,而归其父之家",那么就"应割去一眼"。第 195 条还规定,一般子殴父的行为都要受到肉刑的惩罚,即"倘子殴其父,则应断其指"。这些规定都是打击危害家庭伦理的行为。

中国刑法曾用肉刑打击许多违反家庭伦理规范的行为。仅在《大清律例》"户律"和"刑律"中就有"立嫡子违法"、"妻妾失序"、"居丧嫁娶"、"父母囚禁嫁娶"、"妻妾殴夫"和"纵容妻妾犯奸"等等规定。使用的肉刑以杖刑为主。比如,凡"妻妾失序"的,如果"以妻为妾者杖一百,妻在以妾为妻者杖九十"。又如,"凡居父母及夫丧而身自嫁娶者,杖一百"。

2. 侵犯人身权利方面的犯罪

侵犯人身权利的犯罪亦是一种危害很大的犯罪。它不仅破坏了人们的正常生活,还造成了社会的不稳定,因此古代东方刑法也狠狠打击这种犯罪,包括使用肉刑。许多资料显示,使用肉刑惩罚的这种犯罪具体包含伤害、强奸、侮辱、诽谤、诬告等等。

楔形文字刑法用肉刑重点打击那些伤害犯罪。《汉穆拉比法典》第 200 条规定:"倘自由民击落与同等之自由民之齿,则应击落其齿。"《中亚述法典》还打击其他一些伤害行为。此法典第 3 表(A)第 8 条规定,如果某女人在打架时,"打破了某人的睾丸",那么这个女人就要被割去"一个手指"。第 15 条另规定,如果一个拐带者割掉了自己妻子的鼻子,那么这个人可以被施以毁坏其生殖器官的肉刑,以使"那个人成为阉人"。希伯来刑法也用肉刑惩治伤害犯罪,只是在用刑时更注重贯彻同态复仇的原则,对罪犯所使

---

① 《古印度帝国时代史料选辑》,商务印书馆 1989 年版,第 152 页。

用的肉刑,即是其伤害的器官、肢体等。《旧约全书·出埃及记》记载说:"人若彼此争斗"而造成他人伤害的,那么就要"以眼还眼、以牙还牙、以手还手、以脚还脚、以烙还烙、以伤还伤"等等。《旧约全书·利末记》也有相似的记载:"人若使他的邻舍的身体有残废,他怎样行,也要照样向他行。以伤还伤、以眼还眼、以牙还牙。他怎样叫人的身体有残疾,也要照样向他行。"

印度刑法用肉刑惩罚的犯罪包括伤害、强奸和侮辱等。关于伤害犯罪,它规定:"凡是出身低贱者用以伤害出身高贵者的肢体都应该被斩断","动手或使用棍棒者应断手,因发怒而用脚踢者则用足"。① 关于强奸犯罪,它规定:"强奸同种姓少女应立即处以肉刑。"②关于侮辱犯罪,它规定:"一生人若用下流话侮辱再生人,则应该断其舌。"③

中国刑法中处以肉刑的这方面犯罪比较多,包括伤害、杀人、侮辱、诬告、拐卖人等等。在唐朝,奴婢的地位极低,主人擅自杀死他们的,只被处以肉刑。"诸奴婢有罪,其主不请官司而杀者,杖一百。"人们互相斗殴的,则要根据情节被施以肉刑。"诸斗殴人者,笞四十;伤及以他物殴人者,杖六十;伤及拔发方寸以上,杖八十。"还有,诬告他人犯有笞、杖罪的,"各反坐",也要被处以笞、杖刑。④ 在清朝,妻妾殴打、侮辱丈夫的,都要被处以肉刑。"凡妻殴夫者杖一百。"妾侮辱丈夫的"杖八十"。还有,父母拐卖自己子孙为奴婢的,要被"杖八十"⑤。

3. 侵害财产方面的犯罪

侵害财产方面的犯罪会对社会的经济造成很大的危害,并动摇国家的政治,在以私有制为基础的古代东方社会同样如此。因此,古代东方国家的统治者无不运用刑法手段打击这方面的犯罪行为,包括使用肉刑。在古代东方刑法中,用肉刑惩办的这方面犯罪以偷窃和强盗为多,还包括诈骗、贪污等等。

楔形文字刑法和印度刑法都打击各种偷窃行为,而且所用肉刑都集中在割损罪犯的肢体上。《汉穆拉比法典》规定,如果自由民雇自由民种地,而

---

① 《摩奴法论》,蒋忠新译,中国社会科学出版社1986年版,第162页。
② 同上书,第168页。
③ 同上书,第161页。"一生人"是指"首陀罗",即是印度4个种姓中地位最低的一个种姓,属于奴隶一类。
④ 《唐律疏议·斗讼》。
⑤ 《大清律例·刑律》。

被雇自由民"偷窃种子或饲料",那么该自由民就要被处以"断其指"的刑罚。印度刑法则规定:对于那些夜间以挖墙钻穴而行窃的贼,"国王应该断其双手";对于那些偷窃婆罗门的牛或偷窃牲畜的人,"应该立即被刖半足"。①

伊斯兰刑法也用割损罪犯肢体的肉刑处罚偷盗者。《古兰经》说:"偷盗的男女,你们当割去他们俩的手,以报他们俩的罪行,以示真主的惩戒。"②《布哈里圣训实录精华》也说:"偷窃价值四分之一第纳尔之物的窃贼,其手当被砍断。"③同时,伊斯兰刑法还用烙印来惩罚诈骗犯罪者。《古兰经》说:对于那些"借诈术而侵吞别人的财产"的人,要把那些他们得到的"金银放在火狱的火里烧红,然后用来烙他们的前额、肋下和背脊"。④

俄罗斯刑法则用笞刑惩治初犯的偷窃者。《一五五〇年律书》规定:"没有前科的小偷第一次行窃,并且不是偷窃教堂圣器,偷窃中又没有杀人行凶,应处以笞刑。"⑤另外,此刑法还用残损罪犯人体器官的肉刑等处罚强盗者。《一六四九年会典》第二十一章第66条规定,强盗者在第一次抢劫后,就应被"割去其右耳朵,监禁三年"。

中国刑法对偷窃、强盗、诈骗、贪污、毁坏公私财物等犯罪都有规定,而且它们也都在施用肉刑之列。根据《唐律疏议》的规定,轻微的偷窃、诈骗、贪污和毁坏公私财物的犯罪行为,都要被处以肉刑。《唐律疏议·贼盗》规定:偷窃未得财的,要被"笞五十";得财价值在一尺绢的,要被"杖六十"。此外还规定,监临主司受所监临财物的,"一尺笞四十,一匹加一等"。《唐律疏议·诈伪》和《唐律疏议·职制》也规定,"诸诈欺官私以取财物者"和"诸弃毁官私器物及毁伐树木、稼穑者",都要以偷窃论,即"一尺杖六十"。

4. 适用其他方面的犯罪

有关侵犯皇权的犯罪。一些轻微侵犯皇权的犯罪也被适用于肉刑。这在俄罗斯刑法和中国刑法中都有过规定。俄罗斯刑法用肉刑制裁那些向沙皇挥舞武器的罪犯。《一六四九年会典》第三章第 4 条规定:"在皇上陛下驾临时,有人向他挥舞武器,但未致伤,也未加杀害,则应惩罚此人,应砍去

---

① 《摩奴法论》,蒋忠新译,中国社会科学出版社 1986 年版,第 165 页。
② 《古兰经》,马坚译,中国社会科学出版社 1981 年版,第 82 页。
③ 〔埃及〕穆斯塔发·本·穆罕默德艾玛热编:《布哈里圣训实录精华》,宝文安等译,中国社会科学出版社 1981 年版,第 190 页。
④ 《古兰经》,马坚译,中国社会科学出版社 1981 年版,第 142 页。
⑤ 外国法制史研究会编:《外国法制史汇刊》第 2 集,武汉大学出版社 1984 年版,第 225 页。

其一只手。"中国刑法则用肉刑惩治那些上书有误、偷窃大祀神御之物等一些罪犯。在唐朝,如果上书、奏事而"误犯宗庙讳者,杖八十"①;如果大祀仪式结束后,偷窃祭神食品的,要被"杖一百"②等等。

有关触犯宗教的犯罪。有些古代东方国家还用肉刑打击那些触犯宗教的犯罪。伊斯兰刑法用斩首、断指来惩处这种犯罪。《古兰经》说:"你们当斩他们的首级,断他们的指头。这是因为他们违抗真主及其使者。"③俄罗斯刑法则用鞭笞和棍打、监禁来惩罚这类犯罪。《一六四九年会典》规定:"侮辱总主教应处以鞭笞并监禁一个月,侮辱大主教应处以棍打并监禁四天,侮辱主教应处以棍打并监禁三天。"中国刑法只是用肉刑来制裁那些轻度的触犯宗教行为。《唐律疏议·贼盗》规定,以供奉为目的而"非贪利"的偷盗天尊佛像者,需被"杖一百"。

有关渎职的犯罪。古代东方刑法还用肉刑惩治渎职犯罪。俄罗斯刑法和中国刑法都曾用肉刑处罚贿赂犯罪。《一五五〇年律书》规定:"书吏由于收取贿赂,并未获齐亚克的授意,不按事实书写判决书,则应处以笞刑。"④《唐律疏议·职制》把贿赂犯罪称为"监临主司受财枉法",有这种犯罪行为的官吏,凡受财"一尺杖一百"。

三

古代东方刑法确立肉刑的指导思想不尽一致。楔形文字刑法、希伯来刑法和伊斯兰刑法确定肉刑的指导思想主要是同态复仇,因此对罪犯使用的肉刑往往就是他们所侵害被害人的部位。于是,楔形文字刑法中有了如果自由民损毁了"任何自由民之眼,则应毁其眼"⑤的规定;希伯来刑法中有了"以眼还眼、以牙还牙、以手还手、以脚还脚、以烙还烙、以伤还伤"的记载;伊斯兰刑法中有了"谁侵犯你们,你们可以同样的方法报复谁"的内容。这些都是这一指导思想的直接体现。

可是,中国刑法确定肉刑的指导思想主要不是同态复仇,而是另外三点。第一,使用肉刑是为了给罪犯以耻辱。唐朝的斐耀卿认为:"今决杖贱

---

① 《唐律疏议·职制》。
② 《唐律疏议·贼盗》。
③ 《古兰经》,马坚译,中国社会科学出版社1981年版,第132页。
④ 外国法制史研究会编:《外国法制史汇刊》第2集,武汉大学出版社1984年版,第217页。
⑤ 《汉穆拉比法典》第196条。

死,诚则已优,解体受笞,事颇为辱。"①《唐律疏议·名例》也明确指出,设立笞刑就是为了给罪犯以耻辱之心。"笞者,击也,又训为耻。言人有小愆,法须惩诫,故加捶挞以耻之。"第二,使用肉刑是为了给他人以警诫。有魏人认为,用肉刑可以使未受刑人感到惧怕,以致不敢犯罪。"黥、劓可以惧未刑","故虽残一物之生,刑一人之体,是除天下之害"。②晋人刘颂也认为:"残体为戮,终身作诫,人见其痛,畏而不犯。"③第三,使用肉刑是为了消灭犯罪的器官和肢体。刘颂还认为,用肉刑可以消灭罪犯的器官、肢体,以使他们不能再犯罪。他说:"去其为恶之具,使夫奸人无用复肆之志,止奸绝本,理之尽也。亡者刖足,无所用之。盗者截手,无所用复盗。淫者割其势,理亦如之。"④中国刑法中的这三个指导思想已摆脱带有原始痕迹的同态复仇思想,是更为先进的思想。这从一个侧面说明,中国古代的刑法思想在古代东方是一种较为先进的刑法思想。

古代东方的有些肉刑还与其他刑种合并成为一种新的复合型刑罚。在这些新的刑罚中,肉刑往往不是最重的刑罚。中国刑法中有这样的刑罚,"具五刑"和"刺配"都是如此。"具五刑"把肉刑黥、劓、斩左右趾和死刑笞杀、枭首结合在一起。《汉书·刑法志》载:"先黥、劓、斩左右止(趾),笞杀之,枭其首,菹其骨肉于市。其诽谤詈诅者,又先断舌。故谓之具五刑。""刺配"则是把肉刑墨、杖和流刑合并在一起。明人邱睿在《大学衍义补》中说:"宋人承五代之刺配法,既杖其脊,又配其人,而且刺其面,是一人之身一事之犯而兼受三刑也。"这一新刑罚,明显加重了原肉刑的处罚力度,并有了自己的适用范围。

古代东方的有些肉刑还与其他肉刑、刑罚、制裁方式一起使用,这同样也增强了处罚力度,因为它导致了一罪多罚的结果。多数古代东方法中都有这种情况。

楔形文字法曾把肉刑与罚铅、服劳役一起使用。《中亚述法典》第3表(A)第7条规定,如果某女人向人做某种手势,有人以誓言揭发她,"那么她应交出三十明那黑铅,并应受二十杖责"。第21条还规定,如果打了别人的女儿并使其堕胎的,那么此人"应受五十杖责,并服王家劳役一整月"。印度

---

① 高绍先主编:《中国历代法学名篇注释》,中国人民公安大学出版社1993年版,第442页。
② 《魏书·钟繇传》。
③④ 《历代刑法考·刑法分考五》。

附录三 古代东方肉刑论

《摩奴法论》规定,亵渎少女的,除了"应处罚款二百"外,"还应该受十下鞭打"。① 伊斯兰刑法却把肉刑与死刑一并使用。《古兰经》规定,对于那些异教徒,除了"要交互着砍掉你们的手脚"外,还要"把你们统统钉死在十字架上"。②

俄罗斯刑法中有把肉刑与其他肉刑、罚金、监禁、流放、恢复原状等一起使用的规定。《一六四九年会典》中有把鞭笞和割去耳朵的肉刑一同使用的规定。此法典指出,第三次行窃并无杀人记录的偷窃者"应鞭笞他,割去其右耳,监禁四年"。《一四九七年会典》中有把鞭笞和罚金一并使用的规定。即对第一次抓获的一般偷窃者,"应处以在市场上公开鞭笞刑,并按法的裁定缴付罚金"③。《一五五〇年律书》中有笞刑与监禁共同使用的规定。

中国刑法中有把肉刑与其他肉刑、徒、流,甚至强制离婚共同使用的规定。比如,《宋书·明帝纪》记录了黥和刖一起使用于同一罪犯的事实;《元史·世祖纪》记载了黥和断腕一起使用于一个罪犯的史实。这些都是把一种肉刑与另一种肉刑一并使用,即用两种肉刑同时适用于一个罪犯的规定。《大清律例·刑搜》规定有肉刑与徒、流一起使用的内容。"凡祖父母父母故杀子孙,同家长故杀奴婢图赖人者,杖七十,徒一年半。""凡以他物置人耳鼻及孔窍中","致成残废疾者,杖一百,流三千里"。《大清律例·户律》还规定有肉刑与强制离婚同用的内容。"凡同姓为婚者,各杖六十,离异。""凡官吏娶乐人为妻妾者,杖六十,并离异。"

有的古代东方刑法规定,肉刑可以与其他制裁方式选择使用,即肉刑成了一种选择用刑,要么用肉刑,要么用其他制裁方式。印度曾规定,断指与罚款、断指与剃发可选择使用。《摩奴法论》规定:"仗势强奸少女者,应该立即处以断指,或者应该罚款六百","亵渎少女的妇女应该立即处剃发或者断二指"。④ 这里的"罚款"和"剃发"都不是肉刑。伊斯兰刑法则把肉刑与死刑、驱逐出境一起选择使用。《古兰经》说:"敌对真主和使者,而且扰乱地方的人,他们的报酬,只是处以死刑,或钉死在十字架上,或把手脚交互着割去,或驱逐出境。"⑤在这里,除了"把手脚交互着割去"是肉刑外,其他的都不是肉刑。

---

① 《摩奴法论》,蒋忠新译,中国社会科学出版社1986年版,第169页。
② 《古兰经》,马坚译,中国社会科学出版社1981年版,第122页。
③ 外国法制史研究会编:《外国法制史汇刊》第1集,武汉大学出版社1982年版,第208页。
④ 外国法制史研究会编:《外国法制史汇刊》第2集,武汉大学出版社1984年版,第218页。
⑤ 《摩奴法论》,蒋忠新译,中国社会科学出版社1986年版,第169页。

俄罗斯刑法中有把肉刑与交钱一起作为选择的处罚规定。《罗斯法典》明言,如果霍洛普殴打自由人,他们受到的处罚应是"或者为凌辱行为收取一格里夫纳;或者捆绑拷打"。此规定中的"收取一格里夫纳"是一种关于财产的处罚方式,不是肉刑。值得注意的是,古代东方刑法中的这种选择用刑不适用所有犯罪,而有其特定性,只是明文规定的犯罪才在选择范围之中。而且,这种选择用刑适用得不多,不是一种常用刑。

古代东方社会是个等级社会,人们之间存在一种不平等关系。低身份者往往是肉刑的适用对象,而高身份者则常常可以逃避肉刑的制裁。楔形文字刑法里有高身份者伤害了低身份者可免受肉刑的规定。《汉穆拉比法典》第200和201条规定,自由民击落了同等自由民的牙齿,那么该自由民也应处以击落牙齿的肉刑;可是,如果自由民击落了比他身份低的努什钦努的牙齿,那么该自由民只要"赔偿银三分之一明那"就可以了。在印度刑法里,不同种姓的人实施了同一犯罪,第四种姓的首陀罗要被处以肉刑,而其他种姓的人则可免受肉刑。《摩奴法论》规定:"辱骂婆罗门以后,刹帝利应该罚一百,吠舍应该罚一百五十或者二百,而首陀罗则应该受肉刑。"①中国刑法则为贵族网开一面,他们可免受宫刑,用髡刑取代。《历代刑法考·刑法分考六》说:"公族无宫刑","公族既犯宫刑,当髡去其发"。

有些古代东方国家存在法外肉刑。法外肉刑是那些在法律中无明文规定的肉刑。中国就曾出现过这样的肉刑。据《史记·孙子列传》记载,孙膑所受的断两足并黥是当时的一种法外肉刑。那时,"孙膑尝与庞涓俱学兵法",而庞涓又知自己"不及孙膑",于是便设计残割孙膑,"以法刑断其两足而黥之"。沈家本认为:"此两足同时并刖而又加以黥,盖非常刑矣。"还有,据《宋史·太宗纪》记载,断腕后再斩的刑罚也是法外之刑。"雍熙二年(985年)十月,汴河主粮胥吏坐车夺糟军口粮,断腕徇于河畔三日,斩之。"沈家本评说这是法外之刑。他说:"赃吏犯罪,律有正条,斩之而先断腕,实不足以为法,此太宗之过举也。"②沈家本的这些论断是有道理的。

肉刑曾在有的古代东方国家遭到严厉的批判,人们在理论上从不同角度猛烈抨击它的弊端。以中国为例。汉初的缇萦在给汉文帝的上书中就曾提出要求改革肉刑,使其父亲淳于公重新做人。她说:"妾伤夫死者不可复生,刑者不可复属,虽后欲改过自新,其道亡繇也。妾愿没入为官婢,以赎父

---

① 《古兰经》,马坚译,中国社会科学出版社1981年版,第82页。
② 《摩奴法论》,第149页。

刑罪,使得自新。"①有人从肉刑的残酷性角度出发,认为它是一种违德刑罚。汉文帝就曾说:"夫刑至断支体,刻肌肤,终身不息,何其刑之痛而不德也!"②明代的邱浚也说:"宫刑乃绝其世,人之有生,承使禅续,其来有非一世,而一旦绝之于其身,岂尤惨也",所以"仁人君子必痛止之"。③有人从肉刑的作用角度出发,认为它无助于消灭犯罪,甚至还会助长犯罪。汉人班固指出:"第既谓刑轻不足以塞奸,而肉刑更轻于死刑,遂可以塞奸乎?"④晋时也有人指出:"习恶之徒,为非未已,截头绞颈,尚不能禁,而乃更断足劓鼻","徒有轻刑之名,而实开长恶之源"。⑤尽管有人反对,可是纵观整个中国古代,乃至整个古代东方社会,肉刑始终不绝,可见它的存在具有其一定的现实条件和基础。

　　进入近代社会以后,古代东方的肉刑开始被改革、废用。那时,东方国家纷纷引进西方发达国家的刑法思想、原则和制度,并着手改造自己的刑法,其中包括刑罚。原印度法中的肉刑均在那时被取消,原伊斯兰法中的肉刑也大多被改革了。俄罗斯于1885年施行的《刑罚和感化法典》用罚金、拘役、监禁等取代了原来的肉刑。中国在1911年公布的《大清新刑律》里彻底废除了肉刑,建立起新的刑罚体系,由主刑死刑、无期徒刑、有期徒刑、拘役、罚金和从刑褫夺公权、没收组成,肉刑被废用了。当然,这种改革、废用肉刑的道路也是曲折的,有的东方国家的这种改革、废用不那么彻底,肉刑的残留还存在。如有的伊斯兰国家在20世纪中叶还要鞭打饮酒者,把饮酒作为一种犯罪⑥。从总体上看,东方国家在近代以后,已着实改革、废除肉刑,这是一种历史的进步,也使东方的刑罚走向一个更为文明的时代。

原载《学术季刊》2001年第4期

---

①②　《汉书·刑法志》。
③④⑤　《历代刑法考·刑法分考五》。
⑥　参见高鸿钧:《伊斯兰教法及其在当代世界的影响》,载《西亚非洲》1985年第4期。

附录四 《罗斯法典》的罚金制度透析

《罗斯法典》又称《罗斯真理》,制定于公元 11 至 12 世纪,是俄罗斯最古老、最重要法律的汇编,也是研究古代俄罗斯法制的重要资料。《罗斯法典》[①]中有些值得研究的问题,罚金制度是其中之一。此法典里没有徒刑、拘役等刑罚,罚金便成了主要刑罚,其地位和作用均举足轻重。本文拟对罚金制度作一初步透析。

一、罚金所适用的主要犯罪

《罗斯法典》分为简编和详编两大部分。简编《罗斯法典》中又分为《雅罗斯拉夫法典》和《雅罗斯拉维奇法典》两部分,共计 43 条。其中,《雅罗斯拉夫法典》18 条,《雅罗斯拉维奇法典》25 条。详编《罗斯法典》共有 121 条,其中后 69 条又被称为《摩诺马赫法规》。在《罗斯法典》的总共 164 条中,明指"罚金"的,共有 57 处。它们适用于以下这些犯罪。

1. 盗窃犯罪

在《罗斯法典》中,大量的盗窃犯罪适用罚金,共计 25 处,占全法典使用罚金总数的近一半。盗窃物主要为牲畜等各类动物,包括马、牛、猪、天鹅、羊、鸽子、鸡、鸭子、鹤、鹰、鹨和狗等。此外,还有其他一些盗窃物,如谷物、船只等等。

一般而言,被盗物的价值越高,使用罚金的数额也就越大,反之则小。根据《雅罗斯拉维奇法典》第 28 条的规定,对盗窃骠马、公牛、母牛、马、羊等牲畜所处的罚金不同,其原因就是它们的价值本身就不同。此条规定:"盗窃骠马的罚金为六十列查那,公牛为一格里夫纳,母牛为四十列查那,三齿龄牛(马)为十五库纳,一齿龄牛(马)为半格里夫纳,牛犊为五列查那,羊羔为一诺卡达,公羊为一诺卡达。"[②]盗窃其他财产也是如此,这在《摩诺马赫

---

① 王钺译注:《〈罗斯法典〉译注》,兰州大学出版社 1987 年版。
② 根据古代俄罗斯的货币制度,格里夫纳相当于 20 诺卡达,或 25 库纳,或 50 列查那。40 格里夫纳银锭的重量有 8.19 公斤重。

法规》第 79 条中同样得到反映,此条规定盗窃不同价值的船只处以不同的罚金。即"如果偷窃单桅船,那么,处以六十库纳罚金,归还船只;偷窃海船,三格里夫纳罚金;偷窃高舷装甲船,二格里夫纳罚金;偷窃舢板,二十库纳罚金;偷窃无装甲船,一格里夫纳罚金"。

2. 破坏财产的犯罪

在这里,破坏的财产大多是私人财产。被破坏的财物包括野蜜蜂巢及其标志物等。在《罗斯法典》中,对这类犯罪所使用的罚金共有 7 处,仅少于盗窃犯罪。

蜂蜜是当时人们喜欢的食品,[①]为了保证蜂蜜的产量,有必要保护野蜜蜂巢及其标志物等,破坏者要受到罚金的处罚。《雅罗斯拉维奇法典》第 32 条规定:"某人烧毁属于王公所占有的野蜜蜂巢","应支付三格里夫纳的罚金"。《摩诺马赫法规》第 71 条进一步规定,破坏野蜜蜂巢标志的行为也是犯罪行为,要被处以罚金。"如果破坏野蜜蜂巢的标志,那么,罚金十二格里夫纳。"此法规第 72 条还规定,野蜜蜂场地的栅栏也受保护,破坏者同样要受罚。"如果破坏野蜜蜂场地的栅栏","那么,处以十二格里夫纳的罚金"。

3. 伤害犯罪

伤害犯罪严重侵害了人们的健康权,《罗斯法典》也要惩罚这种犯罪。《摩诺马赫法规》集中规定了拔掉他人胡须和打落他人牙齿两种伤害犯罪,并都列入罚金的范围。此法规第 67 条规定:"如果某人的胡须被他人拔掉,而且提供出实物和不止一个证人,那么,处以凶手十二格里夫纳的罚金。"[②] 此法规第 68 条还规定:"如果某人的牙齿被他人击落,满嘴是血,又提出不止一个证人,那么,凶手应交纳十二格里夫纳的罚金,还得为牙齿赔偿一格里夫纳。"

低身份的债农也受到一定的保护,伤害了无过错的债农,凶手同样要受到与伤害自由人一样的处罚。《摩诺马赫法规》第 62 条规定:"如果主人因故殴打债农,那是没有罪责的。主人酿酒后肆虐债农,而债农并无过失,那么,主人对债农的这种行为,应处以相当于殴打自由人的罚金。"

4. 非法拘禁刑讯的犯罪

古代俄罗斯也有自己的司法秩序,不允许非法司法行为,包括非法拘禁

[①] 参见王钺译注:《〈罗斯法典〉译注》,兰州大学出版社 1987 年版,第 32 页。
[②] 在古代俄罗斯,人们把胡须看作身体的一个重要组成部分。因为,那时人们认为,胡须是人体灵魂凝聚的地方,也是人体中最神圣的地方,一旦被拔,此人便会因此而身败名裂。所以,《摩诺马赫法规》把拔掉他人胡须作为犯罪行为,并用罚金进行惩处。

刑讯的行为。凡是构成这一犯罪的,都要受到罚金的处罚。不过,《罗斯法典》特别偏袒高身份者,所以非法拘禁高身份者后受到处罚的罚金数额要高于低身份者。《雅罗斯拉维奇法典》第33条规定:"如果某人未奉王公的指令,擅自拘禁刑讯斯麦尔德,处以三格里夫纳的罚金;拘禁刑讯对象是总管、基温或审判执行官,处以十二格里夫纳的罚金。"在这里,斯麦尔德是封建庄园依附者的基本成员。他们主要从事农业生产,耕种庄园土地,交纳田赋,还要为国家履行各种义务。其中,最为重要和经常的义务是自己携带马匹、武器和粮食,跟随王公征战。① 他们的地位明显低于总管、基温或审判执行官。这成为非法拘禁他们以后,犯罪者少交罚金的原因。

5. 其他犯罪

除以上4种犯罪外,《罗斯法典》还规定了适用罚金的其他一些犯罪,其中有拐骗人口、非法耕种他人土地、强占他人财产、窝藏赃物等。

拐骗人口的犯罪。《罗斯法典》把拐骗人口也作为一种犯罪行为,就是拐骗他人奴隶的也要受罚。《雅罗斯拉维奇法典》第29条规定:"如果某人拐骗他人的霍洛普或文奴隶,必须支付十二格里夫纳的罚金。"

非法耕种他人土地的犯罪。非法耕种他人土地的行为直接侵犯了他人的土地所有权,这也为《罗斯法典》所不容,要被处以罚金。《雅罗斯拉维奇法典》第34条规定:"如果某人填平界沟或拔除界桩,耕种他人的田地,处以十二格里夫纳的罚金。"

强占他人财产的犯罪。强占他人财产的行为是一种犯罪行为,《罗斯法典》规定构成这一犯罪者要被处以罚金。《摩诺马赫法规》第60条规定:"如果主人强行抢占他(指债农)的钱财,那么,应归还其钱财,对于这种不法行为,主人支付三格里夫纳的罚金。"

窝藏财物的犯罪。在古代俄罗斯,窝藏财物的行为也被认为是一种犯罪行为,也要被处以罚金。《摩诺马赫法规》第121条规定:"如果自由人同他们(指霍洛普)共同偷盗或窝藏财物,那么,自由人向至公交纳罚金。"

综上所述可见,罚金适用的犯罪非常广泛,几乎涉及《罗斯法典》所规定的所有犯罪。这从一个侧面说明,罚金不仅是一种主要刑罚,而且还是一种十分重要的刑种。

---

① 参见王钺译注:《〈罗斯法典〉译注》,兰州大学出版社1987年版,第27页。

二、适用罚金的一些主要原则

在适用《罗斯法典》的罚金时,还需遵循一定的原则。根据法条所规定的内容,原则主要有以下这些。

1. 加重处罚共同犯罪的原则

共同犯罪具有共同的犯意,而且往往犯罪的手段更恶劣,行动更周密,对社会的危害程度也更大,因此,《罗斯法典》严惩这种犯罪,加重处以罚金。这在《雅罗斯拉维奇法典》第 31 条中得到充分表现。此条区分了单人犯罪和共同犯罪,单人犯罪只对自己的盗窃行为负责,而共同犯罪则每个罪犯都要对共同盗窃行为负责,因此所定罚金明显多于单人犯罪。此条规定,如果盗窃马匹、公牛,或者潜入仓库作案,"盗贼若是独自一人,处以一格里夫纳三十列查那的罚金";如果"盗贼是十人,每人处以三格里夫纳三十列查那的罚金"。在这里,对 10 个盗贼中每人的处罚要重于 1 人盗贼处罚的 2 倍以上,其原因就是加重了对共同犯罪的处罚,所以罚金数额也就大了。

2. 注重维护高身份者权益的原则

古代俄罗斯也是个等级社会,人们之间存在不平等关系。这种不平等关系也反映在罚金制度中。如果是同一犯罪,被侵害者是高身份者或高身份者的财产,那么处罚就重,被判罚金就多;反之则轻,被处罚金就少。在上述《雅罗斯拉维奇法典》第 33 条的规定中,擅自拘禁刑讯斯麦尔德仅处 3 格里夫纳罚金,但擅自拘禁刑讯了总管、基温或审判执行官就要处以 12 格里夫纳罚金,差别很大,其原因就是斯麦尔德的身份低于总管、基温、审判执行官。这是侵害了高身份者的人身。同样,侵害了高身份者的财产,也是如此。《雅罗斯拉维奇法典》第 28 条规定:"盗窃烙有火印的王公马匹,处以三格里夫纳的罚金,而盗窃斯麦尔德的马匹,罚金为二格里夫纳。"在这一规定中,盗窃行为和盗窃物都相同,但被处罚金则不同,相差 1 格里夫纳,约占 33%。其原因在于马匹主人的身份不同。王公的身份高于斯麦尔德,所以所处罚金也就不同了,有多少之分。

3. 与赔偿一起使用的原则

罚金是一种刑罚,而赔偿则是一种民事制裁方式。《罗斯法典》的有些法条中包含有罚金和赔偿,这些条款均占全部罚金条款的 1/3 左右。由于罚金是主要处罚手段,因此赔偿实际上是一种附带的民事赔偿,目的是给被害人一种补偿,减少其损失。在《罗斯法典》中,不是所有的犯罪都适用赔偿,而只有在盗窃、毁坏财产、伤害和杀人等的犯罪中才同时适用赔偿。《雅罗斯拉维奇法典》第 35 条规定,如果某人盗窃了船只,那么除了要向"王公交纳六十列查那的罚金"外,还要"赔偿船主三十列查那"。《摩诺马赫法规》第 84 条规定,如果某人恶意杀害他人的马匹或其他家畜,那么此人要被"罚金十二格里夫纳,而且照价赔偿主人的损失"。此法规第 68 条规定,如果某人击落了他人的牙齿,那么此人不仅要被罚"十二格里夫纳的罚金,还得为牙齿赔偿一格里夫纳"。此法规第 89 条还规定,如果霍洛普或女奴隶被害,那么凶手除了要向王公交纳 12 格里夫纳罚金以外,还要向"主人赔偿身价"。

从以上的赔偿规定中可见,有的赔偿数额是确定的,有明文规定,如《雅罗斯拉维奇法典》第 35 条中的"赔偿船主三十列查那"和《摩诺马赫法规》第 68 条中的"为牙齿赔偿一格里夫纳";有的赔偿数额则是不确定的,没有规定,需根据不同情况最后决定,如《摩诺马赫法规》第 84 条中的"照价赔偿主人的损失"和第 89 条中的要向"主人赔偿身价"。这种确定和不确定最终由被害对象所决定,被害对象比较确定,如船只、牙齿,那么法条规定赔偿的数额也就比较确定;反之则不确定,如家畜、奴隶等,所以赔偿的数额也不确定,需依据不同情况而定。

以上是把罚金与物质赔偿一起使用,在《罗斯法典》中还有把罚金与精神赔偿一起使用的规定。这一赔偿仅适用于非法拘禁刑讯的犯罪,赔偿对象为有一定身份的斯麦尔德、总管等人,赔偿的数额只有 1 格里夫纳。《摩诺马赫法规》第 78 条规定:"如果未奉王公的指令,一个斯麦尔德拘禁刑讯另一个斯麦尔德,那么,处以三格里夫纳罚金,而为对方的痛苦,赔偿一格里夫纳的款;如果拘禁刑讯总管,那么,处以十二格里夫纳罚金,而为对方的痛苦赔偿一格里夫纳。"不过,在《罗斯法典》中,罚金与精神赔偿一起使用只是个别情况,仅此 1 个条款,但它却证明这一原则的存在。

三、与罚金有关的一些问题

在《罗斯法典》中,还有一些与罚金有关的问题,亦需加以透析。

1. 不适用罚金情况的问题

《罗斯法典》中的罚金虽是一种刑罚,但并不适用所有情况。在有些情况下,它就不能被适用。从具体规定来看,罚金不适用于依附者(非自由人)和没有证人的情况。

附录四 《罗斯法典》的罚金制度透析

根据详编《罗斯法典》第46条的规定,如果霍洛普[①]犯有盗窃行为,那么不可对他们使用罚金,因为他们是依附者,不能成为犯罪主体。罚金对象应是其主人,他们是霍洛普的所有人,应对自己依附者的行为负责,承担相应的法律责任。"如果霍洛普盗窃,或者是王公的霍洛普;或者是波雅尔的霍洛普;或者是修道院的霍洛普,王公对他们一律不科以罚金,因为霍洛普不是自由人。可是,对于霍洛普这种行为,主人应向原告人支付2倍赔偿。"这是一种不适用罚金的情况。

另一种不适用罚金的情况是没有证人、证据的情况。在这种情况下,犯罪事实无法确认,是否构成犯罪也无法确定,就是说使用罚金的前提条件不存在了,所以同样不能适用罚金。《摩诺马赫法规》第67条规定,拔掉他人的胡须要被处以12格里夫纳的罚金,可是"如果没有证人,且又没有证据,那么,不能处以罚金"。这一规定有助于正确适用罚金,避免滥刑。

2. 罚金的处理问题

罚金被收缴以后,如何处理,在《罗斯法典》里有明文规定。总的来说,罚金要分配给抓住盗贼人、受害人和王公、司法人员等,其作用在于奖赏、赔偿、补偿等。

抓住盗贼人可以分得一部分罚金,其作用在于奖赏。因为,他们为抓获盗贼作出了努力,从而有利于稳定社会治安,值得奖励。这种奖赏的数额很小,只占整个罚金数的1/6。《雅罗斯拉维奇法典》第40条规定,盗窃绵羊、山羊和猪等牲畜的罪犯,每人"要向王公交纳六十列查那的罚金。抓住盗贼者,奖赏十列查那"。

受害人可以分得一部分罚金,其作用在于赔偿。这是因为受害人受到了损失,可从罚金中得到一些赔偿。当然,这种赔偿是罚金的一部分,与民事赔偿不同,它只是一种民事制裁方式,不是刑罚。详编《罗斯法典》第28条规定:"如果砍断他人任何一个手指,科以三格里夫纳的罚金,而受害人自己得到一格里夫纳的款。"

王公会得到大部分罚金,是罚金的主要得益者。在上述《雅罗斯拉维奇法典》第40条的规定中,王公可得60列查那的罚金,而支出的奖赏部分才10列查那,王公得了绝大部分。他们能得到多数罚金是因为他们代表了政

[①] 那时,霍洛普处于依附地位,受主人的制约,尽管不具有奴隶性质。以后,他们演变成了农奴。参见《苏联国家与法的历史》上册,中国人民大学国家与法的历史教研室译,中国人民大学出版社1956年版,第27页。

府、国家。那时的王公受大公的委托管理自己的领地,他们拥有一定的军队,剥夺依附于他们的斯麦德、霍洛普等人的劳动成果,是地位较高的统治者。①

另外,审判执行官、罚金征收者、助手、文书和捕快等司法人员也可得到数量不等的罚金,其作用主要是为他们收取罚金付出的劳动而得到一些补偿,因此他们中的多数人所得罚金的数额不大。《摩诺马赫法规》第74条规定:"经费开支如下:罚金征收者十二格里夫纳,助手二格里夫纳二十库纳;本人和助手乘骑的两匹马应喂养燕麦;供给他们的肉食是一只公羊和一扇肉,还有其他食物。文书十库纳,旅途辛苦费五库纳,皮革费二诺卡达。"这种补偿还根据所得罚金的多少而发生变化,多得到多补,少得则少补,不过王公总是得到最多。《雅罗斯拉维奇法典》第43条规定:"每征收三格里夫纳十六库纳的罚金,分给审判执行官一库纳,交纳什一税十五库纳,呈送王公三格里夫纳。而罚金为十二格里夫纳时,分给捕快七十库纳,交纳什一税二格里夫纳,呈送王公十格里夫纳。"

3. 罚金与支付金钱、命金的比较问题

在《罗斯法典》中,除了罚金以外,还有支付金钱和命金等规定,它们之间有没有相似与不同之处,此处作一比较。

支付金钱在《罗斯法典》中用得不少,尤其在《雅罗斯拉夫法典》里,共有12处之多。它主要适用于一些侵犯他人健康和财产权的不法行为。支付金钱的数额有明文规定,而且具有民事赔偿性质,不是刑罚,这是与作为刑罚的罚金的一大区别。《雅罗斯拉夫法典》第4条规定:"如果某人用没有拔出鞘的剑或剑柄殴打他人,应因不法行为支付十二格里夫纳。"第12条又规定:"如果未经允许,擅自乘骑他人的马匹,必须支付三格里夫纳。"它与罚金的第二大区别是:支付的金钱为被害人所有,而罚金则主要归王公所有。② 然而,它们也有相似之处,即所付金钱的数额都与侵害后果直接关联。侵害后果严重的,所付金钱就大,反之则小。《雅罗斯拉夫法典》第7条规定:"如果某人砍断他人的任何一个手指,凶手因不法行为支付三格里夫纳。"但是,如果侵害的是一只手,那么所付的金钱就要多于3格里夫纳,原因是其侵害的后果比砍断1个手指要严重。此法典第5条规定:"如果某人

---

① 详见《苏联国家与法的历史》上册,中国人民大学国家与法的历史教研室译,中国人民大学出版社1956年版,第21、25—29页。
② 参见王钺译注:《〈罗斯法典〉译注》,兰州大学出版社1987年版,第7页。

致伤他人的手,使手断落,或者丧失机能,凶手应支付四十格里夫纳。"罚金的情况也是如此。但是,金钱的收取人是受害人,而罚金的收益人则主要是王公,如前所述。

命金又称"血钱",是一种杀人凶手交纳给王公一定金钱的刑罚。它与罚金有三大区别。第一,罚金适用范围广泛,包括盗窃、破坏财产、伤害、非法拘禁刑讯等许多犯罪,可不包括杀人犯罪;而命金则只适用于杀人犯罪,不适用于其他犯罪。第二,罚金的数额较小,不超过 12 格里夫纳;但命金的数额较大,有 80 格里夫纳的。80 格里夫纳相当于 400 头公绵羊或 40 头母牛,一般人家无法缴纳,完全有可能因此而沦为奴隶并失去一切财产。第三,罚金向王公交纳,被害人一般不能从中得益;而命金由王公征收后,被害人家属还可获得与命金相同的赔偿金。① 然而,它们之间也有相似之处。首先,罚金和命金都是刑罚,都是那时刑罚体系中的组成部分,而不是其他制裁方式。其次,命金的数额也与被害人的身份密切相关,身份高则命金多,反之则命金少。根据《雅罗斯拉维奇法典》第 19、22、24、26 条的规定,王公的总管、税吏、马厩长的"命金是八十格里夫纳",王公的庄头和田畯②的"命金是十二格里夫纳",王公契农的"命金是五格里夫纳"。这种命金上的差别正是他们身份上差别的直射。罚金的规定也是如此。

4. 其他一些问题

在《罗斯法典》中,还可发现其中的一些相关问题。

首先,罚金在《罗斯法典》中的分布不均匀,有明显的多少之分。《雅罗斯拉夫法典》中没有罚金的规定,而《雅罗斯拉维奇法典》中则有 16 处罚金的规定。在详编《罗斯法典》中有 41 处罚金的规定,而出现在《摩诺马赫法规》中的就占了其中的 34 处。可见,有一种逐渐增加使用罚金的趋势。同时,又发现在那些没有或较少使用罚金的部分中,却大量使用赔偿、命金、支付金钱等制裁方法。在详编《罗斯法典》的《摩诺马赫法规》以外部分里,命金有 20 处。这从一个侧面说明,对于不法侵害行为,《罗斯法典》越来越注意用罚金、命金等刑罚加以惩治,并渐渐趋向于由刑罚来代替赔偿、支付金钱等民事制裁方式的执行。具体来说,也是如此。《雅罗斯拉夫法典》第 8

---

① 参见《苏联国家与法的历史》上册,中国人民大学国家与法的历史教研室译,中国人民大学出版社 1956 年版,第 48 页。

② 王公的庄头是王公村庄的管理人,田畯是王公的农业监督。他们都是王公手下的管理人员,既管理村庄,又要带领霍洛普等人从事农业生产劳动。

条用支付金钱来制裁拔掉他人胡须的行为,而在《摩诺马赫法规》里则用罚金打击这一行为。此法规第 67 条规定,拔掉他人胡须者要被处以 12 格里夫纳的罚金。

其次,罚金是《罗斯法典》中的主要刑罚。《罗斯法典》具有综合性法典性质,含有刑法、民法、诉讼法等多种法律。但是,刑法是其中的主要部门。在刑法中,唯有罚金是主要刑罚。它适用范围广泛,盗窃、破坏财产、伤害、非法拘禁刑讯等许多犯罪都使用罚金。它在法典中被运用的次数也最多,明显多于其他刑罚。当然,罚金不是《罗斯法典》中唯一的刑罚,还有命金、流刑和没收财产、捆绑拷打等,可是它们不仅适用范围小,在法典中使用的次数也少。命金只适用于杀人犯罪,范围很小,而且在法典中使用的次数又不及罚金的多。流刑和没收财产连在一起使用,在整个法典中仅出现了 2 次,适用于无故杀人和纵火犯罪。[①] 捆绑拷打只在法典中出现了 1 次,仅适用于霍洛普殴打自由人的犯罪。[②] 而且,罚金还有取代其他刑罚的倾向,取代血亲复仇是典型一例。详编《罗斯法典》第 2 条规定:"雅罗斯拉夫之后,他的诸子——伊兹雅斯拉夫、斯维雅托斯拉夫、弗谢沃罗德及其臣僚——科斯尼雅奇克、别列涅科、尼基弗尔,再次聚会,决定废除血亲复仇,可代之以金钱赎罪,而其他遵照雅罗斯拉夫的法令——他的诸子做出这样的决议。"这里的"以金钱赎罪"包括罚金。[③] 罚金的重要性从中亦可见一斑。

再次,《罗斯法典》罚金制度对后世有影响。罚金作为《罗斯法典》中一种主要的刑罚对古俄罗斯以后的立法产生过影响,《一四九七年会典》和《一五五〇年律书》都在不同程度上适用罚金。在《一四九七年会典》中,罚金有单独适用,也有与其他刑罚共同适用的。对于当庭决斗的败诉方,单独适用罚金,即"按照法官的裁定惩办败诉一方并处以罚金"。对于一般的第一次盗窃者则可把罚金与鞭笞刑共同适用。"经查实没有前科的小偷第一次行窃,并且不是偷窃教堂圣器,偷窃中又没有杀人行凶,则应处以在市场上公开鞭笞刑,按法官的裁定缴付罚金。"[④]在《一五五〇年律书》里,罚金仍

[①] 即仅在详编《罗斯法典》第 7 条和《摩诺马赫法规》第 83 条中使用。详编《罗斯法典》第 7 条规定:"如若某人无任何争执而袭击杀害对方,那么,其他人不准为凶手交纳命金,而是把凶手连同妻子和孩子交付审判,判处流刑,财产没收。"《摩诺马赫法规》第 83 条规定:"如果纵火烧打谷场,那么,纵火者放逐,财产没收。"

[②] 即仅在《摩诺马赫法规》第 65 条有规定。此条规定,如果霍洛普殴打了自由人,那么就可以为此行为"收取一格里夫纳;或者捆绑拷打"。

[③] 参见王钺译注:《〈罗斯法典〉译注》,兰州大学出版社 1987 年版,第 46 页。

[④] 外国法制史研究会编:《外国法制史汇刊》第 1 集,武汉大学出版社 1982 年版,第 208 页。

附录四 《罗斯法典》的罚金制度透析

沿袭《一四九七年会典》中的做法,或单独适用,或与其他刑罚一起适用。犯有一般抢劫罪的,被单独适用罚金。"倘被告供认是抢劫了而没有殴打,则承认抢劫行为的被告应偿还所抢劫的财物,并按规定数额交付罚金。"① 司法人员受财枉法的则除被笞刑、监禁外,还要被处以罚金。"如涅杰尔希克接受贿赂而私放小偷或抢劫犯,一旦查实,原告可向涅杰尔希克索取诉讼钱款,涅杰尔希克应被处笞刑并监禁,还应按皇上规定处以罚金。"② 不过,罚金的适用数大量减少,在《一四九七年会典》(选译)的 68 条中只有 2 处,《一五五〇年律书》(选译)的 100 条中也只有 4 处。同时,鞭笞、棍打、监禁、死刑等刑罚则被大量使用,实际上,有些原来使用罚金的地方被这些刑罚代替了。这可以说是古俄罗斯刑罚制度的一大进步,因为犯罪和犯罪情节的复杂性,需有刑罚的多样性相适应,这样才能罪刑一致,实现刑法的目的。《罗斯法典》大量使用罚金而忽视使用刑罚显然有其偏颇之处。

最后,《罗斯法典》的罚金制度发达于其他古代东方刑法的罚金制度。在其他古代东方的刑法中也有罚金的规定。印度刑法中有罚金的规定,比如辱骂婆罗门的刹帝利,"必须缴纳一百(帕那)作为罚金"③。希伯来刑法中也有罚金的规定,比如长老拿住诬说女子者,就是"惩治他,并要罚一百舍客银子"④。伊斯兰刑法里也有罚金的规定,罚金数额由法官决定。⑤ 中国刑法中也有罚金的规定,《元史·刑法志》就载有"罚钞四十两"的内容。然而,这些刑法中有关罚金的规定都是零星的,不成体系,与《罗斯法典》中大量规定、自成体系、较为规范的罚金制度相比,相形见绌。因此,可以这样认为,在古代东方的刑法中,《罗斯法典》中的罚金制度较为发达,别树一帜。从这种意义上说,透析这一制度也就十分必要和有意义了。

原载韩念龙主编:《法律史论集》第 4 卷,法律出版社 2002 年版

---

① 外国法制史研究会编:《外国法制史汇刊》第 2 集,武汉大学出版社 1984 年版,第 221 页。
② 同上书,第 225 页。
③ 《古印度帝国时代史料选辑》,商务印书馆 1989 年版,第 129 页。
④ 《新旧约全书》,圣约公会印发,1940 年版,第 93 页。
⑤ 参见〔巴基斯坦〕穆罕默德·伊库马尔·西弟奇:《伊斯兰刑法》,全理其等译,西南政法学院法制史教研室 1984 年印行,第 116 页。

后 记 一

《古代东方法研究》一书原是我的博士论文,能及时出版,值得庆幸。

1991年开始准备这一论文时,对古代东方法这一课题从整体上进行研究,在国内外都是空缺。当时,虽有些对古代东方国家国别法的研究成果,可是从整体上研究这一法,未见有专著。我的同学曾帮忙从加拿大、美国、日本和我国台湾、香港等处查找这类专著,结果都是没有。与此同时,有些东方国家发生了骤变,有些东方国家的经济和文化快速发展,东方社会以特有的魅力引起了越来越多人的关注。但是,对于它的过去的研究还很不够,包括法律。于是,我便充当了探索者的角色。1993年初终成此文,同年6月顺利地通过了答辩。现在此论文能以学术专著形式出版,算是还了我的一大夙愿。

在这篇论文的写作和出版过程中,许多老师和同仁给予了很大的支持、帮助。我的导师吴泽教授不仅在一年的授课时间里,为我打下了扎实的史学理论基础,丰富了我的史学知识,还着实地指导这一论文的写作。其中,包括确定论文题,拟定具体的写作计划,直至最后审定。他为此论文花费了大量的心血。吴泽教授还和袁英光教授一起作为推荐人,为它的出版,申请出版基金,鼎力相助。在成书过程中,还得到了徐轶民、陈鹏生、王召棠、张寿民、钱元凯和周伟文等老师的指教。另外,张寿民和叶萌老师,提供了论文所需的俄文、阿拉伯文的翻译资料。此外,我的日本同学井上聪先生也为我翻译了一些有用的日文材料。在成书过程中,出版社的多位同志又全力相助。这些支持和帮助都是终成此书所不可缺少的。在此,对以上各位老师、同仁,致以最衷心的感谢!

此书虽将问世了,但由于我对这一领域的研究还刚刚开始,难免有舛错偏颇之处,还祈望各位老师、同仁指教匡正。

王立民

1994年11月于上海寓所

后 记 二

近年来,不断有学生、学者关心《古代东方法研究》一书的再版问题,因为它已售罄,无法买到。现在,北京大学出版社提供了一个极好的机会,使再版成为现实,《古代东方法研究》的第二版终于可以问世了,十分庆幸。

《古代东方法研究》的初版至这次的第二版相隔10年。10年前,我的学术研究领域已经初步形成,即由中国地方法制史、中央法制史和东方法制史形成的一个体系。那时的中国地方法制史以上海法制史为主,并已发表了一些相关的论文;中央法制史的重点在唐律,已有《唐律新探》一书的出版;东方法制史已有《古代东方法研究》一书的出版和一些论文的发表。10年后的今天,我的这一学术研究体系已经成熟了。关于地方法制史的研究,已有《上海法制史》一书的出版和一系列相关论文的发表;关于中央法制史的研究,《唐律新探》的第二版出版了,其中新增了一些新的研究成果;另外还有《法律思想与法律制度》一书的出版,其中的主要内容是关于除唐律以外的中国中央法制史,这是我拓宽中央法制史研究领域的成果;关于东方法制史的研究,也有新的成果面世,它们已编入《古代东方法研究》(第二版)。今后,我还将在自己的这些研究领域中作进一步的努力,期望有更多的成果与同行们交流。

由于管理岗位的原因,在这10年中,我不得不主持、参与一些非法制史项目的研究,如"中国审判方式改革研究"、"诊所法律教育研究"、"上海市教育法规体系研究"等等。于是,与这些项目相关的成果也先后问世。这一方面使我有机会更多地关注一些现实的法治问题,延伸自己原来的研究领域;另一方面也使我的研究有点杂,成了不是杂家的杂家。不过,我始终把这类研究作为我的"副业","主业"仍然是法制史,因而"主业"的成果仍然是我主要的学术研究成果。

《古代东方法研究》(第二版)与它的初版相比,其差异主要是新增了两章和附录中的4篇论文。这是我近年来探研古代东方法的主要成果。它们被编入《古代东方法研究》(第二版)以后,充实了它的内容,使其比过去更完善一些。

在《古代东方法研究》(第二版)即将出版之际,我还要对多年来支持我学术研究的太太陈瑞君和女儿王胤颖,对北京大学出版社领导和王业龙先生,对一贯关心我学术成长的同仁和朋友们,一并表示衷心感谢!正是由于你们的支持、帮助和关心,我才能成就今天的事业,此书的第二版才有可能与大家见面。

  此书的再版还得到上海市重点学科建设项目的资助(项目编号:T1001)。得益于这一资助,非常幸运,也非常感激。

  《古代东方法研究》的第二版快要面世了,我既感到高兴,也略觉不安,因为其中还会有不足之处,再留有遗憾。还望同仁、读者不吝指正。

王立民

2005年10月15日于华东政法学院

法史论丛已出书目

- 晚清各级审判厅研究　　　　　　　　　　　　　　　　李启成 著
- 礼与法：法的历史连接　　　　　　　　　　　　　　　马小红 著
- 清代中央司法审判制度　　　　　　　　　　　　　　　那思陆 著
- 明代中央司法审判制度　　　　　　　　　　　　　　　那思陆 著
- 民初立嗣问题的法律与裁判——以大理院民事裁判为中心（1912—1927）　卢静仪 著
- 唐代律令制研究　　　　　　　　　　　　　　　　　　郑显文 著
- 民国时期契约制度研究　　　　　　　　　　　　　　　李 倩 著
- 国际化与本土化——中国近代法律体系的形成　　　　　曹全来 著
- 中国讼师文化——古代律师现象解读　　　　　　　　　党江舟 著
- 中国传统法学述论——基于国学视角　　　俞荣根　龙大轩　吕志兴 编著
- 民国初年"契约自由"概念的诞生——以大理院的言说实践为中心　周伯峰 著
- 帝国之鞭与寡头之链——上海会审公廨权力关系变迁研究　　杨湘钧 著
- 古代东方法研究　　　　　　　　　　　　　　　　　　王立民 著